· 教育家成长丛书 ·

赵翠娟
与学习型学校

ZHAOCUIJUAN YU XUEXIXING XUEXIAO

中国教育报刊社·人民教育家研究院 组编

赵翠娟 著

北京师范大学出版集团
BEIJING NORMAL UNIVERSITY PUBLISHING GROUP
北京师范大学出版社

图书在版编目(CIP)数据

赵翠娟与学习型学校/赵翠娟著；中国教育报刊社人民教育家研究院组编. —北京：北京师范大学出版社， 2015.10 (2024.8重印)
(教育家成长丛书)
ISBN 978-7-303-19140-6

Ⅰ.①赵… Ⅱ.①赵… ②中… Ⅲ.①小学－小学－经验－哈尔滨市 Ⅳ.①G627

中国版本图书馆 CIP 数据核字（2015）第 134723 号

图书意见反馈　　gaozhifk@bnupg.com　010－58805079
营 销 中 心 电 话　010－58802135　010－58802786
北师大出版社教师教育分社微信公众号　京师教师教育

出版发行：北京师范大学出版社　www.bnupg.com
　　　　　北京市西城区新街口外大街 12－3 号
　　　　　邮政编码：100875
印　　刷：北京虎彩文化传播有限公司
经　　销：全国新华书店
开　　本：787 mm×1092 mm　1/16
印　　张：21.75
字　　数：327 千字
版　　次：2015 年 10 月第 1 版
印　　次：2024 年 8 月第 2 次印刷
定　　价：70.00 元

策划编辑：伊师孟　　　　责任编辑：王　强　郭　瑜
美术编辑：焦　丽　　　　装帧设计：焦　丽
责任校对：陈　民　　　　责任印制：马　洁

教育家成长丛书

编委会名单

总 顾 问：柳　斌　顾明远

顾 问：叶　澜　田慧生　林崇德　陈玉琨

编委会主任：杨春茂

编 委：（按姓氏笔画为序）

于　漪　　王瑜琨　　方展画　　田慧生

成尚荣　　任　勇　　刘可钦　　齐林泉

孙双金　　李吉林　　杨九俊　　杨春茂

吴正宪　　汪瑞林　　张志勇　　张新洲

陈雨亭　　郑国民　　施久铭　　徐启建

唐江澎　　陶继新　　龚春燕　　程红兵

赖配根　　鲍东明　　窦桂梅　　魏书生

主 编：张新洲

副 主 编：赖配根　王瑜琨　汪瑞林

总　序

教育是国家发展的基石，教师是基石的奠基者。古人云："国将兴，必贵师而重傅。"兴国必先强教，强教必先重师。党中央、国务院高度重视教师队伍建设。2013 年教师节，习近平总书记在给全国广大教师的慰问信中指出："百年大计，教育为本。教师是立教之本、兴教之源，承担着让每个孩子健康成长、办好人民满意教育的重任。"2014 年，在第 30 个教师节前夕，习总书记到北京师范大学视察并发表重要讲话，指出："一个人遇到好老师是人生的幸运，一个学校拥有好老师是学校的光荣，一个民族源源不断涌现出一批又一批好老师则是民族的希望。"《国家中长期教育改革和发展规划纲要（2010—2020 年）》也明确提出，"有好的教师，才有好的教育"，要"努力造就一支师德高尚、业务精湛、结构合理、充满活力的高素质专业化教师队伍"。"倡导教育家办学"，要创造有利条件，鼓励教师和校长在实践中大胆探索，创新教育思想、教育模式和教育方法，形成教学特色和办学风格，造就一批教育家。"两个一百年"奋斗目标的实现、中华民族伟大复兴中国梦的实现，归根结底要靠人才、靠教育，而支撑起教育光荣梦想的，是千百万的教师。

时代呼唤好老师。有一流的教师，才有一流的教育；有一流的教育，才有一流的国家。出名师、育英才、成伟业，是时代赋予我们教育战线的神圣使命。"所谓大学者，非谓有大楼之谓也，有大师之谓也。"好学校、好教育的最重要标准，就是要有好老师。一所学校、一个地区，乃至一个国家，如果教师有理想、有爱心、有学识、有高超的教育艺术，那么即使硬件设施有些简陋，家长、学生也会心向往之。教师是中国梦的奠基者。教师的重要使命，就是为每个孩子播种梦想、点燃梦想，并帮助他们实现梦想。每一间平凡的教室，每一节朴实的课，都不仅是知识的传递，而且是人类文明精神的接续、人生梦想的起航。正是有亿万个孩子梦想的放飞、绽放，中国梦才更加光彩夺目。如果说中国梦最坚实的土壤是学校，那么教师就是最伟大的"筑梦师"，他们用默默无闻、孜孜不倦的智慧劳动，让每一颗年轻的心灵都与中国梦激情相拥。

倡导教育家办学，造就一批好老师，首先要尊重、珍惜我们的本土智慧、本土创造。教育家不是凭空产生的，而是扎根于自己的民族文化土壤，同时吸收人类文明成果，从而创造出独特而生动的教育实践、教育智慧和教育文明。五千年源远流长的中华文明，不但形成了有我们民族特色的教育理论体系，而且涌现出了千千万万优秀的教育家，有被推崇为"大成至圣先师""万世师表"的孔子，有"匹夫而为百世师，一言而为天下法"的韩愈，有"捧着一颗心来，不带半根草去"的人民教育家陶行知，等等。改革开放 40 年来，随着教育改革的不断深入，教育战线涌现出了一大批杰出教师。他们痴情于教育事业，坚守理想信念和教育良知，在三尺讲台上默默耕耘、刻苦钻研，同时以敢为天下先的精神大胆创新，不断进取、不断超越，形成了各具特色的教育思想和教学风格。正是他们的成功探索和实践，创造了具有中国风格的教育经验，丰富了具有中国特色的教育理论宝库。原由教育部师范教育司组织编写，现由中国教育报刊社人民教育家研究院组织编写的"教育家成长丛书"，就是要向这些宝贵的本土创造性的教育经验致敬。

当前，教育领域综合改革正在深入推进，考试招生制度改革的大幕已经拉开，立德树人、培育和践行社会主义核心价值观成为大中小学教育的头等任务。可以预见，中国教育将发生深刻的变革，将从"中国制造"向"中国创造"转变。"没有革命的理论，就没有革命的运动。"没有适合中国土壤、具有中国智慧的教育理论，就不可能为未来的中国教育改革提供有效的指导。我们的教育要向"中国创造"飞跃，必然要首先创造属于我们自己的教育理论，而不是"言必称希腊"或者老是贩卖欧美的教育理论。170 多年前，美国思想家、诗人爱默生发表了著名演说《美国学者》，号召美国知识界："我们依赖旁人的日子，我们师从他国的长期学徒期时代即将结束。在我们周围，有成百上千万的青年正在走向生活，他们不能老是依赖外国学识的残余来获得营养。"由此，美国迈入精神立国阶段。

如今，我们也面临与爱默生同样的情形。随着我国 GDP 已从世界第二向第一迈进，我们要自觉养成强烈的"中国意识"，独立的中国文化品格，并由此去环视世界，去改造本土实践，去创造属于我们自己的精神养料——这在教育界显得尤为紧迫。"教育家成长丛书"，旨在把我们本土教育实践中蕴含的中国智慧提炼出来，从而形成具有时代意义的中国特色的教育话语体系，再以此去观照、引领、改造中国的教育实践，为伟大的教育改革提供经验、理论支持，也为未来的教育家提供丰富、可资借鉴的精神养料。

让我们为中国教育的伟大未来一起努力吧！

2018 年 3 月 9 日

前　言

　　见证着中国基础教育半个世纪的春华秋实，代表着中国基础教育教学成果的最高成就——"首届基础教育国家级教学成果奖"，闪耀着李吉林、窦桂梅、吴正宪、张思明、洪宗礼、唐江澎、邱学华、于永正、孙双金、薄俊生、龚春燕等一大批优秀教师的名字。而上述这些教师杰出代表恰恰都是《人民教育》"名师人生"栏目中最受读者喜爱的名师，都是"教育家成长丛书"的作者。

　　"教育家成长丛书"（以下简称"丛书"），是在第 20 个教师节前夕，为了研究、总结、宣传和推广我国众多优秀中小学教师的先进教育思想和鲜活宝贵的教育教学经验，培养造就一大批德才兼备的优秀教师和杰出的教育家，促进教师队伍整体素质的提高，根据教育部党组安排，由师范教育司组织编写的一套凝聚着一大批教育家成长智慧的大型教育丛书。

　　"丛书"自 2006 年问世以来，不但得到国务院和教育部领导同志的高度重视，而且先后印刷多次尚不能满足广大读者的需求。这其中的奥秘何在？

　　当你翻开"丛书"，每一部著作都讲述着一位教育家成长的故事。这些著作主要从"成长历程""思想概述""课堂实录"和"社会反响"等方面全景式反映其教育思想、教育智慧、专业精神和专业人格的形成过程与教学实践过程。这是教育家成长的基本素质所在。

　　当你沿着教育家成长的足迹走近他们的时候，你会融入这些带有"草根色彩"、扎根中华教育实践大地、充满田野芳香的真实感人的教育故事中。

当你从"丛书"中,从这些当年和自己一样的普通教师,成长为今天受人尊敬的教育家的成长过程中受到启迪,当你触摸着自己的心,把学生的成长和祖国的未来紧紧连在一起的时候,你会真切地感受到教育家离我们并不遥远。

当你用整个身心蘸着自己的生活积累去品味"丛书"中的每一部著作的"成长历程"时,在一位位名师不断学习、不断超越自我、不断超越学科教学的求索足迹中,你会读懂"教育是事业,其意义在于奉献"的丰富内涵。

当你研读"丛书"中的每一部著作的"思想概述",和每一位名师展开心灵对话的时候,都会深深地感受到,一名教师对教育独立的理解与执着的追求有多么重要。从一名普通的教师成长为受人尊敬的教育家的过程中,你会读懂"教育是科学,其价值在于求真"的深刻含义。透过"丛书",你会看到一代代教师用爱与智慧塑造民族未来的教育理想。

随着我们从"知识核心时代"走向"核心素养时代",教师教育教学活动的视野已拓展到人的生存与发展的方方面面。教师要结合自己的教学实践去感悟"教育理念是指导教育行为的思想观念和精神追求",应该把爱化为自己的教育行为,让爱充盈课堂,触摸到一个个灵动的生命,让爱产生智慧,让爱与智慧在学生心中留下岁月抹不去的美好回忆,让教育者和受教育者都感受到教育的幸福。这是"丛书"给我们的启示,也是每位教师应有的胸怀和视野。

时代呼唤教育家。为了进一步把我们本土教育实践中蕴含的中国智慧提炼出来,从而形成具有时代意义的中国特色的教育话语体系,以此去观照、引领、创新中国的教育实践并在更大范围加以推广,"丛书"将由中国教育报刊社人民教育家研究院继续组织编写,希望能够在更广大教师的心田中播种教育家成长的智慧,从而出更多的名师,育更多的英才,成就中华民族复兴的伟业。这是时代赋予广大教育工作者的神圣使命。如果广大教师能在每位教育家成长、探索教育智慧的过程中受到启迪,形成自己的教育智慧,则实现了我们编辑这套"丛书"的初衷。

"教育家成长丛书"
编委会
2018 年 3 月

目 录
CONTENTS
赵翠娟与学习型学校

取舍之间
——我的成长之路

笃学求是
——我的教育理念

留存文化
——我的教育管理实践

社会反响

附　录

取舍之间

——我的成长之路

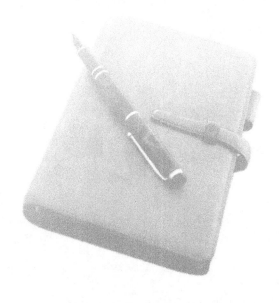

真正的繁花似锦、姹紫嫣红，不是用采来的鲜花堆簇成的，而是一草一木种出来的。有些东西乍一看是简单的、笨笨的、费时的，但本质上却可能是坚固的、扎实的、隽永的，那么我们就一定不能放弃它。只有为之流过汗水，付出心血，咬紧牙关去扛回来的，才可能是你生命中最宝贵的。也只有经历过这些的人，才有资本与别人比拳量力。

一、我小时候

（一）父亲的梦

我与共和国同龄，1949 年出生于哈尔滨市一个普通的城市平民家庭。哈尔滨，随着沙皇俄国修建中东铁路而开埠，俄国的殖民者、漂泊至此的犹太人、来自世界各地的冒险家聚集于此，于是这个城市的民风具有挥之不去的异域文明。同时，这里也吸引着成千上万"闯关东"的中国百姓颠沛千里而来，我的父亲就是在他二十岁的时候随着"闯关东"的人流从河北来到哈尔滨的。他日常做点贩卖布匹和五金的小生意，生意清淡时再做点钣金零活养家糊口。他只读过两年私塾，没多少文化，但是为人善良，秉性忠厚，再加上心灵手巧，勤俭持家，全家人尚能温饱。

父亲虔诚向佛，在狭窄的居室里辟出一处专门供奉观音菩萨的"净地"，每天顶礼膜拜。极乐寺在哈尔滨是一座极负盛名的寺院，香火很旺。父亲是庙里的香客，人称"赵居士"。父亲的厨艺也不错，虽然不是科班出身，但可称得上"无师自通"。每当极乐寺有庙会等盛大佛事活动时，寺院住持就请父亲去帮忙。他能与灶房的僧人们一起井井有条地张罗上千人的斋饭，而且这一切劳作都是他对寺院的义务奉献，分文不取。

我父母的第一个孩子是男孩，他就是我的哥哥。两年以后，他们又有了一个可爱的小女孩，她就是我的姐姐。但在姐姐两岁的时候，一场急病夺走了她幼小的生命。母亲伤心至极，有很长一段时间都沉陷在丧女的痛苦中不能自拔。后来，母亲又怀孕了，她多么希望这个孩子还是女孩——但愿上天把失去的女儿还给自己！父亲当然理解母亲的心情，他又何尝不想再有一个女儿来慰藉自己。于是父亲每天给观音菩萨上香磕头，祈求赐给他一个善良、聪明的女儿。也许是日有所思、夜有所梦的缘故吧，就在我出生的前一天夜里，父亲做了一个美丽的梦，在梦中他看见满园子盛开的鲜花，花丛中有

晚年的父亲

一只好看的大鸟……欣喜若狂的父亲把这个梦讲给母亲听，母亲怀着美好的希冀顺利地生下了我。听母亲说，我出生时和那个夭折的小姐姐几乎长得一模一样，这给了他们极大的安慰，好像上天真的把女儿还回来了。所以，父母亲特别宠爱我。在有了弟弟妹妹之后，他们仍然一如既往地格外心疼我。

小时候，父亲经常带我去极乐寺。不知为什么，我从小就喜欢那里静穆的氛围，也爱在那里玩耍。我不懂得什么是"信佛"，于是缠着问父亲，父亲想了半天，庄重地告诉我："'佛'就是让人做好人，做善事。你这么聪明，要好好学习，长大以后做好人，做善事，就是爸爸的好女儿。"

这是一心向佛、苦修积久的父亲对我最朴素的希望。做个善良的好人，如同一颗信念的种子在我幼小的心里生根、发芽，成长至今。

（二）爱读书的母亲

我的母亲出身于耕读传家的书香门第，母亲的祖父是清末的举人。我的外祖父有五个女儿，没有儿子，但是他千方百计地让五个女儿都上学读书。在那个重男轻女、女孩普遍失去受教育权利的传统中国乡村，这一举动格外引人注目。抗日战争时期，外祖父因为参加抗日，遭汉奸迫害，他只得匆匆变卖家产，举家从河北逃难

我的母亲

到哈尔滨谋生。在这里母亲依照"父母之命"嫁给了比自己大 18 岁的父亲。尽管是包办婚姻，但是善良能干的父亲与文雅贤良的母亲在患难之中相濡以沫，为我们几个孩子创造了和谐的家庭环境。

在我童年的记忆里，妈妈酷爱读书，我们这个不算富裕的家里有不少厚厚的老式线装书，不但有《红楼梦》《三国演义》《水浒传》等成套的古典文学名著，还有《论语》《唐诗》《宋词》等古汉语经典读物。妈妈在操持家务之余，一有空儿就捧起那些书来读。

小时候，妈妈常给我们讲《三国演义》的故事，我印象最深的是"诸葛亮之死"的悲壮情境：呕心沥血的蜀国相父，奄奄一息地躺在五丈原的中军大帐里。是夜，

天愁地惨，月色无光，秋风瑟瑟，玉露零零，旌旗不动，刁斗无声。昼夜交替时分，孔明奋然归天，智慧之星终于陨落。一盏孔明灯忽明忽暗地映照着大厦将倾的蜀国山河……我被诸葛亮的超人智慧折服，更被他鞠躬尽瘁的精神感动。

妈妈还常给我们诵读和讲解《论语》，她讲得最多的是"朝闻道，夕死可矣！"她告诉我们，我外祖父家把孔子的这句话奉为"家训"，意思是说，人要不断地追求真理、追求正道，如果你在早晨获知了真理正道，即使晚上死了，也死得其所，无怨无悔！我始终铭记着这一"家训"。

1955 年，我们兄妹几个稍大一些可以离手了，妈妈不甘心做家庭妇女，她凭借以前的文化底子，报考了速成师范，一年之后当上了小学教师。妈妈努力工作，陶醉在教书育人的快乐中，1961 年光荣地加入了中国共产党，成为全校仅有的两名党员之一，还当选为学校的工会主席。妈妈是一位优秀的小学语文老师。她崇尚读书，她教的学生也大都养成了爱读书的习惯。我们家的大铺底下，放满了妈妈给自己和学生准备的书，有中国的优秀长篇小说《林海雪原》《青春之歌》《暴风骤雨》……也有外国的文学名著《母亲》《简·爱》《两姊妹》……我和妈妈的学生一样，在三年级之前就学会了查字典，似懂非懂地"啃"着这些"大书"，自由自在地在书的海洋中畅游！很多年以后，有一次我乘坐出租汽车，那位司机忽然喊出我妈妈的名字，自称是我妈妈的学生，说我长得很像妈妈，他非常感慨地回忆起妈妈在"文化大革命"中顶着压力坚持给学生上语文课，还领着他们这些小学高年级学生诵读古诗的情景。

晚年的妈妈，多种疾病缠身，眼神儿和记性也大不如前，但是她仍然喜爱读书。有一回我到杭州开会，闲逛书市时看见一本大字本的苏东坡传记《旷达人生》，就买下来送给了妈妈。过了些日子，妈妈郑重其事地向我推荐一本好书，她说："书名尤其好，叫《旷达人生》，道出了做人的真谛。"她已经全然不记得这本书是我送给她的了，但是她认认真真地把这本书读完了！

读书，这仍然是一个极朴素的习惯。我从一生酷爱读书的母亲身上继承了这一点，并受益终生。

（三）疯玩的日子

童年的我是十足的"假小子"，淘气好动，总是跟着哥哥和他的一群小伙伴们

晚年的母亲和孙儿们

疯玩。

　　我心目中的乐园是我家附近有点荒芜的"八区体育场"。在田径场400米环形跑道的外面有一大片荒草地，长着一丛丛不知名的野草野花，草丛中有蝈蝈在跳，有蛐蛐在叫，好不热闹！我的心被蝈蝈和蛐蛐深深吸引了，一清早就钻进草丛东扑西奔地抓蝈蝈、逮蛐蛐。哥哥不肯把漂亮的蝈蝈笼子和蛐蛐罐子给我，我只好"就地取材"，捡废弃的墨水瓶子，在瓶盖上扎几个小透气孔，装蝈蝈和蛐蛐，尽管很不正规，可心里还是美滋滋的。每当玩累了，我就会不管不顾地躺在杂草地上，伸展四肢，眯缝着眼睛，看蓝天白云。一丝凉风吹过，浑身舒坦极了。

　　仰望着变幻莫测的云天，我的脑子里总会闪现出课堂上学过的词语或读书时见过的诗句，一时间浮想联翩，觉得天的尽头是"风吹草低见牛羊"的无边草原，是"飞流直下三千尺"的银河瀑布，是嫦娥和玉兔寂寞留守的广寒琼宇……写作文的时候，我会细细地描述在草丛中疯玩的感受，写沁人心脾的青草气息，写沐浴阳光的温暖触觉，写仰望天空的思绪万千，我的作文总能得到老师的称赞，经常作为范文在全班朗读讲评。

　　极乐寺是我的另一个"公园"。每当爸爸带我去上香之后，他就会去寺院帮厨做斋饭，我则像飞出窝的小鸟，满寺院疯跑，一会儿钻进大殿，一会儿攀上凉亭，与三五个认识或不认识的小朋友捉迷藏、做游戏。跑累了，我就背靠大树坐下来，静静地遐想。虽然当时我只是个不识愁滋味的顽童，但是能感觉到寺庙里那参天的古木、幽深的庭院、高耸的佛塔所营造的一种既神秘又宁静的氛围，使置身其中的人不由得心平气和。那种神宁气静的平和感觉令我向往，它一直留存在我的记忆深处。

放学回家的路上，我也不闲着，喜欢沿着马路两侧的人行道边寻找、捡拾各色的玻璃片儿，然后把形状不一的小玻璃片儿托在手心里，放在阳光下，从不同角度欣赏它折射出的奇光异彩。那时候，还没有这么多塑料容器，家家户户都有许多玻璃瓶子，哈尔滨人又喜欢在夏日露天喝啤酒。记得那时的啤酒瓶子有淡绿色的，有咖啡色的，还有透明的，散落的玻璃片儿在道边、屋角随处可见，而这竟成了我儿时最好的玩具。那个年代哈尔滨有不少教堂。教堂的窗户上镶嵌的玻璃五颜六色，有红的、蓝的、紫的、绿的……我会常常跑到教堂边上，沿着墙根寻找，若偶尔寻到一片彩色的玻璃片儿就如获至宝，因为这样的玻璃片儿在别处是很难拾到的。我会把这些捡来的宝贝放进衣兜儿里，常常弄得衣服兜儿满是玻璃片儿扎出的小窟窿。但奇怪的是妈妈从来没责怪或埋怨我这种有些荒诞的兴趣爱好，放纵地任我玩出花样来。心灵手巧的爸爸还专门为我制作了几个精致的小铁皮盒，供我"收藏"玻璃片儿——在成年人看来这些分明就是垃圾。

课间十分钟我也格外珍惜，与小伙伴们踢毽子、跳绳、跳皮筋、跳方格，玩得忘乎所以；有时，也会蹲在操场的围墙根下，全神贯注地看蚂蚁搬家，看蛐蛐打架，直到上课铃响了，我才如梦初醒，觉得还没有玩过瘾。不过，上课时我能认真听讲，开动脑筋思考，课后认真完成作业，大量阅读课外书籍，考试几乎年年在班级里得第一。

回忆童年那些疯玩的日子，没有沉重的课业负担，没有频繁的考试压力，也没有家长喋喋不休的管束和干预，我得以在充分享有自由的时间和空间里，顺乎天性地快乐成长。由自己的亲身经历我总结出一个道理，那就是：玩儿，是孩子天赋的权利，它必须被尊重，不容剥夺，孩子在玩耍中感知的世界是他日后健康成长的基石。

（四）家庭记账簿

小时候，我很懂事，七八岁就知道父母养家不容易，主动帮着妈妈做家务，照看弟弟妹妹。到十来岁时，妈妈当小学班主任，早出晚归，家里的好些事都顾不上，于是就把部分日常用度的钱交给我，让我来帮着管家。

当时哈尔滨市商业局为了准确了解居民的购买力和生活消费水平，在全市分层次选择了一批常住居民的家庭作为提供统计数据的样本户，我家就是被抽样调查统计的居民户之一。市商业局给提供统计数据的居民户发一本"家庭记账簿"，分门别类地列了一些表格，要求把购买生活必需品的日期、名称、数量、价格、消费金额等填写清楚，到年底交上来进行汇总统计，还告诉我们这样做是为了有计划地"管理"家庭生活，实现勤俭持家，只有每个家庭都做到勤俭持家了，才能实现勤俭建国。妈妈也再三叮嘱我："这是完成国家交给的任务，可不能有半点儿马虎，要把咱家每一笔收入和每一笔支出都如实填写清楚，咱不能骗国家。"那时候，"计划经济""勤俭持家""勤俭建国"是登在报纸上、写在墙上的家喻户晓的口号，我在接受"家庭记账簿"时第一次接触了这些与"管理"相联系的概念，这也许是我与管理工作结缘的开始，为我很多年之后管理学校提供了"启蒙实践"的机会。

妈妈把这个任务郑重地交给了我，我觉得光荣极了，一种神圣的责任感油然而生。为了当好这个家，记好"家庭记账簿"，我在年初认真进行了计划。首先我把家里全年可能得到的每一笔收入相加，计算出家庭的预期总收入，然后把需要购买粮、油、肉、菜、盐、酱、肥皂、牙膏等生活必需品的每一笔支出相加，计算出家庭必需的预计总支出，并把这笔钱预留出来，在预期总收入扣除必需的预计总支出后，余下的钱作为机动支出，用来购买我们的学习用品或添置一些衣服，逢年过节也要买点鸡鸭鱼虾，再买点糖果、茶叶等改善生活。后来我知道了这一做法就叫年度"财务预算"。

平时，我如实记下每一笔开支，写明购买商品的名称、数量、价格、消费金额，做到准确无误；每一个月进行一次清理结算，做到当月收支平衡，不出现亏空。开始，妈妈还检查我的账目，见我管理得井井有条，就放心让我去做了。后来我知道了这一做法就叫日常"会计管理"。

到了年底，我把全年的实际收支账目先分类分项进行统计，再进行整体汇总，并把汇总账目与年初的预算情况进行对照，看看全年的用度是否得当，想想下一年度怎样把有限的钱花得更加合情合理，更加富有成效。后来我知道了这一做法就叫年度"财务决算"。市商业局为了鼓励"样本户"记好"家庭记账簿"，每年年底在上交记账簿后，要召开一次总结表彰大会。总结表彰大会是我最感自豪的，因为我是到会的家庭记账员中年龄最小的一位，而且也是年年受到嘉奖的一位。

城市平民的家境使我很早懂得了生活的艰辛，父母亲的信任使我在童年就获得当家理财的机会，市商业局选择我家作为抽样调查统计的"样本户"，使我学会了用"家庭记账簿"的形式来管理家庭日常生活，这一切条件和机遇促成我得到了从事"管理工作"的最初体验。看来，从"小当家"到"小学校长"的成长历程包含着一定的必然性，而其中用好"家庭记账簿"以统筹开支、打理家务的经历或许正是成就这种必然性的一个重要因素。

（五）光荣的一等奖

我从来没感觉到自己有文学才能，更不会想到将来能成为不错的语文教师。改变这一切的是上初中一年级时的一次作文竞赛。

记得那是1963年的国庆节前夕，学校举行国庆征文大赛，征文的题目是"给亲人的一封信"。当时我踏进中学校门还不到一个月，对该不该参加这次征文活动拿不定主意。一方面，这次征文的题目非常吸引我，我最爱妈妈，有许多心里话要向妈妈诉说，我觉得自己能写出一篇好文章；另一方面，我有点胆怯，毕竟我在高年级同学眼中是初中一年级的"小豆包"，想与高年级同学同场竞技，是不是自不量力？不过，我骨子里有一股喜欢挑战的豪气，没有上阵就服输不是我的性格，我决定参加征文大赛，试试自己的作文到底行不行。

那些日子，我做完作业就构思那篇征文，回忆妈妈爱孩子、爱学生的件件往事……

我爱妈妈的慈祥平和。她太疼爱孩子了，从来没有打骂过孩子，任凭我们兄弟姐妹身心自由地成长。她认为给孩子自由和快乐比给孩子金钱更重要。她常说家里穷一点不要紧，最要紧的是相亲相爱。我们家的物质生活不算富裕，但是从来都不缺少天伦之乐。

　　我爱妈妈的博大无私。她像爱自己的孩子那样爱她的学生。妈妈班上有个女学生，跟我的年龄差不多。她一直受继父的虐待，不但身上被继父打得青一块紫一块的，而且自卑胆怯，像一只折了翅膀的无助的小鸟。妈妈心疼那个被剥夺了爱的孩子，经常带她回我家，安排她和我们一起吃饭，一起读书，夜里同我睡一个床铺，对她就像对自己的女儿一样。为了彻底改变这个学生的处境，妈妈把她受继父虐待的问题反映到街道办事处，请基层政府出面对此事进行了干预，终于使那个女孩在政府的关爱下维护了自己的合法权益。

　　我爱妈妈的睿智宽容。她善于发现和肯定孩子的优点，宽容孩子的缺点。她觉得扬长才能避短，总是以欣赏的目光看着我说："我的女儿是最好的！"在妈妈的鼓励下，我更加自信，更加渴望被别人发现和肯定。妈妈十分注重日常生活和课堂教学的"陶冶性"。她认为知识不仅在书本里，更存在于生活中。妈妈的为人处事、举手投足给了我潜移默化的深刻影响，就像那润物细无声的春雨，点点滴滴融入心田。

　　啊，我的好妈妈，我有多少话要向您倾诉，纸短情长，一封薄薄的信怎能装得下我对妈妈的感恩之情！我越写越顺畅，越写越激动，这是真情的流淌！在信的末尾，我还写了这样的话："我从妈妈温暖而崇高的爱中理解了为什么我们把祖国亲切地唤作——母亲！在这国庆前夕，我衷心祝福妈妈健康长寿，祝福祖国母亲繁荣富强！"

　　征文交给老师之后，我渐渐地忘记了这件事，新的学习生活吸引了我的注意力。后来有一天，全校师生在大礼堂集合，召开征文评比揭晓的颁奖大会。我们学校是一所完全中学，初高中几十个班级，两千多名学生，黑压压地坐满了一大片。我听到教导主任宣布评奖结果，我出人意料地获得了一等奖，而且是获奖者中唯一一名初一学生。颁奖的光荣时刻到了，我抬头挺胸自豪地走上主席台，从校长手中接过奖状，那种兴奋、幸福的感觉简直无法用言语表达！

　　十二三岁的小小少年受到一次"光荣"的鼓励，也许会影响他的一生。我从征文获奖那一刻起似乎"顿悟"：语文才是我的强项。我天真地憧憬着长大了当一名女作家！

　　后来我虽然没能成为作家，但是当了一名孩子们喜欢的小学语文教师，我得到了极大的满足。可见，每一个孩子都渴望被发现、被肯定；对孩子给予激励，给予积极的期待是多么重要！很多年以后，我学习了教育心理学，懂得了这叫"罗森塔尔效应"。

我由衷地感谢在那次征文中给予我"光荣的一等奖"的老师们，正是他们的积极期待和充分肯定，使我"发现"并发展了自己的特长，成就了我终生无悔的语文教师生涯。

（六）难忘的文学小组

自从我在学校国庆征文中获得一等奖后，老师们为了培养我的文学才能，推荐我参加了哈尔滨市少年宫举办的文学小组，我是道外区有幸获得这个课外学习深造机会的唯一一名初中生。文学小组给每一个成员发了一张市图书馆的借书证，这在当时是十分难得的待遇。

市图书馆坐落在道外区和南岗区交界的一曼街上，是一座欧式的二层小洋楼，院子里栽着一排排郁郁葱葱的丁香树，春天开满淡紫色的丁香花。在这静谧的院落里，花香与书香交相弥漫，令人心旷神怡。一曼街是以抗日女英雄赵一曼的名字命名的，她的半身塑像就矗立在街心花园里。对于这位与我同姓的革命先烈，我有一种特殊的崇敬之情。每当我来到一曼街走进图书馆的大门时，总有一种登上精神殿堂的神圣感觉。图书证一次可以借阅三本书，借阅的周期越短，可以借阅的书就越多。因此，我借到书后，就如饥似渴地抓紧阅读，一般每星期阅读三本书，每周借阅一次。为了在有限的借阅周期内多读几本书，我甚至在上课时偷偷地看长篇小说，有好几次被老师没收了书，在哭着写了检讨之后才把书要回来。那段时间我究竟借阅了多少书，借阅了哪些书，现在已经记不清了，不过可以肯定的是，我青少年时期的大量阅读积累是在参加文学小组活动期间完成的。那种读过一本好书后的愉悦心情至今回忆起来仍然余味无穷。

文学小组每两周上一次文学基础课，请各中学的优秀教师、甚至还有大学教授给我们这些文学班的青少年讲谋篇布局、遣词造句的技巧，讲形象思维与逻辑思维的区别，讲准确使用标点符号的知识，进行字斟句酌的修改、编辑文章的训练，开展学生习作讲评和讨论等。那"豪华"的师资阵容今日看来是多么"奢侈"，又是多么令人难忘。而那时候我竟然觉得这种基础知识课有点枯燥，上课的兴趣并不浓，只是无意识地听课罢了。但是，两周一次高质量课程的持续"灌输"，有共同爱好的同学之间的相互切磋，文学小组内充满文学氛围的情境熏陶，使我在不经意间受益匪浅。

我（前中）与高中教师
培训班的学员合影

1973年，我已经在黑龙江生产建设兵团的十四团中学教初中语文，学校领导觉得我"胜任有余"，想让我教高中语文，但是我下乡时只是个初中生，要教高中，必须通过培训和资格考试。学校领导就送我到萝北教师进修学校脱产学习半年，并参加高中语文教师资格考试。记得考试时有两道试题恰好是我在文学小组学过的基础知识。一道是"什么叫形象思维？请举例说明。"一见到试题，我的脑子里就浮现出在文学小组听这堂课的情景，因为当时老师说的"形象思维就是脑子里有一幅图画"的解释给我留下深刻印象，我迅速答出了这道题，并把我非常熟悉的《岳阳楼记》里的景物描写作为形象思维的例证。另一道题是"请说出正确使用标点符号的意义。"我立刻想起在文学小组老师说过"标点符号也有生命"的话，我当即举了几个例子说明标点符号在表达不同情感时的特殊作用。由于这两道题回答得不错，我的考试获得了85分的好成绩，顺利取得了教高中语文的教师资格证书。

在文明中断的动乱年月，在文化缺失的偏远边疆，由于少年时期参加课外兴趣小组而获得的收益，我得到了当时许多人梦寐以求的高中教师资格。这个令人羡慕的职业资格是我参加文学小组时不可能预见的。看来，课外兴趣小组是滋养儿童兴趣特长的沃土，是造就某一方面专门人才的摇篮。

二、知青岁月

（一）带着弟弟去北大荒

乌云也有遮住太阳的时候。"文化大革命"全盘否定了新中国成立十七年以来的教育路线，斥之为必须砸烂的修正主义反动路线，因而大学停办了，中小学也一律停课了。

我和弟弟妹妹们既不出去"造反"，又无学可上，天天在家里待着，看书，听广播，干些家务活。

带着弟弟去北大荒

有一天，同学告诉我一个消息："北大荒的生产建设兵团来招人了，听说那里是军垦农场，能当上兵团战士就等于光荣参军了！"我一听兴奋不已。"北大荒"在我心目中是一个闪光的字眼儿！我早从电影《老兵新传》和长篇小说《雁飞塞北》中得知那是一个壮美、神奇、英雄辈出的地方。我赶紧到学校报了名。经过严格的面试选拔，我被来接兵的两位女同志挑上了，通知我到学校集合，统一乘汽车到一所医院进行体检。我从小怕坐车，因为无论坐什么车，一上车便晕车呕吐，这次也不例外，一路上吐个不停，到医院时我几乎虚脱了。来接兵的两位女同志搀扶我下了车，当即表示这样的身体状况不能适应艰苦的军垦生活，医院还为我开了不适宜下乡的证明。

我一时无法面对这突如其来的打击，难过得大哭一场！但是北大荒人不同情眼泪，我再三恳求也无济于事。第一次申请下乡便这样以失败告终。这时正是1968年的初夏。

我闷闷不乐地过了半年，当初冬来临的时候，上山下乡的形势发生了重大变化。毛主席号召："知识青年到农村去，接受贫下中农的再教育，很有必要。"于是，六六、六七、六八这三届初中和高中毕业生全部都要下乡，无须面试，也无须体检。不满十五岁的弟弟被分配去北大荒的生产建设兵团二师。他年龄小，生活自理能力差，独自远行妈妈不放心，他自己也不愿离开家。

面对这种情形，响应毛主席号召到农村去干革命的光荣感和作为姐姐的责任感，促使我下决心带着弟弟去北大荒。这一选择是郑重的，也是艰难的，因为这预示着我必须承受长途跋涉的折腾与煎熬。

果然，在踏上征途的第一天，考验就接踵而至。我们从哈尔滨出发，先要坐16个小时的火车抵达鹤岗。由于晕车，在这16个小时的路程中，我翻江倒海般地吐空了肠胃。好不容易熬到了鹤岗，刚下火车，又乘上了开往二师十四团的汽车。在汽车上的两个多小时，我只能不断地呕出带有胆汁的苦水了。到了团部，被告知离连队驻地还有近两个小时的车程。当我被同伴们拽上从团部赶往连队的"嘣嘣车"（一种带拖斗的胶轮拖拉机）时，已经站立不住了，无奈地躺在结着薄冰的拖斗里。此时，伤心的泪水和呕吐的苦水混在一起流下来，晕车的凄苦给我战天斗地的雄心壮志蒙上了一层忧伤。

十四团是 20 世纪 50 年代由当时的团中央书记胡耀邦提议，北京、河北、山东、哈尔滨等地的青年垦荒队组建的，连队的老职工就是当年的垦荒队员。北大荒的 11 月已是冰雪隆冬，一路上的晕车折腾再加上不适应这儿的严寒气候，我刚到连队就发起高烧，在昏迷中被一位老垦荒队员背回家里。不知昏睡了多长时间，只觉得蒙眬中有一只温暖而又粗糙的手按在我的额头上，耳边响起亲切的声音："你叫啥？烧总算退些了，起来喝碗热面汤吧！"我睁开眼睛，看见一张中年妇女的淳朴善良的脸。这声音、这面容一下子就印在了我的心里。她叫韩秀珍，多年来我称呼她"韩姐"，在北大荒的 10 年中，她的家是我经常落脚的地方。她的丈夫张端阳是我们连队的会计，与韩姐一样淳朴善良，听说他几年前去世了，未能在他病中前去探望，是我至今的遗憾。

也许是我一下车就病倒的缘故，连队的老垦荒队员们纷纷前来问候，所以我是那批哈尔滨知青中最早同他们建立友情的一个，这大概就是因祸得福吧。在那个政治气候与自然环境同样严酷的岁月里，是老一代北大荒人竭尽所能的关爱和帮助给了我战胜困难的勇气和力量。这深情厚谊令我终生铭记。

（二）一篇小评论敲开报道组的门

生性要强、不甘心空耗青春的我，不顾体质虚弱，全身心地投入到连队的各项工作中。干农活，我认真学，不怕苦和累；连队开会，我主动做记录，字迹工整，文理通顺；有的知青想家，或情绪低落，或淘气生事，我像大姐姐那样逐个谈心劝解。很快，我在这批知青中"脱颖而出"，当连队需要选拔一名女知青当副连长时，我以高票当选。

我当副连长后，主要分管学习宣传和妇女工作。那时候白天"促生产"，晚上"抓革命"。每当毛主席的最新指示发表，我就连夜组织全体干部战士学习、背诵"最高指示"，并带领大家学习解读毛主席最新指示的《人民日报》社论。记得有一天晚上，我组织马号的饲养员们学习。在马号工作的大都是四五十岁的老职工，他们把马厩打扫得干干净净的，摆上小炕桌，点上小油灯，静静地围坐在炕桌旁，非常虔诚地听我读《人民日报》社论。我注视着这一张张饱经风霜的脸，呼吸着屋内弥漫着马粪和烟草混合气味的空气，想到在这样一个荒芜的角落，人们竟能这么认真地聆听一个女知青念那些他们根本搞不懂的所谓"无产阶级专政下继续革命"的理论，不由得心生感动！他们见到我，常常亲热地问一句："啥时候还来领我们学习？"

我（左一）任女副连长时

　　除了组织大家学习之外，我还负责出黑板报，采写连队的好人好事，给团广播站投稿。每当我撰写的稿件被团广播站采用时，全连的老老少少都会守在宿舍或家里的小喇叭旁收听，而且，被表扬的人成为大伙儿称赞和效仿的榜样，越干越来劲！

　　我们连队是由河北青年垦荒队建点的"河北庄"。这些当年的河北支边青年以吃苦耐劳、能打硬仗著称，是北大荒职工队伍的基石，尤其是河北支边女职工更是巾帼不让须眉。我作为分管妇女工作的副连长，每天的主要工作就是"带领"妇女队完成劳动生产任务，与其说是我"带领"她们，还不如说是她们"带领"我。夏锄的时候，要求每个人铲一条望不到头的长垄。我笨手笨脚，不但进度慢，还常常铲了苗。这时，韩姐就会悄悄地磨快了锄头，飞快地铲完自己的那条垄，然后再来接我的垄。冬天是积农家肥的最佳时机，连长全连动员，要打一场积肥大会战。我们能干的妇女队成为积肥会战的一支生力军。我和妇女队的大姐们天蒙蒙亮就起床，顶风冒雪起猪圈、刨马厩，把铲起的畜粪装满"嘣嘣车"，一车车拉到大田里，码成大垛，培土封盖，这就是堆肥、沤肥。我们干得热火朝天，汗水浸湿了狗皮帽子和大棉袄，冰屑裹着粪沫溅在大家的头上、脸上、身上……

　　我被大伙儿的劳动热情深深地感染了。晚上，精疲力竭地趴在宿舍的炕沿上，一气呵成写了一篇小评论，题目是"庄稼一枝花，全靠肥当家"，我憧憬着：开春时，我们在这有机肥垫底的黑土地上，播撒希望的种子……

　　就在我托人把稿子捎到团广播站的第二天早晨，我正准备起床，就听见宿舍的小喇叭里传来播音员播报"今日新闻"的声音。忽然有人说："快听，团部表扬咱连的积肥会战了，正在念翠娟写的小评论呢！"同宿舍的女知青们都从被窝里坐起来，聚精会神地听广播。妇女队的韩姐也兴冲冲地跑来告诉我："咱们妇女队上广播了，翠娟，谢谢你！"真没想到这篇稿子这么快就播出了，更没想到一篇小评论能给大家带来这么大的鼓舞！这时候我体验到一种因真诚地付出而被大家信任的快乐和幸福！

不久，一位在连队蹲点的团机关干部把我找去，问了问我父母是做什么工作的，下乡前念了几年书，爱不爱好写作，等等。后来才知道团部报道组看了我写的小评论，认为"文字很干净，有写作基础"，准备调我到那里工作，因此委托蹲点的同志就近进行了一次例行公事的"面试"。

我很高兴能到报道组工作，因为那是一个"有文化"的地方。我从小对书籍、报纸、铅字有一种割不断的特殊情愫，在无奈地失去了上学机会之后，能在北大荒又与"文化"结缘，这是我未曾预料的，也是我梦寐以求的理想。在欣喜之余，也很有些不舍。虽然我在连队只生活了短短的一年，但这是在艰苦的劳动中锤炼意志、收获坚强的一年，是在与老一代北大荒人共同开垦中接受教育、净化灵魂的一年。这一年是我十年北大荒生活的第一块坚实的奠基石。

（三）奇怪的包裹

我们团的报道组可谓人才济济、藏龙卧虎，我一到那里就觉得自己的资历、学识、能力与他们相比有明显差距，产生了一种深切的自卑感。

报道组的负责人徐先国，是一位在垦区颇有声望的作家、诗人。我刚到团部就听说，1958年初春，十万转业官兵奔赴北大荒前夕，郭沫若先生写下了热情洋溢的诗篇《向地球开战》，当时已被批准转业去北大荒的河南信阳步校少尉、助理员徐先国写了一首答谢郭老的诗发表在《人民日报》上。这是一首唱出了千万人心声的诗，并得到了王震将军的高度评价：

> 感谢郭老称赞
> 我们去向地球开战
> 举起科学大旗
> 冲过艰难战胜自然
>
> 一颗红心交给党

英雄解甲重上战场
不是当年整装上舰艇
不是当年横戈渡长江

儿女离队要北上
响应号令远征北大荒……

徐先国老师

　　这战斗号角般的诗篇记录了那个伟大的历史事件，描绘了北大荒战士的英勇、豪迈，令我们这些新北大荒人读来激情满怀！老徐的为人也像他的诗作一样赤诚、坦率、严谨、谦和。他耐心而又细致地教我们怎样采访、怎样写稿，不厌其烦地为我们字斟句酌地修改习作。能与徐老师共事，是我的幸运。

　　在报道组的这段经历中，还特别值得一提的，就是我一生中都怀有敬意的朋友郭庆晨。今天，似乎人们已经淡忘了一个词：正直。但是在郭庆晨的身上，真的体现出正直的光芒。郭庆晨是天津知青，他永远宽容待人，几乎所有与他相识的人都能向他倾诉苦恼，他总会认真倾听并守口如瓶。很多足以能让别人一惊一乍的事情，他都能安静地包容。后来，在徐先国老师因为家庭出身和历史问题而被打压的时候，郭庆晨却从不与徐老师"划清界限"。他一如既往，面色如常，既无壮烈之姿，也无施恩之相。那是个扭曲的时代，他当然也因此吃了苦头。那几年里，他写稿子最好也最多，几乎所有的重要报道稿都出自他手，但荣誉和"好事儿"常与他无缘，可是他不苦闷亦不嗔怒，脸上依旧是那乐观爽朗的笑容。在郭庆晨的感染之下，报道组的知青形成了一个乐观团结的集体，大家无你争我夺，也无鸡毛蒜皮，只在安静地书写与耕耘。如果说在日后的管理工作中，我能相信一个人的正直与善良可以改变一个小团体的风气，那正是从郭庆晨开始。报道组的经历，使我和郭庆晨结下了一生的友谊。多年后，郭庆晨已成为知名的杂文作家，先后出版了四种杂文集，创作杂文千余篇，发表在《人民日报》《求是》《中国青年报》《工人日报》《杂文报》等报刊上。其中有上百篇被收录到较具权威性的杂文选集中，有的还被选入中小学课外读物。直至现在，我和庆晨的家庭还常有相聚，我与庆晨的妻子包雷也成了知己，甚至我们两家的孩子都成了很要好的朋友。

杂文作家郭庆晨

　　在报道组这样一个集体中，我们一边参加劳动，一边从事新闻写作，仿佛在一所没有围墙的"大学"里学习、生活。北大荒的报道组是当时我心中的"北大"。由于自知才学不足，我产生了奋起直追的强烈愿望。我制订了一个自学计划，决定从没有学完的中学课程开始，利用报道组比生产连队好得多的学习环境，学毛主席青年时代那样上"自修大学"。

　　想到自学的最大困难是没有教材，我就给妈妈写信，让妈妈把我的中学课本和有关辅导教材都寄来，有语文、数学和俄语等。但那是一个所谓"知识越多越反动"的是非颠倒的年代，公开邮寄和学习中学教材，还包括被称为"苏修"国家语言的俄语教材是犯禁忌的。因此我嘱咐妈妈把寄教材的邮包装扮成"食品"包裹的模样，以掩人耳目。

　　不久，我每隔一段时间就能收到妈妈寄来的一个方方正正的包裹，而我总是趁宿舍没人的时候匆匆忙忙地将它打开，把教材和书籍悄悄地塞在铺盖底下。每当熄灯号吹过之后，我偷偷地回到办公室，点上蜡烛，在忽明忽暗的烛光下，或研修语文课文，或自学俄语词汇和语法。屋外万籁俱静，屋内秉烛夜读，真是别有一番滋味在心头。

　　有一次，邮局送来包裹的时候，我正下连队采访，是同宿舍的北京知青小崔代收的。当时不少知青让家里寄食品，收到这样的包裹，知青们就蜂拥而上来一顿"大会餐"，有时甚至不必征得包裹主人的同意，就将食品"瓜分"而尽。小崔看着这个方方正正的奇怪包裹，不知是什么东西，就没敢打开，直到我回来时"完璧归赵"。

　　我终于向小崔和同宿舍的伙伴们公开了包裹的秘密，我的自学计划得到了大家的理解和响应。报道组的学习气氛更浓了，我们各自从兴趣和需要出发，缺什么补什么，工作需要什么学什么，相互切磋，坦诚争论，不用彼此提防，没有文人相轻。这段读书自学的经历使我获益匪浅，我在与报道组同志们的共同学习中逐渐适应了新的工作岗位，并从中找寻到了快乐。这恐怕就是20世纪70年代的"学习型组织"吧。

（四）选择"有文化"的地方

　　北大荒的辽阔是那些没有亲历过的人很难想象的。十四团的连队之间少则相距十几里，多则相距四五十里，最远的连队离团部有八十里之遥。方圆几百里路程，"嘣嘣车"是主要的交通工具，对于我这个一提坐车就后背冒凉风的人，到哪儿都只好步行了。我非常喜爱从团部通往各连队的公路，它们蜿蜒向前伸展着，像一条动脉。公路两侧是一排排高大的白杨树，如卫士般守护着一望无际的万顷良田。作为报道员必须要下连队采访，我常常是穿着一双旧胶鞋，斜挎着帆布书包，在团部与连队之间步行往来，在那一条条的公路上，除了偶尔驶过的车辆外，便是形单影只的我一步一步地走着。当时北大荒民风淳厚，使你压根儿不会产生不安全感，谁也不曾想到我独自行走的感觉是那样美好：仰头凝视，广阔的蓝天飘着朵朵白云；极目远眺，平展展的黑土地碧波荡漾，耳边听到的是白杨树在风中摇曳作响以及自己沙沙的脚步声，偶尔会有一群大雁掠过头顶，传来几声悠长的雁鸣。于是我的脑子里便会冒出些美丽的诗句，禁不住脱口吟诵出来。有时候一种莫名的自豪感也会涌上我的心头，觉得这个世界上似乎只有自己才能体会到人与周围这些简单朴素而又美好的自然景物融为一体的感觉。这种感觉真是太奇妙了——宁静、平和，远离喧嚣，不被打扰。

我步行到连队采访，路途最远的一次是去离团部七十里地的二十四连。那是1971年的3月，为即将召开的全团宣传工作会议做准备，我要和二十四连报道组一起写在会上介绍他们工作经验的材料。那天早晨我很早起来，六点半就匆匆出发了。本来是尚无风雪的多云天气，没想到上路不久就飘起了雪花，而且雪越下越大。我任凭风雪袭面，艰难地走了四十来里，中午时分路过十八连吃了午饭。那里的知青都劝我暂且住下，别再往前走了，但是一想到后天就要开会用这个材料，我咬着牙又上路了。那是一场罕见的春雪，大风裹着飞旋的雪片肆虐狂舞。我踩着没脚深的冰雪路面，步履蹒跚地走着那后三十里路程。天渐渐黑了，晚上六点来钟，我终于抵达二十四连，这时内衣和围巾已被汗水湿透，眉毛和头发上全是霜，真像"白毛女"。我硬撑着用笑脸面对大家，草草地吃了几口饭，便与连队报道组见面座谈。当我坐在点了一盏煤油灯的连部办公室里的时候，感觉比刚到连队时的状态还要糟，只觉得自己的身体和所有的意念正如童话中所描述的那样，飘在了空气里，朦胧中与意识相维系的只有那跳跃的煤油灯火。在幽暗的灯火映照下，我艰难地同报道组的知青们进行着对话，那时在我的眼里，他们的每一张面孔都已恍惚，包括一个戴着眼镜，有浓重上海口音的主要发言人……

沉睡了一夜之后，第二天醒来精神好多了。我知道了那个戴眼镜的上海知青名叫林泽荣，也看清了他的脸，并读了他代表连队报道组写的经验材料，觉得基本可用。不经意间，意外地见到张贴在墙上的一首格律工整的"念奴娇"，一打听，填词人也正是这个林泽荣。没过多久，不知怎的他和我先后都调到团部中学任教师，我们成了同事，五年后他就成了我的丈夫。多年之后当他回忆起我俩初识时的情景时曾这样说："我简直不敢相信，在这么偏远的连队，从风雪弥漫的黑暗中，竟走来一个跋涉了七十多里路的女青年，疲劳至极，还能清晰地与我们谈材料。从那时起，我就对这位女青年萌生了深深的敬意。"

　　我在团报道组工作了一年多，就赶上团机关"精兵简政"，我便成了被精减人员。一天，组织股分管干部工作的卢副股长找我谈话。他先充分肯定了我在报道组工作期间的成绩，然后委婉地指出我由于严重晕车，不适宜必须经常下连采访的工作，需要调整一下工作岗位。接着他提出两个分配方向，一是回到我原先任职的十四连继续当副连长；二是到团部中学任教师，让我考虑周全，自己选择。我几乎不假思索就明确表态："我愿意去学校工作！"卢副股长对我的这一选择似乎不太理解，关心地提醒我："你是副连职干部，完全可以继续留任的，如果不想回老连队，换一个连队也行啊！"我笑着感谢卢副股长的好意，但仍坚持选择当中学教师。他哪里知道，能到学校工作，正是我所期盼的，因为学校在我的心目中是一个"有文化"的地方，教师这个职业是我母亲奉献终生的事业。我一个初中毕业生能到中学任教，还有什么不高兴不满意的呢？

（五）幸运的"沙漠绿洲"

　　团部中学是"文化人"集中的地方，在那个"时刻不忘阶级斗争"的年代，那里也成了所谓"有问题"的人下放的场所。其实，这是一群文化修养很高的非常优秀的人。像我们语文组的老教师邵波，原来是解放军信阳步兵学校的文化教官，他教学极其认真，课讲得精彩。有一次我听了他讲的《鸿门宴》，真是如见刘邦同项羽斗智斗勇的画面，如闻宴席上舞剑和摔杯之声，这是我听过的最好的语文课。然而不知什么原因，他政治上不被信任，有一阵，竟让我这个入行不久的新教师当语文组组长。还有大学毕业分配来的刘耀庭、孙盛成、郎锡荣，都是大学毕业的高才生，他们为人正派，待人诚挚，学识渊博，工作勤勉。这其中刘耀庭更是一位难得的兄长和朋友。他在看

团部中学的刘耀庭老师

似四平八稳中含有一股深刻的大气，而温和的双眸中却分明透出孩子般的清澈。我

与他同在一个办公室工作，我对他的第一印象是他在那些字迹歪歪扭扭的学生作文本上所写下的亮丽的批语，用那样漂亮的字体和那样贴切的言辞来评价孩子们的幼稚的作文，会令人产生一种近乎"奢侈"的感觉，这里面包含着多少他对学生的爱和负责任。当我回到哈尔滨，继续在学校工作期间，刘兄的这种品格依然对我产生着强烈的影响，我常常在不知不觉中就照着他的样子去做了。知青中选拔的教师也都是各地知青中的佼佼者。他们朝气蓬勃，好学上进，像北京知青黄果、席德举、蒋维华，上海知青贺爱英、王顺根、郭君智，天津知青张伦峰、郑占江……这些可亲的面孔随着回忆一下子鲜活地浮现在我的脑海里。我后来常常诧异，在那样一个偏远的地方，竟能遇到那样一些优秀的人，是我此生的幸运！团部中学真可谓那片文化沙漠中的闪光的"绿洲"！

20世纪70年代末，"文化大革命"前期的狂热渐渐被沉闷所替代，政治空气也略微宽松了些。我们的团部中学坐落在山脚下，大家终日活动在寝室、食堂、教室、办公室这四个点里。每天晚上五点半吃晚饭，九点钟回寝室，中间的三个多小时几乎都在办公室里度过。在北大荒漫长的冬日里，我们经常把炉火拨旺，坐在办公桌前比较自由地做着各自想做的事情。当年刘耀庭每天傍晚陶醉地拉小提琴是我们办公室一道独特的风景，室外风雪呼啸沉重压抑，室内《蓝色多瑙河》的旋律轻柔悠扬。就在这琴声和着风声之中，我一边读书一边记着笔记，靠窗而坐的黄果不紧不慢地演算着数学题，而对面桌的席德举总是摆弄着一架半导体听外语——那个年代外语除了用于教学几乎无其他价值，甚至还会引来偷听敌台之嫌，但小席还是执着地学着。今天，想起我们同在一室的美妙的黄昏时光，仍禁不住内心的激动。刘耀庭的拉琴、黄果的演算、席德举的听外语，也许并非只是他们的兴趣爱好，更多的可能是以一种独特的方式倾诉自己的心思和情感。这就是在风雪飘零中的兵团教师们对人的尊严的向往和对知识理性的追求吧！恰恰是这种崇高的向往和追求照亮了我的那段人生。

在那段岁月中，可以说我们是一无所有，唯一的资本就是自己，能选择的也只能是怎样做自己。在我的同事中，有遭政治歧视而一生沧桑者，在我所教的学生中，也不乏父母遭厄运的孩子。在那个年代所谓立场坚定、旗帜鲜明，是衡量一个知青"路线斗争"觉悟高低的主要标志，也与入党、提干、选送上大学等不无联系。但不知为什么，我一直表现得不太引人注意，我愿意给同事以真情，给学生以微笑，愿意倾听他们心中的孤独与苦恼，并尽可能地为他们做一点儿什么。我当时并没有想到，从那时起就种下了我们之间延续了几十年的友谊。

风雪中铸造的友谊是厚重的。1979年的高考，一改前两年对老知青放宽条件的规定，只招收28周岁以下的未婚青年，而我的丈夫林泽荣是准备参加当年高考的上海知青，已经30周岁，我们还有了一个两岁的儿子。那时，兵团已经撤销改为农场，各层面都在落实知识分子政策，刘耀庭从中学上调担任了农场文教科的科长。我即将返城回哈尔滨时去向他道别，交谈中提起林泽荣将痛失今年高考机会的事。他沉吟了片刻后，平静地对我说："你放心回去吧！如果有可能我会帮助他的。"结果他真的想尽办法做到了。林泽荣终于凭借优异的成绩考入哈尔滨师范大学，后来还获得了硕士学位。刘耀庭为此受了责难，刚刚经历过"文化大革命"，试想他当时需承受多大的压力，但是他却从未向我们提起。

（六）被学生感动

我的教师生涯是从十四团团部中学起步的，我的第一批学生是一群天真淳朴的农村孩子。这些孩子衣着简单甚至破旧，见识不多，有的连火车都没有见过，但是，却具有独属于他们的勤劳和友善。每当我走上讲台，面对他们的时候，就会想到我的一言一行、一举一动都会被收进他们那清澈明亮的眼睛中，我决不能玷污了他们心中那片纯净明朗的天空。所以，我非常严格地要求自己，认真细致地备课，精神饱满地讲课，课后真诚亲切地与他们交流，给他们讲故事、猜谜语、朗诵散文和诗歌。在孩子们眼中，我是他们值得信赖的可亲可敬的姐姐。

北大荒冬天的教室要靠烧炉子取暖，而点引炉火的烧柴必须由教师和学生一起上山去砍。我作为一个城市知青，从来没有砍过山柴，我的劳动本领要比学生们差得多。所以，每次上山砍柴，与其说是我带领着学生，还不如说是学生们簇拥着我、护卫着我。到了山上，孩子们去打柴火，只让我给他们看东西。我看着他们像一群小鸟一样欢快地四处散开，钻进林子，跑得无影无踪，不一会儿，就像变戏法似的一个个背着柴捆满载而归，齐刷刷地在我面前站成一排。"胜利啦！下山啦！"孩子们高兴地笑着、喊着。我们一起唱着歌、背着柴捆下山回学校。我至今依然是那么怀念与孩子们一起砍柴的快乐时光！

在团部中学任教时的我

北大荒的冬天虽然寒气逼人，但是我们的教室却总是暖洋洋的。每天早晨我走进教室舒服地享受着温暖，觉得这一切似乎很自然，因为我们班这些热爱劳动的孩子们根本无须我去操心，我甚至没有想过每天早晨都是谁在做为大家烧炉子的事。终于有一天，我清晨六点多钟去食堂吃早饭，见还没有开饭，就信步走向教室。老远就透过窗户的玻璃看见了炉火一闪一闪的亮光。我急忙推开门，只见我们班学习最好的一名女学生张雪芬正在往炉子里加柴添煤，伺候着一炉刚点燃的火苗。我没想到她这么早就来教室生火了，吃惊地问："平时谁来点炉子？"她腼腆地回答："全班同学轮流值日，要是轮到男生值日我就早点儿来，我担心他们只顾贪玩，烧不好。"我的眼睛一下子湿润了。多好的孩子啊，多像他们的父辈——开发北大荒的转业官兵和老垦荒队员们！他们为他人、为国家默默地奉献，不求闻达，不图回报。

我又联想起懂事的张雪芬为班级、为老师做的许多事情。每天放学后，她都留下来打一盆水擦黑板，小手常常被冰冷的水冻得通红。她打扫教室、搬动教具，抢着帮老师干活。她只不过是一个十三四岁的孩子呀！要知道当时是"文化大革命"时期，到处在批判"师道尊严"，我眼见不少城里的学生批斗老师，给老师戴高帽、游街、抄家。而北大荒的孩子们却爱老师，保护老师，照顾老师，他们让我这个初入行的新教师体验到了教师独有的尊严和幸福。我是一个对"感动"二字特别敏感的人，我真的被我的学生深深地感动了！

如今，许多年过去了，想来我的第一批学生也已经人到中年，亲爱的雪芬和你的同学们，你们可好吗？

（七）自由地寻找"秋天"

我在十四团团部中学当了八年语文教师，这是相对比较自由的八年。在那个特殊的年代，教师没有升学率的压力，也无须对学生进行频繁的考试，在总体符合教学大纲的框架内，我可以按照自己的意愿授课教学。

上作文课对我的学生来说是一道难题。这些农场职工的孩子大都没出过远门，见识不多，而且除了毛主席著作，孩子们也没接触过什么课外读物。因此，他们写的作文一般是实实在在的"大白话"，作文内容也往往离不开庄稼院的家长里短，比如写跟着爸爸给老母猪接崽，写和小伙伴一起帮连队拾麦穗之类。我仔细批阅了孩子们的作文，首先觉得真实，是孩子们真情实感的表述，没有矫揉造作的毛病，我认为这是作文最可贵的品质；其次，觉得"大白话"也蛮简单生动，没有堆砌不必要的形容词，从中能感受到农家的生活气息。所以我对孩子们能写好作文很有信心。我想关键是教师要调动孩子们对写作的热情，还要教给他们如何观察事物、选取素材、布局谋篇、遣词造句等办法和技巧。

转眼，秋天到了。我就以"寻找秋天"为题，让孩子们写一篇作文。第二天，当我把作文本收齐，粗略翻阅一遍，不禁哑然失笑：大多数孩子所描写的秋天都是课文里学过的那些话，什么"秋天来了，天气凉了，树叶黄了，大雁往南飞了"等。看来，孩子们没有认真细致地观察和寻找过身边的秋天，对秋天没有具体的、个性化的印象和感悟，只有笼统抽象的概念，所以就会觉得"没啥可写"的，只能抄课本上的现成词句。

为了让孩子们真切地"触摸"秋天，我突发奇想——走出教室上作文课，带学生到山上去"寻找秋天"。到山上去上课，这可是一个大胆的突破，不过当时没有谁来"管束"或"规范"我该如何上课，我的"自由度"还是蛮大的。我和孩子们就兴致勃勃地上山了。我们从山脚沿着一条人踩出来的上山小路向山顶攀登。一路上我不时地提醒孩子们注意观察树木、花草、小鸟、昆虫，见到形状怪异的树木花草或叫不出名称的小鸟、昆虫，就向他们提问："这是什么？这像什么？"孩子们展开想象的翅膀，七嘴八舌地回答，用自己得意的语言进行描述。从山上回到学校，我让孩子们重新来写自己眼中的秋天。这一次作文与前一次相比，全班同学都有了很大进步。我欣喜地看到作文的内容和词句不雷同了，有的文章有画面，有的文章有色彩，有的文章甚至还有乐感。不过，孩子们由于接触文学作品比较少，语言相对贫乏，能感觉出他们心里有不少话想说，但是不会用丰富多彩的文学语言来表达。

怎么办？我忽然想到了一个"笨"办法：我把自己看过并欣赏的描写秋天的诗句和散文段落摘抄下来，有选择地刻写在蜡纸上，然后油墨印刷分发给学生，作为自制的辅导教材。那些日子，我每天晚上或垫着一块陈旧的钢板刻蜡纸，或操起一个粗糙的滚筒印教材，忙得不亦乐乎！我在课堂上指导孩子们朗读这些关于秋天的美好诗篇，一边欣赏，一边思考，作者为什么这样描述秋天？这表达了作者怎样的情感？

就像在做一场演出前的准备工作那样，经过了这么多的"铺垫"之后，我带着孩子们再次上山来"寻找秋天"。上山前我告诉孩子们，这一次的上山路径与上回不同，老师充分尊重每个同学的自由选择，目的是让大家看到不同的风景；同时，我要求孩子们对山脚、山腰、山顶的不同景象进行比较观察，到山顶后，闭上眼睛，静静地沉思遐想，还要从山顶俯瞰山下，体验登高望远、一览胜景的感觉，将来不仅要写出自己眼中的秋天，更要写出自己心中的秋天……

孩子们在经历了三次"寻找秋天"之后，全班同学终于写出了色彩斑斓、个性迥异的"秋天"。更可喜的是，孩子们从此不再惧怕作文，不少同学甚至萌生了对写作的兴趣，懂得了要学会观察生活、做生活的"有心人"的道理。我也像庄稼人收获了累累硕果那样感到欣喜、甜美。

我从教生涯的最初岁月尽管处于那个非正常的"文化大革命"年代，得不到规范的指导，也无人严格要求，但是在一定程度上却有自主支配的时间和自由选择的空间。我可以"异想天开"地到山上或野外上课，也可以用几个星期的时间组织学生多次深入生活去写好一篇作文，这对于我探索教育教学规律是极其有益的。这种"自由"在教育教学走上规范化的今天已经很难实现了。我从自己的从教经历中体会到给予教师自由是非常重要的，一定要留给教师自主支配的时间和自由选择的空间，作为校长需要具有这样开明开放的意识和统筹安排工作的艺术。这也成为我当校长之后一直努力追求的目标。

三、返城归来

（一）被高招办借调的勤杂工

经历了农工、副连长、报道员、教师等多种社会角色的转换，我在北大荒度过了整整十年。十年岁月的流淌，洗去了属于我青春的浪漫、幻想和浮躁。正当我以平静的心态面对现实，真诚地准备献身垦区的教育事业的时候，1979 年春天出现

"知青大返城"的浪潮。一时间，当初如潮水般涌向北大荒的几十万知青，而今又潮水般涌回各大城市。只是当年的"知青"已不再年轻，大批到"而立之年"且拖家带口的返城知青面临无工作、无住房的困境。虽然国家出台了不少政策来安置知青，但特殊年代要求返城知青承担的困难和责任，我们必须得承受下来而无可选择。出于安置知青的需要，当时允许职工退休让子女接班顶替，从教多年的母亲不得不提前退休，离开她所热爱的小学教师岗位，让我接班了。可是按政策规定接班人员是工人编制，不能当教师，只能做校工。于是，已经有八年中学教龄的我来到哈尔滨市一所小学当了一名勤杂工。

北大荒平凡而艰苦的生活教我学会了甘于平淡、耐得住寂寞、甘于从小事情做起。尽管是做勤杂工，但我没有怨言，也不自弃，而是珍惜学校给予我的每一个工作机会，力求做到最好。我每天天不亮就起来，把两岁的儿子送到我母亲那儿安顿好，就骑着自行车早早到学校的传达室上班。尽管北大荒十年的磨砺还是没有改变我晕车的毛病，我唯一能接受的交通工具只有自行车。来到尚空无一人的学校，我先劈柴铲煤点燃茶炉，烧好满满一茶炉开水——北大荒孩子们教给我的引火燃炉的本领使我能从容应对烧茶炉的活计；然后清点分发当天的报纸信件，送到每个办公室和每位老师的桌前；我积极承担学校的填写报表、登记统计学生成绩、出黑板报等与文字打交道的文书工作；我认真细致地管理学校的图书资料，分门别类登记造册，方便教师阅读参考等。我本本分分地做着"拾遗补阙"的勤杂工，真诚、执着、负责任。

可能是我填写的报表清楚工整的缘故吧，这年高考前，区高招办竟点名要借调我这个勤杂工去工作三个月。我坦然地和区高招办的"干部"们一起从事高校招生工作，既不自卑，也不自喜，小心谨慎、踏踏实实做好每一件事情。当时我的主要任务是登记准考证、登记核对考生的分数等事务性、辅助性的工作。这项工作在有些人的眼里可能不那么重要，但在我看来它与千万考生的命运息息相关，来不得半点马虎，不能出一点差错，因为我不能玷污历经"文化大革命"刚刚恢复的国家大学招生工作的声誉，也不能辜负考生和家长的信任。登记准考证和登记核对考生分数的工作非常烦琐细致，而且时间集中、工作量很大，我必须加班加点才能在规定的时限内完成任务。

当我在高招办那明亮的日光灯下一份份地登记着准考证的时候，禁不住回想起在北大荒昏暗的煤油灯下的情景。对比之下，恍若隔世。回首这十年经过的山水丘壑，尝过的苦辣酸甜，竟然觉得人生其实丰富得难以言说。于是想到了王勃的那句："天高地迥，觉宇宙之无穷；兴尽悲来，识盈虚之有数。"生活无穷，生命有限。人生道路上的我们，其实往往就像一个忘记了起点、也不知道终点的旅人，其中的笑泪得失，半在命运半在取舍。

所谓半在命运，是觉得人这一生往往是被时代的潮流裹挟着前进的。而所谓半在取舍，就是要按照人生的理想，无论是在顺境还是在逆境，都坚定地做出不让自己后悔的正确选择。当初我被报道组精简时毅然选择当教师是正确的，如今返城接班在学校当勤杂工，对此我无法选择，但我可以选择把勤杂工做得最好，在这个平凡的岗位上活出精彩，等待为自己改变命运的机遇！

可见，命运也罢，取舍也罢，人归根到底，都要为自己负责，这个责任无可逃避。即使我只是一个小学的勤杂工、高招办的临时工，但我依然必须认真地生活，为自己负责。这份坚定的信念促使我那几年每年都被区高招办借调三个月，既开阔了眼界，也熟悉了不少招生组织和管理工作，为我日后迎来命运的转机打下了基础。

（二）"以工代干"的班主任

区教育主管部门了解到我在北大荒有从教八年的经历，又有我母亲的一些老同事的积极推荐，就破格同意我到另一所小学任教，但身份是"以工代干"。对这个来之不易的教师工作岗位，我格外珍惜，我想家长们把自己的孩子交给了我，我要像对待自家的孩子那样对每一个学生负责。当时，学校让我担任三年级的班主任，而且语文、数学全由我教。过去，我只教过中学的语文，从来没有教过数学，对数学的教材、教法都不熟悉，况且，小学生对教材的感知、理解和识记能力与中学生有很大区别，不能把教中学生的那些做法套用来教小学生。因此，我面临着"从零开始"的挑战。

对于"一切从零开始"，我已经习惯了。当年从城市知青到兵团战士，是"从零开始"；接着从连队农工到机关报道员，也是"从零开始"；后来从报道员到中学教师，又是"从零开始"；最终从北大荒返城做了学校的勤杂工，更是"从零开始"。说实话，我不太惧怕"从零开始"，因为我觉得一切从零开始，是一种勇气，是一种力量，是一种生命的品质！

我马上跑各家书店买来多种教学参考书，到市内的几个图书馆去查找教学资料，然后自学钻研教材和教辅资料，要求自己对教材的内容和编排做到知其然并知其所以然。为了了解儿童不同年龄段的智力活动特征，我开始自学儿童心理学，努力使自己的教法适合儿童心理的发展水平。那时候虽然我的工资很低，生活拮据，但还是自费订阅了《人民教育》《上海教育》《福建教育》和《小学语文教师》等几种杂志，学习优秀教师的教学经验，理解专家学者对教材的分析，结合自己的实践探索教育教学规律。

通过学习儿童心理学，我明白了教师在进行教育工作时必须以儿童心理发展的年龄特征为出发点，一方面，不顾儿童心理发展水平向学生提出过高过急的要求是不对的；另一方面，迁就儿童现有的心理水平，不积极引导学生向前发展，也同样是错误的。我想，数学是一门以抽象逻辑思维为特征的学科，小学生学习数学的过程就是不断地发展着抽象逻辑思维的过程，但是抽象逻辑思维是不可能立刻形成的，而是需要经过一个不断地从具体到抽象、从量变到质变的过程才能实现。也就是说，要让孩子们从不懂到懂，从不会到会，教师必须遵循"循序渐进"的儿童认知规律。首先引导儿童对数量关系的感知、认识从具体事物逐步过渡到抽象概念，经过一些小的量变的积累和巩固，引起小的质变，再经过许多小的质变，从而实现大的质变。所以，我在教小学三年级数学时，按照"循序渐进"的教学思路，根据一个个数学概念和知识点的内在联系，设计一个个向上攀登的"台阶"。这些台阶既不很"陡峭"，不会使学生望而生畏，也不太"平缓"，需要费点力气。同时，每个台阶"环环相连"，具有不可或缺的连续性，从而引导孩子们的抽象逻辑思维从较低水平不断向较高水平发展。我经过两个学期的探索实践，使我们班级的数学成绩上升为全学年第一，我也得到了大多数同事的认可。虽然个别人对我"以工代干"的身份还持有偏见，但我能够直面这些，一以贯之地按照自己的人生目标，认认真真把该做的事情做好！

我常常想起在北大荒团部中学当教师的岁月，每当我登上学校背靠的那座山头，独自站在山顶远眺，山下的林林总总尽收眼底，只觉得心旷神怡，一种"我在山上，你在山下"的自信便油然而生！后来，每遇困难或身处逆境，我就爱用"我在山上，你在山下"这句话自勉。在我看来，一帆风顺只是人们的美好愿望，其实，逆风飞扬才是人生轨迹的常态。我坚信困难和挫折是人生发展的动力。今天，面对有的人对我"以工代干"身份的偏见，我更需要拥有这份自信！

（三）擦干眼泪面对放弃

随着我们国家各领域拨乱反正工作的推进，1981年初，市教育部门针对师资严重不足、一批"以工代干"教师长期顶岗的实际情况，准备在师范学校办一期"内招班"，创造条件让这批非正式教师脱产培训两年，考试合格后就可转为干部身份的在编教师。而且，据主办部门透露，这是唯一一次给予"以工代干"教师转干的机会，可谓过了这个村，就没这个店了！

我们的三口之家

刚得知这个消息的时候，我高兴极了，总算盼来了这一天！可是等我仔细看了招生简章之后，面对这个梦寐以求的机会，我却陷入了两难的抉择。有两种声音在头脑里争执不休：一个声音在催促我，"你终于等来了改变自己身份和命运的绝好机会，什么都不要多想，什么都不要在乎，有一千条、一万条理由该去上这个内招班，安安静静地读两年书！"但是另一个声音在提醒我："这可是两年不带薪的脱产学习。你要抚养孩子，还要供丈夫读大学，你现在每月43元的工资就是一家三口人最基本的生存条件，你可要想清楚啊！"另外，才四岁的儿子如何安顿也是一个难题。我母亲曾帮着我照看孩子，弟弟、妹妹也经常搭把手。但那阵子我母亲有病，自顾不暇，弟弟、妹妹也有各自的工作，我怎忍心再连累家人。我的婆婆远在上海，若把孩子寄养在上海，又要加重她老人家的负担……

我左思右想，别无他路，只能横下一条心，舍弃去师范学校读书的机会。当我做出这一抉择的时候，心中有说不出的伤感和惆怅！我送走了放学离校的学生，独自留在没人的教室里痛痛快快地放声大哭了一场，让泪水冲刷心头无法倾诉的郁闷和隐痛！

然后，我坚定地擦干眼泪，又用笑脸去面对亲人，面对学生，面对生活。我想明白了，放弃这次去"内招班"读书的机会并不是"世界末日"，"以工代干"的身份也不会妨碍我当一个好教师。我可以继续上"自修大学"，通过坚持不懈地自学成就别样的人生！

对于那次刻骨铭心的"放弃"，我早已释然。因为长期结合工作实际坚持自学，使我始终生活在思考的世界里，真切地体验到探索教育工作奥秘的美好和快乐！

（四）在无声世界播撒爱的种子

1981年秋天，我主动申请调到道外区聋哑小学工作。原因很简单，就是特殊教育尤其缺师资，在这样的学校工作，或许在转干问题上比普通学校多一线希望。同时，每个月还可以多挣10元钱的特殊教育津贴，可以给我和儿子买书读。尽管初衷是这样，但我没有用退而求其次的态度对待工作。我在这所学校工作的这段特殊经历对我以后的工作有超乎寻常的意义。

面对聋哑儿童，我走进了一个与正常儿童完全不同的无声世界。聋哑小学的孩子年龄普遍大一些，但是我看到他们的眼神却空洞木然，失去了儿童的天真活泼，有几个孩子还边撇嘴边伸小手指，用手语鄙视我这个新来的老师。我走近他们，用手势表示我想跟他们学哑语，可他们表情冷漠地走开了，因为在他们看来这里是被人们遗忘的角落，他们显然不相信老师会真的愿意融入聋哑人的世界。我的心被深深地刺痛了。痛苦之后，我换位思考：假如我是聋哑儿童的母亲，我会怎么想？怎么做？我决心用真挚的爱去拥抱这些不幸的孩子，让他们感受温暖，感受快乐！

学会手语是在聋哑学校当老师的先决条件。我用"突击速成"的办法开始疯狂地学习手语。我向聋哑校的老教师学，向我的学生学，一个词、一句话地请教，每天晚上照着镜子对口型、练手语。我努力用"半生不熟"的手语与学生对话，不怕说错，也不忌讳学生笑话。孩子们见我真心诚意地学哑语，逐渐改变了不信任的冷漠态度，主动走近我，希望与我用手语对话、交流。

为了进一步了解这些生活在无声世界里的孩子，每天中午我也带饭，和班里带饭的孩子们一起在教室吃饭。有一天，一个孩子带了几块刀鱼，我随意问他们："这是什么鱼？"没想到有一个女孩竟回答："这不是鱼。""为什么不是鱼？"我不解地问她。她走到黑板前，用粉笔画了一条图片中最常见的梭子形状的鱼，然后比比画画地告诉我，图画上的那种样子才是鱼。原来她吃过刀鱼，却从不知道这是鱼。我的眼睛湿润了，要不是亲身经历，谁能相信一个在大城市里生活的孩子竟然不认识刀鱼！

过了几天，我找来一些介绍鱼类的图片贴在教室的墙上，告诉孩子们世界上有各式各样的鱼：它们颜色不同，形状不同，生活习性也不同；主要分为淡水鱼和咸水鱼，刀鱼也叫带鱼，是生活在海洋里的咸水鱼……我又带着那个不认识刀鱼的女孩去菜市场，到卖海鲜的摊位前教她认识多种海鱼。当她见到带状的刀鱼、麦穗样的沙丁鱼、两只眼睛长在一侧的比目鱼等，惊喜地双手竖起大拇指，朝着我一个劲地比画。我知道她在告诉我："今天见到了这么多鱼，真好！真高兴！"

我和聋哑孩子们建立了深厚的感情。我经常把双手合抱胸前，用手语对他们说："我爱你们。"他们也愿意亲近我。每当上我的语文课，他们争着抢着举手"发言"，用手语和我热烈地讨论、交流。我从孩子们眉飞色舞的脸上看到了尊重带给他们的精神上的满足，思考带给他们的由衷欢乐。这一点对于聋哑儿童是多么重要啊！我深切体会到以爱为基础的和谐的师生关系可以点燃孩子们的思想的火花，更能唤起孩子们对生活的渴望和对生命的热爱。

离开聋哑学校很多年之后，有一天，我走在路上，忽然被身后一个跑得气喘吁吁的小伙子拽住了。他高兴地用手语告诉我，他觉得走在前面的人像赵老师，就使劲往前跑，总算撵上了，可我已经认不出他了。他比画着说："你当然认不出我了，你教我们的时候，我才上二年级，现在我已经上九年级了，我们可想你了！"看着这个跑得满头大汗、只为了跟我说句"我们想你"的大男孩，我的眼泪一下子涌了上来，当年用纯真的爱播撒的爱的种子已经发芽、生长。

（五）感谢命运的眷顾

1984 年春天，上天忽然眷顾起我这个一直在逆境中与命运抗争的人。市人事局将举行最后一次"以工代干"人员的录用考试，有三年"以工代干"经历、经统一考试合格者可转干录用。也许现在的年轻教师无法理解，已经 35 周岁并有 14 年教龄的我，听到这个好消息是怎样的激动。真是天道酬勤，考试的题目我看着都似曾相识，有一道大题"请翻译《岳阳楼记》，并谈谈自己的理解和体会"，我简直觉得再亲切不过了。因为《岳阳楼记》是我最喜爱的散文名篇之一，每当心情郁闷、很难排解的时候，我就会背诵一段。

范仲淹以文采激扬的大家笔调，道出了因物悲喜虽然是人之常情，但却不是做人的最高境界，他假托古圣立言，发出了"先天下之忧而忧，后天下之乐而乐"的誓言。这种豁达的胸襟令人感动，引导我走出陷入个人悲喜的迷茫。我想，作为现代的教育工作者，至少不能不如古代的仁人，要超越个人的得失悲喜，以坚定的意志，不为外界条件的变化所动摇，全身心地投入到教书育人的事业之中，这才是我应该追求的做人的理想境界。我把平时经常思考的心得体会都从从容容地写在了考卷上。我感觉那仿佛不是在考试，而是对自己几年来的心路历程进行反思和盘点。

不久，考试成绩公布了，我以全市教育系统第一名的成绩被录用为在编教师，14年在教育岗位上的不懈坚持终成"正果"！我当时欣喜激动的心情根本无法用语言表达。我飞快地骑上自行车，要在第一时间把这个喜讯告诉为我含辛茹苦一辈子的妈妈。由于高兴得晕头转向，我竟然不可思议地骑反了方向，离家渐行渐远，当妈妈得知这个喜讯，饱经沧桑的脸上绽放出灿烂的笑容。她搂着我的肩膀，使劲拍打了一下，说："我一直相信我女儿是最好的！在任何时候都不会让我失望！"

转干之后又有一个到教师进修学校离职学习两年的机会。终于在35岁的年纪，我圆了读书梦，又能够坐在课堂上安安静静地学习了，而且还被同学们推举为学习委员。我倍加珍惜这来之不易的脱产进修机会，利用这段时间，以学到的教育理论为指导，系统整理总结自己从教14年的心得体会。我发现自己真的依恋孩子们，因为与他们一起度过的教育生活才使我逐步摆脱了困境，找到了幸福和欢乐，从而坚定了这样的信念：这辈子能当教师是命运对我的眷顾，学校工作是最有意义、最令人向往的工作。我盼望着进修毕业后立刻回到学校，回到孩子们中间，继续履行教师的使命！

（六）幸福面对 38 双亮晶晶的眼睛

一个人的成长进步总是来自对困难和挫折的超越，这种超越不仅是知识和技术层面的，更主要的是心理和精神层面的。1986年暑期，我以全优的成绩从区教师进修学校毕业，获得了中师文凭。经学校推荐，区里颇有名望的南马路小学没有与我本人见面就决定要我去那里工作。我满怀信心地来到新的工作单位报到，与校长进行了第一次谈话。她问我过去的工作经历，我把在北大荒任 8 年中学语文教师，回城后当过小学勤杂工和"以工代干"的班主任，还在聋哑学校从事了 3 年特殊教育等情况作了简要介绍，校长说我的工作经历太乱。我请校长给我一个机会，试用一个学期。最终，南马路小学才勉强同意我留下来，让我担任四年级二班的班主任，并教这个班的语文。

当我走进四年级二班的教室，只见 38 个健康活泼的孩子齐刷刷地端坐着，38 双亮晶晶的眼睛天真好奇地望着我这个新来的老师。我的心一下子被深深地触动了！我知道我对于这 38 个孩子及他们背后的家庭来说意味着什么；我也知道这 38 个孩子对我来说将意味着什么……冥冥之中，有一个声音在告诉我，"这些孩子是上苍恩赐于你的'礼物'，你要善待他们。"我把自己又重新定位成一个一切从零开始的"学生"，认认真真地备好每一课，翻阅儿童心理学、教育学、小学语文教学法等专业书籍。慢慢地，我发现了我的优势所在，曾经高中语文教师的经历让我对教材的理解会比较深刻，对孩子们的爱更容易让他们亲近我。阅读课上，我声情并茂地给学生范读课文，并指导和要求他们比我读得还要好；作文课上，我给学生朗读我的下水文，并据此进行写作指导……一个月以后，孩子们渐渐喜欢上了语文课，在课堂上情绪饱满，思维活跃，朗读课文的积极性和思考问题的深刻性都有明显提高，他们与我的感情也日益密切。当学期将要结束的时候，我联系了一所非常欢迎我去工作的学校。于是，我把班级的窗帘摘下来洗干净，整齐地叠放在讲台上；又给全班每个孩子写了一张临别留言条，有针对性地肯定他们的优点和成绩，并提出殷切的希望，留言条的开头语是："一百多天过去了，我认识了可爱的你，你给了我欢乐和幸福，老师感谢你……"

当我主动提出调转申请的时候，南马路小学的校长却拒绝给我的调转申请签字，恳切地希望我留下来。就这样，我又留在了南马路小学，那时我没有想到我的后半生竟与这所学校融为了一体。

从那时起，我就全身心地投入到语文教学的改革与探索中。在这段探索实践的日子里，我们区教育界的一些老前辈给了我莫大的关怀和帮助，当时区教育研究中心的韩江雁老师就是其中最令我难忘的人之一。

那时的区教育研究中心还没有独立的办公地点，在我们学校的教学楼内借了一间办公室。我所教的四年级二班的教室恰好就在韩老师办公室的斜对面。韩老师去他的办公室总要路过我们班的教室，有时他走过我班教室门口时，就会停下来听一会儿我的课。有一天，韩老师忽然走进教室对我说，想完整地听一堂我的课。我觉得有些突然，因为我根本没有做这种准备。韩老师笑了笑说，不用准备，赶上哪课就听哪课。我欣然同意。那天，我们学习的课文是老舍先生的名篇《趵突泉》。

韩江雁老师

根据课文特点，我循着自己摸索出来的"以情为线，以读为本"的思路进行教学。刚一上课，我用自己的朗读把孩子们带入情境。我读得投入，孩子们听得入神，沉浸到课文所描绘的意境之中。接着，我把读书的主动权还给了学生，让学生自己也练习读一读。每个孩子都努力地以声传情，试图证明自己的朗读实力。我对他们的朗读热情大加称赞，他们似乎读得更起劲了。但是，毕竟是四年级的小学生，毕竟对文本的解读还不到位，毕竟缺乏朗读的技巧。于是，我又逐句地领读，让学生逐句地跟读。在这一过程中，我又抓住重点句子和段落，引导学生边读边议，引发孩子们的联想。学生把课文读得曼妙婉转，如痴如醉。叶老说过一段话："令学生吟诵，要使他们看作一种享受而不看作一种负担，一遍比一遍读来入调，一遍比一遍体会亲切，并不希望早一点能够背诵，而自然达到纯熟的境界。抱着这样享受的态度是吟诵最易得益的途径。"后来，我让孩子们把自己读得熟熟的美美的句子或段落背诵下来。令我没想到的是，大部分孩子都能将自己喜爱的描写大泉和小泉的句子背诵下来。当我宣布下课了，孩子们还意犹未尽……

听完课，我见平时有点严肃的韩老师笑容灿烂地走过来，朝着我赞许地直点头。后来他多次与我交流探讨如何进行语文教学的改革问题，还在我的业务学习笔记本上写下他的思考意见。记得他在我的《关于"以情为线，以读为本"进行阅读教学的想法》文章后面写了这样一段话："你的认识很深，抓住了'情'与内容和形式的联系性。赞可夫说过，'教师的本领，主要不在于会传授知识，而应在于会组织学生的认识活动'。我觉得你对叶老的几段话的理解和运用可算这个范畴。"这些中肯的点拨，当时给了我多大的激励啊！如今韩老师已经故去了，但他的墨宝直到今天我还珍藏着……

由于韩老师的极力推荐，我们学校的几位领导都来听我的语文课，还安排我参加学校关于语文教学改革的课题，我在学校的处境得到了很大的改善。由此我想到作为后来者，在成长进步的征途中，非常需要有一位或几位指导者给予经常性的帮助和激励。我是幸运的，能遇到韩老师那样的指导者，这份恩情我永远铭记。

（七）割舍不断的自行车情结

在我 54 岁之前，觉得曾带给自己较大困扰的一件事就是晕车。我也见过别人晕车，可像我这么"晕"的，还从未遇见过。由于自己平衡功能的欠缺，我几乎乘坐所有的交通工具都晕。别说汽车、火车、飞机了，就连慢慢腾腾的马车、牛车都晕。要说还算幸运，总算还有一种让我不晕的代步工具——自行车。

每天上班就不用说了，到市、区教育局开会，参加青年教师的婚礼，出席各级教育部门在哈尔滨召开的现场会、研讨会，以及在市内办所有的事，都得靠自行车帮忙。

就是这辆每天都要骑的自行车，不是刮破了我上衣的袖子，就是绞破了我的裤腿，更不要说长距离的骑行使我几乎所有穿过的裤子都被车座磨得过早地起毛，再好的衣服也穿不了多长时间。

骑自行车，对我来说，既没有禁日，也没有禁区。不论是电闪雷鸣，还是漫天飞雪，不论是烈日当头，还是风沙漫天，我都得骑着自行车上下班。哈尔滨的冬天不好过，我的冬天更不好过。下雪天，我上下班的路上结成了厚厚的冰层，我一次又一次地摔倒。

直到 2004 年，我已年过半百，腰椎间盘突出又逐年加重，我不得不忍痛割爱，放弃这个伴我走过大半段人生旅程的忠实伴侣，尝试着各种方法最大限度地克服晕车，一点一点地适应坐车出行。人生有很多时候是不得已而为之的，当你无奈又无力地做出选择的时候，也许最聪明的办法就是顺应。经过艰苦的锻炼，我晕车的情形与以往相比大有好转，渐渐地我终于能乘车了。但是，我却时常回想起在骑车的那些日子里的"美好"，雪下得不大的时候，我会提前从家里出来，一会儿骑车前行，一会儿推车漫步。有时，为了宽慰自己，我也会闲情逸致般地观看房上的雪，树上的雪，空中飘飘欲落的雪。看着看着，我会吟起苏轼的《念奴娇·赤壁怀古》："大江东去，浪淘尽，千古风流人物……"无论怎么说，摔跤总是要影响情绪的，这时，我也会诗兴大发，诌出"风雪人生路漫漫，自行独踏永登攀"之类的诗句。骑车上班的每个早晨，我穿行在骑自行车的人流中，我的脑子里会冒出这样的念头：生活中，每个人都有自己的一座山，关键是能够找到那座山并且坚定不移地攀登上去。即使遭遇人生中的逆风，也依然要乐观地飞扬！坚持登一座山的人一定会到达顶峰，坚持干一种事业的人一定会干得出色，坚持一种生活信念的人一定会充实快乐。也许这就是我今生与自行车割舍不断的情结吧。

（八）未能告别的永别

季羡林先生曾写过一篇散文，题目是《赋得永久的悔》。初读时对这几个字感触不太深，但是不会想到，刚过花甲之年的我，竟真真切切地感受到了什么是永久的悔。

2010 年年末我去外地开会，顺路到天津想去看看在南开大学工作的儿子。当时已是岁尾，哈尔滨又临近冰雪节，所以就想在天津住几天，过完元旦再回去。儿媳在北京工作，那几日儿子也去了北京。元旦当日下午我拨通了家里的电话，与老林闲聊，事后查电话记录发现我们竟交谈了48 分钟。不知为什么，平时少言寡语的他这次居然说了这许多的话。次日中午他又打电话过来，说他上午在

已故丈夫林泽荣

省图书馆看书，现在准备回了。片刻间彼此无言，然后我说了一句："你好好吃饭，后天我就回去了。"那时我何曾想到，这是我今生对老林说的最后一句话。元月3 日，我把儿子在南开大学的家整理得干干净净，顺手把自己随身携带的箱子也装好了，此时已是下午，环视一下周围，突然产生了要走的念头，转念又想，儿子明天就回来了，不差这一天。于是坐下来打开一本正在读着的书，可那天不知怎么了，就是读不进去，心里七上八下地有一种莫名的不安。事后回想，这或许是冥冥中我与老林的心灵感应吧！下午 3 时许噩耗传来，一生酷爱乒乓球运动的他，在单位与

同事打球的过程中猝死在球台旁。这晴天霹雳对我的打击，无论是当时的感觉还是以后的回想，我都不知道用怎样的语言来描述，哪怕他给我一个弥留之际短暂的守护，我都不会这么痛到骨子里，悔到骨子里。

我的儿子林晨

我的丈夫林泽荣，生前是哈尔滨学院历史系教授。祖上安徽旺族，在上海出生。1968年毕业于上海延安中学，1969年上山下乡，在北大荒的生产建设兵团与我相遇。我们相知相伴风雨同舟共同走过了35年。他一生热爱读书，工作认真，课讲得好，学问也做得好。这些好品质都潜移默化地遗传到我儿子身上。特别值得一提的是，1999年第12期的《新华文摘》中"论点摘编"部分刊载了老林的短文，题为《西欧中世纪晚期人们行为方式的变迁》，在"篇目辑览"部分刊载了在南开大学读大三的儿子林晨所写的论文题目《围城主题意蕴研究述评》。这父子二人的名字同时出现在国家社科类最高刊物的同一期上，文字虽然不多，却给我们这三口之家带来莫大的欣喜，我至今还清晰地记得老林给儿子打电话时满脸的兴奋与自豪。

1995 年 7 月 14 日发表于《新晚报》

　　老林读了 7 年书，我支持了他 7 年。硕士研究生毕业后在高校工作直到去世，他整整支持了我 24 年。在这么长的岁月里，我很少打理家务，终日在学校里忙，他走后我竟然不知道交水费电费是怎么回事，神情恍惚地在街上边走边哭泣。记得老林曾写过一篇小短文《家有忙妻》，发表在《新晚报》上。近日我找到这张 1995 年 7 月 14 日的报纸，已泛黄的报纸上林泽荣的名字跃然入目，我顿时泪如雨下。现在提笔写下这段文字以寄托我的哀思。我仰望星空，想对老林的在天之灵说："我们的儿子已是南开大学的副教授，现在去美国哈佛大学做访问学者了，你高兴吧！我们母子知道你挂念我们，我们一定会努力，会好好生活，你放心吧！"

笃学求是

——我的教育理念

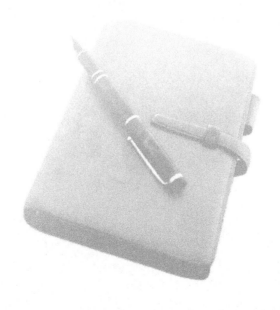

规律最贴近人的心灵，它可以帮助我们做出选择，可以引领我们以简驭繁，简单和少往往会更有力量。金子般的规律在哪里？规律无声，它就在古今中外教育先哲们留下的典籍中，需要我们远离浮华，在静静阅读中慢慢追寻；规律无华，它就在我们每天看似琐屑的教育实践中，需要我们在诚恳的工作中慢慢感悟；规律无色彩，五彩缤纷、夺人耳目的东西，往往正与规律南辕北辙。近年来，学习的价值没有得到应有的倡扬，寻求被观看的功利性却有所增强。在学习与实践中对规律的把握，是一种"慢"，需要我们在一行一页、一点一滴中酝酿、积淀和升华。在这过程中，未必会惊天动地，更不必追求掌声四起。只要我们遵循规律，它必定会照亮我们的工作，也照亮我们的职业生涯。

一、尊重孩子的童年

（一）每个孩子心里都有"花"

美国哈佛大学的心理学家霍华德·加德纳教授曾经提出"多元智能理论"，1986年我在南马路小学做四年级二班班主任的时候并不知道这一点，但是我却知道孔子的"因材施教"，我以我的人生阅历和对教育的理解，也坚持认为，分数绝不是衡量孩子的唯一标尺。在我看来，班级里的 38 名孩子就是 38 处缤纷的景致。山有山光，水有水色，发现这错落有致的水光山色，在心中就有了一幅五光十色的山水画。几年之后，我才在书上读到了"多元智能理论"，这也给我一个启示，只要用心做教育，道理总是相通的。

刚接手四年二班的时候，我发现有个叫尹雪峰的男孩子，下课时总是生活在自己的世界里。他时常静静地蹲在操场的一角，若有所思地不知在想些什么。

有一天，尹雪峰在课堂上不时地朝着窗外傻笑。下课后，我问他："窗外有什么好玩的东西这么吸引你，能告诉老师吗？"他低头不语。

我摸摸他的头，轻声地问他："你上课时朝窗外笑，我真想知道，你想起什么来了。"尹雪峰笑了，神秘地告诉我，课间休息时他在操场上看到那么多蜻蜓在飞，像一架架小飞机，他使劲追着跑，就是没抓到；他还在围墙根看到一窝蚂蚁围拢着在啃一小截香肠，"可有意思了！"

我这才知道，在课堂上他还惦记着那些蜻蜓和蚂蚁呢。"你能这么仔细地观察小动物，挺好，只是上课时就不要再想着它们了，以后上作文课，把你观察到的这些都写进作文里去吧。"对这个没有遵守课堂纪律的孩子，我没有批评，而是给了他一点理解和引导。因为，我知道他张望走神的背后有再正常不过的童趣和可贵的观察力，不能让这些天真可贵的东西在老师疾言厉色的批评中被扼杀。

后来他真的把捉蜻蜓、看蚂蚁的故事写进作文里，尽管字迹欠工整，行文也欠畅达，但写出了真情实感，充满童趣。我像当年北大荒的刘耀庭老师那样，用工整的字迹，在尹雪峰的作文后面写上一段热情肯定的评语，并盖上一个"小红花"印章。从这以后，尹雪峰不但开始信任我，愿意亲近我，把心里的话告诉我，而且渐渐身心融入课堂学习中来了。后来，他考进了上海大学，毕业后在工作中也很有成绩。

　　每个孩子的心里都有一朵"花"，这是想成为一个被人肯定和信任的"好孩子"的"火花"，作为教师要精心爱护这朵"火花"，将它点燃，促它灿烂！每个孩子的"火花"跳跃出来的样子都不同，有的孩子的"火花"是以规矩听话来呈现，有些孩子的"火花"却表现为调皮捣蛋。无论怎样，老师都不要拍灭这星星之火，理解他，呵护他，引导他，假以岁月，火花会变成火焰。

　　一些教师往往以好、中、差来区分班级里的学生，在这样分类的视野下，总会有学生处在被教师"遗忘的角落"。实际上，不可以对孩子进行这样的分类，两千年前孔子就说过"有教无类"，因为每个孩子都是独特的自己。有的孩子，从成绩和班级活动来看，都因为没有明显的特征而容易被忽视，其实如果细心观察，他们的身上同样有"独特"的一面，这恰恰就是"因材施教"的契机。如今已经是南马路小学教师的贾栗强在当时就是这样一个毫不起眼的学生，1996年他刚刚走上讲台的时候还在跟我讲述一件让他不能忘怀的小事。那是在我接班不久时发生的，在检查学生的预习笔记时，我发现这个既不太勤奋上进又不惹是生非的孩子每次的预习笔记都写得很工整。于是我有意识地让组长申明阳在自习课上帮助他整理预习内容，从字词到提出的问题，一一记录在预习笔记上。上课时，我故作"惊讶"地发现贾栗强准备得很充分，就请他到讲台上当小先生。也许是因为从来没有到讲台上讲话的经历吧，这个不善言谈的男孩儿小脸儿涨得通红，说话也因紧张而变得结结巴巴，还不时用眼睛瞟一下坐在下面微笑的我。即便如此，我分明从他的眼中读到了兴奋和激动。从此之后，贾栗强上课很认真，发言也很积极主动，作业完成得更好了。于是，我又在课上表扬他："我发现贾栗强的眼睛会说话！"听到我的表扬，他的小胸脯不由自主地向上挺了挺，听课更认真了。虽然他至今仍不知道这件事情的真相，但我相信在他走上讲台的那一刻起，他会把他得到的爱传递给他的学生。

　　我还发现了鲍慧轶的机敏、曹忠权的忠厚、杨春杰的朴实、刘春梅的勤劳……每次家长会上，我会发自内心地称赞每一个孩子。渐渐地，孩子们变了，他们对学习有了兴趣。让学生获取知识、增长能力，前提是教师要珍视每个孩子心中的"花"，就像没有任何两片雪花是一模一样的，每个孩子心中的那朵"花"，也都各不相同。老师要在细心地观察和体会中找寻到这朵花，精心呵护培植这朵花，这样，每个孩子都会像花朵一样盛开。

（二）教室里的"发现者园地"

苏霍姆林斯基在《给教师的建议》一书中指出："在小学对儿童进行教学，首先就是教给他们观察和发现世界……就是通过对周围世界的视觉感知来丰富他的思想。教育者的任务就在于让儿童去觉察事物和现象中那些最细微的差别和变化，思考各种因果联系。"他的话引起我强烈的共鸣。我在实践中体会到，发现疑问是学习的开始，也是学习的动力，而要使孩子们有所发现，首先应培养他们的观察能力。俗话说，眼睛是心灵的窗户。儿童对周围世界的视觉感知可以促进他们的思维发展。在实际生活中，"美是到处都有的，对于我们的眼睛，不是缺少美，而是缺少发现。"因此，我把培养儿童客观真实地观察和感知周围世界的能力作为教会他们学习的首要任务。

为了让学生养成随时观察周围事物和现象的习惯，我在教室后面的墙上布置了一块"发现者园地"。要求孩子们把自己"发现"的事物和现象及时写一张小纸条，粘贴在"发现者园地"上。每天放学前，我把当天的"发现"纸条摘取下来，请"发现者"在全班同学面前读一遍，并讲一讲"发现"的经过，以便引发同学们的思考和讨论。在整个过程中，老师不提供答案，也不参与讨论，只是为孩子们创造一个自主"发现"和自由讨论的平台。我还为每个学生和每个小组准备了记载"发现"成绩的小红花本，每周进行一次"精彩发现"的评比，由学生民主评议和推选，获得"精彩发现"的个人和小组都能加盖一次小红花印章，看看哪位同学、哪个小组得到的小红花最多，以此激励学生们"发现"的热情和积极性。

"发现者园地"成了培养学生观察能力的舞台。每天，大大小小的"发现"纸条都会把"园地"装扮得琳琅满目，每个孩子都争当骄傲的"发现者"。孩子们的"发现"是那么细致入微，又是那么妙趣横生：

"我发现今天早晨起霜了，马路上、窗玻璃上都'贴'上了薄薄的一层霜花。"

"我发现蚂蚁非常喜欢搬家，不仅在下雨前搬家，大晴天也搬家。"

"我发现蜻蜓的翅膀薄得像纱，飞翔的时候不像鸟儿那样上下振动翅膀，就像一架翅膀平展的滑翔机。"

"我发现冬天汽车尾气管儿里喷出的白雾能融化路上的冰雪，在路面上留下一圈圈的痕迹。"

"我发现下雪后，行人没有踩过的地方是洁白的，雪不容易融化；汽车、行人常走的地方把雪弄脏了，就容易化了。"

"我发现迎春花是先开花后长叶，等枝条上黄色的小花谢了，才会钻出嫩绿的叶子。"

"我发现我家台灯的灯丝断了，我摇晃几下灯泡后刚巧搭上，再装到灯头上去，一拧开关，灯又亮了，而且好像比原先更亮了。"

"我发现邻居家的旧电视机有时候会出现重叠的影子，可我家新买的电视机也有这种现象。"

……

孩子们每天都有许多"发现"，他们不但观察周围的自然现象，寻求科学的解释，也观察社会生活中的不合理、不道德的现象，对此开展批评。从他们的"发现"中我看到了孩子们那纯真善良的心灵：

"我发现妈妈最近很生气，因为爸爸常和朋友去谈生意，总是喝醉了很晚才回家。我不明白为什么谈生意非要喝酒呢？"

"我发现妈妈给姥姥家送的东西总比给奶奶家的好，姥姥和奶奶都爱我们，我不愿妈妈这样做。"

"我发现在公共汽车上有些叔叔阿姨不肯给爷爷奶奶让座，还装着没看见，这可不道德。"

"我发现商场的一个售货员阿姨上班时打毛线，顾客招呼她，她就像没听见似的。要是我遇到这种人，就不理她，也不买她的东西。"

"我发现有的小组做值日时，教室里总是那么干净，而有的小组一做值日，教室就不太整洁。"

……

我当这个班的班主任三年，我们班的"发现者园地"也整整办了三年。三年来，孩子们通过观察周围世界，眼睛亮了，思维活了，想象丰富了，人也变得快乐了，而且还养成了质疑思考的习惯。这正是我所期盼的。

(三)"发现"的意义在于引发思考

在组织孩子们评选"精彩发现"的时候，我遇到了一个问题，这就是评选标准的问题，即什么样的"发现"可称之为"精彩发现"？起初，大多数学生倾向于评选那些提法比较新鲜，现象比较奇怪，效果比较特别的"发现"，像崔宇提出的"课文题目该叫《草船借箭》还是《草船骗箭》"就被同学们一致评为"精彩发现"；而生活中那些所谓司空见惯的现象和问题，尽管很重要，被"发现"也挺不容易，却往往不能入选。比如，有的同学"发现妈妈给姥姥家送的东西总比给奶奶家的好"的问题，就因为"太平常"而没有被评为"精彩发现"。

我设立"发现者园地"的目的是培养儿童客观真实地观察和感知周围世界，通过发现问题、质疑思考，主动去获取知识。儿童和少年具有一种天然的社会直率性，应当引导他们学会分辨什么是好、什么是不太好，什么是真、什么是假。如果把孩子们引入一味钻牛角尖，追求所谓新、奇、特的"发现"中，就有可能偏离我当初设定的"发现是为了客观真实地观察和感知周围世界，引发思考"的初衷。

因此，我提出了一个评选"精彩发现"的标准，就是"真实"。这时，爱动脑筋的刘明同学提出了一个问题："老师，什么是'真实'的发现？"这个问题提得太好了。我因势利导，组织学生在班会上专题讨论"真实的发现"的含义。讨论进行得十分热烈。

一个同学说："真实的发现就是自己亲眼看到或者亲身感受到的东西，道听途说的不算。"

另一个同学不赞成他的说法："亲眼看到的现象也不一定就是真实的，比如，我家花盆里养的一棵芙蓉花在秋天开完花后就渐渐枯萎了，我觉得这棵花死了，就再也没有管它。谁知第二年春天它又发芽长叶了，所以当时我看到的枯萎现象是假死。后来我知道有的花是冬眠植物。"

这个"发现"太精彩了！我立刻接过这个孩子的话头，对大家说："是的，亲眼看到的现象不一定就是真实的，这种情况叫假象。在假象背后一定隐藏着真相，能发现某种现象是假象，就非常了不起，因为发现假象是搞清真相的必经之门。"

很多同学感慨地说："看来眼见不一定为实，真实的发现有时需要经过时间的检验。"

关于假象和真相的讨论使孩子们对"真实"的含义有了更深入的理解。

有的同学说："有时候要说出真实的发现还要战胜自己内心的软弱，不怕揭短，不怕丢丑。我觉得那个发现'妈妈给姥姥家送的东西比给奶奶家的好'的同学就很有勇气，他能批评妈妈的不正确的做法，真的很好！"

孩子们的发言令我感动，他们的心灵多纯真啊！我想起苏霍姆林斯基说过："一个少年，只有当他学会了不仅仔细地研究周围世界而且仔细地研究自己本身的时候，只有当他不仅努力认识周围的事物和现象，而且努力认识自己的内心世界的时候，只有当他的精神力量用来使自己变得更好、更完善的时候，他才能成为一个真正的人。"如此看来，这场讨论实际上就是在精神生活的领域里引导他们开展自我教育的过程，孩子们已经触及了"教育应与自我教育相结合"这个最根本的问题。

这场关于什么是"真实的发现"的讨论统一了大家对"精彩发现"标准的认识。同学们此后在评选"精彩发现"时，非常关注这是不是亲眼看到或亲身感受到的问题，这是不是反映了周围事物和现象的真相，这是不是表明了自己内心世界的真实想法，因为他们懂得了真实的"发现"才是美丽的。

这场讨论也使我获益匪浅，让我认识到此前不曾注意的一些情况。儿童时期和少年早期，即7～11岁，是孩子们开始认识自己、开始自我教育的最佳时期。这一时期他们比较容易接受教师的引导和劝告，也很有兴趣去做那些被人称道的、有益的、光荣的事情。教师在引导学生真实客观地观察、感知周围世界的事物和现象的时候，也要引导他们自我观察，认识自己身上的优点和缺点，对周围的人和事做出正确的是非评价和道德判断。总之，引导学生真实客观地认识周围世界和真正认识自己的内心世界是一个统一的过程。在一定意义上说，这个过程就是激发他们进行自我教育，而"只有能够激发学生去进行自我教育的教育，才是真正的教育。"

苏霍姆林斯基在《给教师的建议》中谈道："一个人应当在童年时期和少年早期，即从7～11岁开始认识自己，开始自我教育。"对儿童而言，自我认知和自我教育是十分困难的事情，需要教师的引导，需要在"媒介"中循序渐进地发生，这种"媒介"就是丰富多彩的班集体活动。若干年后，当我以校长的身份与教师们谈论"如何在班集体中进行自我教育"这一问题时，曾做过这样的比喻：你对一个人反复说胡萝卜如何有营养是不会有任何作用的，必须将胡萝卜蒸了、煮了、炒了、炖了，让他喜欢吃了，胡萝卜素才会被他吸收。

记得那是一次拔河比赛。我班在半决赛时输给了对手，一时间哭声一片。几名学生开始埋怨起来："玩赖，偏向……"回到班级，我写了一张大纸条贴在了"发现者园地"："我发现拔河比赛输了以后，有人在埋怨，找出各种理由为输掉比赛辩解，难道就没有其他的发现吗？"真可谓"一石激起千层浪"，我抛出这个话题后，学生开始了由感性趋于理性的思考，继而又展开了热烈的讨论。孩子们的发现逐渐深入了："其实，我觉得我们失败的主要原因在于我们班的胖子没有他们班多。""我觉得失败的原因在于哨声响起后，我们班并没有马上进入状态。""我觉得大家说得都对，还是我们的实力不如人家，从今天开始，我们班的同学都要好好吃饭，好好锻炼，明年我们还有机会。"经过这样的反思，孩子们不再任凭感情宣泄，不再怨天尤人，而是变得越来越理性、越来越客观、越来越接近事情的本质。随着讨论的深入，我又适时地抛出另一个话题："其实，在我们的生活中，存在着许许多多的竞争。当然，有竞争就会有失败，失败了就会产生嫉妒心理，如何看待竞争、失败和嫉妒，我还想听听大家的看法。"孩子们从拔河比赛谈到考试，从竞争谈到嫉妒，从挫折谈到合作……看到孩子们在争论中渐渐明辨是非，我感到十分欣慰。后来这次水到渠成的班会以《竞争与嫉妒》为题，在市级班队会评选中脱颖而出，并在哈尔滨市广播电台录制播出。从观察自然现象到观察身边的人和事，再到对自己言行的审视，学生的"发现"由浅入深，由表及里，循序渐进。

带学生去游园

在引导学生历经了班队会、春游、运动会、新年联欢会、艺术节等各种活动后，孩子们逐渐学会了遵守规则、与人合作、承担责任……他们在班集体中充分施展自己的特长，发挥自己的潜能，不用担心他人的嫉妒和责备，在自我教育中走向了成熟。在这里，无论成功、快乐，还是失败、悲伤，每个人都始终不离不弃，班级成了孩子们的精神家园。

（四）自能读书

苏霍姆林斯基是一位对我产生了很大影响的教育家，他的著作《给教师的建议》魅力无穷，令我百读不厌。书中所表达的真知灼见和字里行间流露出来的智慧灵光随处可见，可谓常读常新。如果在这本书里找关键词的话，那么"读书""阅读"之类的词汇无疑占据着重要地位。随便阅读任何一条建议，随便翻看任何一页，几乎都可以感受到他对读书的高度重视。"读书，每天不间断地读书，跟书籍结下终生的友谊。""在小学里，你要教会所有的儿童这样阅读：在阅读的同时能够思考，在思考的同时能够阅读。必须使阅读能达到这样一种自动化的程度，即用视觉和意识来感知所读材料的能力要大大地超过'出声地读'的能力。""学生学习越感到困难，他在脑力劳动中遇到的困难越多，他就越需要多阅读。正像敏感度差的照相底片需要较长时间的曝光一样，学习成绩差的学生的头脑也需要科学知识之光给以更鲜明、更长久的照耀。""不要靠补课，也不要靠没完没了地'拉一把'，而要靠阅读、阅读再阅读。"……小学语文教师的首要任务就是要教会学生读书的方法，培养学生读书的能力、兴趣和习惯。

叶圣陶先生也曾对语文教学的目的做过精辟的概括，他说："学生须能读书，须能作文，故特设语文课训练之，最终目的，须自能读书，不待老师讲；自能作文，不待老师改。"

叶老的话从语文学科的工具性方面深刻揭示了语文教学的终极目标，即教学生自能读书、自能作文的本领。读书与作文是紧密联系的，"自能读书"是"自能作文"的前提和基础，是能否形成良好语文素养的关键。因此，我认为教会学生"自能读书"是小学语文教学的重中之重。

何谓"自能读书"？按照叶老的意思就是"不待老师讲"的自学读书。即引导儿童在反复阅读中主动去发现文章写的是什么，是怎么写的，学会欣赏文章的精彩之处，让学生读出兴趣，养成爱读书、会读书的好习惯。我把这样的读书过程加以概括，在语文课堂教学中努力实践并逐步完善，形成了"自能读书"。

"自能读书"分为四个步骤。

第一步，初读识记。

这是"自能读书法"的第一个环节，也是至关重要的一个环节。起初，学生们并不知道拿来一篇新课文，究竟该怎么读。我就在课堂上和学生一起初读课文。教他们怎样圈生字词，怎样标自然段，怎样查字典、词典，读几遍课文才能读到基本正确、流利，并初步理解内容，怎样提出不理解的问题……刚开始，我一点一滴地教，慢慢地，学生就掌握了初读文章的基本要领，能够用"发现"的眼睛自学初读课文，把没学过的生字词圈出来，自己去查字典、词典。同时，能够基本准确、流利地朗读课文，了解课文的大概内容，并记录下自己读不懂的地方，带着初读课文的欣喜与疑问走进课堂。

对于生字词的学习，我也是以学生自学为主，只在一旁加以适当引导、点拨。学生汇报自己在初读时弄懂的字音、字义，并进行扩展组词。其他同学此时也会说出自己新的发现，比如有的发现一字多音，有的发现一字多义，有的发现生字的其他延伸含义，有的发现生活中经常运用、而词典中却没有收录的词语等。我对有新"发现"的学生给予赞许，鼓励孩子们在阅读中自觉开动脑筋。对于学生比较难理解的词语，我则会引导他们通过联系前后文、替换近义词、结合生活实际等多种方法尝试着自己去寻找答案，从不包办代替，更不要求死记硬背，但他们却学得轻松愉快，记得扎实准确。

第二步，圈批精读。

这是赏析性阅读阶段。俗话说："不动笔墨不读书"，这一点让我受益匪浅。我把自己读过的加上批注的书和读书笔记拿给学生看，使学生从感性上认识批注的形式和方法。在教学中，我教学生如何运用各种符号对语言文字进行圈点评注，从而使学生学到这个重要的读书方法，并养成"不动笔墨不读书"的习惯。

《草原》这篇课文的第一段是这样写的：

这次，我看到了草原。那里的天比别处的更可爱，空气是那么清鲜，天空是那么明朗，使我总想高歌一曲，表示我满心的愉快。在天底下，一碧千里，而并不茫茫。四面都有小丘，平地是绿的，小丘也是绿的。羊群一会儿上了小丘，一会儿又下来，走在哪里都像给无边的绿毯绣上了白色的大花。那些小丘的线条是那么柔美，就像只用绿色渲染，不用墨线勾勒的中国画那样，到处翠色欲流，轻轻流入云际。这种境界，既使人惊叹，又叫人舒服，既愿久立四望，又想坐下低吟一首奇丽的小诗。在这境界里，连骏马和大牛都有时候静立不动，好像回味着草原的无限乐趣。

这段文字主要写了作者初入草原时看到的美丽景色及感受。我让学生仔细读这段文字，边读边画出本段文字中描写草原景色的句子，并圈出所描写的景物。学生将描写景色的句子画完后，圈出了"天空、小丘、平地、羊群、骏马、大牛"等词语。然后，引导学生体会"在天底下，一碧千里，而并不茫茫"这句话，学生通过圈画词语很快理解了"并不茫茫"这个比较抽象的词语。继而，我将这些词语按照顺序写在黑板上，抓住这些词语反复引导学生朗读并体会草原的美丽，很快学生就将这段文字读出了感情，多数同学也在课堂上将这段文字背诵了下来。

《飞夺泸定桥》一课有这样一段话：

> 二连担任突击队，22 位英雄拿着短枪，背着马刀，带着手榴弹，冒着敌人密集的枪弹，攀着铁链向对岸冲去。跟在他们后面的是三连，战士们除了武器，每人带一块木板，一边前进一边铺桥。

这段文字写的是二连突击队的 22 位英雄英勇渡桥的过程。教学这段时，我让学生画出描写战士们动作的词语，再想一想作者为什么这样写。通过反复阅读、圈点勾画，学生体会到短短的两句话中，作者一连用了 9 个动词，而且都是一些明快的短句，有力地表现出战士们夺桥的信心和勇气，为后面的胜利做了很好的铺垫。

经常这样训练，孩子就会慢慢地知道什么是文章的精彩之处，这些精彩都是怎么写的了。更重要的是，通过日积月累，学生头脑的词语仓库中的好词佳句、精彩片段越来越多，他们在写作的时候就能信手拈来。

第三步，质疑细读。

宋代大儒张载说："在有疑而不疑者，不曾学，学则须疑。"陆九渊说："为学患无疑，疑则有进。"可见，古人读书特别注重一个"疑"字。在教学中，我经常创设质疑的情境，引导学生发现问题，并且反复强调一个观点：书读完了，没有问题，其实不是真正读懂了书，能读出很多有思考价值的问题，才是真正读懂了书。

有一次，在学习古诗《泊船瓜洲》后两句"春风又绿江南岸，明月何时照我还"的时候，郭珞琪同学突然提出了一个问题："老师，京口和瓜洲之间隔着一条长江，长江的江面是很宽的，诗人怎么可能看到'春风又绿江南岸'的景象呢？"这是我始料未及的一个问题，可是我已经认识到了这个问题的价值。于是，我对郭珞琪大加赞扬了一番后，引导学生展开讨论。我相机抛出了一个问题："这番景象到底是诗人看到的还是想象的呢？再读一读这首诗，谈谈你的理解。"课堂安静了片刻后又一次沸腾起来。有的学生说："我还是坚持这是诗人看到的景象，因为整首诗就是作者停船在瓜洲时触景生情才写下的。"有的学生说："假期里我和爸爸去了江苏，亲眼看见了长江。长江的江面非常宽阔，诗人不可能看到对岸的景象，所以我认为这是诗人的想象。"还有的学生说："我们谁也无法看见一千多年前诗人所在的地方的江面有多宽，因此我认为可能是诗人看到的，也可能是诗人想到的。"……学生各执一词，似乎都有一些道理。我被学生精彩的辩论感动了，接着，又抛出了另一个问题："其实诗歌的魅力就在这'似与不似之间'，不管诗人是看到的还是想象到的，从这句诗我们可以感受到什么呢？"就在这样的质疑探究中，学生们明白了，对岸的景象是诗人看到的还是想象到的并不重要，重要的是通过辩论感受到了诗人那份浓浓的思乡之情。然后，我让学生带着自己的体会再去读诗。学生读得如痴如醉、兴致盎然，读出了诗人那浓浓的"乡愁"，读出了质疑后自己对作品的理解。

第四步，以读促读。

如果语文教师仅仅是就课本教课本，而没有把学生引向热爱读书，那么他的教学无疑是残缺的。叶圣陶先生对课内外阅读的关系有一段精彩的论述。他说："就教学而言，精读是主体，略读是补充；但是就效果而言，精读是准备，略读才是应用。"很多文学大师也认为，自己的文学素养并非是课本上学来的，大多是靠课外阅读积累起来的。我以语文书里的课文作为课外阅读的突破口，学完一篇课文，就将相关的文章或整本的书推荐给学生。可能是同一个题材、同一个体裁或者是同一个作家、同一种风格的文学作品。比如，学完毛泽东的《七律·长征》，就向学生推荐《毛泽东诗词》，让学生选择性地进行拓展背诵；学完老舍先生的《草原》，就将其他一些描写草原的篇章印发给学生；学完《草船借箭》，就推荐学生去读一读《三国演义》……这种以教材为原点，发散式的拓展阅读，极大地提高了学生的课外阅读的质和量。

通过实施"自能读书"，学生们的读书能力有了明显提高。如今，这批学生早已长大成人，他们回来看望我的时候，常常提起在后来的学习和工作中得益于小学时学到的读书方法。在我的头脑中，始终有一种"大语文"教学观。我觉得，语文教学的目的不是让学生学会一篇篇课文，而是通过一篇篇课文的教学，使学生学会读书、写作的方法，达到叶老所说的"教是为了不教"的目的。

（五）思辨的精彩

教学的根本在于引导学生主动思考，而思考的起点就是疑问。我常常鼓励学生要敢于提出问题。有一次，学校安排我上公开课，我讲的是《草船借箭》。照例，我在前一天布置的作业是让学生预习初读。

上课了，我刚在黑板上写完课文题目"草船借箭"四个大字，爱提问题的崔宇同学就迫不及待地站了起来："老师，这个课文题目起错了，应该是《草船骗箭》。"我毫无思想准备，下意识地问了一句："为什么？"崔宇说："明明是诸葛亮用计谋把曹操军队的箭给'骗'来的！所以应该是《草船骗箭》。"崔宇的新"发现"完全出乎我的意料，我发现全班同学的眼睛一下子亮起来。该如何处理这一突发事件呢？苏霍姆林斯基说过的一番话马上从脑海里跳了出来："在教学过程中产生的儿童的良好情绪，对于培养学习愿望起着很大的作用。教师的任务就是要不断地发展儿童从学习中得到满足的良好情感，以便从这种情感中产生和形成一种情绪状态——即强烈的学习愿望。"我想，崔宇同学提出的问题已经引起了孩子们的兴趣，他们有了要搞清这个问题的强烈愿望，我应该"趁热打铁"，组织孩子们开展讨论，让孩子们在自觉自愿的学习活动中获取知识，得到精神上的愉悦和满足。于是，我微笑着对全班同学说："崔宇同学今天敢于在公开课上向书本发起挑战，我提议，把最热烈的掌声送给他！"于是，教室里响起了一阵掌声。我索性放下了原来的教学设计，就从这个问题入手，让学生再读一读课文，从文中找到依据，然后谈自己的观点。于是，一场"课文题目该叫《草船借箭》还是《草船骗箭》"的讨论在公开课上热烈地展开了。

　　孩子们为了能在讨论中说出自己的精彩观点，认认真真地研读起书本来。孩子们的发言很有见地，在充分讨论中把对课文的理解引向深入。有的学生说，《草船借箭》的"借"字用得"雅"，用得"含蓄"，如果把"借"字换成"骗"字，就显得"俗"，也过于直白。有的学生说，诸葛亮是在熟知天文地理又洞察曹操心理的情况下，靠智慧用计谋"借"箭，赢得正当合理，不是搞歪门邪道，如果用"骗"箭，似乎有损诸葛亮的高大形象。也有的学生反驳说，"兵不厌诈"是军事上的常用手段，"诈"就是"骗"，用"骗"字也不会贬低诸葛亮的伟大。有的学生说，我发现作者是站在诸葛亮一方来看待"草船借箭"，通过"我"方的神机妙算向敌方军队"借"箭，一个"借"字可以显示出敌我双方力量的你消我长，更可以说明我方的高明、敌方的愚蠢，而用"骗"字就没有这样的对比效果。还有学生说，我发现这个"借"字有双重含意，周瑜妒忌诸葛亮的才干，设了一个圈套向蜀国"索"箭，诸葛亮无奈，只好用计策向曹操"借"箭，这种所谓"借"是有借无还的，实际上是诸葛亮向曹操"索"箭，只不过周瑜是以要挟诸葛亮立军令状的手段明"索"、硬"索"，诸葛亮是用智慧暗"索"、巧"索"，这里的"借"其实是假"借"真"索"……看着、听着孩子们兴致勃勃地讨论，我在一旁时而投以赞许的微笑，时而引导学生从书中寻求佐证；时而帮帮这一方，时而帮帮那一方。孩子们情绪越来越高涨，对课文的理解也越来越深入。时光飞逝，转瞬间，一节课就在意犹未尽中结束了。到底是"借"好还是"骗"好，我在讨论的最后也没给学生一个定论，只是让孩子们课后再读一读《三国演义》，到原著中继续寻找答案。

　　就是这个没有结论的结尾引起了又一轮"三国热"。我们班变得更热闹了，简直成了《三国演义》的学术沙龙了。有的同学为此看了《三国演义》的全套连环画，有的同学到学校图书阅览室借阅少儿版的《三国演义》，有的同学去翻看爸爸妈妈的藏书，看起了原版的《三国演义》。同学们利用课间休息的时间，三三两两地自发讨论。讨论的话题也从《草船借箭》拓展到了《三国演义》的众多人物和故事中去了。

　　正是这个见仁见智的问题让孩子们在读书时能主动去探索并积极思考，拨开人云亦云的迷雾，在思考中慢慢感受到成功的喜悦，发现学习的乐趣。这正是自主学习能力提高的信号，他们成了学习的主人。

（六）在小组合作中感受成功的快乐

新课程改革以来，"自主、合作、探究"的学习方式越来越受到广泛的关注。回想当年做教师的时候，我就在班级中组织学生成立了学习小组，根据每个孩子的特长，让每个孩子都有"活"干，给每个孩子都封一个"官"。孩子们在合作中相互取长补短，在合作中彼此分享学习成果，营造出了良好的班风及和谐的人际氛围。

在自习课上，我不要求鸦雀无声，只要是讨论和学习有关的问题，就可以自由交流，但要尽量控制音量。每个组长都像小老师一样，把自己的小组管理得井井有条。预习初读这项作业很多时候都是在自习课上完成的。学生在组内轮读课文，就课文中需要查字典、词典的生字新词开展分工合作，把课文读得有滋有味。

语文课上，我按照"优势互补、错落有致"的原则排好座位，组成四人学习小组。课堂上，我经常提出值得探究的问题，创设合作学习的情境。比如，《记金华的双龙洞》一课，我在研读教材时发现，课文的第四自然段里写道："泉水靠着洞口的右边往外流"，第五自然段里写道："在外洞找泉水的来路，原来是从靠左边的石壁的下方的孔隙流出"，第七自然段里写道："泉水靠着右边缓缓地流"。我抓住课文中看似矛盾的地方，卖了一个关子："老师在备课时发现一个问题没想明白，请同学们帮我个忙好不好？"同学们都想知道连老师都弄不明白的会是什么问题，因此注意力格外集中。我一看时机成熟就提出了一个问题："四、五、七三个自然段中都有写泉水流向的语句，但是所写的泉水的方位不一致，一会儿右边，一会儿左边，一会儿又是右边，给我搞晕了，是不是课文出了什么问题？你们仔细地读一读课文，在小组内研究研究，每个人都要发表自己的看法。我相信，聪明的你们一定能帮助我解决这个难题。"问题一抛出，孩子们便认真地读起书来，都想显示自己高明的见解。不一会儿，各个学习小组开始热闹起来，有的小组抓住文中的重点词句说明自己的观点，有的小组一边画线路图一边解说，还有的小组内部就产生了两种答案。到了汇报的时间，各小组争相发言。"老师，我们小组认为作者确实写错了！"李颖第一个站起来代表她们小组发言。听着她那坚定的语气，我微笑着继续听她说理由，"作者游览的顺序是由洞口到外洞到孔隙再到内洞，所以泉水应该一直在右边流，怎么可能流到左边去呢？"她的话音一落，王乐君立刻站了起来，"我们小组不同意李颖的看法。我们觉得，作者没写错，是你们理解上有错误。因为'泉水从右边往外流'是作者在外洞时看到的；'从靠左边的石壁的下方的孔隙流出'是作者在外洞的孔隙位置看到的；而'泉水靠着右边缓缓地流'是作者在内洞看到的，观察的方位不同，因此泉水的流向也不应该一样。"这时，我追问了一句："从文中的哪些词句可以看出作者的观察方位不同？"王乐君马上补充道："从'走进去'可以看出作者已经到了外洞，从'泉水靠着洞口的右边往外流，这是外洞'这句话中可以看出作者是站在外洞面对着洞口。第五自然段的前两句话是'在外洞找泉水的来路，原来从靠左边的石壁下方的孔隙流出。虽说是孔隙，可也容得下一只小船进出。'这是作者面对着孔隙看到的。在第七自然段的开始作者说'在洞里走了一转'，后来说'排队等候'，可以看出作者在内洞走了一圈以后，又面对着洞口的方向。"王乐君的发言一结束，付鹏又站了起来，说："我同意王乐君的观点，我们小组还画了一个线路图，也能说明这个观点。"我示意他到前面向大家说明。接着，他又结合线路图讲了起来，李颖那一组的同学也被说服了。听了学生们精彩的发现，我激动地说："你们真了不起！读书多认真！"这节课真的又一次让我体会到了小组合作学习的优势。

（七）课外阅读乐陶陶

在我的人生历程中一直有书为伴，这一习惯不仅传给了我的儿子，也影响着我的学生。我在班级里引导学生阅读课外书籍。20世纪80年代末，人们的生活还比较窘困，出版业也不像现在这样发达，适合儿童阅读的图书更是匮乏。我就把给儿子订阅的杂志、在书店购买的小人书和家里的一些藏书拿到班级和孩子们共享。让每个孩子从家里带来一些适合自己阅读的书，成立了班级图书角。图书管理员由学生轮流竞聘上岗——谁在一段时间内读的书多，感受深，谁就有可能竞聘成功。这个举措调动了学生课外阅读的兴趣。

渐渐地，有一小批学生尝到了课外阅读的甜头，也有了一些读书心得。见时机成熟，我就组织学生召开以"读书，真好"为主题的读书交流会。孩子们互相推荐自己读过的好书，彼此分享读书的乐趣。他们读《抗日英雄小故事》，被书中的海娃、嘎子、雨来、王二小等小英雄的事迹感动着；他们读《雷锋日记》，被雷锋叔叔的"钉子精神""牺牲精神"感动着；他们读《舒克和贝塔》，被中国童话大王郑渊洁笔下两只小老鼠的机智勇敢所吸引；他们读严文井的《小溪流的歌》、林海音的《城南旧事》、冰心的《寄小读者》、张乐平的《三毛流浪记》；他们读《钢铁是怎样炼成的》《环游地球八十天》《木偶奇遇记》《卓娅和舒拉的故事》《格林童话》《童年》等优秀外国文学作品……受到爱读书孩子的"传染"，那些还没有体验过阅读快乐的孩子也开始跃跃欲试了。

后来，我还利用假期组织学生去书店、去图书馆阅览室、去我家里的小小书房，让孩子们沐浴在书籍播撒的阳光里，开阔视野，滋养心灵，启迪智慧。

经过一年多的时间，我们班的读书氛围空前浓郁。一次偶然的机会，鲍慧轶同学在星期天去书店发现了一本好书——《宝葫芦的秘密》，爱不释手，可是又没有钱，就只能利用每个周日去书店看一个小时。用这个笨办法坚持了一个多月才把书读完。他把自己的"发现"推荐给其他同学，另几个男孩子也如法炮制，享受了一顿免费的精神大餐。刘春梅同学偷听到这些男孩子神秘兮兮地谈论这本书后，也忍不住要读了。她软磨硬泡从父母手中要来零用钱把这本书买了下来，一口气读完了。刘春梅还主动地把这本书借给自己的小伙伴，后来干脆就在班级中传阅开了。等大家都读完，这本书已经是面目狰狞、惨不忍睹了。我看孩子们看得如痴如醉，也忍不住想读一读。这一读，勾起了我的兴趣，也给我带来了灵感：何不抓住这个契机，在班级里召开一次读书会呢？于是，以"《宝葫芦的秘密》纵横谈"为主题的读书会诞生了。令鲍慧轶和刘春梅没想到的是，在家长会上，我买了两本张天翼先生的童话《大林和小林》作为礼物赠送给他们，感谢他们为班集体在课外阅读方面做出的贡献。

这次读书会后，我们班的课外阅读之风再一次掀起了高潮。后来，班里又开展过"我发现的好书""好书片段赏析"等读书会。徜徉在书籍的海洋里，孩子们有了更多、更新、更深刻的发现，班级的"发现者园地"也增添了很多新内容：我发现想象的世界真有趣，我发现老师也像我们小孩子一样喜欢童话，我发现其实我们每个人都能写故事，我发现课外阅读让我变得快乐了……孩子们课堂上发言的深度和广度也有了明显的提高，还时不时地提出一些把我问倒的问题。回到家里，他们更多的人把读书当成了课余生活中重要的娱乐方式，他们的内心世界变得越来越丰盈。

（八）兴致盎然的活动课

在当了三年班主任之后，1989 年我担任了南马路小学的教导主任，除了分管日常教务、人事、宣传等工作，还主抓活动课。当时，活动课是南马路小学的特色，在哈尔滨市颇有名气。

既然是自己分管的工作就得认真做。我首先对参加学校活动课学生的基本情况进行调查摸底，登记造册。了解情况后，我发现经常参加活动课的孩子并不多，只有各班的几个"特长生"。学校花钱聘请专业文艺团体和少年宫的专业老师对这些"特长生"进行重点培养，并选送他们参加全国和地方的各种少儿比赛，为学校争得荣誉，而大多数孩子事实上是被排斥在活动课之外的。同时，活动课也只开设了舞蹈、美术、书法、声乐、器乐几个艺术类活动项目。我坚持认为，活动课不能只培养为学校争荣誉的"代表队"，必须面向全体学生，让每一个学生的个性特长和兴趣爱好得到发展。

为了让全体学生都能参与活动课，我和学校领导班子商量，决定遵照陶行知先生关于"生活即教育"的思想，把活动课纳入学生的日常学习生活中，使之常态化、制度化。我们规定每个星期三的下午为全校活动课时间，无论哪个年级的学生都可以根据自己的兴趣爱好自愿选择参加相应的活动小组。没差异的教育不是素质教育，差异往往在选择中。为了满足孩子们广泛参加活动课的需要，我们开设了口琴、竖笛、合唱、舞蹈、绘画、书法、航模、船模、种植、养殖、武术和诗词创作等十二大类二十七个活动班组，给每个学生以充分的选择机会和发展空间。这些活动小组，很多都观看性不强，也没有比赛可以参加，但是，孩子在其中收获着真实的兴趣和由衷的快乐。

既然活动课的着眼点已经不是供人观看和比赛竞技，那么我们也就发现不必一味到校外请专业教师来"训练"孩子，不妨"就地取材"，发掘我们本校教师的潜能，让孩子们的活动课也成为教师拓展能力的空间，让师生在另一片天地相互激发、相互创造。

由于我们创造条件让更多有兴趣的孩子参与，活动课呈现出勃勃生机。全校1000 多名学生都参加到了活动课中，各个活动组大都人员爆满，其中武术班有 300

多个孩子，合唱团有100多个孩子。孩子们高兴极了，积极参加自己感兴趣的文艺、体育或科技活动，在学习专业知识和技能中品尝成功的喜悦。

在活动中，受个体差异的限制，学生的直接成果水平可能不太高，但是作为"活动"却是成功的。因为学生取得成果的过程中，所体验、经历的一切，才是最重要的。所以，我在活动课中始终要求教师对过程的关注要大于对成果的关注。当时，养殖小组的孩子们在老师的指导下养鸽子、养金鱼，每天写观察日记。记得有一次，一只鸽子生病了，不几天又传染给另几只鸽子。孩子们急得坐立不安，放学后就赶往市图书馆查资料，探究鸽子的病因，并悉心给鸽子配药、喂药。虽然鸽子最终没能救活，但是孩子们搞明白了鸽子所感染的病毒，还找到了预防疾病的办法，收获颇丰。

在人的生命中审美需要是高层次的需求，一个缺乏审美情趣和审美能力的人，生活必定是枯燥乏味的。所以，我在活动课中，坚持培养学生具有一双发现美的眼睛。音乐活动是陶冶儿童情操、提高审美水平的重要途径，我也很想让"器乐进课堂"，使每个孩子都学会一种乐器。考虑到我们学校大多数学生家长是城市平民，家庭经济拮据的实际情况，我和音乐教师反复商量，最终选择了价钱最便宜的两种乐器——口琴和竖笛进课堂。我们学校的每个学生上学时都随身携带口琴和竖笛，他们在音乐课上集中学习乐理知识和吹奏技巧，在课间休息和课外活动时间就自由练习、自娱自乐。校园里到处飘荡着悠扬悦耳的琴声和笛声，激越奔放的《欢乐颂》、优雅舒缓的《啊，苏姗娜》、清新芬芳的《茉莉花》……中外经典乐曲的旋律滋润着孩子们的心田。"器乐进课堂"活动培养了孩子们的音乐素养，使他们终身受益。有几个过去不知音乐为何物的"淘小子"，长大以后竟成为专业演出团体的手风琴手和黑管独奏演员。

活动课充分激发了孩子的潜能，培养了他们的兴趣爱好，使他们的个性特长得到了充分的挖掘和展现。过去一些学业处于中等或中下等的孩子在活动课中显露出的才华让老师们赞叹。如今已是中国人民大学美学博士、《中国书法》杂志编辑的赵际芳，在当初就是一个默默无闻的学生。她在活动课中喜欢上了书法，显现了出众的才华，不到三年的时间就获得了全国首届少儿书法大赛的一等奖。

诗词创作班的60多个孩子跟着老师学做"五言""七言"等格律诗，一年下来创作编撰了一本诗词集。一些原来语文成绩中等水平的学生在参加诗词创作班后喜欢上语文了，学习成绩也明显提高。有的在小学毕业之后还给诗词创作班的指导老师来信，表达自己对古典诗词的喜爱，寄上几首新创作的诗词，与老师切磋唱和。

几年的活动课为孩子们发展个性提供了一方自由的天地。在这方天地里，他们的潜能得到了发挥，个性得到了张扬，他们的童年生活，也因此变得丰富多彩。

童年不仅是一个美好的词语，还应该是一段美好的记忆。在这段记忆中，应该有声有色，有滋有味，有笑有泪，这样的童年才是天真烂漫、无忧无虑的。可是，今天的孩子又是在怎样度过他们的童年呢？我们教育工作者应该为孩子的童年负责，引领他们亲近自然、拥抱书籍，尽我们所能给孩子们一些原本属于他们的东西，让他们真的拥有一段金色的童年。

二、学校是引发学习的地方

2001 年，我被遴选为教育部"更新教育观念报告团"成员，在全国六大行政区做巡回报告。我当时报告的题目是《构建学习化校园》，其中提出的一个重要观点就是"学校是引发学习的地方"。人们常说，学校是学习知识的地方，而我更想说，学校是引发学习的地方，不仅要引发学生的学习，更要引发教师的学习。正如著名教育家弗莱雷所说："教育的作用就是为学习自觉化的形成提供援助。"所以说，我们的学校，如果不能引发学习的话，那么它就失去了学校最可贵的意义。学习重新诠释着学校，学校也赋予了学习更丰富更深刻的内涵。

我在当了三年教导主任和两年副校长之后，于 1994 年秋季被任命为南马路小学的校长。南马路小学地处经济发展较落后的道外区，学生都是平民子弟。面对办学条件差、教育经费不足、教师素质平平等诸多困难，应该怎样确定办学目标？怎样做才能让教师的生命有质量？靠什么让南马路小学走上振兴之路？我还是从自己的人生感悟中选择了起点。

我受母亲的影响，从小就有爱书的情结。有些书虽然看不懂，但是却喜欢从书中散发出来的那种香气。几十年之后我才品味到，我一生都喜爱的书的气息，其实是人类的群体才智结晶成的生命芳香。青少年时代大量阅读文学作品，对我的一生都有很大的意义，这也是我成为南马路小学校长后，执着地要让孩子们多读书的原因之一。

回味幸福的少年时光，在母亲娓娓动听的讲述中，我吮吸着中国古典文学的丰富营养；在哈尔滨市图书馆那洒满阳光的欧式大厅里，我如饥似渴地阅读了那么多中外经典的文学名著。在书香的熏陶下，我打下了比较扎实的语文基础，获得了生平第一个作文竞赛的一等奖，在稚嫩的心田里播下了崇尚文明、热爱文学、喜好读书的种子。

回味在北大荒十年的蹉跎岁月，冰天雪地，文明中断，自然条件的恶劣和精神上的迷茫，足以使人的理想与激情破灭。然而，人往往有一种倾向：缺什么，便渴望什么；而一旦拥有，又常常不够珍惜。我由于受"文化大革命"的影响，只念完初中便过早地失去读书的机会，所以对读书有着超乎常人的渴求。无论在牛棚马厩，还是煤油灯下，我都孜孜不倦地与书相伴。于是人生便产生了不同的意义和结果，我成为一个还算称职的中学语文教师，就此开始了无怨无悔的教书育人的生涯。

回味返城后身处逆境的"蛰伏"日子，当校工，烧茶炉，"以工代干"，转正无望，上学"弃权"，调动受阻……但是，我没有沉沦！因为北大荒这所没有围墙的自修大学、实践大学赐予我千金难求的素养——不怕吃苦，勤奋学习，实在做事，真诚待人，心态平和，懂得感恩，对每一件经手的工作，都养成反思与审视的好习惯……于是，我把"蛰伏"期作为"厚积薄发"的储备期，珍惜并抓住来之不易的转正、进修、调动、做公开课等一次次机会。最终，机遇还是青睐有准备的人，我从逆境中走了出来，站在了小学校长这个职业生涯的新的起点上。

特别是我曾经读过的西南联大的书，给了我很大启发。1937年抗战全面爆发，清华、北大、南开三所大学被迫迁往西南边陲昆明，在那里临时组成了一所大学，就是西南联大。1937年到1945年间，西南联大的物质条件极其破败。杨振宁日后回忆："教室是铁皮屋顶的房子，下雨的时候叮当之声不停。地面是泥土压成的，几年之后，满是泥坑。窗户没有玻璃，风吹时必须用东西把纸张压住，否则就会被风吹掉。"而且不时地有轰炸，要逃难要搬家，可是只要静下来，这所学校就会有一群人在那里读书，一群人在那里讨论。教授们很穷困，可是都在那里研究学问。据统计，2522位西南联大毕业生中，获诺贝尔物理学奖2人，获国家最高科技奖3人，"两弹一星功勋奖章"获得者6人。中央研究院第一届81位院士，西南联大有26位。后来的两院院士中，西南联大出身者占171席。校舍如此简陋，何以成为最成功的大学，令后世办学条件优越的中国大学无法企及？究其原因，是因为西南联大集三所大学优秀教师之鼎盛，而且这所学校有一个民主、自由、独立的学术氛围。有一位学者写过这样的一段回忆，说他当时就是西南联大的一名普通学生，也没有什么太明确的需要，就是听老师讲课的时候，产生了一个想了解一下英国海军作战史的想法，于是他到学校的图书馆去借书，因为当时英文书是很珍贵的，需要将它们装在箱子里，随时准备逃难时带着走。所以当时他去借的时候，图书管理员就面有难色地看了一下馆长，可是馆长马上说："开箱、开箱！"结果费事地把这本书给他找了出来，这就是当时的西南联大。

这个故事一直在启迪着我，让我深刻地感受到这所学校尊重人，尊重知识，尊重爱读书的人。我任校长以后，就有了一个坚定的想法，那就是要通过抓教师的读书学习带出一支终身学习的优秀教师队伍，因为只有这样，学校的发展才可能有后劲儿。西南联大现象，让我想到了苏霍姆林斯基所说的一段话，他说："集体的智力财富之源首先在于教师的个人阅读。真正的教师必是读书爱好者，一种热爱书、尊重书、崇拜书的气氛，乃是学校和教育工作的实质所在。一所学校可能什么都齐全，但是如果没有为了人的全面发展和丰富精神生活而必备的书，或者大家都不喜爱书籍，对书籍冷淡，那么就不能称其为学校。一所学校也可能缺少很多东西，可能在很多方面都很简陋贫乏，但只要有书，有能为我们经常敞开世界之窗的书，那么这就足以称得上是学校了。"所以我担任南马路小学校长伊始，就横下心来将引发教师读书学习作为学校的头等大事来抓。

（一）学习是一种环境

1. "首席学习官"的艰难发动

长期以来，人们似乎习惯于这样来理解"学习"，认为"学习"仅仅是一种个体化的行为，是由书本向记忆的搬运，它能成为我们的藏书和词汇，但是往往不能成为我们的生活。至于看待学生的学习，则理解得更为狭义，家长、社会，甚至教师和学生本人也都以为，学习就是上课、学教材、做课堂练习、写家庭作业，最后是通过考试来检验优劣。面对 21 世纪的今天，我们再也不能这样片面地来理解学习了。古人说："教化入微"，意思是说好的教育不带有明显的刀砍斧凿的痕迹，而是

在黑龙江省庆祝教师节大会上发言

很微妙的像"随风潜入夜，润物细无声"的春雨，融入日常生活之中，继而逐渐地影响人、塑造人。也就是说，教师和学生并不觉得自己是被强制着在刻意地做些什么，但在一天天自觉自愿的学习生活中，便发生了潜移默化的变化，这就是学习所自然产生的浸润性。所以，我从1994年抓教师读书伊始，就强调对个人而言，学习是无时不有、无处不在的，学习就是生活本身。而对一所学校来说，学习首先是一种环境、一种氛围。

在阅读了一些关于构建学习型组织的书籍后，我对国际上许多知名的学习型企业的一条重要经验留有深刻印象，那就是需要一位"首席学习官"。我想，要构建学习型学校也是同理，需要有一个既重视自身学习，又重视团队学习的校长。有了这个意识，我先进行"自我发动"，严格要求自己多读书，并努力地学以致用。我制订了读书自修计划，开列了一个读书目录，要求自己不管多忙，都必须完成当天的阅读任务，认真做好读书笔记，摘录经典教育言论，将理论运用于工作实践，写下心得体会。有时候白天工作忙没时间看书，晚上挤占睡眠时间也要多读一会儿书。与此同时，我横下一条心来抓教师的学习，我明确地对全校教师说："只要我在这所学校当一天校长，读书就是学校里最大的事。"

应该怎样引领教师走上读书这条路呢？学习型组织理论提醒我们：与方法论相比，认识论是第一位的。有了深刻的认识，才会有持久的动力。首先，我和老师们一起学习读书对教师有重大意义的论述，同时查摆工作中因不读书而出现的误区，大家很受触动。陶行知先生在《教师自己主动进修》一文中说："有些人一做了教师，便专门教人而忘记自己也是一个永久不会毕业的学生。因此很容易停止长进，甚至未老先衰。只有好学，才是终身进步之保险，也就是常青不老之保证。"这段话就是我们当年学习过的，至今还记忆犹新。我也反复告诉老师们一个道理：教育是薪火相传的事业，一代又一代的教育先哲们付出艰辛的劳动，摸索出来的教育规律和教育智慧都留在了书籍里，这些被一代又一代的教育工作者所证明、古今中外都适用的好东西，我们的教师不去学习借鉴，整天一片好心在那里辛辛苦苦地做错事，这是教育的悲哀。

在日本的学校教育中曾一度把"勉强"这个词用作"学习"的含义，《汉日辞典》中（则把"学习"）解释成"勉为其难"。南马路小学老师们最初的读书真是有些勉为其难。"我好不容易熬过了小学、初中、师范学校无休止的读书和考试，毕了业来到这里，可以站在讲台上教育学生了，没想到这一切又'卷土重来'了。"有青年教师曾这样抱怨。这个想法典型地反映了相当一部分教师不情愿读书的心态。这种心态的存在显然与我国现行教育体制的弊端和阅读氛围的缺失息息相关。有关数据调查：我国成年国民人均纸质图书阅读量为 4.77 本，远低于韩国的 11 本，法国的 20 本，日本的 40 本，以色列的 64 本；其中教师的阅读量和一般人并没有什么差别。原因就在于社会对学校和教师的要求是带有单一的功利性的，即对一所学校的直接要求就是孩子能够取得好分数，考上好学校，而忽视学生的全面发展。在"分数第一"和"升学率第一"的压力面前，大部分学校不敢放手让老师自由支配时间去读书，把老师的读书放在可有可无、甚至"不务正业"的错误定位上，占据中小学老师办公室书桌的多半是"课本、教参、教案选、练习册"这四件套。

我们每一位教师的教学生涯都是一个渐进的过程，如果在这个过程中能发现不读书就会有危机，那么就会有学习的动力，工作、学习和休闲的界限也会渐渐变得模糊起来，就会让读书为我们的生命历程增添色彩，让我们感受到生命的涌动与成长。

当时，尽管学校很穷，买不起好的硬件设施，但我们还是精打细算地买了一批书，订了一些教育类杂志，因陋就简地整修了学校的阅览室。阅览室取名为"活水轩"。名字出自宋代大儒朱熹《观书有感》中的诗句："问渠哪得清如许，为有源头活水来。"我想教师不是只凭一本教材和一本教参，就可以教一辈子的，教育是一项创造性的工作，需要滔滔不绝的源头活水。我认为一个小学教师，如果就知道教科书上那一点儿片段知识，你可能变成一个虽有知识、但没文化的人，甚至都算不上是有知识的人。我还为阅览室的正面墙上拟了一条标语——读书滋养我们的心灵。我希望在这个喧嚣的世界上，每个人都能远离浮躁，静下心来享受阅读的快乐，感受心灵成长的悸动。总之，我不仅要创造一个适宜读书的环境，而且要培养一批有读书习惯的教师，让校园有读书风，让教师有书卷气。

一开始我对教师读书的要求很简单，就是列了一个书目推荐给老师们，希望大家阅读，读书之后必须记笔记。所谓记笔记就是摘抄教育理论书籍或教育刊物上的观点、论述，我定期检查，检查后再盖上印章，写上时间，谁也别想糊弄。如果我外出开会、考察一段时间，回来后的第一件事就是检查老师们的读书笔记。但当时大多数教师的摘抄都是漫无目的的，多半为了应付我的检查。很多教师是被我"骂"着、逼着或夸着、"哄"着走上读书之路的。

如今的副校长赵艳华，那时交上来的读书笔记上有一些污渍而且扉页上还记录了一些随手写上去的电话号码和杂句。我把她叫到办公室，轻轻地说："看你的本子，怎么脏成这样？"我拿橡皮把笔记本的封面擦干净，将扉页用剪刀剪齐，又用胶水重新粘上一张白纸，然后对她说："拿回去写上名字，咱们做老师的，干什么都要像样儿。"从那以后，她读书认真了很多，笔记本也总是干干净净的。

青年教师陈阳起初对读书抱有抵触情绪，每天晚上电视台的黄金档时间，她的父母在客厅里安闲地看电视，她却必须在里屋痛苦地读着枯燥的教育书籍。电视声、父母的议论真是声声入耳，枯燥的书籍又怎能与之抗衡。可是……无奈之下，她干脆抱着书本来到客厅，指望着用读书声盖过电视声。一天过去了，两天过去了，偶尔听她读得有趣，父母忍不住插上两句，不知不觉中，她烦躁的心平静了，又回到里屋，渐渐走进了书的世界里。不过读到精彩处，她还会忍不住和父母分享读书的快乐。

对于这些二十几岁的年轻教师，我热情地召唤他们聚拢过来，引领他们走上一条健康成长的道路。有几位年轻教师经过引导开始喜欢读书了，于是每次开完全校教师周末例会，我就大声招呼他们"星期天上书店买书去！"我这是故意说给其他教师听的，目的是想让大家知道，谁爱读书，校长就欣赏谁，就跟谁亲近。"因为校长喜欢"，成为那些起初不太喜欢读书的教师开始拿起书本的理由。现在已是道外区语文教研员的魏玲则更直率地对我说："那时我只知道，要是不读书、不学习，校长就看不上你。"不少教师告诉我："我们是在校长逼人的目光注视下开始读书的，校长对读书这件大事的不可动摇的决心和恒心，使我们感觉到，不读书就无法在这所学校立足！"教师们心里在想什么，我当然不会不知道，但我始终也不点破，我想年轻人总是喜欢进步的，要多鼓励，即便我明知有些人对读书只是迫于校长的权威假装着喜欢，我也要去夸他。我常对大家说："书是多么可爱的东西啊，当你手捧着文明与高尚的时候，你不由自主地就会被它感染。"我还爱夸开始读书的女教师们："瞧瞧，你们读书以后，人都变漂亮了，说话也跟以前不一样了。记住，'腹有诗书气自华'！"就这样，教师们读着读着，就开始喜欢读书了，一些假喜欢的，也被我夸成真喜欢了。关于读书时间的问题，我与老师们一起查阅资料共同讨论，竟然发现了一个事实，那就是但凡闲人皆不读书，读书爱好者几乎都是大忙人。最后大家形成共识："人的差异在于业余时间。"这时候，我又及时推出了全校教师的第一本必读书——苏霍姆林斯基的《给教师的建议》，进行集体学习。我组织"周六自觉读书日"的活动，开展以"读《建议》·谈感受"为主题的座谈会。这本书直面教学实践，平易近人，通俗好懂，一下子就让教师们的眼睛亮了起来。许多教师发自内心地说："以前总是觉得教育理论书籍生涩难懂，没想到《给教师的建议》我一读就读进去了。不读书不知道，读了书才感觉到那么美好！"是的，读书是美好的，美好事物的本身就具有魅力！

2. 借鉴"鲇鱼效应"

教师的读书交流

看到教师们有了读书的热情，我很振奋，但是要让这股热情持续下去，并在读书的广度和深度上有突破，需要有一批骨干力量来实现。针对教师队伍中青年教师数量激增的现状，学校领导班子集体研究后做出决定，成立青年教师教育理论研究会，把教师们组织起来读书。这便是我们学校学习型组织的雏形。为了把全体教师引上读书之路，我曾借鉴了"鲇鱼效应"。北欧的一些渔民为了使捕到的沙丁鱼存活时间延长，就在船舱里加入几条鲇鱼。鲇鱼生性好动，它的横冲直撞极大地刺激着沙丁鱼，使沙丁鱼长久地保持着旺盛的生命力。

（1）物色"鲇鱼"，刺激"沙丁鱼"。通过观察和了解，我在青年教师中挑选出爱读书的人，建议他们作为青年教师教育理论研究会的理事候选人，经过选举程序有六位当选。我经常和他们谈心，与他们交流读书心得，同他们研究如何引导教师都来读书的问题，使他们增强了带领青年教师学习研究教育理论的责任意识。按照他们的意愿，每周安排两天的班后时间，我和这几位理事共同围坐在一盏灯下读书，一边读书一边记笔记，有时还结合学校的工作展开自由讨论，大家无拘无束，各抒己见，这样和谐的气氛令人感到十分惬意。一般来说，人及群体所组成的组织都具有仿效性，往往为一种时尚或一种倾向所影响。"校长要有学者味，教师要有书卷气，校园要有读书风"就是南马路小学当年的时尚。当时成立青年教师教育理论研究会以及评选和表彰有读书习惯的教师，在校内起到了很大激励作用。激励的同时还让老师们明确地感受到学校绝不会把重要的工作交给一个不爱读书的人，使得一部分对读书还没有找到感觉的教师产生了危机感。"危机意识"是产生激励的有效动因，它可以激发教师自身的活力，克服固有的惰性。看到校长与他们这样融洽地在一起孜孜不倦地读书，使得原先对读书缺乏兴趣的青年教师心生羡慕，同时也有了隐隐的危机感，于是陆陆续续地靠拢过来，由最初的七八个人，变成十几个人，二十几个人，最后全都坐在书桌前拿起了书本。此时，每周两天的班后时间，学校点亮的不再是一盏灯，而是灯火通明。

（2）提高"鲇鱼"，带动"沙丁鱼"。很多教师开始坐下来读书了，这时候就需要有人"冒尖"，以典型带动才能突破形式上的读书。我选中爱读书爱思考的两位老师，集中一段时间和他们一起读与工作相关的教育理论书籍，他们很快便有了领悟的兴奋与收获。将理论运用于实践后，刘艳芝老师根据因材施教的思想，设计出"减轻学生负担，分层次布置作业"的做法。她根据学生平时的学习成绩和能力，将学生分成"锲而不舍""激流勇进""推陈出新"三个队，然后将基础类内容、提高

教育理论研究会的理事们

类内容、创造类内容分别作为这三个队的必做作业，其他两个队的内容可以选做，也可以不做。试行一段时间后发现"锲而不舍"队的学生不但把必做内容做完，还主动选做其他两个队的内容，其他两个队的学生也自觉涉猎了更多更新的东西。学生负担减轻了，他们开始有了主动探求知识的时间和精力。宋国兴老师将"艾宾浩斯的遗忘曲线"运用于复习，总结出"及时复习、经常复习、恰当分布复习；再认与重现结合、归类与比较结合、复习内容穿插进行"的做法，使复习效果显著，同时也使学生逃出了"题海"的折磨，尝到了复习的快乐。

我建议及时推广这两位老师的经验，很快得到大家的认同。老师们感到教育是有规律可循的，善于读书就能懂得规律、抓住规律，这两位教师能做到的我也能做到。于是个个跃跃欲试，学校里的书香气日渐浓郁起来。

（3）鼓励"沙丁鱼"变"鲇鱼"。老师们读书摘抄了一年半载之后，他们对教育的理解就不一样了，开始悟出了一些道理。有的教师惊喜地对我说："其实我觉得自己也挺了不起，我能从书里读出自己的理解了，甚至我觉得有些时候自己的理解比书里的还深刻！"这份读书带给老师们的最初的惊喜体验是我最希望看到的。我想，当老师们有了读书的愿望，并用心读书的时候，作为校长要善于运用表扬和激励的办法，真诚地夸赞每一位因读书而眼睛放光的教师，让老师们感觉到校长欣赏的已不是最初那几个人，现在还包括自己。以读书的成就感换来更高的读书热情，使大家越读越觉得有滋味，就越想到实践中去尝试，而在尝试中就会有新的发现。虽然这发现很多是前人已知的，但对于他们来说却是真正的发现，是自己的发现，用老师们自己的话来说就是"读书越多就越发地感受到自己的浅薄，偶尔在读书中有了新发现，再过几天发现，其实自己的发现早就被前人发现过了。不过读书能读出自己的体会还是很幸福的一件事。"这时候，校长一定要珍惜老师们的惊喜发现，并善于推波助澜。在我的建议下，学校开设了"教师论坛"，并引导青年教师教育理论研究会出版会刊《八面来风》，让老师们说出惊喜，发表见解。同时，要求教师每个月写一篇理论运用于实践的"感悟千字文"，学校组织大家对会刊《八面来风》和"感悟千字文"进行定期评点，选出优秀心得体会进行展览。在论坛中，在办刊中，在感悟中，几乎每位教师都因有所发现而获得"成功"的惊喜，这种更大的成就感所换来的是对读书的倾心。此时已分不清谁是"鲇鱼"，谁是"沙丁鱼"，好像大家都变成"鲇鱼"了。

3. 让读书之风弥漫校园

在抓教师读书的过程中，我大力提倡教师们既要用心研读教育理论书籍，也应广泛涉猎其他有意义的书籍，因为只有阅读宽泛才能积淀丰厚。学校为老师们订了60多种教育期刊，鼓励大家认真阅读，同时，还建议大家看一看《新华文摘》《博览群书》《读者》等其他文化期刊以及《论语》《孟子》等传统古籍。几年来，教师们一直坚持做"古诗词摘抄"，写出对诗词的理解，并为诗词配上简笔画。现在，国际互联网已将全人类的智慧汇聚到网络系统中，借助计算机及网络系统实现资源信息共享和教学过程的优化，促进教师的知识更新与完善。我们学校及时建立了校园网络平台，方便老师们随时到互联网上去读书、查资料，这已成为我校教师的重要学习方式。

我建议全校每位教师都建立一份题为"说说我自己"的个人资料，保存在校长室。每个教师用一页篇幅，谈自己成长的经历，谈对教育的感悟，谈读书的心得……动情的语言，精美的版式，再配上照片和自编的格言，展示着每位教师别具一格的风采。随着时间的推移，如果谁对自己的这份资料感到不满意了，也就是说当老师们有了进步或新的认识，随时可以修改、重写和更换。学校这样做的目的，在于引导教师不断反思自己、设计自己。在反思和设计中，老师们发现自己的思想认识比过去更全面深刻了，也感觉自己的气质比以前更优雅了。总之，大家发自内心地感受到读书那么好，读书应该成为我们人生的第一需要！

历经7年的积淀，学习已成为学校的一种风气。2000年10月，《人民教育》发表了傅国亮主编的卷首语《让读书成为习惯》。我读了这篇文章如遇知音，马上把这篇文章印发给了全校教师。老师们读后十分激动，大家说：这篇文章说出了我们做了也感觉到的、想说而又说不好的话。大家不约而同地把这篇文章一字一句地抄到学习笔记上。同时，教代会讨论决定：将"让读书成为习惯"这句话作为我校修改后的校风。

当学校形成读书的风气之后，这种无形的风气也影响并塑造着后来人。如果你到南马路小学来工作，会看到大家都在读书，你不读书就会觉得孤单，要想加入到这个团队中来，你就必须学习，这样你才会和大家有共同语言。赵红艳是南马路小学的"新教师"，可她此前已有十多年教龄，她向往南马路小学美好的读书环境，毅然辞去原来学校的教导主任职务，甘愿到这里做一名普通教师。可是刚到这里时，她一度有些消沉："每一次研讨会上，看到大家都侃侃而谈，我特别羡慕，我什么时候能像他们那样啊？"她怀着一种紧迫感开始读书，并每天坚持写教育日记，起初是当作任务，但是后来要是哪一天不读不写，她睡觉都觉得不踏实。现在，赵红艳每天又多了一项必做的功课，那就是每天读6页苏霍姆林斯基的《帕夫雷什中学》，这是我给大家新布置的任务。因为一些老教师很怀念我最初带领大家读书的那段时光，许多新教师也想经历这样的体验。在全校教师大会上，我满怀激情地说："亲爱的老师们，让我们再读《帕夫雷什中学》吧，每天6页，我和你们一起读。我会在某一天说，请老师们围绕读到的这一页内容，咱们来共同研讨……""虽然每天只读6页，但坚持读下来，我感觉到自己的内心世界越来越丰富了。"赵红艳老师由衷地说。

如今很多教师已经让读书成为自己的习惯，一天不读书就会觉得若有所失，手边拿不到一本书，就觉得像少了一个朋友。大家都有自己的藏书，买书是老师们的快乐。我校曾经有好几位教师先后去北京学习或开会，他们一有空就跑到书城里不出来，囊中羞涩买不起太多的书，就只好蹲在书城里抄书。精挑细选买回来的一些书，到学校后也要引起一场混战，一群老师围上来责怪他们没良心，买书只想着自己，于是不由分说，扔下钱拿起书就跑。

实践中我深深感觉到虽然读书不是学习的全部，但是它绝对是学习的重要组成部分。对于教师而言，无论从自身素质的提高来看，还是从未来社会的生存需要来看，读书都是不可或缺的，时代呼唤有书卷气的教师。对学生来说，从小就知道看书也是非常好的一件事，养成良好的读书习惯，将使学生终身受益。

弥漫于整个校园的读书气氛，也在潜移默化地熏陶和改变着学生。关于学生的读书，一些家长原来的认识有误区，认为读书就等于读课本、读教学辅导书、读作文选和习题集，至于其他课外读物，则认为是无用的"闲书"。长此下去，将导致孩子们人文精神的缺失和情感世界的干涸。如今校园里的书香气和教师身上的书卷气感染着学生，他们也纷纷拿起有益的课外书来。全校各班每周都安排一节读书课，很受学生的欢迎；每个教室里都有"图书角"，书架上摆满书籍，还挂着一块题为"在读书中成长"的磁力黑板，孩子们的所读所感随时贴上去；每个班级里都发生着一些与读书相关的故事。四年级的一名学生看见邻居把一些书当作废品在卖，他站在旁边心疼得不愿离开，终于鼓起勇气，向邻居要了两本，邻居被感动了，让他尽管挑，他挑了好几本，喜滋滋地带回学校和同学们一块儿读。还有一位三年级的学生家长不无喜悦地说："你们学校的读书风都吹到我们家来了，我女儿说'读书也应该成为爸爸妈妈的习惯'，现在我们约好了，双休日一定要抽出半天时间，全家到图书馆去读书。"

一旦有了读书的习惯，孩子们在学习中就不再是被动地接受，而是主动地探求。说不清从什么时候开始，查资料成了我校高年级学生的自觉行为。课前预习，他们主动查资料，课上遇到疑难问题，课后也要去查资料。如学习了《武松打虎》，他们就要查《水浒传》中的人物资料；学习了《爱国将领邓世昌》，他们对"致远"舰上200多名官兵全部壮烈牺牲无一生还有疑问，就去查中日甲午海战的资料；学习了《沙漠之舟》后，他们对课文中谈到骆驼嗅觉灵敏，能闻到很远处的水源感到不解，因为在自然课上他们所学到的水的特征是无色无味的透明液体，既然"无味"怎么又能"闻到"呢？他们无法解释这种自相矛盾的说法，便忙着去查资料、找答案。在课外活动和日常生活中，孩子们发现问题也主动去查资料。有一个学生观察到蜘蛛织完网，吃掉网上黏着的飞虫后，自己却没被粘住，这是怎么回事呢？他和几个小伙伴通过查资料终于弄明白了，原来蜘蛛身上有一层油脂，所以才不会被自己所织的网粘住。有一位老奶奶欣喜地告诉老师："现在，我孙子可忙了，天天回家看书查资料，家里给的零花钱也不买零食吃了，全都买书啦!"

学校积极向上潜心读书的氛围日益浓厚，校长的示范，同伴的感召，爱读书的人会受到褒奖，不爱读书的人会感到不适。在这样的校园环境中，渐渐地，读书的愉悦滋生了出来。所以说，一切的快乐都伴随着主体的苦痛。被动催生能动，磨砺产生快乐。

(二) 学习是一种对话

1. 小组对话——奉献亮点，收获灿烂

在建设学习型组织的过程中，我非常关注培养和实现团队学习。几年的读书学习已经为我们发展团队学习打下了良好的基础，但是每个人都在读书的团队并不等于团队学习，因为学习的主体不同。团队学习，不是以往意义上的念念材料、谈谈体会的集体学习。团队学习的最初目标是以大家提出的意见为基础，取其精华、集思广益、获取更高层次的共识，进而发展为获取高于个人智慧的团体智慧，使个人的成长速度更快，并使学习转化为向上发展的原动力。团队学习的基本方式是深度会谈，必须有团队成员之间的相互探讨，彼此咨询，让知识和信息在组织中畅通地传递和共享起来。彼此需要，并一起工作的一群人，要聚在一块儿共同思考，就必须要有对话交流，没有对话交流，真正的学习就不会发生。正如现代物理学家海森堡所说:"科学根源于交谈，在不同人的合作下可能孕育出极为重要的成果。"

这些年来，我校教师的读书学习之所以能够逐步深入，其中一个重要原因就是我们不时地在读书过程中进行对话交流。但是对话交流也是下功夫"酿造"出来的，不是下个命令就可以对起话来。对话的前提是以一个开放的心态，全部摊出心中真实的想法和不同的观点，并且能有效讨论。而影响对话的最大障碍是习惯性自我防卫。比如，为了保护自己，不提没把握的问题;为了一团和气，不提分歧性意见;为了使大家接受，只作折中性发言等。然而如果真正有对话的决心，就一定能把阻力转化为动力，具体做法是:在对话中当习惯性防卫发生时，其实大家都能感觉到。于是先停下来，共同审视对话者的心态，是否对自己有反思? 是否探寻彼此的思考? 是否先摊出自己的想法? 是否鼓励他人质疑自己的想法? 当意识到自己在逃避问题，或保护自己或保护某人时，那么就要鲜明地表示回到原点重新出发。

此外，在对话尚未成熟的阶段，一定要有一位能掌握对话的人。最初那些年，

我都一直努力让自己在这方面尽量做好。首先让自己成为一个"过程顾问"。如开大会前关注到骨干要说什么，其他人要说什么，同时让每个人都意识到自己对"对话"负有责任。其次要做到自己不仅是一个提醒别人的人，同时也是积极参与对话的人，并做出示范，让别人敢于来探询我的观点，甚至有意制造"建设性冲突"来使对话有突破。还有不仅我本人要提出议题，而且还要诚恳地鼓励老师们提出最困难、最敏感、最具冲突性但对学校工作非常重要的议题，并且毫不掩饰地对这样的老师表现出我的欣赏。最初，老师们并不认为学习必须要交流，觉得自己看书就行，至于参加研讨会，老师们也认为那是个人向大家做学习体会的汇报，而不是一个重要的学习方式。另外，有些人还把自己在读书中获得的新认识看成"私有财产"，事先都藏着不说，专等开研讨会时说出来好"一鸣惊人"。也有些人怕说错了话，让别人抓"辫子"，给校长和同事们留下不佳的印象。在开展读书学习的初期，我们也曾开过所谓"一人独白、他人皆听"的缺乏交流的研讨会，我也为研讨会的失效而烦恼过。但是几经周折和反思，我认识到若不让大家尝到对话的甜头，交流只能是形式上的，不可能触及思想。因此，必须创造条件让老师们经历成功的对话，获得思想交流后的真切体验，他们才会企盼下一次的对话，继而获得更大的丰收。

于是我尝试化整为零，把教师们分成几个研讨小组，每个小组都安排两位青年教师教育理论研究会的理事当召集人。小组人少，发言者不会太紧张，敢于在对话交流中亮出自己的观点，再加上理事召集人率先把自己的认识呈现出来与大家共享，小组的气氛宽松了，大家的思维就容易很快地活跃起来。文静、内向的梁敏曾经是学校的保健教师，原来的她习惯于把自己当作局外人，每次开读书研讨会，她总是坐在后排，尽量不发言。可自从分小组进行研讨之后，她看到别人毫无顾忌地亮出观点展开对话，也渐渐地按捺不住了："我觉得，如果不把自己的观点说出来，心里会很不舒服。"一天，她情不自禁地在讨论中开口了。听完她的话，我带头为她鼓掌，并鼓励她说："保健教师是保障学生健康的重要岗位，我热切期待你能在自己的岗位上做得精彩！"这句话一直伴随着梁敏老师走上副校长的岗位。

"说"的僵局打破了，又出现了"听"的困惑。每次的研讨老师们把自己的胜利放在首位，因此每个人都在滔滔不绝地说出自己的观点，让别人来认同并且试图将自己的观点强加于人。然后再注意听听我的评价后，将本子一合，心中的石头放下，双耳处于近乎"失聪"状态。为了让老师们知道聆听是最容易忽略的美德，我给大家讲了一个我看到的故事：在美国的一个广播电台里，有一群人要应征无线电操作员。众人在会客室等待面试，他们并没有注意到扩音器正传出嘀嘀嗒嗒的摩斯电码声音。突然，一个年轻人冲进经理室，不久他面带笑容地走了出来。"我被录用了"，他宣布说。"奇怪，你怎么比我们先被约谈了？"众人不解地问他。那青年说你们都忙于聊天，因此没有注意扩音器所传出的

全国劳模表彰会期间受到周济同志（左一）接见

电码，电码信息说："第一位翻译出电码进入我办公室的人就将被录用。"我还经常制造一些机会让老师们去倾听不同的声音。在我曾经组织的一次众议纷纭研讨课上，赵艳华自告奋勇要把自己的课"悬挂"起来当靶子，让大家评说。讨论时大家是你一言我一语，有几位同事还因意见分歧而唇枪舌剑。此时我会不时插上几句，将大家的思绪系在一起，将思维逐步引向深入。一堂课引发了我们一下午的研讨，这里既有坦诚的见解，又有专注地聆听。作为教者的赵艳华老师时而频频点头，时而会心一笑。在这样的聆听中可能是赵艳华老师的收获最大，这样的倾听融注了尊重与平等、专注与警觉、鉴赏与学习、执着与冷静。此时老师们关注的已经不再是让自己赢，不再是使自己的想法胜过别人，而是说感受的同时，也在用心地聆听他人的心声，听与说取得了平衡，人人都是赢家。

　　那些年，我校的对话有小组也有大会，小组对话有了突破，大会研讨就不再是单兵作战，而是观点对观点，一个人发言几个人呼应。在形成共识的对话中，有说，有听，有想，还有思想上的交汇碰撞。大家都感到不仅是自己的精彩得以表达，同时还有更精彩的东西内化到了心中，这种内化又促进了读书思考的循环往复。多年来，我们已记不清推出过多少议题，开过多少次研讨会，形成过多少共识，更记不清多少场合多少人次小规模的对话，但是大家都认识到团队学习是在自我中发现他人，在他人中发现自我的过程。教师间的对话已不那么依赖于组织和召集，而是成为了习惯，随时随地自然发生。

就这样在交流分享中，教师们看到了每个人的思想亮点，这些亮点汇聚起来就形成了灿烂的思想星空。可见，每个人奉献的是亮点，收获的却是灿烂。大家开始真正明白"学而无友必然孤"的道理。

2. 深度会谈——思想碰撞，激发智慧

小组里的对话交流有了突破，开展大会研讨就不再是"一人独白、他人皆听"的单兵作战，而是一个人发言，几个人、十几个人呼应，展开观点对观点的思想碰撞，老师们相互间的交流与碰撞往往是通过建设性的冲突得以实现的。关于建设性冲突，大家记忆犹新的是，围绕着"由减负说开去"的不同观点，全校教师展开了长达一个月的研讨争论。但是，建设性冲突的发生不能守株待兔，而需要去制造，制造冲突的人最初是我，后来又加上教育理论研究会的理事，再后来又涌现出一批骨干教师。总之，团队学习越成熟，建设性的冲突也就越多，能够适时地捕捉或抛出一个观点，引发大家争论的学习骨干也就越多。

在开展深度会谈的过程中，我着重克服团队学习中的两个障碍："个人习惯性防卫"和"伙伴关系难以确立"。成人之间经常存在着一个固有的心智模式，即"习惯性防卫"。就如同我们向平静的水面投石子，如果仅考虑石子投下去会不会溅起水花，会不会溅湿自己和旁人，那我们就不会看到美丽的涟漪。如果人人都带着这样的顾虑，谨慎地阐述自己的观点，是不可能达到深层次共识的，也不能体会到源自心底的快乐与酣畅。

记得 1997 年，我们组织教师围绕"以学生为本"这个专题进行了三次小组对话后，安排了一次大会研讨。这次研讨对教师们的触动很大。当时我在会上提出来"以学生为本"的核心是教师对学生的理解和尊重。而有三位教师却提出来，只有在师生完全平等的基础上确立学生在学校的基本权利，才会有真正的"以学生为本"，否则，所谓"教师对学生的理解和尊重"有"施舍"之嫌，没有从师生平等的立足点来考虑问题。当时三位教师完全没有顾忌校长的脸面和职务权威，针锋相对地与我辩论。而我则按捺不住心中的喜悦，一边夸奖他们思考问题有深度，一边"指责"他们的观点也有偏颇。我们之间的唇枪舌剑一下子把研讨会的气氛推向了高潮，对话由双向变成了多向，由四个人的争论变成了全员加入的讨论。最后两种意见在辩证的思维中统一起来，达成了共识。

在这个达成共识的对话交流中，大家有说、有听、有想，还有思想的深度交汇与碰撞。当研讨会结束时，每个人都感觉到所收获的不仅是自己的见解得以精彩地表达，而且是有一种比自己原有的思考更深入、更精彩的东西内化在了心间。这种内化所焕发的是更大的读书热情，因为老师们体会到只有多读书，读好书，才能增长见识，激发智慧，才有东西拿出来与大家共享，才会有更大的收获。

要使"深度会谈"真正达到最佳状态，需要视对方为合作伙伴，彼此间用不着防备对方的"攻击"，实话实说，为共同目标而交流，这样结论和决策才会更加科学而有效。有了伙伴式的合作，教师能在团队学习中实现资源共享，共享成功，共享经验，甚至共享失败的教训。副校长李冬蕾曾担任少先队辅导员，在一次竞选少先队大队干部时，因工作疏忽影响了学生的情绪，经过补救，她重新得到学生的信任。后来吴丽娜老师担任了少先队辅导员，李校长就把这个教训讲给她。资源共享，对教师的终身学习意义深远，不仅能加深教师对教育的理解，还能使他人不再重蹈覆辙。

经历了这样一次又一次的深度会谈后，老师们渐渐品咂出对话交流的个中滋味，终于登上了对话交流的更高台阶。这些年来，我已经记不清开了多少次研讨会，更记不清有多少场合、多少人次自发凑在一起的小规模讨论，大家都感觉到读书学习是在"自我提高中发现他人，在发现他人中提高自我"的事情。这时候，校园里教师间的对话交流，已不再依赖于学校领导层有计划地组织和召集，而是自觉自愿随时随地自然发生。随着年复一年的"深度会谈"，教师在交流和倾听中，不断得到高于每个人智慧的共识，所有教师都表现出挡不住的参与热情。

3. 师生交流——平等和谐，教学相长

读书后的对话，锻炼了老师们的学习精神，也激发了老师们对师生间、生生间对话的关注和投入，因为他们懂得了教师的学习没有对话不行，学生的学习没有对话也不行。随之而来的是校园生活越来越宽松，师生关系越来越和谐，师生间、生生间平等的、自由的、开放的对话也越来越多。

学生们通过这种人人参与的平等对话，真诚沟通，彼此信赖，发展了合作精神，同时也发展了思维和语言。其实，所有学科的教学，从某种意义上说，都是思维和语言的教学。基本语言能力是一切学习的基础。我校的每个教学班里都有前后桌组成的合作学习小组，我们把这样的小组视为最基本的学习单位，每天每节课都有许多生动的对话在进行着。有一次，我去听课，就看到这样一个对话场面，四人小组在讨论生活中射线的例子，有的说探照灯是射线，有的说手电筒是射线，还有的说太阳光是射线。一个男孩子说头发也是射线，四个人就这个问题争论不休，老师也加入到争论之中。这个男孩认为人的头发长在头皮里的那一端是端点，头发是不断生长的，可以理解为无限延伸。老师提出来射线是直的，他却解释为用吹风机吹得竖起来的时候就是射线，或剪成平头的时候是射线。他的观点也许不正确，但是对话中有求异、有启发、有共享，也有超越。老师们深深感觉到，他们的教学任务几乎都是借助对话来完成的。

校园中的对话，并不完全局限于课堂，学习是广义的，对话必然也是宽泛的。梁敏老师曾写过一篇案例，题为"精彩的对话"，内容是说五年二班班长于占洋在全体教师会上汇报他们担任值日班的做法和感受，他在谈过担任值日班的收获之后，突然话锋一转，说："早晨我们站在校门口维持秩序，向每位来上班的老师问好，老师们也都很有礼貌地回问我们好，可是只有一位老师不理不睬地就过去了，我们对他很失望。"当时真是"语惊四座"，因为过去在这样的汇报会上还从来没有发生过学生批评老师的现象，老师们愣了一会儿，然后不约而同地热烈鼓起掌来，为于占洋同学敢于批评老师不正确做法的行为叫好。

于占洋批评老师这件事，对我们的校园生活做了一个很好的反射。于占洋敢于这样做，恰恰表明我校师生关系的融洽，正是平日里老师们为学生营造了平等对话的氛围，才使得于占洋同学没有顾虑，信任老师。而回应于占洋的是全体老师热烈的掌声，体现了老师们关爱学生的胸怀和与学生平等对话的心态及修养。所以我们不难看出，没有教师在读书中开展广泛而深入的对话，也就不会有师生之间、学生之间对话的精彩。于占洋同学在与老师们的对话交流中，收获了自信与成就感，也享受着平等和谐的师生关系带来的快乐。如果他在今后的学习生涯中，换了一所学校，而他又有了类似的做法，即使招来了嘲讽或斥责，他也绝不会自卑沮丧，而会坚定地认为：错的不是我，而是不能

全国骨干校长培训期间与顾明远先生（左）合影

正视错误的老师。就在这样的对话过程中，这个孩子可贵的自主意识形成了，这是多么大的收获啊！这种收获可能是我们老师给他讲多少道题或讲多少篇课文都换不来的，这份收获属于对话，属于师生之间平等真诚的对话。

作为一名教育工作者，每天我们都在普通而琐碎的小事中度过，每天我们都在这些小事中被感染着，虽然我们的工作是平凡的，但我想说："我们是最幸福的！"因为，我们和最富活力、最生动的孩子在一起！融洽的师生关系，平等真诚的对话，让我们从孩子的身上学到了用童心去感受生活。

（三）学习是一种"问题意识"

1. 培养"问题意识"

学习是为了能够科学分析问题，并妥善解决问题。然而，分析问题和解决问题要有一个前提，那就是发现问题与提出问题，而且要在似乎很正常的情况下敏锐地发现问题，并准确地提出问题，这才是学习的最高境界。要登上这个境界，首先和必须要有的是"问题意识"。因此，我把培养"问题意识"作为提高学校教师读书学习能力的重要目标之一。

发现问题和提出问题的基础是必须把读书与工作结合起来，而且还要"每日三省吾身"，对自己的教育和教学行为进行回顾与反思。所以当教师有了读书热情，有了读书积累的情况下，我提出要求：不要搬弄名词术语，要到实践中去感悟。光有要求还不够，还必须要有对话中的发问。最初的发问常常是单向进行的，即我向老师们提出问题。以前有过这样的情形，有的老师在教育期刊上看到一篇好文章，就拿过来套用人家的观点，再换上自己工作中的一两个事例，然后把这篇改头换面的文章作为自己的学习成果与大家交流。这时候我提出几个富有挑战性的问题，就会把这位教师问得无言以对。因为他是在照抄照搬别人的观点，并没有经过自己的深入思考，对有关教育理论没有真正融会贯通。经过这样的提问检验，使老师们真切认识到读书学习是一件老老实实的事情，来不得半点投机取巧，如果不能把所学的理论真正运用到教育工作的实践中去，就无法明晰准确地回答校长的提问。于是，在读书中注重理论联系实际，善于发现问题和提出问题，成为老师们的共同追求。

在读书中培养和形成"问题意识"，是一个需要在实践中日积月累的过程，没有捷径可走，也没有什么特殊的方法。在平等的对话中，校长可以向教师发问，教师也可以向校长发问，教师之间也可以相互发问。教师的发问有水平，甚至难倒了校长，校长不但不觉得难堪，还由衷地表扬发问人，受表扬的人就有成就感，听表扬的人便打消了顾虑，这样一来发问就会更多，进而扩展到教师间的相互发问，也激发了自己向自己的发问。在这多向发问的良性循环中，教师们的"问题意识"就被激活了，发现问题和提出问题的自觉性也越来越高了。

有了以"问题意识"为荣的教师，必然注意培养学生的"问题意识"，也必然喜欢爱提问题的学生，这样师生之间的发问对话也开展起来了。老师们认为，尊重学生的一个重要标志就是尊重学生的个性，包括尊重学生提出的问题。为了激发学生的"问题意识"，培养学生爱提问的个性，我校教师读了很多书，进行了很多有益的尝试。有的老师在班级里设了名为"聪明棒"的本子，哪个同学提出了一个引人思考的好问题，就把这个问题在"聪明棒"中注册，注册一个问题就可以得到两朵红花。还有的老师为学生建立了提问题积分制，根据学生所提问题的价值，将分值定为1分、3分和5分三个档次，每个月的月末，将每个学生所提问题的得分情况进行统计，得分高的同学被封为"善问小博士"。有一位"善问小博士"就曾经在樊俊峰老师讲《蚂蚁》一课时，对"蚂蚁搬家雨哗哗"的谚语提出反驳，说有一次他看见蚂蚁搬家，天就没下雨。面对他的"不速之问"，樊老师当众给予表扬，并当即承认："你说的这种现象我也不明白其中的原因，课后我们一起继续观察，继续查资料，好吗？"课后，樊老师和同学们一起探究这个问题，大家通过读书、观察，终于弄明白，下雨只是蚂蚁搬家的一个因素，持续干旱，蚂蚁也会从高处搬到低处寻找水源，如果窝边太潮湿，蚂蚁也会为避免食物腐烂从低处搬到高处。师生之间的相互提问，促使师生共同学习，深入探索，从而大家都有了新的收获。

还有许多学生在学习的过程中提出各种各样的问题，如在学习"角的分类"时，学生提出来，小于90度的角叫锐角，90度的角叫直角，大于90度而小于180度的角叫钝角，180度的角叫平角，360度的角叫周角，那么大于180度，小于360度的角为什么没有名字？我们应该给这种角起个名字。《飞夺泸定桥》一课中，铁索桥由13根铁链组成，当初建桥的时候，地势那么险恶，那13根又粗又长的铁链是怎么跨过河面，运到对岸的？《记金华的双龙洞》一课中，游客由外洞进入内洞，要躺在小船上，靠里面的工作人员拉绳才能过去，那么，里面的工人每天上班是怎么进内洞的？圆的面积公式是由长方形的面积公式推导出来的，那么三角形的面积和圆的面积有没有联系？梯形的面积可不可以推导？等等。

总之，在我们的校园，在孩子们中间，每天都有很多的问题，这些问题有的也许很浅显，有的也许没什么道理，可是这都是孩子们自己提出来的问题，正是这种问题意识引发着他们的学习需要。

教师们在师生互动的提出问题和解决问题的实践中，深刻体会到，教育教学的精妙之处就在于能鼓励学生不断地提出问题，哪怕是没完没了、甚至连教师自己都回答不上来的问题，只要学生能不断地发现和提出问题，就意味着学生在认真学习思考，就表明教师教育教学得法与成功。因为一个人只有带着问题去不断地学习，学习的真正意义才会得以实现。

2. 相互点拨，答疑解惑

在读书提问的过程中必然会出现困惑，有了困惑就需要帮助，我校教师非常欢迎来自专家的点拨。但是当学习成为环境，读书融入生活之后，点拨是需要即时的，专家不可能天天和我们在一起。于是，我提倡通过深入读书学习来互相点拨。因为自己点拨别人，需要自己进一步读书；别人点拨自己，别人也需要进一步读书。读书后的相互点拨必然带来大家一次又一次的"顿悟"，"顿悟"也就促进了大家"问题意识"的增强与答疑解惑能力的提高。

同时，为了激励老师们在读书中提出高质量的问题，以推动大家相互点拨、答疑解惑，我和学校领导班子成员对善于提问题的老师大力表扬，对提出好问题的老师更是称赞有加。程艳老师就提出过一个受到大家认可、并深入思考的问题："低年级学生的求异思维都比较强，为什么随着受教育时间的延长，求异思维会逐渐减弱？"这个问题引发了老师们对当下教育弊端的又一次审视分析，大家通过读书对如何克服这些弊端做了进一步的探讨，从而促使教师们的教育观念进一步得到转变。

备课时，同一教研组的教师集思广益，共同收获着远远高于个人智慧的集体智慧。一次，科学学科的年轻教师要上一节公开课，内容是五年级下册的《热是怎样传递的》一课。在集体备课时，她把自己的教学设计呈现给大家。因为热的传递过程只能用手触摸才能发现，而无法被直观地看到。因此，老师精心制作了一个flash动画，想在课堂上通过课件演示让学生看到物体被加热后颜色的变化过程。从课件可以看出，老师下了很大功夫，动画效果也不错。但是，同一教研组的安老师提出了不同意见，虽然动画很形象，但不能取代实验，因为科学课重要的不是告诉学生一个结果，而是让学生亲身经历探究过程。经过组内讨论，课件演示的方案被否定了。后来，大家根据已有的化学知识查阅了大量资料，找到了一种叫"氯化钴"的溶液，将纸条在"氯化钴"溶液中浸湿贴在金属条上，用酒精灯对金属条的一端加热，纸条受热后可以清晰地看到由粉红色变成蓝色的渐变过程；结合摸一摸的办法，用触觉进一步感受热的传递过程。这样既直观形象，又充分调动了学生的多种感官参与。经过大家的努力，这节公开课上得满堂彩，这位年轻教师对于科学学科的认识也更深刻了。

注重学生古诗词的积累是我校的多年传统，教师们在工作中萌生了"引导学生在古诗词中识字"的想法。带着这个问题，教师们开始调查背诵的古诗词中出自小学语文教材中的生字有多少。经过逐字逐句的核对，大家得出了在学生必背的205首古诗词中，只有58.4%是常用汉字的结论。看来，在古诗词中识字是不能完全满足学生识字需求的。在我们日复一日的常规工作中，常常有一些灵光一现的东西。如果我们及时抓住它进行深入的调查与反思，在这千淘万漉中，我们就有可能拾到一粒金子。

还有提高阅读速度、背诵走出误区、应用题教学中迁移的负效应等问题都相继登上教师们研究探讨的平台，焕发出他们更高的读书钻研热情。这种被"问题意识"所激发的学习和思索，与工作实际紧密相联，有着坚实的实践基础，不是空洞无物的理论推演，因此学习成效扎实显著。老师们对基础教育的认知和理解比以往任何时候都更清晰、更深刻了。

（四）学习是一种批判思维

1. 集思广益，不唯上，不唯书

批判思维是创造性思维的核心，学习的一个重要目的就是要开发人的创造力。所以说，学习必须唤起人们的批判意识和批判思维，才能探求到事物的本质，并做出富有创造性的行动。当然，我们所说的批判思维，关注的主要是一个思维过程，而不是最终结果。因为我们几乎无法指望通过小学教师和小学生的批判思维来颠覆圣贤，改写定理。即使以往有过这样的先例，那也是历史的机缘，不应该刻意效仿和追求，我们关注的是在进行批判性思考的过程中，焕发出来的自主意识和积极进取努力探求的人生态度。

批判思维是以扎实的基础知识为底蕴，以发现问题的量的积累为支撑的。所以，当有了读书之后的丰厚积累和问题意识的不断升华，批判思维也便呼之欲出。当我校教师的读书学习渐入佳境，而且越来越深入的情况下，他们开始有了审视的目光。

在 1999 年的一次"众说纷纭研讨课"活动中，赵艳华老师对在小学教师中流传很广的一本《名师授课录》中的一部分内容提出了异议。书中对《狼牙山五壮士》一课开头的阅读是这样设计的：同学们，"狼牙山五壮士"这个题目告诉了我们什么？为什么不叫狼牙山五战士？"壮"是什么意思？什么样的战士才称得上是壮士呢？……一共设计了 11 个问题。赵艳华认为，这样整节课都是在问讲中度过的，教师剥夺了学生在课堂上自己读书思考和提出问题的权利，不利于学生主动探究、自主发展。她的发言立即得到老师们的支持。在大家的帮助下，赵艳华对《狼牙山五壮士》这一课只设计了两个问题：一是"壮士"是什么意思？（引导学生理解"壮士"就是勇敢而豪迈的人）二是边读课文边画出来，课文中哪些地方能看出五位壮士的勇敢和豪迈？通过在教学实践中的尝试，感到这两个问题很适用，只要抓住"勇敢而豪迈"这一"壮士"品格的核心特征，即可牵一发而动全身。从而把大量的时间还给学生，有利于学生在自主读书中学会学习。

这件事使老师们认识到，在读书学习的过程中，不能盲目地崇拜权威，也不应完全受书籍的束缚，应当有一种审视、反思自己及他人思维的自觉性。面对老师们认识的提高，我感到由衷的欣慰，我想因势利导，在全校教师中搞一次清理、审视教辅书的活动。我的这一建议得到领导班子和教师们的赞同。因为多年来教辅书泛滥，每个老师的手里都不下十几本，有一些还是 20 世纪 80 年代的出版物，体现的教育观念相对比较陈旧，如果教师的思维有惰性，拿来即用，必然给学生带来负面的东西。

在清理、审视教辅书的基础上，我们召开了一次研讨会，让老师们找出教辅书中一些观念比较陈旧并具有一定代表性的内容，拿到研讨会上来进行评说。这次研讨会开得很成功，老师们不仅指出了一些教学设计中存在的问题，还对眼下流行的各类教育理论书籍中的内容偏颇之处进行了反思和讨论，这对进一步更新教师们的教育观念，形成批判性思维是大有裨益的。在开展对教辅书的评说研讨的过程中，教师们始终借助读书来审视自己和审视别人，在相互审视中，教师们深切体会到："好书是钥匙，好书是工具，好书是武器。"

当然在这次对教辅书的评说研讨中，老师们的看法不见得都对，或许只是他们的一家之言，但是我的初衷不在于结果，而在于评说过程中老师们的收获。我觉得作为教师千万不能"唯书唯上"，教师若是"唯书唯上"了，在"书"和"上"的面前他们觉得自己是低下头"跪着教书"的人，但是在学生面前他们又会以为自己就是"上"就是"书"，就会下意识地去用"书"、用"上"、用权威去压制学生。所以说只有教师具有批判思维，才能启迪学生的批判思维，教师的批判思维是学生批判思维的春天。

渐渐地，老师们养成了用批判思维来读书思考的习惯。这里是我随机挑选的我校语文教师孙彦俊的一篇教学笔记，从中可以看到批判思维能力的形成使得老师们在教学实践中变得越来越理性，越来越成熟了。

孙彦俊老师的一篇教学笔记：

这几天，我读了《人民教育》中的一篇文章，名字叫《走向坦诚》。这篇文章促使我对自己上过的一节课进行了反思。

我想先从这节课说起。课文的名字是《向命运挑战》。这篇课文主要写的是科学家霍金21岁的时候就得了绝症，医生说他至多只能活两年半，可是，经过他顽强地向命运挑战，如今，已奇迹般地活到了67岁，并且成为伟大的天体物理学家。这篇课文，我讲过两次，两次的教学目标都是学习霍金不怕困难，不怕失败，敢于向命运挑战的精神，从中受到鼓舞和激励。第一次讲，我设计的结束语是：同学们，通过霍金的事迹，我们知道不论命运多么残酷，它都是掌握在我们自己手中的，我们要不怕失败，不怕困难，要敢于向命运挑战。第二次讲，变了一个含蓄一点的结尾，我说，"我想把我特别喜欢的一句话送给同学们：'每个人都是被上帝咬过一口的苹果，都是有缺陷的，你的缺陷比较大，是因为上帝特别喜欢你的坚强。'同学们，做生活中的强者，勇敢地向命运挑战吧！"其实，这两种结束语都是要鼓励学生勇敢地向命运挑战。

后来，我读了《人民教育》中《走向坦诚》一文中的一段话，受到了一些启示。他写道："你叫学生抗争命运时，还要告诉学生：适命也是一种美丽。因为不是每个人、每种情况下都有反抗命运的能力。所谓命运，不是神的主宰，而是若干偶然因素的复杂组合。如果你无力反抗它，那么，坦然地接受它的'安排'，自在自得地度过每一天，同样也是一种生命价值的体现……"

如果我再讲这篇课文时，我会在结束语中把"适命也是一种美丽"的说法告诉给学生，让学生不但能够坦然面对现实，保持一颗平常心，还要做到积极向上、不断努力地去改变自己的人生！这是在告诉学生一种更为真实的生活，一种更为真实的对待命运的态度，一种不唱高调，不盲目、不神化、不崇拜的辩证的思维方式。

最后，我想说，多一点儿反思，多一点儿怀疑和批判，让我们的教育真实起来。

教师之所以能形成批判性思维能力，主要得益于日积月累地读书。因为读书使人明理，有了理论遵循和指导，在遇到实际问题时，经过对照真理的深入思考，就有了发现问题、辨别真伪的能力，所谓有比较才有鉴别，有鉴别才能提高。

2. 在鼓励学生说"不"中培养主体意识

有了不"唯书唯上"的教师，才有可能培养出不"唯书唯师"的学生。我在学校大力提倡教师允许并接受学生说"不"，鼓励教师用欣赏的眼光看待那些坚持自己观点非得找到根据才服气的学生。或许由于孩子受经验不足、知识面窄的限制，不一定都对，但教师要呵护和引导善于进行批判性思维的学生。

比如，三年级的思品教材中讲到，春天来了，有益的动物开大会，青蛙说："我一年吃掉一万多只害虫，你看那一片金黄的庄稼就是我保护的结果。"李冬蕾校长在教学时，一个学生说："书上说得不对，春天的庄稼应该是绿油油的小苗，秋天才是金黄的庄稼。"虽然他是由于不了解南方的庄稼一年两熟，才提出这样的问题，但是他表现出的对书本质疑的态度，李校长给予了赞赏和鼓励。

有一名五年级的学生在学习《枫桥夜泊》这首诗时，对"江枫渔火对愁眠"解释为"诗人对着江边的枫树，渔船上的灯火，满腹忧愁，难以入眠"提出疑问："我听说苏州没有江，只有一条运河，没有江也就没有江边的枫树。"看到学生能提出这样的问题，老师很高兴，告诉他："《语文教学参考书》上就是这么解释的，但你的想法有一定道理，课后再查查资料，我们再继续探讨。"老师的支持激发了这个学生进一步探究的欲望。放暑假了，他跟随父亲旅游到了苏州，发现果然没有江，倒是有两座桥，一座叫江津桥，一座叫枫桥。为了看有没有枫树，他硬是拉着爸爸沿着河边走，看到了梧桐树、槐树、柳树，就是没有枫树。他又问了路边的老爷爷，老爷爷告诉他河边没有枫树，他高兴极了。从苏州回来后，他把实地考察的情况告诉老师，老师表扬了他，并建议他再查一下关于枫树的资料。在图书馆他看了很多关于生态与植物方面的书，最后终于找到了依据，枫树不能生长在江畔，所以江边有枫树是不可能的。此时此刻探究后得到收获的喜悦，在这个孩子的心中油然而生。他不但肯定地认为是《语文教学参考书》错了，而且还提出了自己的解释："江津桥、枫桥与渔船上的灯火遥遥相对，诗人满腹忧愁难以入眠。"这名学生在学习型的学校里，在老师的鼓励和引导下，把课堂上、书本上学到的东西，与他在实际生活中的所见所闻相联系、相对照，在没有想明白之前不盲目接受别人、哪怕是权威的观点，也不轻易放弃自己认为正确的观点，而是到实践中考察，到图书馆查资料，用自己的头脑思考分析，然后运用科学依据辨别真伪，最终得出了正确的答案。而在这个提出疑问、探索答案的过程中，他的潜能得到了释放，主体意识得到了强化，同时又迸发出耀眼的想象与创造的火花。

鼓励学生说"不"，已经成为我校教师的共识。下面我摘录了语文教师陈叶梅的一篇教学笔记，从中可以看到老师们由衷地欢迎来自学生的不同声音，并努力引导和培养学生的独立思考和批判思维能力。

"郑祖辉，好样的"

今天第三节课是作文课，作文的内容是描写春天的景色。为了让学生仔细观察，发现春天的细微变化，抓住景物的特点来写，我事先布置了观察作业，并且亲自写了一篇作文。当我声情并茂地读完自己的习作后，赢得了同学们热烈的掌声。大家纷纷发言，挑出了很多好词好句，热烈讨论着怎样把春风、春雨、小草、柳树、燕子等描写得精彩。我发现同学们真是有一双"发现"的眼睛和灵敏的耳朵，找到了文中那么多亮点。

正在一片赞扬声中，郑祖辉同学站了起来说："老师，我认为您写得好是好，可是第一段写得有点不合适。""为什么呀？你说说看。""您写的后面部分很美，第一段用《春天在哪里》开头，很像我们一年级学的课文。这就显得前面部分很浅显，后面部分很深奥，所以我觉得不合适。""郑祖辉，好样的！你敢于当众表达自己独特的见解，向老师发起挑战，真了不起！"我发自内心地称赞道。然后，我带头鼓起掌来。掌声过后，我和同学们商量怎样修改。结果同学们在我的引导下都勇于谈自己的想法，开阔了思路，想出了许多新颖的文章开头，激发了孩子们"写"的欲望，作文课上得很快乐。这堂课我和同学们都有了不同的收获。

　　通过这节课的教学，我感受到，对于学生提出的"不同的声音"，教师既要欢迎，更要及时抓住，善于分析和引导。新课程提倡学生要勇于发表自己的不同见解，教师也要尊重学生独特的个体感受。这并不是说学生所有的不同看法教师都要一一肯定，而是要适时适事进行引导。这就要求教师要有丰厚的文化底蕴和灵活的教育智慧，抱着尊重学生、欣赏学生说"不"的态度，在师生平等互动的交流中相互学习，共同成长。

当然，培养学生的"求异"思维还需要教师恰当的引导，更需要教师以辩证的思维引导学生减少片面性，学会比较全面地观察和思考问题。

宋国兴在担任课外兴趣小组——春山诗社的辅导教师时发生了这样一件事。有一次他布置同学们写一首描写"鼓"的习作。在批改同学们的作业时，他发现了一首与众不同的诗。绝大多数孩子写的都是颂扬鼓的诗，如："红鼓对天鸣，声声震天庭。闻乐齐歌舞，神仙人间行。""润圆充莹一面鼓，每逢响起忧悲除。巨鼓雷鸣声震天，一锤即发雷公出。"而马志韫同学却反其道而行之，她写道："浑圆富态相，红衣罩体壮。只叹空有肚，咚咚全无才。"一个五年级孩子的作品，立意之新，文笔之妙，真是令宋国兴老师激动不已。他马上对这个孩子大加赞扬，讲了"文似看山不喜平"的道理。从孩子们羡慕的目光中，宋老师感到自己对学生"求异"思维的鼓励一定收到了意想不到的效果。但是，马志韫同学接下来的几次习作让宋老师感到了担忧。他发现马志韫同学为了追求与众不同，作品所表达的情感多是悲伤与凄凉。如一首写春雨的诗有这样的诗句："阵阵春风冷，丝雨苦缠绵。孤雁哀鸣事，云重不见天。"宋老师开始反思自己的教学行为，对一个十一二岁的孩子而言，教师的鼓励会增加她成功后的信心，然而缺乏指导的鼓励，会使她盲目自信，从而偏离正确的轨道。对马志韫同学的"求异"之举，由于只有单一的鼓励，缺乏具有辩证性的指导，致使她出现了上述情况，这势必不利于她形成积极向上的人生态度，也违背了在诗词教学辅导中育人的目的。有了这样清醒的认识之后，宋老师对马志韫同学进行了有针对性的指导，让她大量阅读豪放乐观的诗词，从"安得倚天剑，跨海斩长鲸"到"生当作人杰，死亦为鬼雄"，从"不言春作苦，常恐负所怀"到"千淘万漉虽辛苦，吹尽狂沙始到金"，从"我自横刀向天笑，去留肝胆两昆仑"到"更喜岷山千里雪，三军过后尽开颜"……

在阅读学习的过程中，马志韫同学的习作风格也在发生着可喜的变化，她写出了许多立意新颖，健康向上的诗句，如《咏柳》："和风拂绿柳，摇曳风中柔。羞怯默默立，虚心叶低头。"再如《窗花》："玉海千层浪，竹林万朵花。山间蒙蒙路，银叶落我家。"小学毕业后，她在写给宋老师的信中说："老师，我现在明白了，文学作品不单要求新求异，更重要的是给人以启迪，给人以美感，给人以力量……"

在这样一次又一次的学习体验之后，孩子们在知识面前不再是机械的搬运者，不再是怯生生的学徒，而是敢于独立思考的主体。他们懂得去质疑、去选择、去发现、去追求。他们现在可能颠覆不了圣贤，改写不了定理，但是我坚信下一个时代的圣贤与定理，就是在这种批判性思维中孕育产生的。

（五）学习是一种解决问题的行动研究

1. 选准自己的立足点

读书与应用、理论与实践的关系是相辅相成的。读书的目的在于应用，在于加深对教育的理解，从而解决教育中的实际问题，使理论之花结出教育实践之果。而对教育的真正理解又源于读书之后对教育生活的重新审视与发现，从解决教育实际问题的行动研究中感悟和领会教育理论，然后进一步提高教育实践水平，从而实现"读书——感悟——实践——再读书——再感悟——再实践"的良性循环。

南马路小学在 1994 年之前也有科研、教研和师资培训活动，也请专家做讲座，让教师漫谈教育经验，开展研讨课，但这些活动不仅费时而且收效甚微。为什么会出现这样的情况？原因很简单，这些活动很少通过规划来明确目标，也没有研究身边发生的问题，大家都是为了完成任务而参加活动。而只有将问题融入研究过程中，边实践边反思边研究，才会收到实效。就如同学骑自行车，你可以阅读有关骑自行车原理的图书，看"教你学骑自行车"的录像。可是，除非你推着自行车来到操场上，否则这一切都没有意义。只有当你第一次摇摇晃晃骑上了自行车，这时你才算是真正开始学习骑自行车。

20世纪90年代，在科教兴国、科研兴校思想的促动下，我国中小学也涌动着一股教育科研的热潮，南马路小学也不例外。但在对这种科研热潮给予充分肯定的同时，我开始引导教师们做一些冷静地分析与思考。

教育科研应当是教育理论工作者和一线教育工作者共同参与的行为。中小学教师所开展的教育科研是否与专职教育科研工作者承担同样的任务，采取同样的方法呢？这是一个中小学开展教育科研的定位问题，如果我们不选准自己的立足点，学校的教育科研就有可能流于形式。

如果我们基层学校过于追求理论构建的研究成果，就容易有水分，反过来这种虚假性更会加深教育理论与实践的隔离，也就是我们常说的理论与实践两张皮。

1994年的时候，我们南马路小学以"双轨同步"为主题的整体改革已进行了好几年，改革势头不错，也取得了令人满意的成效，但由于缺乏理论指导难以深入，不能总结出带有本质性的内在规律。于是我先从实用出发，给学校的科研这样定位：以科研为导向，解决"双轨同步"的深入和升华的问题。

现在回想起来，用科研的话说，我们当时就是在用教育理论对"双轨同步"的实践进行问诊和反思，从而使这种实践对教育理论产生较强的吸纳力，促进教育理论与实践的良性循环。

但是那时候我并没有意识到我是在带领教师进行行动研究的初探，只知道学点理论，回过头来反思和修整自己的实践，再带着实践中出现的问题去学习，再回过头来反思修整自己的实践。随着工作的深入，时间的推移，我的认识越来越明朗，科研的轨迹也越来越清晰，我明白了，我们其实是在走行动研究的道路，并开始用行动研究的要求来规范自己的科研行为。到"九五"结束的时候，我和我的教师们已经爱上行动研究。

教育行动研究的实质，就是广大教师在实践中通过行动与研究的结合，创造性地运用教育理论，研究和解决不断变化的教育实践中的具体问题，从而不断提高专业实践水平的研究活动。由此可以看出：行动研究是教育理论与实践相结合的实践性中介。我理解的行动研究，总过程大致为：回顾、诊断、计划、实践和效果监控。

在这个过程中，一方面，理论对实践的分析探究带来了实践的变革；另一方面，实践的变革又给理论提出了新的要求，推动了理论的不断发展。

从校本的视角来看，行动研究为我们基层学校提供了一种强有力的实践和探究方式。因此，当我接受"联合国教科文组织中国教育学术交流中心"关于"21世纪学校优质教育研究"子课题研究的任务后，当即决定把子课题定名为"构建学习型学校行动研究"。

2. 课题是船

随着读书学习的深入，我校教师越来越自觉地用教育理论指导自己的教育实践。这种现象令我欣喜。然而，我不能以此为满足，因为个体的、自发的力量毕竟是非常有限的。作为以团队学习为特征的学习型组织，应该把教师们组织起来，针对本校在教育教学中存在的实际问题，开展科研活动，把课题研究作为科研工作的载体，也就是我平时所说的课题是船。我的想法得到学校领导班子的赞同，也得到全校教师的响应。

我之所以把课题当作船，是因为如果仅停留在泛泛地抓科研的层面上，目标就不够集中，结果也不易明确。但是一旦确立为课题，就说明要进入研究的状态，就需要界定，需要起名，在界定和起名的过程中，就找到了一个核心的因素，也就是核心问题。要解决这个问题，就需要从主观到客观，再到找那些与之相关的因素，在诸多因素中分辨出哪些是我们的优势，哪些是我们的劣势，怎样扬长避短，怎样改进补充，这样研究式地对待问题，就避免了泛化，克服了盲目，工作也会有深度。做课题看起来好像是在研究某个问题，但是它激活的却是学校全方位的工作。另外，在实践中我还感觉到课题研究能够有机地实现学校管理与教师培训的科学化，对形成学校合力，构筑良好的教育氛围及校园文化也有很大的作用。

那么课题从哪里来呢？一个是来自于外部，一个是自己内部产生。

这些年南马路小学承担了不少研究课题，这些课题为学校带来了机遇，也使我们见了世面，得到了专家的指导。但是课题本身所揭示的一般规律，并不能预测到每一个特殊的教育情境。任何一所学校都是具体的，所面临的问题也是一般理论所不能充分解释的。我们自己最了解自己，所以在做课题的过程中，我们不能没有自己的见解，也不能总是依赖专家学者的意见。记得我校承担的一项国家级重点课题子课题的研究任务，四位教授来我校进行论证。提出让我们按学科课程、活动课程、综合课程、隐性课程四个板块进行课题研究，我没有接受，因为我们搞的是"双轨同步"的实践，不是四个板块的基础。现在回想起来四位教授非常令人尊敬，他们没有介意我的固执，最后亲切地说"赵校长与别人不一样，她有自己恒定的东西，南马路小学非坚持'双轨同步'，那就按你们的意见办吧。"结果这项课题我们做得很成功，不仅学校的成果被收入总课题成果集，校长和教师的个人研究成果也被采用，更重要的是这项课题的研究推动了学校的发展。

我当时之所以坚持自己的意见，是因为无论哪一级课题，它与学校之间都有一个中间环节，这是一个创造性地运用教育理论的环节，也是一个研究的环节，学校这级子课题的生长点只能在这个环节上，所以说这个环节必须也只能由学校来完成，别人无法替代。如果我们找不到自己的生长点，再高水平的课题给了你，也只能轰轰烈烈地开题立项后便销声匿迹，即使出了点儿形式上的成果，也不会对学校的发展有太大的意义。

真正使学校在科研中成熟起来，还必须从校本出发，自己设立课题。课题不是神秘的东西，词典中给课题这样定义：研究或讨论的主要问题，或亟待解决的重大事项。这个定义告诉我们，没有问题也就无所谓课题，问题在先课题在后，我们应该有问题意识，有针对一个问题来研究的习惯，这是我们自己设课题的基础。

我们将课题比作船，但船存在的意义不是供人观赏，而是为了过河，外部给船有声色，自己造船也渡河。还记得 2000 年的一次研讨，老师们就语文教学中存在的问题提出自己的想法和意见。大家你一言我一语，互相补充，互相质疑。这时，我说："要想解决这些问题，就要做课题，搞研究，今天我们就要定出研究的课题。"经过又一次深度会谈，我们达成了一个共识，那就是语文教学必须要解决读书和写作的问题。经过众议纷纭，我们提出了要研究的

摄于悉尼歌剧院

课题——"多读勤写·读写多元"。大家又七嘴八舌地议论起这个课题来，对课题的诠释达成了共识。此后，我们把这个课题作为构建学习型学校的辅助课题来研究，历经几年的时间，"读书课""得意之作""精彩句段每一天"等研究成果有效地促进了学习型学校的建设。

另外，在承担来源于外部的课题时，也需要我们自己来拟定子课题，这也是一个造船的过程。同时还必须有自己设立的小题目让老师们来做，这又是一个造小船的过程。如"构建学习型学校行动研究"这个课题，我们设立了十几个小题目，再召开校内题目发布会，老师们根据自己的兴趣开展研究。其中，阅读学习组和接受学习组最初的分歧很大，两组都觉得自己的学习方式好。可他们在各自的学习、研究和反思的过程中发现，在阅读学习中有接受学习的成分，在接受学习中也有阅读学习的加盟，于是两组进行了深入的合作研究，把自己的那部分研究成果拿出来和大家进行分享，这时每组都有了更大的收获。

3. 研究是帆

在科研的航道上，如果课题是船，那么研究就是风帆。当我们满怀着诚实投入教育，必然会对教育感到困惑，即工作中许多棘手的难题，而把难题当作课题，我们的思考与实践就进入了研究的状态。实践中我深深体会到：研究是重要的学习方式。研究中有思辨，研究中有激情。但研究作为一种风气，则需要长时间地锻打和凝练。研究只有成了风气，才能成为科研的动力，才可以称其为船的风帆。

基于这样的认识，我要求教师定期写"感悟千字文"，希望通过这个载体，促进教师自觉去实现"读书——感悟——实践——再读书——再感悟——再实践"的良性循环。我对大家说："现在我很少上课了，没有处在教学的第一线，深感缺少'营养'，而你们天天上课，我渴望看到你们写的来自教学第一线的最鲜活的东西！"于是写"感悟千字文"的活动在全校教师中开展起来了。

教师们写的"感悟千字文"，我每篇都看，看到写得好的，我就欣喜地拿到全校教师大会上宣读、表扬："老师们，这篇文章写得真漂亮，我给大伙儿念念。你们看他做得多好啊！这才是教师应该做的，你可能做过以后就渐渐淡忘了，但孩子们会牢记一辈子！"教师们喜欢听我读他们写的文章，每次我朗读时，台下总是静悄悄的。教师们觉得自己的文章由校长有感情地读出来，再添上那些褒奖有加的点评，顿时显得那么美妙。有时教师们写的感悟文章从整篇看可能不算很出色，但是有一两个地方写得挺好，我就会说："因为时间关系，我只念其中的一段给大家听，瞧这一段写得多精彩！"我觉得做一个聪明的校长应该懂得宽容，懂得激励。

这里我摘录两篇我校教师写的"感悟千字文"，可以从一个侧面反映我们是怎样把读书学习作为一种解决实际问题的行动研究的。

这篇《由遵从到借鉴》的"感悟千字文"是语文教师赵明新刚调入南马路小学不久时写的：

前几天上了一节课——《草原》。上课前进行了认真的备课，上网翻阅了好些资料，以充实自己的教学内容，让学生得到更多的东西。当然更少不了研读一番教学参考书，它既有对教材的解释说明，又有教学上的一些建议，有一定的权威性。我想大部分的老师都会接受上面的建议，尤其采用建议中的设问方式。我也一样。于是，课上我问："草原的景物有什么特点？从哪看出来的？"本以为会一石激起千层浪，可出乎我的意料，一向比较积极踊跃地学生却像霜打的茄子一样，除了几名特别优秀的学生以外，其余孩子一脸的茫然。看来，设问是有些难了，我暗自叫苦，又连忙采取了一系列补救措施，但效果并不明显。接下来可想而知，课堂教学并不成功。

这不禁使我想起去年在讲《倔强的小红军》时，我也是采用了教参上的问题——"小红军是怎样说的，每次说的话表达什么意思，真实的情况是什么？"结果问糊涂了学生，上糊涂了课。教师上课没了激情，学生学习没了兴致。要知道，一个环节出了问题，就会影响其他环节，甚至是整堂课的效果，难以完成教学任务。那时，也曾反思过自己的失误，可惜……哎！怎么就不吸取教训呢！

细想想，既然是"参考"，就是要让我们去借鉴，而不应该是照搬照抄。教参是我们备课的主要依据，常常在备课时，我们首先研读的就是教参。但它却不是唯一的参考，不是必须遵从的。各班有各班的班情，学生的能力、基础、学习习惯各不相同，自然老师的教学方式、方法就不应该相同，设问要有针对性，难易要适度，要适合本课的学习内容，更要适合本班的学生，要从自己的教学需要出发，也要从学生的学习需要出发，要进行认真的思考。这恐怕也是备课时总要强调备学生的道理吧。

现在的教学早已不再是照本宣科的年代，讲求的是因材施教，实施的是素质教育，要求采用启发式的教学，培养学生的能力，教给学生学习的方法，新的课程标准给我们教师提出了更多、更高的要求。想要上好课，并不是一件容易的事。要想成为一名优秀的教师，决不能有丝毫取巧之心，要脚踏实地、勤勤恳恳才行。在以后几天的教学中，我谨慎对待教学参考书上的建议，认真推敲，设计问题有的放矢，便没再出现这样的现象。

这也让我想到了我们南马路小学校是一个学习型的组织，这里的每一名教师都勤于钻研，我又怎能凭借一本"参考"来上课呢？也许以后还会出现这样的问题，但那一定是设计的失误而不是简单的错误。要不断地充实自己，努力学习、刻苦钻研，备好每一节课，上好每一节课，让自己的教学在这点滴之中不断得到完善。

语文教师张颖写的《创造性地使用教材》：

学习是永无止境的，作为教师，只有不断地读书学习，才能拓展自身的知识面，增加自身内涵，修正自己的教育思想，改善教学方法，从而提高教学质量。作为学习型学校的一员，只有养成了勤于读书学习，及时对自己的工作反思的习惯，才能凝练智慧，修炼品格。

在教学时，我发现课堂上，仅限讲解书本上的知识，已经满足不了学生学习的需要，大部分学生出现了"吃不饱"的现象，为了满足学生对知识的渴望，这就需要教师及时补充进来大量的知识作为课内知识的填充。

在翻阅其他教材时，发现教科版教材的内容在编写上很有特点。如：一年级教材的拼音部分中"y、w"一课，文中配有一幅雨前情境图，天空中，乌云密布，蜻蜓在低空飞，长蛇爬过道路，几只蚂蚁在搬家，鱼儿在水面跳跃。乌云的"乌"表示"w"的音，蚂蚁的"蚁"表示声母"y"的发音。与图相配的还有一首渗透天气与动物相关知识的儿歌，其内容是：蜻蜓低空飞，鱼儿水上跳，蚂蚁忙搬家，长蛇溜过道，乌云布满天，大雨要到来。这首儿歌字数少，易于学生读和记，而且在内容的编排上，儿歌起了多功能的作用：1.引出了要学习的字母"y、w"和整体认读音节"yi、wu、yu"。2.利用拼音自主识字。3.引导阅读，发展语言。4.从儿歌中学到科普知识。看到配图儿歌的优势，使我产生一种想把儿歌及时吸纳和补充到我的课堂教学中的想法。考虑到我所教学的一年级教材，缺少拼音部分的情境儿歌正是此教材的劣势，而且在内容的编排上又缺少趣味性，何不创造性地使用其他教材的优势弥补不足呢？于是，我从其他版本教材、儿童读物中找到许多趣味儿歌补充到我的拼音教学中。这样，课堂容量大了，学生的知识面拓宽了，拼音记得更扎实了，拼音与识字及学习语言也有机地结合在一起了，学生也充分感受到学习拼音的乐趣。

　　教师合理有效地选择教材，正体现了教师发掘教材优势、创造性地使用教材又不唯教材的教学理念。一个教师只有不断地学习，反思，才能提高自己，使自己的事业之路走得更充实，更宽阔！

　　为了把好理论联系实际这一关，记得当时我曾对老师做出两条规定：一是不许搬弄名词术语以显示理论的高深，要始终扎根于教育实践的沃土中；二是书要自己读，联系实际要自己悟，具体点说，看到教育杂志上的某篇文章，拿来后改头换面安到自己身上，这样学理论写 100 篇文章也没用。

　　随着研究的继续深入，老师们在将读书研究领悟到的策略应用于工作，并取得成效的时候，他们就有了惊喜，就好像一则寓言中所说："一个人走在沙漠里，一个声音对他说'捡一些卵石放在口袋里'，他不愿意捡，但还是做了。当走出沙漠的时候才发现口袋里装的是红宝石、绿宝石还有钻石，他惊喜之余后悔当时没有多捡。"这时候，校长一定要珍惜老师们的惊喜，善于推波助澜，鼓励老师们提出有质量的问题，发表有质量的见解，与老师们在一起用平等对话的方式"疑义相与析"。张尚忠老师参加全国骨干教师的培训后带来一个新观点"二元对立，动态平衡"，十几个教师围绕着这个观点结合师生关系，教与学的关系，足足研究了半个月，我深深地被他们的投入所感动。

　　通过读书研究来改革创新自己的教育教学实践，这是我提倡开展写"感悟千字文"的初衷。这十几年来，我校教师努力把学到的教育理论扎根于教育教学实践的沃土，研究解决每天在课堂教学和校园生活中遇到的问题，在课题研究中寻找自己工作的生长点。渐渐地，他们对教育的理解日益升华，教育教学水平也不断提高。

　　"我教了 16 年数学，曾三讲《分数的意义》，每一次都有所不同、有所进步。"闫晶娣老师说："这三节课，见证了我读书学习后的成长。"十几年前，初出茅庐的她要在区里上一节公开课。她选了四年级教材中的《分数的意义》。记得上课前，她看见学生正翻着课本，赶忙让他们合上书。"我心想，你们要是先看了书，我可就没法儿教了。"现在回想起来，闫晶娣觉得挺可笑，"当时的我根本不理解教育，还自以为是一个知识的权威者。"几年后，已经崭露头角的她上示范课，讲的依然是《分数的意义》。"经历了几年读书学习，我开始意识到教师在课堂上的主要职责是要调动学生主动学习的积极性。"闫晶娣准备了很多图形模具，让学生自己动手。那节课上得生动、活泼、热闹，课后反映也不错。但是随着读书学习的不断深入，令闫晶娣对自己的教学实践进行了新一轮的反思，认识到："我又进入了另一个误区。过于强调学生参与，而忽略了教师的必要引导，使得学生对知识的掌握停留在表面层次，没能深入理解。"闫晶娣第三次讲《分数的意义》的时候已经是特级教师、副校长，"有了前两次教学实践的经验教训，我更多的是作为组织者和引导者，与学生共同参与学习过程，同时注意联系生活实际来理解分数的意义。"这堂课无疑上得很成功。

"全国更新教育观念报告团"成员在人民大会堂合影

总之，在一个学习型的校园里，环境、对话、问题意识、批判思维与行动研究共存，它们相辅相成，缺一不可。环境是对话、问题意识、批判思维、行动研究的基础，而对话、问题意识、批判思维、行动研究又是环境的重要因素；行动研究是环境、对话、问题意识、批判思维的落脚点，而环境、对话、问题意识、批判思维又是行动研究的动力源；问题意识中有批判思维的成分，批判思维中有问题意识的加盟；而问题意识与批判思维又必须在对话中得以实现。五方面交错组合，侧重不同，从而使我们的学习型学校更加多姿多彩。

北京新东方的徐小平写过一篇文章，题目叫《重复创造成功》。他在文中说道：只要千百次地重复做一件事，就必然会养成一种习惯。这话说得好，人是习惯的产物。我多年来就是在千百次地重复做着一件事，那就是带领教师读书学习。读书是一件多么美好的事情！真的把书读好了，它就会进入我们的内心，融入我们的血液，默默无语地在举手投足间都会流淌出书的力量。因为"文字是生命的酒"，具有益人心智、怡人性情、变化气质、滋养人生的价值。可以让我们在失败的时候，自然而然地反弹出那份坚强；在成功的时候，自然而然地流露出那份淡定；在一个人独处的时候不会寂寞，在与多人共处的时候不会轻狂。

三、在理解教育中涵养师德

司马光在《资治通鉴》中关于"德"与"才"的关系做了深刻的论述："才者，德之资也；德者，才之帅也。"这一观点在师德建设方面给了我们有益的启示："强教必强师，强师先立德。"所以说，师德在教师专业成长中有着非常重要的意义。

自教育部颁发《中小学教师职业道德规范》以来，无论是教育界内部，还是教育界外部，对师德建设这一话题一直没有停止过讨论，制度定了许多，经验也有不少，可是全社会对师德的不满却有增无减，这反映出随着全民对教育的重视，大家对师德的关注和要求也越来越高。同时我们必须看到问题的另一方面，那就是总体而言教师在师德方面确有缺失。这不由得我们不去思考一个问题，在"人本"理念逐渐深入人心的今天，面对师德，我们是否要重新审视，或者说以往的师德建设是否符合规律？带着这些问题，我校在师德建设方面进行了一些思考与探索。

（一）师德建设要在组织中进行

中国的传统教育，从孔子开始就强调教师个人的品德修行，倡导修身立德，多少年来这种思想已成为中华民族知识分子精神财富的一部分，同时也造就了一代代优秀的为人师者。

但是，当历史跨入 21 世纪，随着教育现代化、信息化、多元化的进程，我们开始发现，当今的教育已经不能仅仅依靠教师个体的言传身授来完成。现代教育是系统工程，必须通过教育组织和教师团队的力量来实现，这个时候单纯的教师个人的师德修养就显得有些单薄。师德只有成为教育组织的合力和教师团队的共同信念，才能真正实现它在教育事业中的意义。同时教师是在教育组织中成长的，是在教育组织的管理下，在组织文化的熏陶中，在团队精神的感召里来感受教育、理解教育、思考教育的。而良好师德恰恰就是在日积月累地对教育的感受、理解和思考的过程中涵养出来的。反之如果我们一味地强调教师个人的师德修养，那么保持着个人品德高洁的教师，一旦置身于平庸的组织中，他就会觉得苦闷和压抑，时间长了他的高洁也容易被磨损。同时由于组织的平庸，优秀教师师德的辐射作用和榜样的力量也会被大大削弱。所以说师德不仅仅是教师个体努力的结果，它更是组织管理的产物。

1. 教师是师德建设的主角

传统的教育管理模式是一种以行政管理为主线的管理，是由教育行政部门颁发的政策、法规对教师进行着管理、约束和规范。在这样的管理机制下，教师是被管理的对象，不但主体能动性被压抑，而且容易出现行政法规触及不到的道德"真空地带"。在实践中，我认为以教师为主体的管理模式是一种主动管理的模式，以教师的主体性、自觉性、主动性的发挥为前提，是学校教育管理的发展趋势，也是师德建设的必然趋向。

从古至今，社会对教师的称颂和赞美总是与教师的敬业奉献与自我牺牲联系在一起，而极少谈及教师的需要和自主发展。事实上，教育既是教育者奉献人生的事业，也是成就自我的事业。加强师德修养是促进教师自身发展的根本途径，19 世纪俄国教育家乌申斯基曾说："只有当你致力于自我教育的时候，你才能教育别人。"因此修炼师德要成为教师的一种自觉意识，成为每一位教师教书育人和自我发展的需要，唯有这样的师德建设才有坚实的基础。

教师节的设立是为了弘扬尊师重教的良好风尚，是全社会带给教师最朴素的尊师重教的感动。对教师感谢和致敬的形式有很多种——一句祝福，一个拥抱，都是真挚情谊的传递。然而，随着社会风气的变化，这些质朴的形式悄然发生着变化。

让教师节回归朴素,老师们用自己良好的师德去抵御不正之风。教师节前夕,研究班主任工作的"三阳社团"向全校教师发出倡议,得到全校教师的积极响应,每个人都在倡议书上郑重签名。教师节那天早上,他们将倡议书悬挂在学校门前最醒目的地方。

致家长的一封公开信

尊敬的各位家长:

　　第二十二个教师节来临之际,我们全校教师在此向您表明我们的态度:拒绝收受学生及家长的任何礼品、礼金。多年来,尽管我们再三承诺,但仍有个别家长执意给老师馈赠礼品或礼金。我们的老师还要在繁忙的工作中礼貌而得体地接待家长并婉言谢绝。这样也给我们正常的教育教学工作带来了干扰。"学为人师,行为世范",这是我们对自己的期许,教育好学生是我们教师的本分。希望家长能够理解并支持我们。配合我们共同把孩子教育好,是您送给我们的最珍贵的礼物。愿我们共同努力,为孩子撑起一片纯净而美好的天空。

南马路小学全体教师

2006 年 9 月 6 日

　　老师们表达的不仅是拒收家长礼品礼金的诚意和实现教育公平公正的夙愿,还有他们自我教育和自我完善的决心。教师成了师德建设的主角,就会自觉地成为师德的捍卫者、师德的践行者、师德的受益者,就会激发出教师对教育理想和成就自我的追求。

　　2. 学校文化是孕育师德的沃土

　　学校文化是师德建设的重要资源和生态环境,对师德的形成有潜移默化的作用。学校文化是指学校在长期活动中积淀下来的、为全体成员赞成并遵循的价值观念和行为方式的总和。正如每个人都应该有一个清晰的梦想,一所学校也必须清楚地知道要去哪里?为什么要去那里?怎样去那里?一个成功的团队是用一颗心脏跳动的团队。美国著名管理大师吉姆·柯林斯在长期的企业研究后得出这样一个结论:真正让企业长盛不衰的,是深深根植于公司员工心中的核心价值观。学校也是同理,没有深深根植于教师心中的共同愿景和具体明晰的价值导向，学校也就不可能有团结一心、昂扬向上的士气，其生命力也就注定不会长久。思想决定行动，价值导向又决定思想意识。当团队成员都确信，他们每个人的努力都是致力于一项他们所深信的伟大事业，他们就会全力以赴，就会在工作中获得更大的成就感。

经过多年的积淀并不断完善，我校已形成了"引发学习、成就人生"的核心办学理念和以校风"让读书成为习惯"为标识的办学特色，并提炼出"用学习成就自己，用工作成就人生""唯天下之至诚胜天下之至伪，唯天下之至拙胜天下之至巧""人人捍卫规则，人人都受益""信任和被信任是一种幸福""珍惜生命中重要的他人""把简单的事情做好就是不简单，把平凡的事情做精就是不平凡""团结协作，资源共享"等26条价值观。学校形成了大家认同的组织文化，对所有成员都产生了凝聚作用，形成共同的价值观念、工作作风、行为方式，彼此之间的认同感大大加强。

著名管理学家埃德加·施恩说："领导者所要做的唯一重要的事情就是创造和管理文化，领导者最重要的才能就是影响文化的能力。"学校文化建设关键在校长，校长是学校文化建设的引领者和缔造者。正如一位教授所说的，校领导的伟大之处就在于能够把新的、好的、代表文化发展的先进理念，转化成为大家认同的观念，形成学校具体的、可操作的目标，校长要和教师一起在整个校园中营造这样一种气氛。

《难忘的八个字》是我在《读者文摘》中读过的一个故事。课改后，这个故事被换了一个标题，变成"你是我的女儿"，选入多个版本的小学语文教材中。早在20世纪90年代，这个故事就被我选来，当成了老师们的必读教材。

难忘的八个字

随着年龄增长，我发觉自己越来越与众不同。我气恼，我愤恨——怎么会一生下来就是裂唇！我一跨进校门，同学们就开始讥嘲我。我心里很清楚，对别人来说我的模样令人厌恶：一个小女孩，有着一副畸形难看的嘴唇，弯曲的鼻子，倾斜的牙齿，说起话来还结巴。同学们问我："你嘴巴怎么会变得这样？"我撒谎说小时候摔了一跤，给地上的碎玻璃割破了嘴巴。我觉得这样说，比告诉他们我生出来就是兔唇要好受点。我越来越敢肯定：除了家里人以外，没人会爱我，甚至没人会喜欢我。二年级时，我进了老师伦纳德夫人的班级。伦纳德夫人很胖、很美、温馨可爱。她有着金光闪闪的头发和一双黑黑的、笑眯眯的眼睛。每个孩子都喜欢她、敬慕她。

但是，没有一个人比我更爱她。因为这里有个很不一般的缘故——

我们低年级同学每年都有"耳语测验"。孩子们依次走到教室的门边，用右手捂着右边耳朵，然后老师在她的讲台上轻轻说一句话，再由那个孩子把话复述出来。可我的左耳先天失聪，几乎听不见任何声音，我不愿把这事说出来，因为同学们会更加嘲笑我的。不过我有办法对付这种"耳语测验"。早在幼儿园做游戏时，我就发现没人看你是否真正捂住了耳朵，他们只注意你重复的话对不对。所以每次我都假装用手盖紧耳朵。这次，和往常一样，我又是最后一个。每个孩子都兴高采烈，因为他们的"耳语测验"做得挺好。我心想老师会说什么呢？以前，老师们一般总是说："天是蓝色的。"或者"你有没有一双新鞋？"等等。终于轮到我了，我把左耳对着伦纳德老师，同时用右手紧紧捂住了右耳。然后，悄悄把右手抬起一点，这样就足以听清老师的话了。我等待着……然后，伦纳德老师说了八个字，这八个字仿佛是一束温暖的阳光直射我的心田，这八个字抚慰了我受伤的、幼小的心灵，这八个字改变了我对人生的看法。

这位很胖、很美、温馨可爱的老师轻轻说道："我希望你是我女儿！"

当时，我们声情并茂地朗读，并召开研讨会。故事中的伦纳德夫人是一位平凡而伟大的老师。她用自己的真诚关爱着班上的每一个学生，尤其是关爱身体有残疾的孩子。"我希望你是我女儿"！伦纳德老师以博大的慈母之心给了丽娜以抚慰，为这个可怜而幼小的生命注入了新的活力。重温这篇文章，老师们的心灵受到了震撼。他们深深地感受到：当老师真正能发自心底、毫无粉饰地去爱学生，其教育力量是其他任何力量所无法比拟的。

校长不但要成为学校文化的引领者，更要成为一个践行者。苏霍姆林斯基在做校长30年期间，每天早晨八点整到学校走廊去迎接上学的孩子们，白天做班主任工作、上课或听

为希望放飞

课，晚上整理笔记。他致力于跟踪观察和研究 3700 名不同家庭的学生在童年、少年和青年期的各种表现，苏霍姆林斯基正是通过这些具体实践造就了帕夫雷什中学，影响了世界教育。"校长应成为教师的大教师，他的每一个行动都要能为师生所效仿。"在一次现场会的准备过程中，因为时间安排欠妥当而使学生重新排队形，我向学生鞠躬道歉。《中国教育报》以"校长的鞠躬"为题发表了这个案例。

初春三月的哈尔滨，寒意未尽，孩子们上学都还穿着冬装。中旬市里决定要在我校召开现场会，各方面对这次会议都很关注，有些重要领导也要来参加，全校师生个个热情洋溢，兴奋得仿佛过年一般，而我却偏偏在这个时候得了肺炎，每天要抽时间到医院"点滴"，所以对会务过问得不细。

那天下午要开会了，上午我打完吊瓶下楼巡视了一圈，突然发现千余名学生的口琴表演队形有点问题，年轻的组织者只注重了校长强调的怕冻着孩子，表演不能在室外进行，却忽视了给近 200 名与会者留下一条行走通道和观看表演的空间。因此，必须将原来表演队形的五路纵队改为三路，而且队形占据的位置也需要调动。可当时已临近午休，孩子们也都饿了。那一时刻，自责在我心中油然而生，身为校长的自己，在同学们排队形的时候未能到场，现在却要求变换队形，那么我把孩子们付出的时间和精力置于何地呢？于是，我发自内心地向学生道歉："亲爱的孩子们，昨天你们排练时我没有来，现在让你们重新调整队形，浪费了你们的时间和精力，很对不起你们，为了表示我的歉意，我给大家行个礼。"当我分别向着三个侧面的学生鞠躬之后，抬起头来，蓦然发现，眼前孩子们那一双双亮晶晶的眼睛里，在闪动着泪光，他们的脸上分明写着无言的感动。接下来的队形调整竟是那样快捷而有序。

现场会过去了，可故事却没有结束。半年后的一个下午，我推着自行车走进校门，只见迎面那边的厕所里走出来一个男孩子，一见到我便箭一般地飞奔过来，由于跑得太快，跌了一跤，爬起身顾不得疼，便三步并作两步地蹿到我面前，一边大声问着"校长好"，一边深深地鞠了一躬，然后转身走开。这眨眼间的事情使我愣住了，我回过神儿来，一把拉住了这个孩子，对他说："你摔疼了吧？跑这么快找我有事吗？"他腼腆地说："没事，我就是想给校长行个礼，怕你进楼我赶不上，所以就快跑。"我心疼地说："今天赶不上，以后还有机会行礼，干吗这么着急呀?"孩子抬起头来，不再是腼腆，而是带着一脸的庄重，一字一板地说："因为校长给我们表演口琴的同学行过礼!"我的心被震撼了，热泪一下子涌了上来。

这件事已过去很长时间了，可每次想起来，心中都有不尽的感慨。孩子多么真诚，孩子多么可爱。他们同我们一样，都是活生生的人，你向他抛去什么，他也必然向你抛回什么，作为教师，我们每天都在以我们的言行与孩子们的心灵对话。只有我们给了孩子真正平等的爱与尊重，才能赢得孩子们发自内心的爱与尊重。作为教师，还有什么能比让自己的学生在被爱与被尊重中，学会爱与尊重而令我们欣慰与自豪的呢?这欣慰和自豪，得之也易，失之也易，全系于我们珍爱与尊重孩子的一颗心。

案例中，我对孩子们鞠躬道歉是发自内心的，因为我深深地懂得"谁爱孩子，孩子就爱谁。只有爱孩子的人，才会教育孩子"的真理。我们还以"爱与尊重"为题召开了一次师德研讨会。老师们尽情地诉说着，倾听着，对师爱有了更深的理解，内心也增添了温暖与包容。

针对学生挑食、偏食、肥胖者越来越多的现状，五连环社团提出了"科学饮食"的话题，他们在班级里开展了"水果开会"的活动，让学生们比一比谁吃得香，谁就是大力水手。"大力水手"是动画片中一个因爱吃菠菜而力大无比的人物，孩子们都想成为大力水手，就连平时见水果就皱眉的孩子也参与了进来。忘带水果的孩子急坏了，有的学生在精彩句段中这样写道："老师一声令下：水果开会!只听班级里一片'喀吱喀吱'声，我们就像一群几天才找到食物的小老鼠，那声音真诱人，我闻着香甜的水果味，口水都快要流出来了。"有的老师还雕刻了他们的做法，设计出了"水果加牛奶，健康每一天"的活动。爱学生不能只作为一种说法挂在老师的嘴上，而是要把这种情感植根到学生心里。一个水果、一杯牛奶，学生感受到的却是教师对健康和生命的关注，这恰恰是师生间真情的流动。

学生总是有差异的，把每个学生都放在同一个水平面上去爱，对教师来说并非易事。程鑫老师写了一篇题为《心平气和地对待教育，宽容地善待"后进生"》的文章，对大家很有启发。她分析了"后进生"产生的原因："作为一名教师，我很理解同行们的忙碌与艰辛。当同事间的竞争、自身对成功的渴求等无形的压力交织在一起向我们袭来时，有时的确表现得很浮躁。因此，有的教师在有意无意间将获胜的砝码押在了学生的身上。于是，对'拖后腿'的学生就恶言相向、冷眼相加，恨不能立刻让他们'脱胎换骨'。其实，这些教师还没到那么没水准的程度。他们不会因学生出身门第的不同而厚此薄彼，只是一提到分数就瞪圆了眼睛。"这合情合理的分析使老师们心服口服。接着，程鑫老师写道："现在，中国教育正处在由应试教育向素质教育转变的转型期。作为教师，应更新教育观念，紧跟时代步伐。社会需要方方面面的人才，而学生间客观存在的差异为此提供了可能性。教授、学者、艺术家是人才，优秀的工人和农民也是人才，自食其力的劳动者同样可以成为优秀的人。只要教师真心地理解、尊重、帮助学生，用人格魅力去感染他们，定会于'润物细无声'中使之顿悟，继而奋起直追。这种教育效果不正是家长、社会、学校共同期盼的吗？"

程鑫老师的观点得到了大家的赞同。老师们认为这些孩子主要是一时学习有困难，需要格外关爱和帮助，对这些学生就要采取特殊的方式和方法。我对老师们说，"我们要关注差异，尊重差异，最大限度激发每个学生的潜能。"还鼓励老师们对此进行积极的实践与探索，并经常组织交流这方面的经验。

在韩国观看学生上课

当学校文化被老师们逐渐认同的时候，学校就会产生巨大的向心力和凝聚力。在我校的办学理念及价值观中有一条是"不唯考试，但赢考试"。2006年，我校的五学年在全区统一测试中蝉联了第一名。在三阳社团的倡议下，五学年老师别具匠心地召开了一次名为"共饮一杯香茗"的感恩节。全校教师聚集在阶梯教室里，五学年的老师们亲手为全校每一位老师斟上一杯龙井茶，真诚地向同事和学校表达感恩之情。学年组长姜玉霞说："团结协作资源共享是我们学校的制胜王牌。一年来，五年级老师正是在这样的氛围中快乐工作，全校老师的理解和帮助为我们鼓了士气，成功属于每个人"。郎萍老师说："在工作中，我们付出汗水与心血，正如饮茶一样，耐其苦而品其香。"蒋晓莉老师说："其实，我们教师这个职业也如这清茶一样，苦涩中升腾着甘甜，繁忙中体味着快乐。"唐永年老师说："每一片干枯黛绿的茶叶，有了水的浸润，它舒展开来，释放出与众不同的清香。每一个人融入欣欣向荣的集体，他也会因吐故纳新而变得丰厚充实。所以，做人也要像清茶学会感恩。"张金花老师说："在我们喝这杯茶的时候，眼前缭绕着的是轻曼美妙的雾气，嘴里品尝到的是清香与甘甜，心情也随之变得清静、平和。愿我们对待周围的一切，也如品这龙井一样，眼中看到的都是美好的东西，感受到的都是快乐与充实，心中盛满的都是幸福与感恩。"……五学年的老师们共同说："五学年的学生是全校老师培养出来的，成绩应该属于全校老师。这，我们要感恩。学校交给了我们工作，更是给了我们信任，让我们找到了自己的位置，证明了自己的价值。这，我们也要感恩。在工作中，我们付出汗水与心血，我们可以骄傲地说'我行'，这自信是在工作中锤炼的，我们更要感恩。"可以说，他们的一举一动，全校老师都看在眼里、记在心上。付出了努力，取得了成绩，非但不表功，还要感恩，而且是用这样的形式，这实在是令人感到意外。一杯香茗，其作用绝不仅仅是感恩，而是凝聚了一所学校千金难买的士气。

我和老师们共同剖析"小新现象"，查摆师德中存在的问题，让反面案例发挥积极的导向作用。小新是动画片《蜡笔小新》中的人物，他调皮、淘气、爱搞恶作剧，被视为问题儿童。我把小新当作我们工作中的一个虚拟人物，将一些教师存在的有违师德的现象集于小新一人身上进行描述。开会的时候，我请教师们剖析小新这个人物形象。老师们把小新看作自己的一面镜子，分析原因，找出改进方案，有则改之，无则加勉。"小新现象"分析让每位教师在自检自查中找到自身师德方面存在的问题，明确什么是不可为，不能为。反面案例的分析具有警示作用，学校的价值导向在每位教师心中更加明晰、深刻。

在学校文化的引领下，师德建设无声地改变着每一个人，同时师德形象的树立、师德规范的形成、师德意识的提高和师德行为的养成又成为一种新的学校文化反过来推动学校的发展，使学校成为师生向往的精神家园。

3. 团队学习是师德建设的重要载体

在建设学习型学校的过程中，我深切地体会到，很多时候教师做错了事，并不是在动机上要做一个不好的教师，而是由于缺少学习，没有认识教育的一些基本要义，情感水平偏低。1994 年，我刚做校长时，发现教师不爱读书学习，对教育不够理解，时常会做出一些有悖师德的事情。问题的根源在哪里？提升师德水平的根本在哪里？仅靠制度、规定进行约束，至多能"治标"，不能从根本上解决师德问题。经过一段时间的学习和思考，我为学校师德建设开出了一个"治本"的药方，那就是加强教师读书学习。我对老师们说："读书可以去俗，可以摆脱平庸，不应该错过的是你人生的价值。有的教师日复一日年复一年地重复着昨天的故事，教了一辈子书也没有对教育更深层次的理解，更别提他的学识眼界、人格修养、思想境界了！读书与师德之间有着一种天然的联系，教师读书具有不可替代的专业价值。"在我的引导下，教师的读书热情被激发了。我顺势而为，通过教师社团将教师的个人学习变成了团队学习的共振效应，在学校形成了学习的"场"。真诚对话就此展开，团队学习成为加强师德建设的重要载体。

各个社团的老师带着自己的问题去读书，用教育理论来审视工作中的问题，理论变得鲜活了。老师们反思自己的行为，对个案进行分析，对教育热点问题进行专题研讨，在研讨中碰撞出新思维的火花，许多琐事也变得明亮起来。比如，一般人总以为"称赞"就是"鼓励"，"鼓励"就是"称赞"。读书学习后，我们发现"称赞"重在比较和竞争，而"鼓励"则不需要和别人做比较，更重视孩子内在的自我激励。有些孩子是为了得到称赞而表现良好，他们会慢慢养成取悦他人的习惯，而那些表现不太好的孩子很少有机会得到称赞，甚至认为自己永远无法达到老师的期望而贬低自己的能力。因此，老师不再滥用称赞，对自己的言行有了审视的态度。再如，科学学科教师安东来端着实验仪器走到教室门前，发现一名因和同学闹矛盾觉得自己受了委屈不肯进教室上课的学生。于是对他说："你能帮我把仪器端进教室，在讲台桌上摆放好吗？"这个孩子接受了，在认真摆放仪器的过程中，脸上的怒气消失了，平静地去上课。恰到好处的教育技巧解开了孩子心中的结，教育技巧是在教育理论指导下创造出来的教育艺术。掌握教育理论和教育艺术，以及实事求是的工作态度，也是良好师德的体现。

读书学习让老师们对身边的小事有了敏锐的感知，从中发掘教育的契机，并能对教育现象背后的问题进行挖掘，做出理性的思考。老师们还经常将教育工作中遇到的棘手难题和困惑抛出来，在社团中展开研讨。有时，即使团队作战也无法找到解决问题的最佳方法，大家就将问题变成共同的课题，在教育学、心理学等书籍中寻求帮助。有了理论的支撑，一些老师眼中的难题变得迎刃而解，一些司空见惯的现象也引起了大家的反思。

学校中每时每刻都在进行的教师和学生之间的相互活动，师生关系处理的好坏直接关系到教育教学的效果，关系到学生的心理健康和全面发展，影响到教师的职业态度和工作效果。因此师生关系是师德建设的核心问题，一直为我校教师所关注。在一次如何改善师生关系的研讨会上，有位老师提出：认真的倾听也是改善师生关系的方法。因为真正的教育必须是从心与心的对话开始的，而心与心的对话又是从真诚的倾听开始的。不会做一名真诚的倾听者，就很难做一名优秀的教师。老师在与孩子对话时不仅要认真听，还要适时地发出"嗯—嗯"或"哟—哟"之声，这在心理学上被称为"格林斯潘效应"。"嗯—嗯"之声就是表示理解、认可、赞同、赏识、肯定对方的观点，也表示愿意接受、倾听之意，与非语言的点头动作有异曲同工之效，有时甚至有更大的效果。在这个过程中，孩子的心态是开放的，不会产生任何拒绝的心理，也没有必要为自己做出防卫，因此，学生就会做出积极的心理回应。一个"嗯"字，一个点头，其实很容易做到，做与不做差别很大，它不仅融洽了师生关系而且也改善了师生对话的效果。

师德不是游离于日常教育工作之外的一部分，师德也不仅仅是惊天动地、催人泪下的壮举，师德体现在平常的每一天里发生的一个又一个的细节中。著名哲学家罗素说："真正的幸福来自建设性的工作。"南马路小学的老师们在建设性的工作中忙碌着，他们不要加班费，他们多干了很多活儿，可是他们的脸上却洋溢着幸福。

（二）我们视野中的"奉献"

长时间以来，一提师德，往往就与"奉献"联系在一起。几乎所有"师德表彰会"上，都能听到英模们抛妻别子，丢家舍业的事迹，人们也常常用"红烛""春蚕"等意象来比喻教师高尚的师德和奉献精神。于是，在很多人的观念中形成了一种思维定式：教师"奉献"注定是悲壮的，甚至是惨烈的，奉献就意味着自我牺牲，

"春蚕到死丝方尽，蜡炬成灰泪始干"就是对"奉献"最好的诠释。在教师队伍中，把调门起得如此之高，以至于家长社会不相信，就是教师自己也不相信。这样的师德观，有将教师的奉献与教师的自我发展对立起来之嫌，某种程度上不利于教师的可持续发展。因为如果我们单纯地要求教师忍耐，这个世界上没有任何一种忍耐没有限度；如果我们一味地要求教师付出，这个世界上没有任何一种单向的付出没有尽头。因此，我们要谈"奉献"，首先要还"奉献"以本来面目。

什么是"奉献"？《现代汉语词典》中对"奉献"的解释是：恭敬地交付，呈献。由此可见，以前对"奉献"的理解是偏颇的，甚至陷入了误区。"奉献"并没有那么"崇高"，也没有那么惊天动地。教师的"奉献"其实就是恭敬地"传道、授业、解惑"，是一种爱生敬业的工作态度，是一种全心投入的工作境界。

那么，又该如何达到"奉献"的境界呢？社会学家凯尔曼把价值内化过程概括为："顺从——认同——内化"三个阶段。"奉献"作为一种人生价值的体现，同样也遵循这个规律，需要在这三个阶段中逐渐达成。

1. 由"遵从"开始

人们常说："师德的最高境界是奉献。""奉献"既然是一种境界，就不可能在朝夕之间达到，它需要在学习型组织中长期地锤炼，潜移默化地滋养。我们认为，达到"奉献"境界的第一步就是"遵从"。"遵从"，顾名思义即"遵照并依从"。在心理学中指的是表面接受他人的意见或观点，在外显行为方面与他人相一致。在这种情况下，个人心理和态度受外部影响很大。因此，奉献必须始于遵从。

"遵从"什么？既然选择了教师这个职业，就要遵从与教育相关的一切法律法规、职业道德规范。比如，严禁索要或收受学生及家长的礼品礼金，严禁体罚或变相体罚学生、侮辱学生人格、歧视后进生……这些都是所有教师必须无条件"遵从"的最基本内容。同时，"遵从"必须是清晰、具体、诚实的行动细节。比如我校规定：教师要面向全体学生，特别是要面向学习有困难的学生；教师不能因为学生学习成绩的优劣或出身门第的不同而厚此薄彼；学生上课回答问题，无论好还是不太好，都要让他体面地坐下；等等。这些具体而实在的规定，使师德建设不再停留于空泛的说教，而成为教师必须遵循的行为准则和学校进行日常考核的依据。

由于现在多数家庭都是独生子女，家长视自己的孩子如心肝宝贝掌上明珠，对学校对老师也都有一个相同的期望，那就是得到与别的孩子一样公平公正的对待，甚至希望自己的孩子得到更多的优待，比如换到更理想的座位，当个班干部，在各项活动中得到锻炼的机会等等。这就是一些家长送礼教师收礼的重要原因。如何杜绝这些不正之风，公平公正地对待每一个学生，是师德建设中比较重要的问题，也是老百姓密切关注的问题。严禁索要或收受学生及家长的礼品礼金是南马路小学的师德底线，也是师德红线，如有违反规定，坚决实行一票否决制。在每年的新生家长会上，我都要对全体家长说："拜托各位家长，不要给我们的老师送礼。我们老师不收礼物，有的家长就存电话费，因为电话费退不了。我们老师没办法只好拿出现金还给他。老师们也拜托我跟各位家长说，别给我们添这个麻烦。良好的教育生态需要家长学校共同营造，让孩子在健康的环境里平等地学习、快乐地成长。"

今年教师节的早上，在学校大门口，值周教师婉言谢绝了一年级家长的 16 束鲜花。家长说："没想到这个学校真不让送礼物，连束花都不行。"一位妈妈说："别的学校门口都有卖花的，而南马路小学的门口就没有，看来人家校长说的是真的。"当老师们婉拒家长鲜花的时候，门口的家长们自发地鼓起掌来。与一年级家长抱侥幸心理送鲜花形成鲜明对比的是其他年级的学生和家长，压根就没有人带鲜花和礼物进校园，因为他们已经习惯了。老师们觉得，这样做是我们对自己职业的尊重，是我们做教师的本分。

此外，每学期开学，学校要求各班的座位排列表都要到教导处报备，如有特殊原因需换座的，要经学年领导核实，说明原因到教导处二次报备，学校领导不定期抽查。教师每天还要填写"缺代课统计表"，如有因公因私缺课，如实填写并要及时补课。学年学科领导每周都要进行核对，然后提交给副校长，在全校大会上公布。

郭振有先生

运动会、艺术节等大型活动要求尽可能全员参与。这些教师必须"遵从"的具体要求，从制度上保障了学生的基本权益。

2000 年，我在北京师范大学参加了首批"国培计划"的培训，当时坐在第一排，有幸聆听了国家副总督学郭振有的讲座，他出示在屏幕上的一段话深深地触动了我。

> "在学校当了若干年教师后，我得到一个令人惶恐的结论：教育的成功与失败，我是决定的因素。我个人采用的方式和每天的情绪，是造成学习气氛和情境的主因。身为教师，我具有极大的力量，能够让孩子们活得愉快或悲惨；我可以是制造痛苦的工具，也可能是启发灵感的媒介；我能让学生丢脸，也能使他们开心；能伤人也能救人。"
>
> ——美国教育心理学博士 吉诺特

回到学校后，这段话成为我们学校的"师德警示牌"，悬挂在每一个教师办公室的醒目位置。这块师德警示牌时刻提醒着老师们牢记自己是孩子在学校读书期间"愉快或悲惨""成功或失败"的"决定因素"，要怀抱一颗热爱儿童的心，敬畏自己的工作，敬业自己的工作。

师德如同世上任何美好的品德一样，说到底都是良好习惯的升华。在"遵从"中促发正确的行动，让日积月累的正确行动形成良好的习惯。

2. "认同"了才会主动

当然，"遵从"仅仅是师德建设的开始。如果教师仅是被动地"遵从"，学校只是简单机械地灌输师德规范，而没有教师发自内心的"认同"，这样的师德建设往往是脆弱的，效果也是短暂的。

一位教育同行说："我们今天的教师最缺乏的并不是专业素养和教学技能，而是缺乏对教师这个职业的认同感。"他所说的"职业认同"，是指"一个人对所从事的职业在内心里认为有价值、有意义，并能够从中找到乐趣"。教师有了认同感，主观能动性才能焕发出来，才会对自己的工作高度负责，兢兢业业，乐于奉献。

怎样让教师认同"奉献"？德国社会学家马克思·韦伯说过："人是社会性的动物，只有在集体中才能体现出人的价值，脱离了群体的人是没有任何社会意义的。"可见，集体的力量是强大的，教师的认同感也必须在集体中培养。我校打造学习型学校，依托教师社团这个强大的力量，组织教师读书学习，潜心涵养，渐渐地，老师们理解了教育，对于"奉献"也有了较深层次的理解与认同：用"心"工作，科学工作，就是对"奉献"最好的诠释。

记得开学第二周，我到教室听一位年轻教师的课，课后我与他交流："有一个细节让我很好奇，你班靠窗第三座有一个小男孩整堂课都很有热情，小手举得高高的，好像有话说，不知你注意没有？"他不好意思地说："我不是没有注意他，而是我没记住他的名字……"后来在我的倡议下，三阳社团在全校进行了不记名的问卷调查，结果发现，开学一周内能记住所有学生名字的班主任为数不多，大多数班主任要半个月或一个月才能记全学生的名字，有的科任教师两个月后仍然张冠李戴。这件事引起了老师们的重视。学生的名字不是一个个符号，而是一个个鲜活的生命，是家长从中国几千年文化中精挑细选为自己孩子浓缩的精华，是家长们美好的希望。当学生在新的学期听到新老师叫出自己的名字时，往往会流露出吃惊的眼神，激动之情溢于言表。后来三阳社团发起了一个倡议，得到了全校教师的认同：新学期开学，班主任要在一周之内、科任教师要在两周之内记住每一个孩子的名字！一个不成文的规定，奏响的是老师们对学生尊重的前奏曲。

实践中，老师们经常发现同桌互相"告状"的现象。尤其低年级孩子可能会在教师正上课时忽然就说出"老师，我同桌碰我了""他打我了""他挤我了"之类的话。在一次研讨中，一位老师提出：可不可以像国外许多国家一样实行单人单桌，改变两张单桌并在一起的现状？这一问题引发了老师们的思考：到底应不应该有同桌？通过讨论，老师们认识到：取消同桌虽然减少了"被打扰"，可是独生子女家庭的孩子在家里缺少伙伴，以自我为中心，在学校里，他们学习交往往往是从同桌开始的。在与同桌的磨合中，孩子学着站在别人的角度想问题，学会宽容和理解。当同桌之间发生问题时，如果教师正确疏导，充分发挥同伴互助的积极效应，同桌会成为最亲密最重要的伙伴。怕学生受到打扰、为避免同桌之间的矛盾而取消同桌的做法弊大于利。有了这样的共识后，"伙伴之间如何交往合作"又成为老师们新的研究课题。

教师对自己的工作有了源自心底的认同后，就会在无人监督的情况下做好工作，奉献之光就在教师们兴高采烈的工作中闪烁。

3."内化"中焕发奉献

教师对师德规范由被动"遵从"向主动"认同"，迈出的是第一步，还要最终

"内化"为教师的个体信念和品格修养。在主动追求与探索中，"奉献"也就水到渠成了。内化过程就是心理内部矛盾运动的过程，就是排除心理障碍，把外在要求转化为自身的、内在的需要。经过教师"内化"后的"奉献"往往是持久的，并且成为教师人格的一部分。正如乌申斯基所说，任何章程和任何人为的管理机构，无论他们的设想多么精巧，都不能代替人格在教育中的作用，只有人格能够对发展和形成人格起作用。的确，师德的最终意义指向教师的人格取向。一个好教师，不仅学识渊博，传授学生知识技能，更重要的是人格感召力。高尚的师德就是一部好的教科书，就是一股强大的精神力量，对学生的教育是潜移默化的，巨大的，深远的，甚至是受益终生的。

　　数学教师赵慧刚接手三年五班的数学课，发现赵贯乔每次考试总在四五十分，有时甚至二三十分。一次，赵老师利用课余时间给他补课。她发觉这个孩子一点儿也不笨，只是学习积极性不高，就问他："你觉得自己数学学得怎么样？"他马上说："不好，我是差生。"赵老师听了孩子的回答非常震惊，孩子在心里就认定自己是个"差生"，怎么可能学好呢？她想起了美国心理学家塞利格曼提出的"习得性无助"的概念：一个动物或人被置身于特定的环境中，致使他无论如何努力，都丝毫无法改变自己的状况。于是，他就发展出一种"干什么都没用"的态度。当这种态度生成后，他又进入另外一种环境，面临着新的挑战。这次的挑战很容易，只要稍加努力就可以应付。但是，因为他已经有了"习得无助"的心态，在任何小困难面前都退缩、放弃，觉得一切都是无法改变的，进而一无所成。当赵贯乔得出"我是差生"的结论时，他就本能地从自己的经验中挖掘"事实"来支持这一结论。他可能是因为上课没认真听讲而在数学考试中拿了低分。但他马上会想：考试成绩证明我就是学不好数学！这个"事实"，进一步强化了他原有的结论。然后他接着为这个被强化了的结论寻找新的、更多的"事实"，最终导致他数学成绩越来越差。

　　于是，赵老师郑重地告诉这个孩子："你不是差生，只要努力，成绩一定会上来。"还给他讲了《爱因斯坦的小板凳》这个故事：

　　　　在手工课上，老师检查孩子们的泥塑作品时，发现了一个塑得歪歪扭扭的小板凳。老师把它展示给全班："谁见过比这个小板凳还糟糕的作品？"全班哄堂大笑。笑声过后，一个小男孩站起来小声说："我见过。"他从书桌里又掏出了几只泥塑小板凳，说："交上去的那个是我最后一次做的。我先前几次塑得更不像样。"老师一看果然如此。这个连最简单的小板凳都塑不好的小男孩就是爱因斯坦，这个儿时常被当作傻瓜，甚至被学校认为笨得接受不了教育而被劝退回家的人，现在被称为"20 世纪最聪明的人"。

赵老师满怀激情地讲着，赵贯乔专心致志地听着。故事讲完，赵老师微笑着问："你听得那么专注，明白了什么？"赵贯乔认真地说："我也能像爱因斯坦一样！"赵老师仿佛看见信心的种子在他的心里发芽了。

以后的每一堂数学课，赵慧老师都特别留意赵贯乔，让他上黑板来做题，做对了就热情鼓励，做错了就耐心地指导他改正。过了一段时间，赵贯乔的学习态度有了明显转变，上课认真听讲了，也敢于举手发言了，即使发言词不达意，赵老师也会肯定他主动学习的精神。付出了就会有收获，他的学习成绩开始上升。赵老师在讲评测验卷子时，会特别表扬赵贯乔，他听了就美滋滋地笑，下课后主动找老师改错题。

后进生的转化不可能一蹴而就，不是讲个故事就能实现的，故事只是个药引子，真正的良药是老师一如既往地保持信心。当孩子的状态出现反复时，赵老师的体会是"千万不能灰心，更不能由于一时的急火攻心、口不择言而挫伤孩子的自信，那样会使过去的努力前功尽弃。老师应面对现实，及时进行单独的谈心和辅导，并与家长沟通，解决家庭教育中存在的问题。"在期末考试时，这个曾经认为自己是"差生"的赵贯乔答了 70 多分。

赵老师在自己的教学随笔中深情地写道："能力是被自己的信念创造出来的。当你在自己的经验中'寻找'支持自己的结论的'事实'时，你其实不是在'寻找事实'，而是在'创造事实'，是你本人选择了你成为什么样的人。努力学习并将所学献给可爱的孩子，让自己的工作走出'平台效应'，这是我们为人师者的责任和使命。"

新入学的一年五班卢熙在课堂上各方面都不错，可是一到做课间操时，他就一动不动地站在原地。张英男老师并没有批评他，而是主动与家长了解情况，从交谈中得知"他没上过幼儿园，以前从没做过操，连一个舞蹈都不会跳。"从家长的语言和神情中可以看出家长有些着急，张老师耐心地劝慰家长："孩子从没有做过操，可能对做操有恐惧心理，不能急躁，慢慢来。"张老师下载了广播操的视频送给家长，让家长在家里领他练习。一段时间以后，卢熙竟然自己做起操来。读书学习后，老师们学会了从孩子的角度想问题，颠覆了成人那些心中的"自以为是"。

我校有一个患孤独症的学生，专家诊断，要不断进行康复训练，但沟通能力、阅读和写作能力仍会受到影响。从入学第一天开始，老师用爱心关注孩子成长，用阅读引领他前行。三年级时，他在文章中就写出了"太阳露出了甜蜜的笑容。这就是爱的力量！"这样感人的句子。他的妈妈眼含热泪拉着我的手激动地说："这些年来，没有南马路小学，没有这么好的老师，就没有我儿子的今天。"

可见，教师只有将师德内化于心，化为自己的人格，才能外化于行，奉献就会在日常工作中随时随地、自然而然地实现。

（三）师德应根植于教师的职业幸福感

要取得教师的可持续发展，要让我们的师德经久绵长，我们就必须将师德根植于教师的幸福感和充实感中。幸福感和充实感不是指优越的办学条件、丰厚的福利待遇、自在的闲散和毫无压力的平静，而是创造过程中的愉悦、主体性发挥过程中的充实、良好的职业形象带来的职业尊严和教师团队和谐的合作关系。如果一个人仅为挣工资而工作，那就绝对不会快乐；如果真正爱上自己的工作，那就不会斤斤计较。

教师的幸福感和充实感还源于在教育工作的过程中，感到了自己的进步，体会到了自己的成长，发觉自己变得成熟和深刻，渐渐有了哲学的智慧、人文的关怀，可以从容地审美，能够平心静气地看待生活。教师在教育工作中所获得的幸福感和充实感，既是师德建设的根基，同时也是教师可持续发展的源泉。

1. 享受生命涌动的课堂

无论下乡时在团部中学做高中老师，还是返城后教聋哑学生、当小学教师，回想我的教育生涯，这一辈子我最喜欢做的事就是上课。走进课堂，面对一双双亮晶晶的眼睛，我只有一个朴素的想法：既然孩子把生命中最美好的童年时光交给了我，我就要对他们负责，让他们在我的手里长。于是，我认真地备课，认真地上课，在无人监督中享受课堂，体验当老师的幸福。在默契的呼应中，课堂充满了生命的活力，人生也光彩灵动起来。所以，我常常对老师们说："不爱上课的老师不是好老师。只有享受生命涌动的课堂，才能享受为人师者的幸福。"

郎萍是一名数学老师，十年前调到南马路小学。刚来的时候，她发现这所学校里的老师和自己原来学校的老师不一样——除了上课、批改以外，还主动地读书学习、反思实践。为什么工作那么辛苦，却还能乐呵呵地干呢？不久，她也体验到了这种学习研究、探索反思的乐趣。

在教后反思中，郎老师写道：今天我和同学们度过了一节美妙的数学课。在课上，我运用了"等待的艺术"，这是我听了观摩课后和同伴们共同学习研究后的收获。当学生回答不够准确的时候，我没有急于完成预设的教学任务，而是运用了延迟评价，用等待和鼓励来唤醒学生，在有效的教学时间内，最大限度地给学生空间，让他们思考、发现。虽然练习的时间相对缩减了，但是这样的课堂是学生们喜欢的，也是我喜欢的。以前我认为，当老师的只要认真备好课、上好课就行了。从没有想过，课堂这么有魅力，教学这么值得研究。今后我要继续努力，让课堂成为我和孩子们都向往的地方。

像郎老师一样，在学习型组织中，老师们认识到：每一节课就是一次美妙的生命历程，不可复制；课堂上，学生和老师都是渐渐绽放的花朵，需要在默契与呼应中美丽绽放。享受课堂需要不断地读书学习，反思实践，在耕耘中不断地收获课堂上的精彩，那么职业的幸福感也就不期而至了。

谢华老师是一位普通的中年老师，一谈到自己上的计算机课就眉飞色舞，满脸笑容，享受课堂的幸福溢于言表。三年级的《认识计算机硬件》一课的教学是她的"得意之课"。课堂上，学习完计算机硬件的相关知识后，在巩固复习环节，她没有指名让学生"说一说"，而是让学生小组合作来"演一演"。她设置了一个有趣的情境：三名学生是"顾客"，想买一台计算机，却对计算机一点儿也不了解。三名学生是"销售员"，站在卖计算机的专柜前，要热情、专业地推销自己的产品。同学们一听，个个来了精神。在分组练习后，抢着上台表演。六名学生往台上一站，就像模像样地进入到角色中。"顾客"指着显示器问："这是什么？""销售员"李明认真地回答："这是电脑。"谢老师笑着当起了"柜台经理"，"我们这位促销员是新来的，还不够专业。所有的硬件合起来是一台电脑，这个硬件叫……"谢老师边说边卖起了关子，"小李，我还有事，你接着介绍。""这叫显示器。"李明赶紧纠正。表演继续进行，当介绍到主机箱里面的硬件时，一位"销售员"卡壳了，一着急，竟然跑下台，拿起计算机书说："主机箱里还有啥，我看看书再说……"在同学们的笑声中，不知不觉就完成了本节课的教学任务。这样的课，同学们上得很高兴，谢老师心里也乐开了花。

谢老师的干劲儿更足了，竟带领同学们创办起了"豁牙剧场"。她利用午休时间，自己当"导演"，聘任学生当编剧、演员、摄像。学生们在"谢导"的带领下骄傲地在校园各处拍摄"微电影"。于是，书本上枯燥的计算机知识鲜活起来，并不断延伸，最后在孩子眼中变成了神奇有趣的"IT世界"。谢老师会在课堂上有选择地播放"豁牙剧场"中的片段，在孩子欢乐的笑声中，谢老师感觉自己年轻了，灿烂了。正因为谢老师能不断地创造、享受课堂教学的快乐，所以成为我校名副其实的"工作快乐秀"。

2. 心灵与心灵对话

柏拉图说，使别人幸福的人，他自己也一定能得到幸福。身为教师，也许在物质上不够富有，但一定可以做精神上的富翁。通过在组织中的读书学习，老师们对教育的认识深刻起来：教育是缓慢而优雅的过程，要去认真倾听并读懂儿童内心深处的声音；真的教育是心心相印的活动，唯独从心里发出来的才能达到心的深处；一个微笑，一句问候，一个饱含深情的手势，都能给学生心理带来极大的满足与鼓舞……不知不觉，言行里充满了哲学的思想，人文的关怀。日复一日，年复一年，就在与学生一次次心灵与心灵的对话中，老师们完成着自己的教育使命，也让学生更温暖，自己更欣慰。慢慢地，美好的日子连缀起来，就是一串串关于幸福的美好记忆，这是只有教师才能体会的育人的幸福。

低年级的老师们发现个别学生的情绪不够稳定，常常因为一点小事就哭，爱与同学争执、甚至动手，因为一点儿挫折就情绪低落等等。如果不能帮助学生化解这些不良的情绪，时间久了势必会损害他们的心理健康，而且也会给其他同学带来负面的影响。经过学习研究，老师们认识到：喜怒哀乐是人类特有的情感，作为小学生，适度的宣泄情绪是正常的。注意转移、换位思考、自我暗示等都是控制情绪的好方法。老师要善于抓住教育契机，引导学生管理自己，控制情绪，学会与人交流，从而完善人格。

教导主任程艳发现一年七班有个叫董瑶的小女孩特别爱哭。听班主任介绍，上学快半个月了，差不多每天都哭。别人摸她的小口袋她会哭，同桌碰到她了也会哭，没有人跟她玩也会哭。有一次在操场上，不知道为什么董瑶又哭了，程主任走过去轻声说："董瑶很难过，先在这哭一会儿。"程主任知道，对于刚从幼儿园毕业的一年级新生，不能适应新环境、不会与同学相处是导致他们情绪失控的主要原因，老师首先要做的是让他们适当宣泄，然后再引导他们学会调控情绪。哭声渐渐小了，程主任亲切地对她说："你知道那些刚生下来的小宝宝为什么会在饿了、尿了、困了、渴了的时候哭吗？""不知道。"董瑶认真地摇摇头。"因为他们不会说话，也没有别的办法，只能用哭来表示。你哭也是因为没有办法吧？"孩子眨巴着眼睛看着老师，点点头。"我们可以不哭，试着用别的办法解决。如果同桌碰了你，可以让他说'对不起'。""如果同学拿了你的口袋，你怎么说？""你把口袋还给我。"孩子小声地说。"再想一想，还有什么事情你能想出办法不哭了……""今后你再遇到困难，就在心里对自己说'我很棒，我不哭。'"就这样，在程主任耐心的心理疏导下，董瑶露出了开心的笑容。当她要离开教导处时，发现门推不开了，这在以往肯定会哭，可是这次却没有。程主任笑着逗她说："董瑶，门打不开了，得哭了吧。"谁知她说："我有办法，我不哭。"她先用手拨了拨门锁，确定门锁是打开的以后，又试着向里面拉门。当她确认门是向里面打开而不是向外推时，她笑了，昂首挺胸地打开门走了出去。在以后的学习生活中，她也变得开朗自信了许多。

程鑫老师曾在教育随笔中也表达了对教育小事的关注和由此享受到的为人师的幸福。

当老师，真幸福

第二节下课，同学们像小鸟一样飞到了校园里尽情玩耍。伴随着一阵抽泣，短暂的和谐被打破了。

只见张旭极不情愿地被同学们簇拥着来到我的面前，一脸的不知所措。"老师，他打我！我正在操场上玩，他上来就打了我一拳，然后笑着跑开了。我这儿可疼了。"李哲指着后背，认真又委屈地说。"对，老师他打人！"另两位男同学也一脸气愤。"是这样吗？"张旭点点头，承认了打人的事实。

我把李哲拉过来，揉揉他的后背，轻声问："还疼吗？""好多了，谢谢老师！"李哲破涕为笑。我把他和另外两名男同学的手拉在了一起，"打人是不对的，但是我不确认是什么原因，我想找他聊一聊，好吗？""行!"三只小鸟带着被重视的满足感飞走了。

拉着张旭的手，我们坐在老杨树下的木椅上，他很紧张地看着我，我却笑了笑，像朋友一样聊了起来。

"打人对不对?"

"不对。"

"你打了人，还笑着跑开了。你是怎么想的?"

"我就想和他闹着玩，不是故意想打他。"

"小拳头打在身上是很疼的，知道吗?"

"知道。我爸打过我。"

"小朋友不喜欢这种交朋友方式。你感觉到了吗?"

"感觉到了。"

"想一想，你应该怎么做，大家才愿意和你一起玩儿。"

……

张旭紧绷的小脸绽开了笑容，紧接着，张旭向李哲道了歉，两个小伙伴的手握在了一起。一种育人的幸福也在我的心田荡漾开去。

儿童的世界里没有小事，在孩子发自内心的笑容里，我看到了自己的真诚和智慧，也被孩子的纯真所感动。教育是什么? 就是校长在校歌里写的:"心灵与心灵对话，叩击生命的音响。"这就是当老师的幸福!

教育并不带来粮食和棉花，却可以带来充实、丰盈和温暖;教育并不带来富贵和华丽，但能在学生和家长心中树起丰碑。教师的幸福是涓涓细流，在一次次心灵与心灵的对话中，悄悄滋润着心田;教师的幸福还是缀满枝头的果实，在一次次的春耕秋收后带来心灵的喜悦。

副校长赵艳华一提起她当年教过的学生就满脸幸福。马超是2007年黑龙江省的理科状元，当她得到消息后，第一时间就带着喜报，手捧鲜花来到了小学的母校，看望班主任赵艳华和其他老师，连连表达感激之情。现在马超已在北京的外企工作，每年春节都不忘给老师打来电话拜年，感谢老师的培养之恩。

如今在区教师进修校工作的杨丽霞曾是南马路小学的教师。2014年2月1日，农历正月初二，对于她来说是个难忘的日子。当年的六年三班同学从祖国的四面八方赶来，二十年后重新聚首在母校。杨老师、韩老师等教过他们的老师被请到了现场。当年的杨老师还是个年轻的小姑娘，现在已过中年；当年的韩老师正值中年，如今已白发苍苍。当师生们共同高唱当年的校歌、翻看当年的照片、回忆童年的往事时，激动、幸福的泪水在他们的脸上尽情滑落……

市领导王颖（左一）来校视察

3. 自己发现自己

李镇西说："不是每个教师都能成为专家、大师，但每位教师都可以成为一名幸福的老师。"在打造学习型组织的过程中，读书学习已成为教师们的一种生活方式、一种生活习惯。他们提升专业素养，锤炼教育智慧，在育人的同时提升自己，做快乐的读书人，做幸福的老师。

我非常赞同苏霍姆林斯基说的话："如果你想让教师的劳动能够给教师带来乐趣，使天天上课不至于变成一种单调乏味的义务，那你就应当引导每一位教师走上从事研究这条幸福的道路上来。"

三学年的语文教师在一次集体备课时决定，结合《赛龙舟》这篇课文，对学生进行一次关于"场面描写"的习作训练。考虑到此次习作的难度较大，建议教师事前写好下水文，以便习作指导时更准确、有效。程老师和张老师主动请缨，承担了学年内写下水文的任务。

在准备下水文的两天时间里，程老师和张老师就"活跃"起来了，请教这位老师，找那位老师讨论，看看这本书上怎么说，再找找别的资料。在她们的"刺激"下，大家研究着、争辩着，不知不觉中又共同学习了写下水文的意义、出示的时机、写作的技巧等，对指导学生习作更加胸有成竹了。完成了下水文，两位老师又虚心地请教，集思广益后，下水文就成了这两位老师的"得意之作"。她们乐颠颠地给校报《花谢花开》教师下水文专刊投稿，编辑们慧眼识珠，两位老师的大名和三学年对语文教学的探索就见诸报端了。

学校的拔河比赛过后，三学年趁热打铁，完成了此次习作。文前预设的目标有两点：①仿照课文《赛龙舟》，按时间顺序写出当时的激烈场面。②运用"点面结合"的描写手法。两篇下水文在针对习作要求的基础上，分别以"运动员"和"啦啦队员"的身份来表达，各有特色，相得益彰。在学生初稿后出示，为学生规范的语言表达提供了范例。教师不仅在指导学生作文时心中有数，顺利完成了教学目标，更令学生修改时的写作热情高涨，纷纷"欲与老师试比高"，可谓教学相长，师生双赢。这件事着实让三学年的老师们高兴了一阵子，因为她们发现自己也挺了不起。就在一次次的"了不起"的感觉中，老师们的专业素养提升了，这是教师自信心和幸福感的源泉。

学生健全人格的形成要仰仗于教师良好的师德。当老师们通过学习，认识到自身的人格魅力对学生的人格形成发挥着至关重要的教育功能，会潜移默化地影响学生的身心发展时，就会主动去审视自己、塑造自己，引导学生的人格向着健康、乐观、积极向上的方向发展，同时享受完善自我的幸福。

拔河比赛时，师生齐聚操场，共同为运动员鼓劲加油，哪个班的同学输了或赢了，大家都不忘送去安慰或祝贺；早上进教室，发现光线不足，老师打开灯，第二节下课，光线足了，"节能小天使"抢着去关灯；走廊里校工正在干活，老师提醒同学们要尊重他们的劳动并主动和他们打招呼，学生们也学着向校工问好；同学生病了，老师去摸摸他的额头，伙伴们也关心地问候……就在师与生，生与生的互相学习、互相激发中，师生们学会了悦纳自己，学会了欣赏他人；学会了改变自己，学会了关爱他人……"浓浓的亲情在校园流淌，我们人格有力量，怀抱温暖的阳光。"在这样充满温情的校园里学习工作，是南马路小学老师们的幸福，因为这是在理解教育后师生共同营造出来的氛围。

在我们南马路小学构建学习型组织的进程中，我们欣喜地发现，学习型组织不仅提升了工作品质，也改变了教师的精神世界。我们深切地感受到，师德只有在组织中建设才能获得原动力。师德中有管理，师德中有科学，需要我们努力求索；师德中有充实，师德中有幸福，需要我们在耕耘之后收获，在这求索与耕耘中书写新一代为人师者的尊严。

四、争取学生热爱你的学科

《给教师的建议》中第 22 条建议"争取学生热爱你的学科"让我百读不厌。其中有这样一段话："哪个学校里的各科教师的教学，好像汇合成了一种各自都在争取学生的思想和心灵的善意的竞赛，那么这个学校的智力生活就会显得生机蓬勃。"我将苏霍姆林斯基的这段论述奉为真理。学校是帮助学生学习得更好的地方。学生学习得更好可以从两方面理解：一是学生掌握的知识越来越多，二是学生越来越喜欢学习了。如果只是对学生的短期学习成绩负责，那么前者最重要；如果对学生的长期发展负责，对学生的终身学习负责，无疑后者更重要。培养学生对学科的热爱，需要学校的倡导并形成风气，需要教师具有为学生终身学习负责的长远目光，应清楚地认识到培养学生对学科知识的系统驾驭，远比训练学生掌握学科知识点更为困难；培养学生对学科的学习兴趣，远比提高考试成绩更为重要。教师应不断丰富自己的学科知识，提高教学技艺，在自己热爱学科教学的同时，"争取学生热爱你的学科"，为学生的终身学习埋下"热爱"的种子。

（一）吹响"教热爱"的号角

很多教师其实是被动地选择了"师范"，因喜爱而选择教师这个职业的人并不多。我校教师主要来自师范学校，除了有少数的教师接受过英语、音乐、体育、美术等学科的定向培养以外，大多数的教师都是接受了初中教育后，直接进入师范学校普师班学习，并没有多少机会受到定向学科的专业教育。分配到学校以后，很多教师也都是根据学校的工作需要，走上自己的学科教学岗位，很少能有机会凭兴趣去选择，甚至很多教师也并不知道自己更擅长哪一学科的教学。

数学教师团队"清溪谷"

近几年来，随着社会的发展，"专业人士"越来越受到尊重。特别是随着教育改革的深化，教育界内部关于"专业化""专业成长""术业有专攻"之类的字样屡见不鲜，教师"专业化"的呼声越来越高。但是，现实中很多教师对于"专业"的认识并不很清晰，有时甚至认为只要自己在哪个学科的岗位上工作，就认为自己是这个学科的"专业人士"了。其实，这样的理解是偏颇的，很多教师的现状是有学科不专业！为什么这样说？如果教师将自己所从事的教育工作仅仅看作是谋生的手段，如果教师对自己专业领域的知识一知半解，如果教师不能通过学习树立正确的教育观学生观，每天都是重复昨天的自己，那么他就一定不"专业"。我给老师们讲过，我上初中时遇到的教我数学的刘静娥老

语文教师团队"幸福公社"

师。她教的数学总能像蜜一样黏住我们，平面几何讲得尤其精彩。她能将几何知识与生活中事物建立起联系，"点、线、面"就像一幅幅美丽的图画在我们的头脑里"活"起来。她就像施了魔法一样，让数学变得很好玩，勾着我们自觉自愿地到处寻找难题探究。正是因为刘老师，我爱上了数学，每次数学考试总是第一名。这段经历对我日后的空间想象能力、逻辑思维能力的

发展都具有极大的意义。我做校长后对学校工作的整体规划和布局、处理纷繁复杂的事务性工作，甚至于写作，都与刘静娥老师教我数学的经历有着千丝万缕的关系。像刘老师教数学，就让一个班的学生疯狂地爱上了数学，这样的教师才能称为"专业人士"。为了凸显教师的专业性，我明确提出："在你的学科领域成为不可替代的人。""在我们学校树立专业'亮'，让人尊敬的风气。"并以问卷调查的方式让教师问自己："你有专业吗？请说明理由。"就这样，在对自己的追问中，在自我规划、自我激励中，老师们的"专业意识"被唤醒了。语文和数学两大学科的骨干教师还自发建立了两个学科团队——"幸福公社"和"清溪谷"，承担起学术研究和专业引领的重任。科任教师以教师社团为依托，以学科教研组为阵地开始了"专业化"的征程。自此，学校吹响了"争取学生热爱你的学科"的号角。

1. 尊敬自己的学科

要让学生爱上你所教的学科，有一个不言而喻的前提，那就是教师首先得尊敬并热爱自己的学科。只有这样，他们才能敬业自己的工作，才能全身心地投入，自觉自愿地更新观念、丰富修养、提高教学技艺，从而实现学生和教师的共同发展。

教育家马卡连柯说，教育者的技巧并不是一门需要天才的艺术，但它是一门需要学习才能掌握的专业。多年来学校建设学习型组织，教师已形成读书学习的风气，有很多教师已经在学科领域有了自己的见解和作为，在学科素养和教学技能方面都相对成熟，呈现出"爱学科"的态势。比如，以赵红艳、程鑫为代表的一大批语文教师喜爱读书、写作；以史英、朱玉琳为代表的数学教师特别喜欢解数学难题；李雪莲老师喜爱画水粉画，张德莉老师热爱素描，刘畅老师偏爱键盘，赵杨老师痴迷书法……这些老师在"教热爱"方面有着"天然"的优势，应该激励他们在"教热爱"中充分发挥"鲇鱼"的作用。对于教龄短、自我更新能力相对差的教师，学校鲜明地提出：一个不爱教师职业、不爱自己学科的教师就不胜任。用心钻研业务是做教师的本分，是底线。既然选择了，就要干一行，爱一行；爱一行，钻一行。学校引导教师要强迫自己去研究自己的专业，不听从贪安和惰性。这样，从"勉为其难"开始，老师们渐渐对"专业"有了认同。"时间的网撒在哪里，收获就在哪里。"学校的倡导唤醒了教师的专业自觉，校园里手不释卷的教师多了起来，三五成群讨论教学问题的教师多了起来。研究着，琢磨着，老师们发现自己的学科原来那么好。

《语文课程标准》指出，语文课堂注重"知识与技能，过程与方法，情感、态度与价值观三个方面的有机整合"。这对传统语文教学形成了巨大的冲击，一些年轻教师迫不及待地投入到教学改革的洪流中。青年教师袁一珂准备参加市里举行的教学大赛，参赛的课文是《不吃无主梨》。课文讲的是许衡在战乱时期与几位朋友出行，正当干渴难耐之际，看到路旁一棵高大的梨树上结满了梨，朋友争先恐后地摘梨吃，只有许衡宁可忍着干渴也不吃无主梨的事，赞扬了许衡坚守道德的品格。初次教学设计时，袁老师过分关注了课堂上的"看点"，比如，制作精美课件、设计小组合作内容，忙得团团转。试讲后，"幸福公社"的老师对她的做法提出了不同的意见：新课程理念，以学生为本，要以提升学生语文素养为目标，如果仅仅把目标定位在"通过品词析句体会许衡的高贵品质"上，也许课堂会热热闹闹，可是学生在语文知识、方法和技能方面却没有多少收获。袁老师在与大家的研讨中对新课标的理解加深了。经过反复研读课文，她把教学目标确定为"体会提示语在语言描写中的作用，学习提示语在具体语言环境中的运用"。课堂上，学生通过朗读比较不但知道了提示语在形式上可以放在语言描写的前、后、中间，以及根据内容需要可以没有提示语等写法，学习了提示语在语言描写中的作用，更重要的是还学会了在实践中加以灵活运用。而原来教学的目标也在朗读与体会中不言自明了。学生在这样的课堂上，得到的是实实在在的语文知识、语文能力，收获的是课堂上发现的精彩、思维碰撞的火花和运用所学进行创作的快乐，怎能不喜欢！袁老师的这节课在哈尔滨市"杏坛杯"语文教学大赛中获得了特等奖。在课后的教学反思中，袁老师写道："在一次次磨课、一次次修改教学思路的过程中，我对语文课程有了更为清晰的认识。成绩对我是鼓励，更是鞭策，我将以更大的热情钻研我所热爱的语文教学。"

对学科的热爱不仅产生在学科知识深入研究的前提下，还会出现在对自己工作的审视与反思中。葛琦是"品德与生活"学科的青年教师，刚教这科时觉得没什么可教的，只要按照教材上的内容讲就可以。一次，她教学《包装袋上学问多》一课，给了她比较大的触动。这课的教学目的是让学生了解选择商品的有关常识，会看食品包装袋或药品说明书中的有关信息，并能根据这些信息识别商品的真伪、优劣。课堂上，一名学生举起自己手中的包装袋问："老师，上面的'TM'表示什么？"葛老师因为备课时没有想到这个问题，就实话实说："老师也不知道，那我们怎么能知道呢？"学生说："上网。"葛老师当即百度了一下，很快就知道了"TM"表示"作为商标使用"的意思。虽然老师的教学机智化解了课堂上的尴尬，但引起了葛老师的反思。其实每个学科都有很多学问，只有不断丰厚自己的学科知识，才能胜任这门学科的教学。虽然有些知识并不是教学的重点，但"教师知道的东西要比教学大纲要求的多十倍至二十倍。一个人体验到他能驾驭任何一门学科的知识，这是一般智力发展的最强有力的刺激之一。"后来，她每备一课时，都会查阅大量相关资料，在丰富自己学科知识方面下了不少功夫，教学也因此更加游刃有余。随着学习的深入、教学能力的提升，葛老师爱上了这个在很多人看来并不起眼的学科。

同样的内容，在不同的教学理念下所呈现出来的课堂生态却是大相径庭的。只有教师真正热爱上自己的学科，潜心钻研，踏上学科教学的"理性之路"，才能让学生在课堂上真正受益。有了这样清晰的认识后，学校提出"实实在在上好课"的倡议，旨在让教师基于问题读书学习，再把读书学习的成果运用于实践。学校还开展了"亮点课"评选活动，每位教师都可以自愿申报。评审组听课后进行评议，既关注这一节课，还要综合考查申报教师平时的学习情况、工作态度、教学水平和所教班级学生的综合素质。目的是给教师一个明确的导向：要在学习研究上下功夫，认真上好常态课。评选出的"亮点课"，学校不仅颁发给教者获奖证书，而且将获奖课的教学设计、课件存入教师个人的"亮点储蓄"档案。"亮点课"的评选为教师"爱学科""教热爱"注入了新的活力。

2. 让自己的专业"亮"起来

老师们渐渐明白，让学生爱上自己的学科不仅是教师专业化的要求，更是对自己的尊重，让自己的专业"亮"成为教师内在需求和努力方向。于是，关于学科建设的研讨多起来，关于学科教学的实践反思深入起来。

"幸福公社"的老师在研究语文教学时不禁产生了这样的疑问，教了这么多年语文课，究竟什么是语文？应当做什么样的语文教师？怎样教语文？通过阅读《语文学科课程论》《语文：表现与存在》《于永正：我怎样教语文》《教语文，其实很简单》等书籍后，大家认识到"语文教学一半是科学，一半是艺术"，要想让学生爱上语文学科，必须使语文课堂成为有情有趣，引发思考、体验成功、培养习惯的地方。儿童的生活空间相对狭窄，需要通过阅读来扩展他们的精神空间，让孩子"生活在书籍的世界里"是小学语文教育应当肩负的责任。"教师要以读书作为自己人生成长的一笔重要'财富'。语文教师的专业要成长，首要任务就是要成为一名'腹有诗书气自华'的教师。""语文教育就是爱读书、爱写作的老师带领着一群孩子读书、写作，并在这一过程中收获快乐，体会生命的意义。"一句话，语文教师自身要有"语文味儿"，语文课才能上出"语文味儿"。

四年级的语文教师在集体备课中越来越好地品咂到了语文味道。《毽子里的铜钱》是一篇文质兼美的课文，教师能不能走进文本，与文本深度对话，领略文本的精微巧妙之处，感受文本的动人心弦之所在，是教出语文味儿的前提，也是检验教师专业性的试金石。大家坐下来，桌面上没有教参、教案，只有人手一本教科书，文字的温度和力量就在潜心会文后被挖掘。"老人愣愣地望着她家那扇门；我呢，愣愣地望着老人。"一句话中出现了两个"愣愣"，这个词用得多好！老人的"愣愣"是善良的他遭遇二婶的精明霸气后的尴尬。"我"的"愣愣"是一个讲情义的小孩儿看见老人被二婶欺负时的难受，也是吃了老人送的红薯会不会让老人亏得更多的善良。"望着他微微驼着的背脊，我心里空落落的，好像丢失了什么东西。"到底丢失了什么？体现了"我"怎样的心情？此处的留白对体会作者表达的思想感情很有帮助，我们应该启发学生想象、表达……翻开《琦君散文》，再读一读《桂花雨》《金盒子》，一篇篇温馨中透着怆痛的美文映入眼帘，流淌到心底的却是浓浓的亲情、友情、思乡情。只有备课不全是研究如何找准知识点、落实知识点的过程，语文课堂才能真正散发语文味儿。四年级语文教师备课的做法在全校推广，"语文味道"成为语文教师备课时潜心研读文本，品出语文味儿的代名词。

当老师们通过学习了解到"新教育"课题组的整本书共读、韩兴娥老师的"海量阅读"、陈琴老师的"素读经典"、蒋军晶老师的"群文阅读之后"，老师们对课外阅读有了新的认识。如何有效开展课外阅读？"幸福公社"的老师们做了专门研究。作家曹文轩在《朗读的意义》一文中的话对大家很有启发，"朗读——通过朗读，将他们从声音世界渡到文字世界。"全校语文教师开展了"晨读十分钟"活动。每天早自习的时间，教师选择美文为学生朗读。当教师和学生在温暖的教室里共同享受语言的盛宴时，心底就会升腾出一种仪式感。朗读着，朗读着，优美的书面语在不知不觉中变成了口语，从而提升了口语的质量。有时，教师也会选择一些富有韵律感的古诗或者儿童诗带领学生朗读。教师先范读一遍，再让学生自由练读，最后再齐读，试着背诵。低年级教师会选择读绘本或者播放有声读物，吸引学生像吃美食一样，品咂语言文字的味道。受"晨读十分钟"启发，午休时有的老师还会从网上下载朗诵名家如夏清、林如等诵读的名篇，与学生共同欣赏。虽然只是短短的十分钟，但在"与大师对话，同经典交流"的过程中，孩子们的语文素养提升了，情感世界丰盈了。如何上好读书课？"幸福公社"也进行了学习研究，并开发具有学校特色的读书课程。低年段开设听读欣赏课，中高年段开设读书课，使用的课本都由"幸福公社"带领教师们自主研发。在广泛的阅读中培养起了学生的阅读兴趣，扩大了阅读量，也落实了"少做题，多读书，读好书，读整本书"的课标要求，这正是教师专业化的体现。

研究数学教学的团队"清溪谷"通过学习认识到，教师只有系统、精深地掌握所教学科专业知识，才能在教学中高屋建瓴地处理教材内容。大家决定，先从完善自己的数学知识体系开始，让专业"亮"起来。数学教师把小学数学教材中所有知识点按照"数与代数""图形与几何""统计与概率""综合与实践"四部分进行整理归类，使每部分内容在小学教材中的分布一目了然。每个知识点的后面都配上了典型习题。大家在学习时，既清楚了知识点，还可以进行解题训练；不仅知道本册教材都有哪些内容，也能清楚地了解与之相关联的知识分别还出现在哪几册教材，从而帮助教师形成数学知识体系，做到驾驭教材时心中有数。

随着学习的深入，老师们清醒地认识到，仅有精深的小学数学知识，还达不到专业亮的要求。于是，数学教师把学习的目光看向了初中教材。数学教师董艳发现乘法分配律在中小学数学学习中共出现五次，三年级是乘法分配律在整数中的应用，四年级是在小数中的应用，五年级是在分数中的应用，在六年级、七年级的学习中也会出现。这个发现引起了数学老师们的重视，他们跳出自己的年级，对五次学习内容进行深入的研究，明确小学阶段三次学习的着力点。三年级初次学习乘法分配律，是打地基的阶段。教学时要体现教师的"导"，要求以学生的理解、思考为起点，引导他们亲历知识的形成过程。教学时可以这样告诉学生，"同学们，乘法分配律将出现五次，今天是第一次。乘法分配律是一串美丽的珍珠项链。今天学习的这部分知识是这条项链中的第一颗珠子，我们要一起把它串好。"这时，孩子们的眼睛亮了，好奇心被激发了，都想学会这个贯穿小学的神奇知识，因此在学的过程中兴趣高涨。四年级学习时要体现教师的"扶"，在知识的"生长点"和"延伸点"上给予必要的指导，建立数学模型要通过知识的迁移来完成。五年级是小学阶段最后一次学习，要体现教师的"放"，学生在自主学习新知后，要对三次学习进行归纳总结，让学生感受数学知识的结构性和系统性。

姜玉霞老师在看了六年级教材后指出，五年级和六年级所学习的分数四则运算都是在真分数和假分数范畴内研究的，而对于带分数的运算没有安排教学，只是作为拓展探索内容出现在六年级分数乘法单元复习题中。要想扫清初中学习的障碍，应该在五年级学习分数加减法运算时添加带分数加减法的练习内容。赵慧老师说："初中数学教材每个单元后面都有'小结'，包括'知识结构图'和'回顾与思考'两部分内容。我们都知道数学知识的教学，要注重把每堂课教学的知识置于整体知识的体系中，处理好局部知识与整体知识的关系，引导学生感受数学的整体性。所以就要有意识地给学生提供这样的机会，让他们尝试把知识串成串儿。在小学四、五年级的学习也可以引入'知识结构图'，为初中的学习奠定良好的基础。"马红光老师发现，"画图"是初中数学解决问题的一种重要方法，所以在小学阶段要根据学生年龄特点有计划、分层次进行画图技能的培养与训练。除此之外，数学教师还就如何提高数学教学工作所需的技能进行了专题的学习研究，反思实践。比如：如何使用电子白板优化数学教学，如何培养学生的课堂倾听能力，如何指导数学课堂小组合作学习等问题。

如何发挥音乐课的陶冶功能？美术教学中如何评价？科学课如何培养学生的创新能力？当教师能结合学科特点，主动地加入到学习研究、反思实践当中去，专业就会"亮"起来。

3. 规律是美丽的

现在的教育，最缺的是对教育常识的执守，是对常识所蕴含的精神、规律和价值观的认同与守望。《国家中长期教育改革和发展规划纲要（2010——2020年）》中有一句话非常耀眼："要尊重教育规律和学生身心发展规律"。规律既不神秘，也不高贵，它的本色是朴素的，我常对老师们说：规律是美的，用规律的尺子去衡量和把握，就留住了美好的东西。我带领老师们发现规律研究规律遵循规律，尽量去触摸教育最本质的东西，老师们在这过程中理解了教育，也收获了师生的成长。

童年时代的广泛阅读是孩子积累知识的基础，能为他们以后的发展提供广阔的智力背景，甚至还会对孩子将来正确人生观和世界观的形成产生重大影响。"一个人的精神发展史就是他的阅读史。"阅读对于人的意义是不言自明的，引导孩子走进真正的阅读世界，教给他们有效的阅读策略，让阅读像呼吸一样成为一种需要，是我们语文教师的重要使命。因此大量阅读是语文学习的主要内容，会为学生语文素养的提升打下坚实的基础。没有一个学生愿意用一学期的时间读一册课本，光凭课内几篇课文来培养语文能力是行不通的，没有一定数量的阅读，就没有视野和见识的拓展，也就没有语文能力的提升。语文学习不是举一反三，而是反三归一；不是分析训练，而是质从量出。基于这样的认识，2011年寒假，我和老师们开始编写《南马路小学语文补充读本》，内容包括"经典课本选读""诗文诵读""听读欣赏""名著导读""阅读欣赏"等版块。"经典课本选读"选自叶圣陶撰写、丰子恺作画的《开明国语读本》，这个老课本不仅继承了中国传统教育的精华，以读书做人为旨归，教育孩子立身处世，做堂堂正正的中国人，内容也贴近儿童天性，贴近生活，容易对儿童产生潜移默化的熏陶，而且语言纯粹、典范，体现了汉语的凝练、优美、典雅，有利于培养孩子对于母语的热爱。"诗文诵读"包括童谣、中外现代诗歌、中国古典诗词、古代韵语、古代经典散文等内容。"听读欣赏"，利用网络资源下载经典美文的诵读录音，对照文本进行专项的听读训练。"名著导读"，结合教材选编中外名著篇目给学生有利的指引，为学生提供名著阅读的抓手，使学生在课内闻道，课外受益。"阅读欣赏"，从人教、苏教、北师大等不同版本教材中选编经典课文，作为教材的补充内容。这套《读本》无论从内容还是形式，都从一定程度上弥补了教材的不足，开阔了学生的阅读视野，丰富了语文知识。选择内容涉及面广，又贴近学生生活，调动了学生学习语文的积极性。孩子们喜欢读书了，他们的世界变大了。

教育是科学，科学是有规律可循的。教育的规律常常躲藏在教育现象的背后，需要我们有善于学习爱思考的头脑和发现的慧眼。奥苏伯尔认为："影响学习的唯一最重要的因素，就是学习者已经知道了什么。要探明这一点，并应据此进行教学。"这是一个多么重要而又常常被我们忽视的问题，是所有学科教学都应遵循的一个普遍规律。以数学学科为例，《数学课程标准》指出，"数学教学活动必须建立在学生的认知发展水平和已有的知识经验基础之上。"学习分数基本性质的基础是商不变的规律和分数与除法的关系。在教学中，教师先出示一组算式：$3÷1$、$2÷1$、$6÷2$、$9÷3$，让学生找出得数相等的算式。接着让学生把除法算式改成分数形式。"现在它们还相等吗？为什么相等？"这个问题引导学生回顾了分数与除法的关系，然后教师追问："这些得数相等的算式中隐含着什么数学规律呢？"教师不露痕迹地将学生已有知识与新知识建立起联系，使学生在学习新知识的同时发展了思维。可见，课堂教学中，教师应知晓教学的一般规律，并按规律办事。

19世纪末，心理学家艾宾浩斯发现了遗忘规律，并根据实验结果绘制出著名的"艾宾浩斯遗忘曲线"，得出"遗忘速度先快后慢"和"遗忘数量先多后少"的结论。教师要善于利用前人发现的规律在课堂教学中加以运用。通过对遗忘规律的深入研究，老师们发现在遗忘速度最快的区段里有三个重要的时间节点：20分钟、1小时、24小时，与它相对应的遗忘概率分别是：42％、56％、66％。也就是说，抓住这些重要节点进行复习，学习效率就大大提高了。老师们将复习的"黄金24小时"定律运用于语文、数学、英语等学科的教学实践，发现根据遗忘规律进行复习的确省时高效。此外，英语老师还发现学生背诵单词时，往往最先出现和最后出现的几个单词记忆得很扎实，而中间部分的单词就很模糊。通过学习，老师们知道这就是心理学家描绘的记忆U形曲线，这种现象称为"系列位置效应"。在复习时，老师们将单词的位置定期进行调换，学生记忆效果明显改善。

从心理学角度来看，"内驱力"是学生情感态度中重要的组成部分，是学生思想意识中的一种内在动力。学生是教学活动的主体，唤起他们的内驱力，使其主动参与教学过程，才能获得课堂教学的高效率和高质量。科学学科是从三年级开设的。每个新学期，安东来老师给三年级上的第一课一定是实验课，而且这个实验是教材中没有安排的。上课铃声响起，安老师走进教室，问同学们："知道什么是科学课吗？科学课上学什么？老师先不用你们回答，我们先来做个小实验。"安老师右手举起一台鼓风机，左手托起一粒钢球说："如果用鼓风机吹钢球，猜一猜会怎么样？"同学们一下子来了兴趣，有的说鼓风机能把钢球吹跑，有的说球是钢的，鼓风机吹不起来，还有的干脆摇头。于是安老师开动了鼓风机，结果是，钢球竟然悬浮在空中。安老师又问："为什么会这样呢？如果风力和球的重量发生变化，还会出现这种现象吗？"他接着说："孩子们，解开这些现象的原因，再对这些原因进行充分的观察或研究，就是科学；老师和你们一起开展科学探究活动，观察、思考、做实验、触摸现象的本质，就是科学课。想不想上科学课？""想！"学生们异口同声地回答。学生学习的内驱力被激发出来，对科学课的热爱从这里开始了。

在社团学习中，老师们共读《天才是训练出来的》这本书，其中的一个观点引起了大家的注意。耶鲁音乐学院教授弗莱德曼说："千万不要满足孩子对音乐的兴趣。"这句话乍一听很让人费解，但细细品味又是那么有道理。"不要满足孩子对音乐的兴趣"，通俗地说就是要有意识让孩子"吃不饱"，通过"动机限制"达到"我要学"的目的，从而激发孩子自觉自愿的内驱力。数学教师郎萍据此设计了"数学登山卷"，每天根据教学进度精选两道有一定难度的思考题，全班只印 10 份，奖励给爱思考肯钻研的同学。孩子们的积极性特别高，都希望得到奖励。赵旭峥同学因为几次没有得到，特别眼馋，一天他从同学手里借来"登山卷"，复印后认真做完交给了老师。正是这种"稀缺性"调动了学生学习的积极性，唤醒了学生的内驱力。

当我们在教育现象的背后，在书籍里，在孩子成长的过程中，发现了规律并遵循和运用规律进行教学时，朴素的科学的规律总能带给我们惊喜，让我们觉得自己的学科是那么有滋味，那么有魅力。

（二）我们教的是"热爱"

如果有人问：老师，你是教什么的？想必绝大多数老师的正常回答一定是语文、数学、英语、美术、体育……中的某一门学科。作为教师，我们不妨问问自己：我们教的到底是什么？是知识？是能力？是方法？是分数？都是，也都不是。知识的背后是智慧，我们最应该教的是——"热爱"！什么是"热爱"？热爱其实是一种全身心投入的爱，充满幸福的幻想并在奋斗与付出中享受过程，即使过程中充满荆棘与坎坷，即使没有回报，也无怨无悔。当学生从小就拥有自己热爱的某一领域或学科，那么我们可以断言，这名学生可持续发展的空间一定是巨大的。课堂教学中，老师们通过创设情境、设置精当的问题、有效激励、引入竞争机制等策略和方法，充分调动学生主观能动性，使学生集中注意力，并保持旺盛的参与热情。同时，老师们还注意到，如果讲课时总是用激动人心的、令人亢奋的语调，或"滥用那些有趣的、形象的、花花绿绿的东西，就会导致学生过于兴奋。教师为了'压倒'嗡嗡声，就提高嗓门讲课，而这样一来，又引起了更大的兴奋。这种兴奋可能使学生一连几节课安不下心来。"如果教师不善于运用激发学生兴趣的手段，可能会转化成它的对立面，学习的效果也就会大打折扣。因此，课堂还要张弛有度。

爱因斯坦说，"热爱是最好的老师。"我们想说的是，"最好的老师教的是'热爱'！"正如苏霍姆林斯基所说："让学生们把你所教的学科看作是最感兴趣的学科，让尽量多的少年像向往幸福一样幻想着在你所教的这门学科领域里有所创造，做到这一点是你应当引以为荣的事。"那么，在课堂教学中，怎样才能让学生爱上自己所教的学科呢？经过全校教师的讨论，我们达成以下共识：课堂上要让学生在学习知识的同时享受思维的乐趣，让知识在学生头脑中"活"起来，将书本知识向课外拓展延伸，让每个学生都发现自己的精彩是学生"爱学科"的关键。

1. 享受思维的乐趣

从牙牙学语到蹒跚学步，人从出生开始就对自己生活的世界充满了好奇心和求知欲。可见，人的天性是爱学习的。在欧美国家的语言中，"知识"一词的原义包含欣赏、享受的意思，这就是说，学习知识是愉快的、享受的。在课堂上，我们应该尽可能地让学习变得更有趣，让孩子体会到学习的乐趣。但是，有一点我们必须注意，课堂上真正的兴趣不在于表面上的热闹，兴趣的源泉在深处，让学生享受思维的乐趣，使他们成为"思想家"和"发现者"。

课堂教学中，教师设计精当的提问就像投入平静湖水中的一粒石子，能激起学生思维的浪花，使学生的思维状态达到最佳。《麻雀》叙述了一只老麻雀在猎狗面前奋不顾身地保护小麻雀的故事，歌颂了亲子之情，抨击了以强凌弱的现象。文中有这样一句话"突然，一只老麻雀从一棵树上飞下来，像一块石头似的落在猎狗面前。"老师提出疑问：这里把老麻雀比作石头恰当吗？老师没有急于让学生回答，而是让学生再仔细读读课文，联系前后句子和事情的前因后果想想再说。"我觉得这样比喻是恰当的。因为猎狗慢慢地走近小麻雀，张开大嘴，想要吃掉小麻雀，在这千钧一发之际，老麻雀想救自己的孩子，它很着急，把老麻雀比作石头就是说它落下来很快、很重。""老麻雀是从树上扑下来的，它是想像石头那样利用下落的冲力砸下来。""我觉得老麻雀是希望自己像块石头，它也只有像石头那样硬，才有可能把猎狗震住。"多好的"希望"，孩子们不仅看到了老麻雀的动作，还看到了老麻雀的内心活动。教师继续追问，我们把文中的"落"字换成"飞"行不行？在刚才理解的基础上，有的学生认为："'落'字不仅说明麻雀着地的速度非常快，还可以看出麻雀为了救孩子万分焦急的心情，更反映了麻雀一心只顾孩子的勇敢。"还有的孩子说："'落'字冲力大一些，落地就会更重一些，这样就能体现麻雀在这千钧一发的时刻震住猎狗，赢得时间，不顾一切救自己的孩子。"学生深刻地感受到，在弱小与强大的对抗中，老麻雀选择了殊死一搏，它把自己当成了具有攻击力的石头，它把自己的身体当成了救自己孩子的武器，而这一切源于伟大的母爱。问题是思维的发动机，是精致学习的标志，它能给师生带来思维享受的乐趣。教师通过精当的设问将学生的思维引向深处，走进老麻雀的内心，让学生在获得丰富体验的同时，感受作品中生动的形象和语言的准确。

在学习"三角形内角和"一课时，史英老师让学生在实际操作中，通过观察、猜测、验证及推理概括等方式体验到发现的乐趣。史老师让学生画出三个不同的三角形，测量并标出每个内角的度数。然后让学生说出任意一个三角形的两个内角的度数，史老师猜第三个角的度数。当史老师连续猜出几个正确答案后，学生异常惊奇，不禁有这样的疑问：每个人现场画的三角形大小、形状都不相同，史老师没有看到任何一个三角形，怎么就能猜得这么准？于是，史老师让学生带着疑问进行探究学习。有的学生用剪刀剪下三个角，再拼起来，有的学生采用折一折的方法，还有的学生用量角器测量后再计算的方法，在动手实践中发现了三角形内角和是180度的结论，也知道了老师为什么每次都能猜对的原因。数学教学重要的不是告诉学生已有的结论、定理，而在于探究过程中体验到一种无法比拟的发现的惊喜和思考的乐趣。

让学生享受思维乐趣的课堂还在于，当课堂上出现出乎意料的"生成"时教师的巧妙引导。科学课上，樊俊峰老师讲《保护鸡蛋》一课，要求学生选择合适的材料做个鸡蛋保护器，使鸡蛋从高空落下来不会摔坏。孩子们带来许多材料，热火朝天地操作着。在巡视中，老师发现一个小组在包装家电的大泡沫板上，挖了一个洞，将鸡蛋镶了进去，外面用海绵封好，缠了厚厚的一层胶带，小小的鸡蛋置身于如此"庞大"的保护器中，想要把它拿出来都难。小组中的一个学生自豪地说："老师，你可以用脚踢！鸡蛋肯定不会碎。"面对学生的"成果"，樊老师并没有马上评价，而是把这个问题巧妙地抛给了其他小组的学生，让大家共同分析这个作品。有的学生赞叹地说："这可太结实了！"还有的学生提出了质疑："老师，它太大了，要是用它装鸡蛋，多买一点儿还不得用车拉呀。"不少学生都对这一观点表示赞同。经过一番争论，学生认识到：仅仅考虑保护好鸡蛋是不够的，还要对材料的性质、加工的难易、材料的成本等多方面进行综合考虑。由此，也对这一单元的重点"材料的选择和运用"有了更深层次的理解。樊老师在恰当的时机，将课堂上生成的火花巧妙地引出一场辩论，让学生在辩论中深化了教学的重点。

爱迪生说："不下决心培养思考习惯的人，便失去了生活中最大的乐趣。"课堂教学中，让我们拨动学生思想的琴弦，让学生在思考、探究、辩论中尽享思维的乐趣，体会精神成长的愉悦。

2. 让知识"活"起来

苏霍姆林斯基说过，"我千真万确地深信：儿童在学习中遇到困难的原因之一，就是知识在他们那里常常变成了不能活动的'货物'，积累知识好像就是为了'储备'，而不能'进入周转'，知识没有加以运用。""只有不断发展、深化的知识，才是活的知识。"通过学习和实践，教师们也认识到，如果教师只是要求机械地识记知识，以便在回答问题时能够准确地"倒出来"，那么掌握知识本身就会变得毫无乐趣。只有让知识在思考中、在交往和表达中、在生活的方方面面被当作创造的工具来使用，才会让知识"活"起来，让学生感受到学习知识的乐趣。当教师们认识到这些以后，实践中多了思考和智慧，学生也因此觉得每一门学科都是那么有趣。

唐永年老师在读书课上和学生共同欣赏柯岩的儿童诗《绝交》。上课前五分钟，唐老师正在做课前准备，这时两名男同学因为座位问题吵起架来。唐老师走到他们身边轻轻地说："你看，马上要上课了，你们的事暂且放一放，一会儿老师再给你们评理。"两名同学听后，暂时平复了情绪。这时，一个想法在唐老师的头脑中形成了。课上，当同学们懂得了遇事要换位思考这个道理后，唐老师话锋一转，笑呵呵地说："刚才上课前，两名同学发生了点儿小矛盾，因为时间的关系没处理，现在就请他们说一说事情的经过，我们来评评理吧。"这两名同学不好意思地站了起来，愤怒的神情不见了，取而代之的是宽容和平和。"我去完卫生间，发现自己的桌子往后挪了，我都坐不下了，就立刻过去指责同学，这是不对的。我可以跟他好好讲，再动手挪一挪桌子就行。对不起。""我做得也不好。我们坐前后桌应该互相体谅。我挤得他坐不下了，他很着急也可以理解。"他俩不再讲自己的理，而是学会了站在对方的角度想问题，知识在第一时间被"活"用了，相信这节课的知识同学们都会印象深刻。课后唐老师建议大家以《退一步海阔天空》为题写日记。在换个角度想问题的视角下，反思自己与亲人、同学、朋友、陌生人相处时不太妥当的做法，让知识在活用中成为推动认识和情感的动力。

《语文课程标准》明确要求："累计认识常用汉字 2500 个，其中 2000 个左右会写。"怎样识记生字？新叶新枝社团的语文教师认识到，如果靠死记硬背、机械抄写来完成教学任务，会极大地伤害学生，长此以往会打消学习的积极性，思维更得不到发展。识字教学的最终目的不是识字而是阅读，如果引导学生在运用中识记生字，让字在孩子们头脑中"活"起来，识字就不是负担，而是充满挑战的全新体验。语文教师尝试了这样的做法。比如，在学习带"扌"的字这课时，有"扛、捡、拧、扔、挖、挎、推、捧、擦、折、捞"11 个生字需要识记。新授后老师建议学生写一段话，尽可能多地用上这些带"扌"的字。学生们的积极性一下子被激发了，纷纷开动脑筋写出与众不同的片段。唱欣这样写道："星期天，我挎着妈妈的胳膊到防洪纪念塔观赏音乐喷泉。这里的人真多！小贩推车卖棉花糖，环卫工人捡垃圾，还有电视台的叔叔扛着摄像机录像。喷泉的水溅到我脸上，我也不擦，还捧起水玩。我发现一块垃圾掉在了池子里，就捞了出来。"在片段中，词语在孩子们的意识里不是机械的，而是欢蹦乱跳，充满生机的。在被欣赏的喜悦和自我满足的快乐中，识记变得扎实有效。

综合实践课教师刘玉梅在五年级《房屋设计》一课中，让学生在收集资料的基础上，按比例进行立体模型制作和平面图设计。学生们兴高采烈地拿来大大小小各式各样的盒子，投入到房屋的设计中。令刘老师意想不到的是，五年一班的学生吴琼竟然想出在模型的每一个房间装上小灯泡。学生的这个设想给刘老师带来了灵感，如果把科学课"电路的连接"与房屋模型有机结合，每一个房间不仅都能照明，更重要的是学生把学到的知识在实践中加以应用。在与科学组教师的共同研究中，她们又发现，"电路的连接"这一知识点，学生在四年级下学期学过，但在生活中缺少实践的机会，对这部分内容也比较生疏了。于是，她们将两个不同学科的学习内容进行整合，学生创作的热情非常高，一件件带有科技含量的作品诞生了。

《谁打碎了花瓶》是二年级的一篇课文，写的是列宁小时候不小心打碎了姑姑的花瓶，当时说了谎，后来写信道歉并得到姑姑原谅的事。二学年的教师在集体教研时，设计了这样的小练笔，"同学们有没有心里话想对朋友说，可又没有勇气或者没有机会当面说出来，我们就在信中表达吧。"这一训练有两个目的：一是让学生正确使用书信格式。二是能简单地写清楚一件事，表达内心情感。学生们热烈地讨论后，按照课文中的书信格式，把心里话尽情地倾吐出来。刘泽旭这样写道："李昱涵，那天我看见你和别的女孩儿玩儿，就过去捣乱。我错了，你能原谅我吗？如果能，收到信后就和我一起玩吧。"王政真这样说，"李红，那天我去你家玩儿，看到一支好看的自动铅笔，就偷偷地拿回家了。我一直想还给你，可是又怕你不再理我，就没敢这么做。你能原谅我吗?"在列宁这个榜样的激发下,学生们发出了心底最真的声音。这种伴随着情感而产生的心灵体验,丰富着学生们的内心世界,学习的内容也在不知不觉中成为他们表达的需要,知识在他们的头脑中"活"了。

日记一直是语文学科的专利,实际上早在1898年以前,著名数学家高斯就用数学日记以密码式的文字记载了许多伟大的数学发现,充分展示了其独特的数学思维和严密的逻辑推理。如今,随着数学新课程改革的推进,数学日记也渐渐成为学生倾吐数学学习心声的一方天空。数学教师李源始终坚持让学生记数学日记。丛佳同学在数学课上学习了求平均数的方法后,在日记中表达了用已有知识解决生活问题的欣喜。"我和妈妈来到超市买湿巾,湿巾的种类真多呀!我喜欢粉色的'芭比'湿巾,标价是3.8元。妈妈见我很喜欢,就建议我买。这时我突然发现有种特价的湿巾,每包1元。买哪种好呢?我又拿起'芭比'看了看,包装上写里面有20片,我估算后约合2角钱一片。而特价的里面有10片,平均1角钱一片,还是特价的便宜。于是,我决定买特价的湿巾。妈妈夸我爱动脑筋,数学知识没白学。"三年级的宋瑶同学学习了"时、分、秒"的知识后,也写了一篇数学日记。"我和爸爸妈妈去北戴河玩,回来时坐的是高铁。13:56从北戴河开车,18:40到哈尔滨西站。我算了算,一共用了4小时44分钟,真快呀!可它的速度到底是多少呢?我也想算一算,真希望早点学会这个知识。"

贾大为老师在美术课上带领学生学习了剪纸、撕纸后,下课了学生还意犹未尽,怎么办?如果老师强制他们收起美术课用品为下一节课做准备,学生的积极性可能被打消,回家后也很可能不会再拿起彩纸、剪刀,没有几天,美术课上学到的知识就会因为不用而被遗忘,学生自然对剪纸、撕纸也不会再有当时课堂上的热情和兴趣。对于学习来说,这是多么遗憾的事情!贾老师告诉同学们,元旦联欢会即将来临,大家可以回家继续练习,从自己的作品中选出最得意的,当作窗花装扮教室。这样一来,学习被延伸,热情持续升温,喜爱的火花变为兴趣,乃至成为一生的爱好。体育课上,同学们学会了广播体操后,老师们建议学生们当"小老师",教教不会做操的小伙伴。音乐课上学会了一首歌曲后,鼓励孩子们在课间开个演唱会,唱唱在学校学过的歌儿……就在这样的学习中,学生的思维更活跃,创造的热情被激发,主体意识更强。知识也在反复运用中升华为生活的智慧,相伴而生的还有美好的情感体验和健全的人格特征。

3. 学科的天空多辽阔

当教师对学科有了清晰的认识后，学科的空间在教师的头脑中就会铺展开来。这些教师会在学科更广阔的空间里，给学生提供更多学习和实践的机会，尽量去唤起学生对自己所教学科的兴趣，并使他们迷上这门学科。

《科学课程标准》指出：学生是科学学习的主体。科学课程必须建立在满足学生发展需要和已有经验的基础之上，提供他们能直接参与的各种科学探究活动。现行科学教材中有大量的"探究""演示""动手动脑"等内容的安排，可是如果要求教师在课堂内一一完成，时间上不允许，也不利于学生的充分参与。美国总统科学教育优秀奖得主丹尼斯·斯莱克说："儿童生来就对科学感兴趣，但是好多教师拘泥于课本背后的练习而让他们扫兴，孩子们需要动手的科学。"因此教师要有意识地组织学生进行课外的实践活动，由学生自己创造实验条件动手操作、观察探究。比如让学生来完成"喷气火箭""纸锅烧水""油中取币""铁钉生锈"等。这些课外小实验活动，极大地激发了学生学习科学的兴趣，加深了对科学概念和规律的理解。除了将课内知识向课外延伸以外，科学教师还为学生开设了丰富多彩的活动，每年一次的"划过美丽的天空"纸飞机比赛就是重要的一项。课间、午休、放学后，孩子们研究纸飞机的折法，他们上网查资料，请教大人，伙伴间互相切磋。一张 A4 打印纸，在孩子的手中竟然折出了 12 种纸飞机。正式比赛之前的民间热身赛已经随时随地发生着，这一组同学比谁的飞机飞得时间久：他们把机翼做得宽宽的，把两侧机翼向上折成流线型，这样飞机就会飞得高。飞机飞得高了，在空中停留的时间就会长；那一组在比谁的飞机飞得远，获胜的同学揭开奥秘：要飞得远光靠滑翔是不够的，要有一个沉重的机鼻，机身要尽量细长，机翼要结实，避免震动，投掷时要像扔石头一样用力；还有的组研究更有趣的会转弯的飞机，把机翼的一边向上折成流线型，这样折成流线型的那侧机翼的流速就快，流速一快，压力就会变小，所以机翼就会往压力小的地方移动，飞机就会转弯了。学生们还发现老师们投掷的动作很有讲究：不侧风投掷也不顺风投掷，而是迎着不太强的正面逆风投掷，投出的角度还稍高于水平角度，把飞机平稳地向前送出，到最后一刻才自然脱手，飞机飞得很远。积累了经验，对比赛就更加充满期待。比赛那天在"放飞纸飞机"现场，选手们一个个摩拳擦掌。当一名选手在放飞时，其他选手都屏息凝视；当小选手掷出纸飞机，纸飞机在空中盘旋、飞翔时，场上响起了阵阵掌声……获奖的张龙投掷了

14.8 米，李良的飞机在空中停留时间最长，达 6.3 秒，他们成了赛场上的明星。可是他们说：飞得最远的纸飞机能飞出 69 米，一个叫肯·布莱克本的美国人还创下了飞行时间最长的世界纪录，他的纸飞机在空中停留了 27.6 秒，我们还差得远呢。此时此刻，科学探究精神和他们向世界纪录发起冲击的决心一起种植到孩子的心灵深处。

学习和游戏是儿童生活的两大主题。瑞士教育家皮亚杰说过：游戏是认识兴趣和情感兴趣之间的一个缓冲地带。孩子的天性就是玩，会玩的孩子一定是聪明的孩子。我们数学教师利用孩子的天性，设计了许多有趣的游戏，在轻松的游戏中充分开发大脑，思维和创造力得到全面的发展。"24 点"扑克牌游戏的玩法很简单：用一副扑克牌去掉大小王，把 A、J、Q、K 分别看作 1 点，11 点、12 点、13 点，其余牌面是几点，就是几点。玩的方法是：四个人每人 13 张牌，每人每次从手中任意抽取一张牌。参加游戏者对这四张牌所代表的数值进行加减乘除运算，使结果为 24。谁先列出，谁就得 1 分。直至其中一人手中 13 张牌全部用完为一局，得分多者为胜。班级比赛出现了白热化，一些班级的高手还参加学年的比赛，有的孩子还将挑战的枪口瞄准了教师，师生大赛进行得如火如荼。这个游戏是一个训练孩子数学思维的好方法，不仅提高了计算能力，也训练了思维的灵活性，平时许多数学成绩很一般的学生在长期做这个游戏之后，数学成绩突飞猛进。老师利用扑克牌还想出了很多游戏，如钓鱼、找相邻数等提高计算能力的游戏。教师们还自主开发了许多游戏项目，如逢"3"或"3"的倍数就拍手的数数游戏、关于数的组成的猜拳游戏、关于左右相对性的照镜子游戏。玩既是儿童认识数学的源泉，又是儿童发展的基础。只有让数学变得好玩，让数学学习真正符合孩子的口味，成为他们喜爱的一道"大餐"，孩子们才会在生动有趣的玩中，学习生活中的数学，解决生活中的数学问题，才会爱上数学！

老师们不放过任何一个吸引学生的机会，在自己学科里动脑筋想办法。北方的冬季天寒地冻，学生也变得懒惰不愿活动，天天躲在温暖的教室，不愿到操场上去。开展哪些课间活动把孩子从教室吸引出来让他们接触阳光，呼吸新鲜空气，就成了体育老师思考的问题。一天大课间，张蕾和贾栗强两位老师给孩子们展示了废旧报纸做成的纸足球。两位老师在操场上踢起纸足球来，旁边那些穿得像棉花包一样的孩子们眼睛里流露出羡慕的神情。有的孩子将废纸和海绵剪成块，用废纸包住，作为足球的内囊用胶带在外面裹几层，又结实又轻便；有的孩子把废旧的花纸包在透明胶里面做成花足球；还有的家长帮忙用废旧皮革剪成足球上的六边形，一块块缝起来。纸足球既不像真足球那么滑，滚起来的速度也没有真足球那么快，孩子很容易控制。过了几天一场大雪下完，操场变成了安全的足球场，孩子们奔跑着，踢着，笑着。体育课变成他们练习基本功的时间，课间和课外成了他们大展身手的舞台，技术好的老师和同学成了大家的偶像。教室里再也留不住这些小家伙了，雪地足球赛开展得热火朝天。冰天雪地中，学生的身体得到了锻炼，户外活动时间增加了，学生们更加热爱体育了。

长期以来，由于种种原因，我们的语文教学还处于一种相对封闭的状态。课本是学生唯一的知识源，教师是学生唯一的知识发布者，教室是学生唯一的知识场所。要引导学生走进现实世界，让他们投身于大自然，到生活中去学习。人际间的言语交谈、思想交流、书信交往，大自然的日月星辰、风霜雨雪、江河湖泊、花草树木，国内外的重要事件、学生的家庭生活，还有形形色色的标语、题联、题诗等，这些生活状态的语文，都是最生动、最形象、最有活力的知识源泉。四年级语文补充读本中有三篇连续的文章是介绍演讲的，教师们借此契机带领学生开展了一个星期的演讲，将课文知识运用实际，从选择演讲的内容，组织材料，到演讲应注意的问题逐一解决。老师们还推荐学生观看著名演讲家的视频材料，看央视的《开讲啦》。早自习的时间演讲开始了，老师让学生选择自己喜欢的内容进行演讲，学生的选材五花八门：结合当时实事的《勿忘国耻　振兴中华》；学习《百家讲坛》的《讲清史》；关于理想的《我要当医生》；关于环保的《为了地球的明天》；关于诚实守信的《人生路，信为本》……每个班演讲高手还到其他班级去串门演讲，学生们再一次开阔了眼界，学习知识的同时也收获了一种本领，这种本领也许会受益终生。母亲节的书信展、新年对对子比赛、广告标语设计……徜徉在这一个个语文生活的课堂里，让语文回归生活，生活也因语文而变得丰富多彩。

4. 每个人都有属于自己的精彩

苏霍姆林斯基说："请记住：成功的欢乐是一种巨大的情绪力量，它可以促进儿童好好学习的愿望。请你注意，无论如何不要使这种内在的力量消失。缺少这种力量，教育上的任何巧妙措施都是无济于事的。"心理学的研究也表明：情感态度在很多方面直接或间接地影响学习，而众多影响学习的情感态度因素中，成就感是影响学生学习的一个重要心理因素。通过读书学习，教师们认识到，体验成功是每个学习者内心的需要，只有帮助每个学生都找到属于自己的精彩，他们才会对学习形成持久的热爱。

美术课由于老师的"教热爱"而变得充满温暖、感动和美好。美术老师们相信每个学生都可以通过自己的努力，成为一颗颗闪耀的明星，为他们树立这样的信心，为他们创造这样的平台是老师们的职责。每节美术课后，老师会细心地把每位同学的作品收集起来，到了期末再发给大家。当同学们看到一幅幅属于自己的、色彩艳丽的作品时，就会回忆起课堂上老师对他的鼓励，创作时的点点滴滴，自豪之情溢满胸怀。"画画多有趣，你要享受创造的快乐。"老师这样说过，"原来我也能这么棒""跟同学合作真快乐""这幅画还被当作范画贴在黑板上呢"同学们在心里美滋滋地想着。接着老师建议学生从中选择自己最得意的作品，参加画展。画展"星光轨迹"在阳光大厅举行时，同学们一下课就跑过去看，急切地寻找着自己的作品，如果发现自己的作品被展出了，那真是莫大的荣耀，会跟同学、家长骄傲地讲起。美术教师还教同学们设计不同风格的封面，并把画册装订起来，取名为《妙笔生"画"》作品集。就在这种"教热爱"的熏陶中，学生们幸福地成长。

小学阶段音乐课的任务，不是为了培养音乐的专门人才，而应面向全体学生，使每一个学生的音乐潜能得到开发并使他们从中受益。因此，音乐课的全部教学活动应以学生为主体，师生互动，将学生对音乐的感受和音乐活动的参与放在重要的位置，这样才能让学生爱上音乐课。

三年一班的李东啸是个内向腼腆的男孩儿，以前在家里连歌都不唱的他，上学期竟然迷上了弹钢琴，妈妈以为他只是一时兴起，学一段时间后就会半途而退，谁知他越学越爱学，还说长大想当音乐家。说到他的转变，音乐教师刘畅最有发言权了。在文思楼的大厅里有一架钢琴，刘老师在课间经常会去演奏，清脆悦耳的琴声会吸引孩子们聚拢在她身边，有时会弹钢琴的孩子也坐上琴凳演奏一曲。有一个胖乎乎的小男孩很特别，每当刘老师弹钢琴的时候，他总是远远地躲在一边侧耳倾听，但当老师发现他时却害羞地跑开了，这个男孩儿就是李东啸。三年级上学期学校开设口风琴课，第一节课，当刘老师面带笑容托着口风琴走入课堂时，吸引同学们的除了钢琴弹得特别棒的音乐老师外，还有那新奇的乐器。刘老师简单介绍了口风琴后，就请一名同学和自己配合演奏一曲《我是一只小羊羔》，这首歌曲调简单，只用三根手指就可演奏。同学们的手都举得高高的，突然刘老师发现李东啸也举起了手，她当即把这个小男孩请上台来。刘老师负责吹奏，李东啸负责按琴键，一曲下来，同学们热烈鼓掌。李东啸更是激动不已，原来自己也能弹奏得这么好，音乐课真有趣！就这样，在成功的体验中，李东啸一下子爱上了音乐课，在接下来的音乐课上，他学得更主动、更认真了，口风琴的演奏水平提升飞快，在刘老师的鼓励和同学们的赞叹中他变得开朗自信了许多。寒假里，在他的强烈要求下，妈妈又带他参加钢琴课的学习了。其实，在刘老师教的班级中，像李东啸这样爱上音乐并显露音乐潜能的孩子还有很多，这就是"教热爱"的魅力。

数学课上，郭阳老师做到了"教学分层次，人人有成功"。对同一个班级中不同学习能力的学生，采取不同的教学方法。比如，课堂提问时对于比较基础、简单的问题，鼓励学习能力较弱的学生来回答，提高他们学习的自信心。如果一道题目出示后，只有几个学习能力强的学生举手，那么要耐心等待，当大部分学生都有所思考后才公布答案。练习时，在相同的时间内，只要求能力弱的学生保质保量做好基础题，做得准确予以鼓励，以保持其学习的兴趣和自信。对于学习能力强的学生，则鼓励他们挑战自己，做专门为他们准备的拓展题，最大限度地开发他们数学方面的潜能，让他们体验超越自己的快乐。著名数学家波利亚说过："学习任何知识的最佳途径是由学生自己去发现。因为这种发现，理解最深，也最容易掌握其中的内在规律和联系。"张立嵩老师在教学"小数加减法"时，备课中她发现此前学生在二、三年级时对"整数加减法的意义和简单的小数加减法"已有学习，于是将看书自学安排在新课的前一天，并要求学生在阅读自学时思考两个问题：（1）小数加减法的意义与整数加减法的意义相同吗？为什么？（2）小数加减法在竖式排列上与整数加减法有何不同？为什么会有此不同？由于有旧知识作基础，又有明确的自学目标，学生的自学很成功。第二天的课堂上，问题反馈和新知巩固练习时学生都情绪高涨，争先恐后地发言，连平时不爱举手的江天也主动发言，而且在大家的帮助下竟然把一道拓展训练题做对了，红扑扑的小脸上写满了自豪。苏霍姆林斯基强调"把劳动的欢乐、学习上取得成功的欢乐给予儿童，在儿童的心里激起自豪感和自尊感——这是教育的第一信条。"在自主探究中，学生发现了原来不用老师讲我们自己也能学会，自信被激发出来了。

曹雷是一名年轻的体育教师，但却是"教热爱"路上的有心人。在给一年级学生上课时发现一名叫张昊的小男孩很特别，上体育课时别的孩子都在做游戏，可他却跪倒在地，不停地磕头。下课后，曹老师找到了班主任张老师了解情况，原来张昊患有孤独症，与人交流比较困难。张老师也是从张昊的日记知道他磕头是在同蚂蚁做游戏。曹老师知道这一情况后，心情特别沉重，决定帮助这个不幸的孩子。体育课上，同学们合作玩游戏，曹老师邀请张昊和自己一组。学习做体操时，曹老师让做操最规范的学生当张昊的"小老师"。丢沙包时，曹老师会悄悄示意同学把沙包投给张昊……慢慢地，曹老师发现张昊的笑容多了，更愿意参加集体活动了。元旦联欢会上，张昊竟然跑到曹老师的办公室，放下一张贺卡就笑着跑开了，对于张昊这样的儿童来说，这是多么让人激动的事情。虽然他说不出来，但心里一定能感觉到他对体育课和体育老师的热爱。

在"教热爱"的思考与实践中，我们还非常关注"减负"问题。20世纪五六十年代，"减负"问题就已摆上议程，特别是新课程改革以来，减负的呼声从未停歇。从教育部到地方教育行政部门，减负令颁布了多达上百项，然而学生的书包越来越重，"小眼镜"越来越多，陷入了越减越"负"的怪圈。怎样才能切实减轻小学生的课业负担？"教热爱"与"减负"之间到底是什么关系？我们做了一些思考，但仍然觉得"减负"问题是个庞大的系统工程，且难以撩起面纱看清它的本来面目。"减负"给人的感觉总是朦朦胧胧，模模糊糊，"像雾，像雨，又像风"，我将我们所认识的"减负"称为"隔雨隔雾看减负"。

我们首先要弄明白什么是"减负"？词典上对"减负"的解释是"减轻过重的、不合理的负担。"那么，多重的负担算是"过重"？什么样的负担又算是"不合理"？恐怕谁都难说清楚。我们认为，这里的"负担"是心理层面上的一个抽象名词，是一个"相对而言"的概念，不能准确量化。也正是由于"负担"的模糊性和不确定性，在认识层面、执行层面就出现了这样那样的问题。不能否认，学习本身是一项艰苦的脑力劳动。学生的素质是千差万别的，同一个问题，对一些学生来说，毫不费劲就迎刃而解；对另一些学生来说，也许就是"不可能完成的任务"，或即使完成了，也要付出比别人更多的艰辛。教师素质的参差不齐，也是其中的重要原因。有的教师一上课，学生就喜欢得不得了；有的教师可能一进教室，学生就在期盼下课。素质教育下的考试怎样考更合理？中考、高考的指挥棒将指引什么方向？教育部门、学校、学生、家长、社会该怎样看待分数？怎样的评价对学生更客观合理，更有利于学生的发展？如此等等的问题，也是造成"减负"如同雾里看花的原因。

基于以上分析，我们认为"教热爱"与"减负"之间有着密不可分的关系。教师只有发自内心地认同"教热爱"的思想，才能小心翼翼地呵护学生的"学习兴趣"，不给学生增加过重的"负担"；反过来说，如果学生热爱了教师所教的学科，那么他可能就会在这个领域花费比别人多的时间，做比别人多很多的题、读比别人多很多的书。这种自觉自愿式的"乐此不疲"就不能被称为负担。因此我们认为，根治"学生过重课业负担"的秘方在于"争取学生热爱你的学科"。

（三）校园因"热爱"而生机盎然

当教师逐渐做到了对学科知识有了准确完整的建构，对教学有了理性的思考与主动的创造后，课堂就因"热爱"而智慧灵动、充满生命活力，校园也因"热爱"而生机盎然。教师和学生因"热爱"而携手、结盟，又因"热爱"而互相欣赏，互相焕发。"热爱"成为师生在学科领域不断探索的动力，成为主动创造、终身学习的源泉。在这一过程中，自信、主动、坚持、认真等品质也会慢慢积淀，形成终身受益的品质。

1. 明星教师与粉丝团

在巨星演唱会的现场，当你看到高举的手臂、激动的眼泪、亢奋的欢呼，你就知道了巨星的号召力。巨星们低吟浅唱时，几万人的体育场寂静无声；当巨星们活力四射时，全场成了粉丝们狂欢的派对。那时，我们不仅会感受到偶像的感染力，也会被粉丝们的热情所感染。讲台也是舞台，老师最有条件拥有大把的"粉丝"，让学生成为自己的追随者。学生崇拜老师的理由很简单，或是因为老师的风度翩翩、举止优雅，或是因为老师知识渊博、底蕴深厚，或是因为老师的某种特长及扎实的教学基本功。我们学校这样的老师真不少：不用教具就能在黑板上画出笔直的线条，饱满的圆形让学生惊羡不已的姜玉霞；写一手漂亮的板书、让学生下课后认真临摹的袁一珂；丰厚的学养总在不经意间流淌出来的赵红艳；语言幽默风趣，课堂氛围既轻松又愉悦的尹娜；浑厚的男中音、字正腔圆的朗读深深吸引学生的赵明新……这些明星教师凝聚了人气，学生竞相追逐，很多学生都成了他们忠实的"粉丝"。

午休操场的大杨树被一大群孩子围得里三层外三层，原来这是王大毛工作室的《键盘大厦》的拍摄现场。演职人员每人都戴着魔术围巾做标志，其中戴着特别抢眼的橘黄色魔术围巾的是导演——我校的计算机教师谢华，别名王大毛。王大毛导演坐在椅子上，手拿剧本指挥着现场的拍摄，"演员、摄像、场记各就各位。"一声令下各部门准备就绪，小演员们有的身上套着用纸壳箱改制的显示器，有的头戴鼠标图案的头饰，还有的挎着键盘；摄影师举着摄像机；场记像模像样地在场记板写上拍摄场次，拍摄开始了……几天后，王大毛工作室门口又挤着很多小脑袋，与操场上的热闹不同，此时大家静悄悄地在侧耳倾听，原来《键盘大厦》的演员们正在进行后期的配音。工作室的另一角，几个孩子正在尝试着用老师下载的软件对拍摄过的影像进行剪辑。半个月后，《键盘大厦》全校公映，反响热烈。片名过后，王大毛导演的名字赫然出现在屏幕上，还真有国际范儿。每个参与其中的孩子都有名字显示在屏幕上。王大毛导演和他的工作室成员"趾高气扬"地走在校园里，想当演员、摄像、编剧、后期制作的学生纷纷找他们报名。王大毛老师用《孩子眼中的 IT 世界》系列微电影的制作把学生牢牢吸引过来，他们面对自己的偶像，都会自觉自愿地去学习了，更加积极地去探索神奇的 IT 世界。

你有你的 IT 世界，我有我的机器人。同是教计算机的张劲松老师主动自学了如今最能调动学生学习热情的、也是最为火热的信息技术类的"机器人"项目。网络机器人野外生存是基于虚拟的野外生存网络环境，学生通过编程来智能操控机器人完成各种生存挑战，要求学生掌握编程语言理论知识并能灵活应用，既培养学生学习机器人知识的兴趣，又促进了其对野外生存技巧的了解，以及在复杂环境下快速的判断能力、理性的冒险精神。午休、周末，张老师身边都会围着一批忠实的粉丝，孩子们在一次次任务的完成中，学会了编程的知识，在与伙伴的合作中收获了友谊。机会总是垂青有准备的人，"全国中小学信息技术创新与实践活动"（简称 NOC 活动）即将举行，粉丝们跃跃欲试，5 个孩子在张老师的悉心辅导下，在黑龙江省选拔赛上一举包揽了全省前 4 名。他们代表黑龙江省远赴山东参加全国大赛，获得五个二等奖的好成绩。升旗仪式上，张老师和获奖的孩子站在旗台上，同学们把最热烈的掌声送给他们。看着五星红旗冉冉升起，幸福荡漾在他们的脸上。

明星教师董艳手中总是拿着一个装着各种数学题的文件袋，这也成了孩子们眼中的"百宝箱"。他们一下课就急匆匆地去找董老师要各种有趣的数学题挑战自己。在董老师那里，他们还经常发现题可以有多种解法，一旦找到和老师不一样的算法，就赶快跑到老师那里炫耀一下。没过多久，一些孩子的手里竟然出现了和董老师一模一样的文件袋，装着他们四处搜罗来的难题想难住董老师。等老师算完后，拿出自己的答案与老师进行比较，看看谁的算法好。董老师的课间被孩子们占满了，但她很享受这种明星一样的感觉。统一的文件袋标志着他们爱思考爱研究的品质。

晨读十分钟是我校的传统。早自习时，低年级的屏幕上出现了有趣的绘本故事画面，可孩子们却发现故事里的这些声音怎么这么耳熟。"这是曲训丽老师的声音""这是詹睿老师的声音""这是袁一珂老师的声音"，孩子们欣喜若狂。这原来是我校灯火社团的老师为学生制作的电子书。他们精选了《猜猜我有多爱你》《象老爹》《亨利爷爷找幸运》《山米的巧克力大礼盒》等绘本，把书中的图画扫描下来，由老师配音朗读制作成课件。老师们把这些电子书传到校园网上，让低年级各个班共享，孩子们在一遍遍聆听的过程中得到了语言文字的滋养。中央电视台《新闻联播》还报道了我校灯火社团的电子书，他们成了名副其实的明星教师。有的孩子也想加入其中，甚至有的家长也参与进来给电子书配音。

每到下午的大课间，贾栗强老师就会带着大家打太极拳，那虚实开合、动静进退的招式成为学校的一道风景。午休时间张蕾、曹雷两位老师随着音乐跳着健美操，孩子们跟着节奏也加入进来。不仅老师被学生崇拜，学生也会被老师欣赏。有的孩子把自己学习的新健美操展示给大家，老师们也像其他同学一样向他学习，《啪啦啪啦舞》《江南 style》《倍儿爽》《小苹果》一支支舞蹈既锻炼了孩子们身体协调

师生练太极拳

性，同时也让学生受到了美的陶冶。学校教师的《花谢花开报》上有教师下水文专栏，也成为孩子们争相目睹的板块，哪位老师的作品又上报纸了，也会成为学生议

论的焦点。教师练习基本功的小黑板前，经常会有学生对着老师的字品评，字写得漂亮的老师也会成为他们的偶像。

明星教师不仅是学生们追星的对象，也成为老师们追求的目标。明星的吸引力不仅仅取决于教师自身的能力，还在于能否赢得学生的信任和理解。老师们用自己独特的魅力吸引着更多学生成为自己的粉丝。他们把学生的"崇拜"心理进行引导，对学生进行正面的教育，用自己的优秀人格影响学生，用自己的特长发展学生，用自己的学识引领学生，校园成了明星和粉丝们的"梦工厂"。

2. 抢占专属地

那些生长在广袤大地上的银杏树能长十七八米高，活到百岁以上；倘若把它围于小小的花盆中，就只能弯曲着身腰长到几十厘米，足见成长空间对生命体影响之大。老师通过读书认识到，儿童是蕴藏着智慧和具有高级情感的生命体，成长空间的"宽"与"窄"，也会决定他们成长的格局。因此，教师纷纷抢占自己学科的"专属地"，和学生一起在更广阔的空间体验学科的魅力。

学校二楼的"书香厅"是读书课教师的专属地。大厅中间是一个大树的造型，三个圆圆的绿色树冠上布满了星星似的小灯，环绕树干的是木制的围椅，一到下课椅子上就坐满了看书的同学。左侧的墙壁上写着"书香润泽童年，阅读点亮人生"，右面的墙边是一排排蜂窝似的小书架。每个"蜂窝"里都放着书，那一个个"小蜂窝"藏满了孩子们精神的花蜜。正面的墙壁是两排书架，中间有三块不同形状的造型板，上面写着"阳光""雨露""清风"。读书涵养生命，没有书香哺育，生命会枯萎、会彷徨。书是雨露和阳光，让生命之花灿烂芬芳，书籍像空气和阳光那么珍贵。书中那些永不磨灭的人性光辉将会在一个个黑暗的夜里为我们照明，带给我们温暖，让我们的心灵自由飞翔。2600余册图书静静地躺在书架上，等着学生们翻阅。书籍散芬芳，花香蜂自来。下课了，在这个开放式书香厅里，学生人人手捧一本书，尽情地徜徉书海，享受阅读乐趣，形成了校园一道亮丽的风景线。书籍的丢失、错放情况怎样处理成了读书课教师担心的问题。老师们让学生自由竞选班级的图书管理员，由老师对他们进行管理方面的专门培训。每本书条码上的编号能表示出这本书的位置。每天，图书管理员会自觉地将错放、乱放的书，按秩序放置到原处。在早上、课间等时候，老师们常常看见图书管理员擦拭书架上的灰，专心地摆放书籍。到现在为止，没有发生一起丢书和人为破损书籍的现象，真正做到了珍爱书籍，阅过无痕。曲训丽和杨真芬两位老师还把班级变成了读书的专属地，两个班联合起来成立了"小脚丫书友联盟"，推出了"绘本工程"。两位老师给孩子推荐了上百本适合低年级孩子阅读的经典绘本，比如《天空在脚下》《苏菲的杰作》等，引导孩子选择经典的绘本。下课了，常常会看到孩子们彼此交换书，讨论读书感受的热闹场面。

拾级而上就来到三楼的"格致厅"，这是科学老师们的专属地。"格致"选自《礼记·大学》，清朝末年，讲西学的人用它做物理、化学等自然科学的总称。棚顶的八大行星、摆放厅中间的各种实验台、各种标本无不表现科学世界的奥妙与神奇。方厅的主墙上依次写着：大地、蓝天、海洋。三个词语包罗大千世界，为学生打开了创想之门，带给他们无限遐想。这里让科学老师们大显身手，《"开水"养鱼》《水中点灯》《会跳舞的乒乓球》《小小喷泉》《神奇的滑轮组》等有趣的实验让孩子们在动手动脑中感受科学的乐趣，激发探究科学的兴趣；生物、矿物标本为孩子打开认识世界的大门；四驱车、航模、海模让孩子见证了科技的力量。科学学科的"疆域"不断拓展，科学老师们竟然还把多功能教室开辟成了"赛恩斯影城"，随着《阿凡达》《地心引力》《侏罗纪公园》等一部部电影的放映，孩子们探索世界的热情被点燃了，童年生活也变得丰富多彩。

四楼的"乐韵厅"是音乐教师的专属地。三角钢琴旁，音乐老师赵兢波在陶醉地弹奏着，美妙的琴声吸引着孩子们的脚步，他们坐在琴键造型的凳子上听得如醉如痴。窗外落叶飞舞，室内悠扬的《秋日的私语》《四季协奏曲》把孩子带进秋的世界。学生是学校的服务对象，一切设施都为学生开放，这架三角钢琴不是教师的专属，校园里喜爱音乐的孩子都可以碰碰它。也许他不会弹琴，可是带着对钢琴的好奇也有可能让他喜爱上音乐。音乐老师还让会弹钢琴的孩子轮流到"乐韵厅"展示自己。他们说：对于小学生，我们不苛求他们弹奏水平有多高，弹奏曲目多娴熟，只要参与就好，感受音乐的美丽就好。我来摸一摸小提琴，你去看看什么是扬琴，他去听一听京剧。小小的"乐韵厅"魅力无穷。

虽说号称"专属地"，可是也常常被"外敌"占领：美术老师就经常占领学校体育馆办个人画展、学生画展，班主任用专业厅开班会搞活动，大队辅导员用乐韵厅为孩子们举办小型音乐会……很多老师虎视眈眈地开发着学校有限的空间，试图"掠夺"来归自己所有。在老师们攻城夺地的战斗中，孩子们成了最大的受益者，有花有草、有声有色的校园生活培养了孩子们的兴趣，开发了潜能，更享受着生活的美妙多姿。

当"爱学科""教热爱"之风日渐浓郁，校园也随之安静下来。教师举止优雅，落落大方，或静静地坐在桌前伏案批改，或手不释卷孜孜以求地阅读教育经典，或三五成群轻声谈论着学科问题；学生彬彬有礼，乐学礼让，或在"活水轩"里徜徉书海静静阅读，或在"格致厅"里探寻科学的奥秘，或坐在三角钢琴前弹奏贝多芬的钢琴小品……语文课堂上，朗朗的读书声透过玻璃窗飘出教室；数学课上，学生时而专注倾听，时而凝神思考，时而露出破解难题后的会心一笑；英语课上，师生间正用流利纯正的美式英语亲切交谈；音乐课上，孩子们正在合眸谛听约翰·施特劳斯的《春之声圆舞曲》，随着旋律的变幻，一张张小脸像花朵一样绽放，仿佛嗅到了春的气息；美术课上，孩子们在凝练的线条与夺目的色彩中学习审美……校园里少了尘世的浮华与喧嚣。教师在经典阅读中滋养心灵，懂得了教育的真谛；学生在耳濡目染中受到潜移默化的熏陶，懂得了文明的律则。这样的校园，安静而不失色彩，庄严而不失灵动。

留存文化
——我的教育管理实践

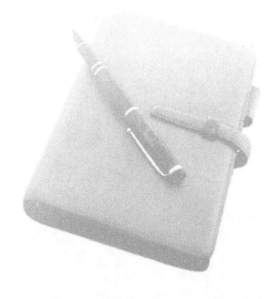

建设学习型学校是进行时的命题，它永无止境。我们常年做着这件事，认认真真地经营着一方小天地里的花谢花开，春夏秋冬。安安静静，不求喝彩，大家读书就好，教师团队成长就好，孩子们受益就好。

　　我任校长二十年，回顾这么长的一段岁月，深深体会到学校要有好文化，打造学校的好文化，留下学校的好文化至关重要。因为学校文化是历代师生的精神积淀，是师生员工共同的价值观，更是未来学校发展的力量源泉。我们学校的文化建设，是面对当时亟待解决的问题，先从厘清开始，日渐凸显进而在实践中深化，日积月累已形成巨大的力量，师生们在这种力量的感召下发展成长。

　　南马路小学从 1994 年开始抓教师读书，在六七年的时间里，走过了一个由老师们个人学习到学年有组织地学习、由写读书笔记"自我欣赏"到相互交流研讨的过程。读书使教师的精神风貌有了很大变化，学校的工作也渐渐上了层次。任何美好事物的发展都不会是一帆风顺的，南马路小学教师的学习也是一样。时间长了，读书的进程变得缓慢了，读书的深度似乎也有搁浅的迹象。尽管读书活动仍在按部就班地进行，但我还是能够敏感地察觉到：老师们读书的自觉性被淹没在长期形成的读书的惯性之中；自己被读书激发出来的积极性要小于想获得校长肯定的热情。

　　当然，我还发现了在读书方面出现的其他问题。比如，几年的读书和交流，已经使老师们养成了对话的习惯，同学年或同学科的老师，由于面对共同的问题，已经很自然地形成了对话圈子。这本来是一个不错的习惯，但是，这样的交流常常是松散的，由于交流对象没有被组织起来，交流本身也就没有明确的议题，自然也就往往没有成形的答案。因此，这种交流更多的只是体现了一种随机性。往往是突发奇想、灵光一闪，来得快，散得也快，效果当然不会太理想。另外，学习的态度和效果与我在不在学校产生了某种联系。特别是 2004 年，我到区教育局工作了一段时间，离开学校的时间比较长。待我再回到学校，很快就发现经多年培养出的教师学习研究的劲头有所降低。有些干部私下里说：赵校长不在，我们不行。这种情况使我意识到，要想把好的东西留下来、传下去，靠校长的个人魅力是不行的，得靠制度、靠机制。

　　将这些问题汇聚起来，我意识到建设学习型学校的进程已走到了一个瓶颈期，我们必须认真面对。走过去，也许豁然另一番天地，走不过去，就可能停滞不前。要解决这个问题，需要校长的洞察，更需要校长的思考。这使我重新考虑校长的作用和老师的作用之间的关系。对学校而言，校长的统领作用当然很重要，但是，学习型学校的建设是一个综合的系统工程，需要校长和所有教师的共同努力才能完成，而绝非校长的一人之力就能实现。团队学习，是一个永无止境也必须充满活力的进程，如果校长成了这个进程中唯一的发动机和原动力，那就一定走不远。

这有点儿像同处于一个坐标体系中，原点也许是整个坐标系中最闪光、最辉煌的一个点，而节点的光芒却显得比较微弱，有些节点甚至因为远离原点而暗淡无光。学习型学校不该是这样的体系，而应该是由原点为中心，将一个个节点连缀在一起形成的一个网络结构。在这一结构中，不但校长这个原点金光灿烂，而且每一个节点也将熠熠生辉；在这一结构中，由我这个校长为原点的中心发力，带动和促进周围各位老师为节点的四周发力，只有这样，才能最终形成学习型学校的强大合力。想到这里，我决心改变目前仅有原点发力而缺少节点发力的状况，突破南马路小学建设学习型学校所遭遇的瓶颈。

这个理想中网络的节点，就是单兵作战的一个个的老师吗？还有没有更科学、更合理、更理想的节点？为此，我查阅了大量资料，获益良多，特别是被称为数字经济之父的泰普斯科特说的一段话启发了我："未来的领导就是领导学习，未来最可靠的竞争优势就是克服障碍学习，最好的领导不是下达命令，而是建立让成员扩展能力的组织。"是呀，在我们学校，坚持读了这么多年书的老师们，眼下缺少的正是扩展自己能力的组织。而这样的组织，不就是我苦苦寻找的，也是最为理想的节点吗！于是，如何从以往的原点发力转变为诸多节点的共同发力，在我的脑海里逐渐清晰起来。打造教师社团形成组织合力，就被提上了议事日程。

一、建立让教师扩展能力的组织

任何组织和个人都有团队学习的经历，但是团队学习中的协同动作不可能自然而然地产生。彼德·圣吉在《第五项修炼》中也提出了"在一个管理团体中，大家都认真参与，每个人的智商都在 120 以上，何以集体的智商只有 62"的问题。究其原因就是组织成员之间不能相互学习、彼此询问，使得信息在组织内部难以畅通。

所以，要实现学校内部的咨询化，必须学习在团队中工作，必须为团队的成功创造条件。通过在团队中工作加强教师间的彼此理解，使得他们对复杂的问题有足够的洞察力，从而引起反思，并把这种反思扩散到别的社团和学校的其他方面。

2005 年 8 月，在南马路小学学习型组织建设中具有里程碑意义。在我的极力倡导下，原来自然发生的、松散的对话圈子，开始演变成教师自由结合的、有组织的教师社团。一时间，社团遍布校园，社团活动成了学校一道亮丽的风景线。

（一）社团诞生了

成立社团虽然是我的主意，但社团的真正组建还需要老师们的自发。在社团成立之前，充分认识社团存在的必要性，是社团得以组建并充分发挥作用的先决条件。既然要老师们自发组织，我就不能越俎代庖，我所做的，只是在老师们面前把这个问题提出来。

当时，老师们从各个方面论证社团对于建设学习型学校的意义和价值。马克斯·德普里在《领导是一门艺术》一书中问道："你愿意在一个优秀的团队中工作呢，还是愿意在一群优秀的人中工作？"换句话说，由一流的聪明人组成的团队是不是一定会成功呢？答案令人惊讶：95％的聪明型企业都失败了，成功的只是少数的5％。这种现象被戏称为"阿波罗现象"。一个优秀的团队，获取成功的机会要比一群优秀的人大得多，因为它具有团队的优势。大家议论的结果是：在学习型学校中组建优势互补的教师社团是避免失败的有效途径。将优势互补的人组建在一起，使彼此在优势中取长补短，成为高效的团队。

有了共识，社团的成立便水到渠成了。特别需要说明的是，我们学校所有社团的成立都不是由校领导分配、捏合起来的，而完全是自发组建、自由结合的。教师社团的产生，有着非常朴素的内在动因：大家共同面对教育工作中所存在的困惑和难题，愿意把这些难题当成课题来研究。面临同样的困惑、相同的难题，具有共同的愿望，大家就有了"同病相怜"的感觉。同病相怜的人最容易凑在一起，也更容易发现个人的力量是单薄的，集团作战才更有利于攻坚克难。

这种内在动因和我的想法一拍即合，教师社团便应运而生。

社团成立的契机是我主持的一个班主任座谈会。我在会上说："班主任工作大有学问，在这方面你们比我有本事，请你们帮我增加一些能量吧。"听我这么一说，老师们都来了积极性。大家你一言我一语，都有说不完的话，会场的气氛十分热烈。我因势利导，讲了哈佛大学的经验，就是学校如何超越传统组织的层级结构，把金字塔式的组织结构压缩成为"扁平化"的组织形式。这种组织层级减少了，管理却加强了。在这样的组织里，每一个人在自主管理、自我再生的过程中，就能把优点发挥到极致，同时使缺点得到弥补、慢慢消失。在这样一个系统开放、层次扁平的环境中，就能显现出一种咨询化的氛围。学校就像一个咨询公司，教师间彼此相互询问、相互学习，实现优势互补。

对此，大家都很感兴趣。于是，我提议："我们成立一个研究班主任工作的组织吧。"老师们都表示同意。"由谁来负责呢？"我像是问大家，又像是自言自语。"我愿意负责！我来当负责人！"杨真芬老师当即站起来，大声说道。接着，又有两位老师自告奋勇，争当负责人。会场上响起了一片热烈的掌声，三位负责人就这样产生了，南马路小学的第一个社团也就此诞生了。社团叫什么名儿呢？因为三位召集人中的两位都姓杨，另一位教师姓孙，"孙"的汉语拼音是 sun，在英语中 sun 是太阳的意思，所以将社团命名为"三阳"。"三阳"的三位召集人都是班主任，"三阳"社团就是为全校班主任服务的社团。社团的标志采用了一个手势，竖起的三根手指代表数字"三"，合拢的圆形代表"太阳"。这只手则代表班主任工作是琐碎的，需要我们实实在在地动手去做。同时，它也是一个"OK"的手势，寓意社团的成功与蒸蒸日上。

从"三阳"社团开始，一发而不可收，学校的社团一个接一个地成立起来。

"灯火"社团。由四位语文老师、四位数学老师组成。他们的"宣言"是："我们应该像灯塔照亮学校，直到出现万家灯火。"这也是他们的社团命名为"灯火"的原因。

"四海方舟"社团。这是一个由科任老师为主体组成的社团。顾名思义，"四海方舟"寓意各个学科来自四面八方，大家同舟共济。

"推波助澜"社团。本来是"四海方舟"社团的外围组织，但不甘于只是担任摇旗呐喊的角色，总想自立山头大干一场，于是便成立了自己独立的社团，取名"推波助澜"，一方面是摇旗呐喊，协助"四海方舟"社团开展工作；另一方面取意"水能载舟，亦能覆舟"，监督"四海方舟"社团的工作。

"新叶新枝"社团。这个取名于宋代张载《咏芭蕉》中的"愿学新心养新德，旋随新叶起新枝"诗句的社团，由具有八九年教龄的"老"教师组成。他们有一响亮的口号——"枝随叶长，叶随枝生"。他们决心以"帮助年轻教师尽快成长"为己任，新老互帮互学、共生共荣。

"五连环"社团。由五位学年组长组成，其中有三位党员，另外两位是要求入党的积极分子。她们本来就是科任老师和班主任老师间的纽带和桥梁，社团取名为"五连环"，更象征着五个学年的团结协作，象征着伙伴间的心手相连。

"鹅毛雪"社团。一个为教学服务、为学校提供后勤保障的社团。社团成员的平均年龄已经超过50岁。

"七星阵"社团。这个很有些武侠气的社团，由三位副校长、四位教导主任组成。虽然副校长和教导主任都在学校里的领导岗位上，但由他们为主体成立的社团却最晚。受教师们纷纷成立社团的感染，他们忘记了自己的领导身份，完成了由"观阵""助阵"到"入阵"的三部曲。

之后，还相继组建了以关注教育琐事为特点的"星星琐"，分别以研究语文和数学学科建设为主的"幸福公社"和"清溪谷"，还有将学校管理中现代信息技术应用最大化的"信息化团队"……根据个人的优势和工作的需要，社团成员之间也有了交叉。同一个教师，可能在一个社团中是领导，在另一个社团中就是普通成员。教师们在不同的社团体会着不同的角色，承担着不同的责任，而这种角色的转换和对责任的不同感受，对每一位教师都是财富。

（二）老师们发现了自己

对社团学校领导只提供经费和办公设施等必要的帮助，却从来不下达任何命令，让教师社团独立运行。为什么要这样？我的想法是，只有老师被自己面临的问题牵引，根据自己的研究方向和自身特点自愿结合在一起，并且自我负责的社团，才会有活力、有生命力。校长不要总是享受下命令的快感和惬意，而限制了社团自主发展的积极性。况且，校长一旦下达了命令，就要为之负责，即使你负了责，也往往会侵占老师扩展自己能力的空间，其实很多时候，能力就是在负责中产生的。我们生活中有一个常理，那就是权力与责任必然是对等的，社团既然是老师自己的，那就把权力和责任都交给他们吧。不交给教师权力，而呼唤教师的责任感，无异于缘木求鱼。

当学校把一些问题交给社团去做的时候，实际上就意味着学校的行政权和决策权在有意识地下放。社团一旦拥有了一定程度的决策权和执行权时，它就不仅仅是一个好听的名称，而成了真真切切的决策和执行机构。也正是因为拥有了相应的职责和权力，社团才会在教职员工中有地位、有威信，才能产生号召力和凝聚力。同样，有职有权的社团也在极大地发挥着教职员工的作用，他们越来越关心学校的教学、日常管理和决策。如果说学校的舞台先前是有一批骨干教师在上面跳漂亮的独舞，那么现在则是全校所有的老师都开始寻找自己在舞台上的位置。社团的"耀武扬威"，使得身处其间的每一个成员都有了发自内心的表达机会，找到了充分发挥自己作用的工作机会。

"三阳"社团在激发学生写作兴趣方面大胆尝试，有所创新。学生申报"得意之作"是我校激发学生写作兴趣的特色活动，引起了学生们的普遍关注。但是，随着时间的推移，老师们发现，收获"得意"的只是少数学生，大部分学生渐渐地兴趣索然了。为了更广泛地激发学生的写作兴趣，让不同年级、不同层次的学生都能参加"得意之作"活动，"三阳"社团以《如何完善得意之作》为题，把全校班主任分成若干个小组分头研究。他们集合在一起开论证会，不断用工作中的感受去修正思路，最后分出这样的层次："快乐笔""芸香草""清风荷""文思泉"。"三阳"社团还请"四海方舟"和"推波助澜"共同设计了奖励证书。他们又进一步研究了如何从教学到批改到颁奖的工作策划案，有效地激发了学生们的写作热情，使全校学生的写作能力得到了提高。

"新叶新枝"社团的"老"教师们也做过很多得意的事。比如，他们十分关注"新叶"们的课堂，经常在一起互相听课、评课，就教学中的困惑展开讨论，在合作中共同成长。一次教研活动，陈阳老师在听新教师周琦的三年级语文课时，发现她把关联词语的几种关系，如条件、递进、假设给学生认认真真地讲了一遍，却发现孩子们一个个似懂非懂地看着她，效果并不理想。课后，针对新教师对教材的知识点把握不准这一情况，他们共同学习《语文课程标准》，细化了一份三年级的语文知识结构层次，还在此基础上组织语文教师拟定出小学一至五年级的知识结构层次。这样一来，语文教师们的教学目标就清晰多了，讲课的效果也好多了。再如，他们每学期都要举行一次"教学开放周"活动，让新教师走进老教师的课堂观摩学习，并就课堂教学的形式与陶冶功能、计算教学中的思维训练、错别字形成的原因及对策等许多问题展开讨论。一系列的活动实现了以老带新、以新促老。

"推波助澜"社团的重要贡献，是为学生们选定了"名曲欣赏100首"。他们确定每学年度循环播放20首名曲，再通过课堂教学有意识地指导学生鉴赏。五年一个周期，100 首古今中外名曲可以培育学生的"音乐之耳"。为了选取这 100 首名曲，社团召集人单体强老师查阅了大量的资料，从上千首乐曲中反复比较、精心筛选，还查阅了有关儿童无意识记、遗忘规律等方面的资料。在此基础上，单老师与社团其他成员花费了近半年的时间建起了学校的音乐资料库。无论是哪个学科的老师要找音乐方面的素材，都会第一个想到我们校园网服务器上的学校音乐资源库。

不仅如此，社团还越来越多地担负起了策划和组织全校性大型活动的重担。在许多场合，在一些关键时刻，都能看到社团的身影。

2005 年冬天，我带领二十多个教师去北京参加学习，骨干教师几乎都走了。留下的人能不能看好家？学校领导最担心的安全问题能不能妥善解决？在这个关键的时候，社团义不容辞地站了出来，主动帮助教导主任张平处理各种事务。在社团的严密组织和协调之下，教师们分组合作，自愿加班。"鹅毛雪"社团更是当仁不让，单延秋老师说："咱们每天楼上楼下多跑两遍，就可以消除各种安全隐患。有我们做最稳固的后方，用不着校长操心。"

……

独立自主的教师社团在学校的工作中越来越活跃。它们不但使自己的本职工作更具思考、更加精彩，而且以招标竞标的方式，以社团为单位独立或合作承办全校性的活动。在这个过程中，老师们得到了锻炼，迅速成长。回忆起那段日子，"新叶新枝"社团的召集人陈阳老师仍然激动不已："我们'新叶新枝'社团的几个成员过去都是不显山不露水的人，通常是领导让干什么就干什么，从来没想过要自发地干点事情。社团成立后，我们第一次组织全体教师会，主题是'错中淘金'，心里特别激动。我们几个成员每晚都在一起商量搞好活动的方案。结果，我们四个普普通通的老师承办的这次活动，得到了全校教师的支持。很多老师不光说自己的闪光处，还把自己的教训毫无顾忌地说出来，让大家受益，效果好极了！我过去怎么就没发现自己这么有能耐、这么优秀呢！这话听起来大言不惭，但这是我发自内心的感受。"

"灯火社团"召集人曲训丽老师说："在社团里，我们开展了很多工作，后来我历数了一下做过的事情，竟然把自己吓了一跳：我怎么做了那么多的事儿呢——我成了"灯火社团"的召集人、四年级语文学科组长、教学研发中心成员……这在过去是不可想象的。我觉得在这所学校工作特别幸福，我相信自己会成长得非常快。"

……

听他们这样说，我暗自心花怒放。因为我从中看到了他们的进步和成长。

这种社团式的管理方式令老师们乐此不疲，积极参与其中。有的老师在社团活动中尝到了甜头，便想来个移花接木，尝试着把这种社团式的管理引入班级。班主任杨真芬老师就是其中的一个。

在全班同学共同参与策划下，在班里组建了好几个小社团，如文学社、汉字社、朗诵社、背诵社……

文学社的同学们，在每次作文课之前会有针对性地搜集好词佳句和精彩篇章，然后在作文课上提供给大家。平时，他们会一起研究作文方面的有关问题。这些问题，有的是老师给他们提出来的，有的是学生们自己发现的。杨老师把研究文章中的几种修辞手法的问题抛给了他们，让他们查找资料进行研究。出乎意料的是学生竟然学习得很好，研究得也很明白。有一次，他们还提出了辨析比喻句的方法，有的句子里虽然有"像"这个词，但却不是比喻句。比如，"这孩子像她妈妈。"这个句子中的"像"表示"相似"。"他还像从前一样爱玩球。"这个句子中的"像"表示"相同"等。学生们把他们的研究成果制成了手抄报，并在课余时间向全班同学进行了讲解。文学社的几名同学每到读书课的时候都喜欢三五成群地选相同的书来读。在阅读的过程中，他们把各自从书上摘记的内容拿出来比赛，看谁摘抄的水平高，谁的读书笔记上的文字最精彩，还常常推举出优胜者拿到杨老师那里显一显。学生胜负难分的时候就缠着老师给他们选出个第一名。看着自己的学生这么快乐地沉浸在语文学习之中，杨老师真是又欣慰又感动。

汉字社的活动也是既有趣又有意义。学生们自己把2500个常用汉字都分了类，比如：表示动作的字、表示器皿的字、表示情感的字等，并在"汉字早上好"的时间里把研究的成果展示给同学们。用他们的话说："我们已经爱上了汉字。"

当学生们在班级社团中积极地学习、研究的时候，他们似乎一个个都成了小大人、小专家。把学习型学校中的社团管理迁移到班级中，充分调动了学生自主学习的积极性。

正像董云老师所说："社团是个好东西，它不仅激励着老师们努力成长，也激励着孩子们快乐学习。"

（三）社团成为闪亮的节点

社团的成立为建设学习型学校提供了良好的组织形式。在社团的有效组织和管理下，老师们带着各自的问题去读书，用教育理论来审视工作中的问题，理论变得鲜活了。大家从实际出发，研究、设计出解决问题的方案，再运用到实践中。当问题迎刃而解的时候，他们终于发现那些书真是没有白读。有了这样的体验，读书的愿望也就更加强烈，积极性也就更加高涨。因为有了思想的映照，班级里、课堂上、校园里，许许多多的琐事都变得明亮起来。

社团存在和发展的意义是显而易见的。当社团这一教师的自发组织形式与读书学习的内涵紧密结合、融为一体的时候，不但教师的单兵作战能力得到了提高，更形成了良好的集团作战能力。老师们的士气和亲密无间的协作精神在不断升华，热情和效率在与日俱增。学校里没有内耗，没有空转，老师们在酣畅淋漓的工作中，找到了创造性工作的愉悦，找到了归属感。学习打造了团队，团队促进了学习。在团队中，老师们每天都在做"大一号"的自己，超水平地发挥着自己的作用。

我一直相信：一个能够坐在一起，热烈、真诚地学习和讨论的团队，必然是一个能高效协作的、有战斗力的团队。学习，能给一个团队以生命力，能给团队一个目标、一种习惯、一种精神、一种氛围。同时，一个和谐发展的团队，会成就每一个成员，也会促使学习型学校在发展的道路上越走越远。正是基于这样的想法，我推动了教师社团的建设，要给教师们创造出一个自发性的拓展能力的空间。但是当我们共同走过这一步一步，每走一步都顺势而为，却发现无意中进行了一场对学校内部制度的创新和机制的变革。虽然一开始目的性并不强，但行至途中，恍然感到，我们一步一步实践的结果也许正扣住了新世纪教育工作中需要解决的问题，即教育管理体制的改革。

随着社团管理由一种管理措施逐渐发展成为一种管理思想，社团对于学校各项建设的重要性便日益增强。社团建设和发展的事实证明，在建设学校型学校的过程中只要潜心感悟教育、学习理论，同时尊重实践，敢于创新，踏实地走好每一步，就一定会有所收获，甚至会有意想不到的惊喜。社团对于建设学习型学校所起到的作用，也给予了我不小的启示：一介校长，人微言轻，我们改变不了校园之外的大体制，但可以创造校园内部的微循环；我们决定不了教育的宏观政策，但可以让校园增加更多的活力。

社团作为学习型学校的闪光节点，照亮着每一个教师的职业生涯。同时，教师如树，社团如林，学校文化的存留正在这一方树林的根系之间。所以，每当与人们谈起学校的社团，我的兴致就难以掩饰，我的愉悦之情就溢于言表，因为我从他们身上，看到了南马路小学发展的动力之源。

或许是因为我在这个学校工作的时间太久，似乎学校的每一个楼层、每一间教室，校园里的一砖一瓦、一草一木，都渗透着我的心血、浸染着我的气息。我极力倡导并倾心打造的学习型学校，尽管还算不上十分完美，却足以令自己珍视，我无时无刻不为学校的成长而感到骄傲。大概也正是因为我年龄大、资格老的缘故吧，教师们往往在把我尊为师长的同时，也对我多了几分依赖。平常闲下来的时候，他们愿意和我聊天；遇到什么问题，喜欢从我这儿找答案；即便工作上出了毛病，也愿意从我这儿听到建议和批评。说来也许有人会不相信，在我们学校，被校长批评并不是一件难堪的事情。当对别人说"赵校长训我了""我又被赵校长说了"的时候，非但看不到难为情的神色，倒有点儿沾沾自喜的样子。原来，教师们是把被校长批评也看作是一种长辈的疼爱！

但是，我却不愿意看到这种情况。我不希望年轻干部和老师们对我有过多地依赖，我不希望他们在我离开学校时无所适从。我有时会想，如果我不在学校了，现在的一切依然照常运转，我亲手培养的老师、创建的学习制度和教师社团组织依然正常发挥作用，该有多好！我甚至在梦想看到一个没有我的南马路小学——退休多年之后的一天，我独自一人走进了学校。校长、老师，已有了很多陌生的面孔。然而，教室门前的小黑板还在，隽秀的板书字迹清晰；"活水轩"里依然有孩子们静静阅读的身影和凝神思考的表情；会议室里，"校政联席会议"正在进行中，一位社团负责人正在向校领导陈述校庆活动的方案……让机制留下来，让文化留下来，让老师们登上舞台自己管理自己，成了我梦寐以求的理想。所以，当我意识到自己随着年龄的增长离退休的日子越来越近的时候，我便锁定了自己的工作目标——让南马路小学可以没有我。

于是，我开始有意识地减少发号施令，避免一锤定音，让年轻干部和教师们更加大胆地放开手脚做事，我则退在一旁给出一些建议、提示和关键时刻的一个指引。我的想法是希望大家能最终忘记我，在我离开学校之前的日子里，把自己对学校的影响降到最低。在做"减法"的同时，我也在加紧做"加法"，就是进一步加大制度建设，加大社团建设的力度。我一有机会就强调制度，更多地发挥社团的作用。这样做的目的，就是要巩固已有的建设学习型学校的制度和机制，留下永远带不走的文化。有一天，即便我离开了学校，学校长期形成的行之有效的制度和机制不会偏废，作为学习型学校建设的根基——学习型组织不会散。因为我坚信，教师的自主发展是学习型学校的原动力，教师社团是学校各种创新机制的最有力的保障，他们已成为学习型学校建设中闪亮的节点，当节点熠熠生辉之时，原点也就不那么重要了，这是"原点"的幸福。

　　基于这种想法，尽管我留恋学校——留恋老师、留恋学生、留恋学习型组织……留恋校园里的一切。但我还是在不时地提醒自己：离开一点儿，再离开一点儿……

　　在我们学校的教学楼张贴着一张放大了的师生合影。在这张合影里，没有我。这在以往，师生合影中没有校长是令人不可思议的事情，就像一个家庭的"全家福"没有家长一样。兄弟学校和上级机关的领导到我们学校来，发现了这个"新大陆"，不免提出疑问，可他们却不知道，这张合影的贴出，正是我的主张。十几年来，学校拍了许多次"全家福"，差不多每一次都是以我为中心，因为在老师们的心目中，有赵校长在才叫"全家福"。可我却特意挑选了一张没有我的师生合影，固定在教学楼里。我希望这张照片无声地告诉每一个老师，有一天校长离开了，你们依然能笑容灿烂，就像这照片里一样。

没有我的师生合影

二、变革管理机制

完成由原点发力到节点发力，学习型学校的结构也随之发生了变化。这时学校的管理必须与这种变化相适应，因势利导、顺势而为，才能使学习型学校的建设豁然开朗，才能真正地发挥教师的力量，让每一位教师都成为自觉的参与者和管理者，让每一位教师与学校一起成长和进步。

（一）"智慧泉"让"士兵"说话

"让士兵说话"，是南马路小学一句深入人心的响亮口号，意思是将话语权交给老师，给他们充分表达思想、发表意见的机会。

过去我们常常会说让教师发表意见、提合理化建议，这与我所说的"让士兵说话"有本质的不同。过去所谓鼓励教师提合理化建议，是教师走进校长的办公室，与校长面对面，谨小慎微地提出自己的想法，这时提建议的教师是仰视着管理者，所提的建议听从与否、采纳与否，完全取决于管理者。而让"士兵"说话，是将面向全校说话的权利下放给老师，让他们在全校教师面前发表对工作的看法和建议，校长就坐在教师们中间，与大家一起倾听。这时，教师说话的姿态变了，声音响亮了，表情也阳光自信了。众目睽睽之下，如果教师提出了一个好建议，能解决大家困惑的问题，那么他所收获的同事的尊敬、校内的声誉和内心的成就感都是巨大的。当然这看法和建议是否能被付诸实施，校长决策仍有相当的作用，但是当建议与决策都展示在全校教师的目光下之时，校长会感知到现场的气氛，甚至是"公论"的压力。一言以蔽之，"让士兵说话"，就是将麦克风交给教师，把话语权交给教师。

事实上，以往面向全校教师说话一直是领导的特权，即使有个别教师代表，那也是受命发言，充其量不过是一种点缀。而让"士兵"说话则不同，它是在学校搭建的一个专供老师讲话的平台上面向全校领导和教师公然说出的。在和煦的阳光下，在众目睽睽下，每一位教师都有充分的话语权，面向大家说话，充分地表达自我，表达他自以为正确的，可也许实际上并不完全正确或完全不正确的看法。"让士兵说话"的最大特点在于，心态的开放与包容。所以，老师们对"让士兵说话"才有了这样的回应："我是士兵我怕谁?"

之所以如此，是基于我有一个这样的想法：只有宽容错误，才能收获正确。而且，作为校长，有的时候你认为错的，其实未必就一定是错的。如果你只能听得进正确的话，特别是你认为是正确的话，而定义是否正确的权力又在你身上，那么结果就一定是你只能听到你想听的话。如果是这样，对一个领导者而言，这是莫大的悲哀，而你所领导的学校也不可能成为学习型学校。

把话语权交给老师，就要为他们搭建话语的平台，南马路小学的"智慧泉"就是"士兵说话"的平台。

"智慧泉"活动是有议题的，这议题主要是教师们共同关注的教学话题。围绕着一个共同的议题展开讨论，全校教师人人都可以走上讲台宣讲自己的学习心得和工作体会。"智慧泉"的意思，是把大家的智慧汇聚在一起。"点滴智慧，点滴成泉"是"智慧泉"的标志语，"四海方舟"社团为智慧泉设计了一个标志，主体图案是喷发的水花，象征着集体智慧像喷泉一样源源不断地向上喷发，五颜六色的水花体现了每位教师对教育的理解与创意，人体造型的水花从四方跃向泉眼，又充分说明集体智慧强大的凝聚力。在活动中，他们精心准备、畅所欲言、尽情展示，享受着从未有过的快乐与幸福。"智慧泉"分为三个层次：大型"智慧泉"、微型"智慧泉"和袖珍"智慧泉"。大型"智慧泉"一个学期举办一两次，通常由一个或两个社团承办，其他社团协办；微型"智慧泉"是即时的，发现有问题随时就可以召集；三人以下的交流切磋是袖珍"智慧泉"。

因为全校性的"智慧泉"活动由各社团争相承办，所以，"智慧泉"就成了各个社团竞争的对象。在"智慧泉"上，教师们踊跃的发言中不时会冒出好主意、好点子，着眼于改善工作的好思想和好做法一个接着一个，听起来或许有的问题并不怎么重要，却很实际，也很具有操作价值。不但如此，一些并不成熟的意见和想法在交流和争论中得到补充、丰富，因而更加成型、更具有操作性。为了让"智慧泉"发挥应有的作用，让教师的智慧得到充分的释放，我特别提出："让思考产生碰撞，让碰撞擦出智慧的火花，让智慧形成高品质的工作，让高品质的工作成就教师们高品质的职业生涯，在高品质的职业生涯中，教师一定会有职业幸福感。"我的想法很明确，就是一定要用机制鼓励教师在教育教学方面的探索和创新，一定要让教师的智慧和碰撞后的火花有着落、见效果，而决不能使教师们的辛苦和努力有一丝一毫的浪费。

于是，源于"智慧泉"的一个个好创意、金点子应运而生。比如，一年级新生通过"请来认识我"活动识记同学名字中的汉字、具有惩戒作用的黄色警醒卡、把儿歌补充到拼音教学中，促进汉字学习和记忆的"汉字早上好"，有益于提高日记写作的"精彩句段每一天"，帮助从错误中得到教益的"错中淘金"，毕业典礼上学生自由表达理想的"我对天空说"……所有这些，经过全校老师的认可，都被作为南马路小学的学校文化收入学校的"思想库"和"思想金库"。

为了鼓励创新和发现，在我的提议下学校还在"智慧泉"中设立了三组六项奖励。第一组是"原创奖"和"最佳原创奖"，用来奖励那些做法新、有创意的教师；第二组是"雕刻奖"和"最佳雕刻奖"，授予那些能够把自己或别人的创意在实际工作中很好地运用和改进的教师。第三组是"马谡奖"和"发现马谡奖"。对这组奖项需要特别说明一下。我们发现，有时一些老师的想法听起来似乎很有创意，但是不好用，效果也不见得好，就如同《三国演义》中的马谡虽然熟读兵法，却在实战中失守街亭。于是，我们会给这样的教师颁发"马谡奖"，给发现"马谡"的教师颁发"发现马谡奖"。"马谡奖"和"发现马谡奖"与其他奖项一样，不是凭空设立的，而是源于一次教学尝试。一位体育教师在训练学生快速跑时，想让孩子们举着风车跑，以激发学生兴趣，活跃课堂气氛。但这个尝试刚一开始，就遭到了否定。否定意见认为：让孩子举着风车跑，虽然样子好看，但动作不规范，还影响孩子摆臂。是对还是错？是该继续下去，还是该马上制止？在"智慧泉"上，全校老师进行了讨论。大家经过一番激烈的争论之后，终于得出一个结论：教育不能只图热闹，更要关注效果。让孩子举着风车跑步，属于中看不中用的一类，不是好主意。但是，尽管如此，它还是属于在教学实践中敢闯敢干，其功劳不可埋没。于是，大家一致认为应该设立一个"马谡奖"，并将这位体育老师列为"马谡奖"的第一位获奖人。我们设立"马谡奖"，本意不是要嘲笑错误，不是要让犯错误的老师难堪，更不是上演"挥泪斩马谡"的"旧戏"，而是要感谢"马谡"和"发现马谡者"，让大家分享教训，知道什么不可行，从而在实践中少走弯路。同时，也使大家深刻地理解到，所谓教师做学问有创新，不是搬弄名词术语，也不是标新立异，而是真正地、踏踏实实地改善教育教学工作。

在"智慧泉"活动中，大家相互平等，每个人都是参与者。校长也是其中的一员，不是裁判长，更没有什么特权。当老师们在无拘无束地述说、兴高采烈地畅谈时，作为校长，我的任务就是耐心地倾听、认真地思考，绝不轻易地做出对与错的判断。当然，校长总有必须说话的时候，这时候你说出的话对于教师们来说是至关重要的，必须慎之又慎。记得 2008 年初，中央政治局委员、新任广东省委书记汪洋，就说过一句很好的话，他说："要想听真话，就要允许说错话。"我们学校既然让"士兵"说话，教师们就有权利走上前来，表达自己认为正确的想法。只要他的意见是思考的产物，即便是错了也是有价值的。所以，我会经常用各种细节来告诉教师：你可以勇敢地当众讲话，也可以当众说错话，这没有关系。要当着老师们能够毫无保留说出自己的所思所想，不要怕别人笑话，也不要怕校长挑毛病。当提出了被公认为是错误的提议之后，不但没受批评，反而获得鼓励的时候；当有的老师面对全校理直气壮地说出"我是士兵我怕谁"的时候……"智慧泉"的活动怎能不真的如泉涌一般流淌出老师们的智慧呢！其实，平心静气地听下来，你会发现老师们的所思所感，哪怕是最原始的、最粗糙的，只要是源于教育实践的就有价值。很多精彩的话题，就是在老师们七嘴八舌中被开采出来的。比如，怎样设计精当的提问、课堂的表面繁荣是否掩盖了学生深层次的思考、如何让学生的作文表达真情实感、怎样纠正错别字等。过去，当校长垄断麦克风的时候，自己说得声高气足，教师们恭顺而听，这常常会给校长一个错觉，认为自己很英明，很有水平。可实际上，当把话语权交给教师们的时候，当普通教师也拿着麦克风走向前台，面对全校教职工侃侃而谈时，你会发现，教师们有智慧，他们的智慧汇聚起来，是一股非常强大的力量。在此，我想诚恳地建议年轻的校长同行们：运用权力，有时会让我们有一种酣畅淋漓的痛快之感，但是要真的把工作做好，却要认真地提防权力带给我们的"傲慢与偏见"，在学校里校长的权力再大，你所拥有的，也毕竟只是一个人的智慧。

随着不断地反复实践，我对"智慧泉"的认识在不断加深。学校一定要形成一个相互激发、相互督促，能让思考和智慧碰撞、汇聚的"场"，而"智慧泉"这个老师的话语平台就是这样的一个"场"。应该说，每个老师都有证明自己、表达自己、展示自己的愿望，校长的责任就是要成全、帮助老师实现他的愿望，好老师不是校长造就的，而是校长帮助出来的。我发自内心地觉得，每位教师都是一座金矿，有待开发；每位教师都是一盏灯，可以点燃。也许有的老师自发地就能闪闪发光，而有的教师却需要校长给他借个火儿，点个亮儿。但无论如何，能"帮"出一批好教师，是校长最重要的职责之一，而且，当学校里真出现了一批好教师时，你会发现，校长的工作变得容易多了，所以，"帮"出好教师，既是校长职责所在，也是工作事半功倍之法。要帮出好教师，校长要懂老师、欣赏老师，而且校长要有准确的眼光。准确里有公平，准确里有方向。有了这样的"准确"，老师心里才会亮堂。同时，还要帮老师搭台，让老师唱戏。他唱好了，你要为他鼓掌；他唱砸了，你要跟他一块儿"错中淘金"；还要帮老师们创造信息交流与共享的条件。

另外，"智慧泉"还让我更多地考虑到权利和责任的关系问题。我想，权利与责任本来就是对等的，当教师在学校里有了话语权、表达权、参与权，就必然会引发教师们切实的责任感。想想看，自己创造的教育形式被固化为学校的一种传统，这对教师来说该是怎样的一种荣誉和奖励啊！有一天，可能教师已经退休离开了学校，而他曾经的思考和心血不会被浪费，后人还在应用，甚至会被永远留存在学校中，被后来者记在心中……

"智慧泉"是全体教师参与的大团队。尽管它是无形的，没有形成固定的组织，但在我们全校教师的心目中，确确实实是一个流不尽的智慧之泉。

（二）话题管理让智慧泉保持鲜活的生命力

当教师的智慧像泉水一样流淌出来的时候，当每个老师都能无所顾忌地说话的时候，作为一校之长的我，除了欣慰，更意识到新问题的来临。俗话说得好：闪光的未必都是金子。这么多的话题一起涌出来，哪个话题具有研究讨论的价值，而哪个话题没有？是否具有研究讨论的价值该怎么确定？让士兵说话是应该的，但是不是随便找个什么话题就可以兴师动众地议论一番而空耗时间。怎样协调好群众参与和建立秩序的关系？……一时间，话题管理的问题又正式提到了我的议事日程上来。

从某种程度上讲，话题管理意识如何，直接决定着教师们团队学习的水平，进而决定了学习型学校的建设水平，试想如果一个团队总是热情洋溢地讨论一些毫无价值的"假问题"，那么这种热情很快就会变得虚假，最终必会荡然无存，这个团队也绝不可能成为学习型团队。但是校长对话题管理的分寸需要准确拿捏，如果校长变成了裁判长，校长的表情成了教师说话的晴雨表，那么这话题也就不再是教师们自己的话题了。

为什么会出现这么多的话题？我想，是老师们的积极性得到发挥的结果。话题是老师们的话题，是从每天面对的司空见惯的教育琐事中来的话题。既然我们能够向老师们授权，"说"出这么多的话题，就不能轻易把那些话题宣判为没有意义的，我所应该做的，只是在必要的时候，做出一点点不露声色、不着痕迹的引导，这就是我心中理想的话题管理。

我清醒地意识到，话题管理不能仅仅是简单的设计、抛出一个话题，而应该像播种那样，不但要埋下种子，还要耕耘、浇灌、除草。话题管理要引导话题的走向，确保话题不走向空洞和虚华，让话题来自实践也归于实践。也就是说，校长必须设计话题的发生，关注话题的展开过程，抓住话题富有价值的部分，再把它变成活生生的工作效果。要让话题在有效管理下走完它良性循环的过程，并通过这一过程带动学校整体工作的良性循环。如此，教师们的讨论和钻研的热情才能永不枯竭。而在这良性循环的过程中，我却绝不轻易判断优劣，更不会给出最终答案，而只是在讨论的关键之处，提出一个聪明的问题，一个巧妙的问号。一个有质量的问题会立刻改变话题的方向，会使讨论拨云见日，老师们会顺着这个方向找到答案，而这时，我笑退一旁，由衷地为他们喝彩。

例如，一些语文老师经常谈到学生的汉字回生和遗忘问题，我便及时抓住这个问题，与老师们商量，把如何解决汉字的回生和遗忘问题作为话题进行重点研究，并指定两周之后再进行专题研讨。话题明确之后，老师们针对话题读书、上网、查阅教育期刊，三个一群，两个一伙地切磋，终于产生了一个漂亮的方案——"汉字早上好"。接着，我们又将话题引申，即将"汉字早上好"分解成为不同学年段的操作个案，使"汉字早上好"能够进一步得到完善。在一个月后的"智慧泉"上，每个学年都根据学生年龄特点进行了富有创意的设计：二年级的老师将汉字进行归类，今天是区分形近字，明天就是一字开花，后天是词语接龙；三年级的老师将生字按部首归为54类，2～3个部首为一组。如带"忄"与"心"的字大多是与心情、想法有关。他们把这些内容制成课件，存到校园网的资源库中，由全校共享。两三个月后，学生写字认字的准确率明显提高。取得这样的效果，让人始料未及。每天早晨，当老师们为"汉字早上好"忙碌的时候，每个人都能感到他们怀着兴奋和期待。由浅到深，从粗到细，这就是话题管理的效果。

另如，让学生写日记，一直被认为是提高写作水平的好方法，但是大家又不得不承认多数学生面临写日记困难的问题。日记没少写，作文水平却未见有多大提高。我觉得，这个具有普遍性的问题是一个值得研究的话题。于是，我与老师们商量，把"写日记的苦恼"作为话题抛了出来。开始，老师们提出要考虑到孩子的年级、学生间的差异，将日记改成写表达自己真情实感的精彩句段，让每个孩子都喜欢上写作。接着，这个想法就变成了"精彩句段每一天"。一个月以后的"智慧泉"上，老师又在"精彩句段每一天"的基础上发展出"长精彩""发现精彩、推荐精彩"等切实有效的办法。所谓"长精彩"，是让学生先写一两句自己认为很精彩的句子，然后，再不断补充，由几句话扩展成一段话，再由一段话扩展成一篇小文章。在"发现精彩、推荐精彩"的引导下，孩子们兴味盎然地从书籍、电视、报纸、网络，乃至身边的任何地方寻找精彩的语言，朗诵给大家听。一天，一个二年级的学生对全班同学说，"今天我去教务处，看到墙上有一句话，'把简单的事情做好就是不简单，把平凡的事情做精就是不平凡'，我觉得很精彩，推荐给大家。"孩子们能被引导得对"精彩"有了兴趣，并且兴致勃勃地去寻找"精彩"，这本身就是教师莫大的精彩。应该说，这是话题延伸、举一反三的结果。如果满足于对一个话题的浅尝辄止便草草收兵，绝不可能有这样的收获。

举一反三，延伸话题典型的例证，还要数"错中淘金"的形成。学生在学习的过程中，出现错误被认为是最正常不过的事情，不但学生们习以为常，老师们也都习以为常。我发现，人们往往习惯于在成绩上做文章，而很少在错误上下功夫。其实，无论什么事情，只要肯下功夫、善始善终，而不是浅尝辄止、半途而废，都能取得好的效果，对错误也是一样的。学生在学习过程中出错属于正常情况，可是，学生经常出现重复的错误，教师就不能熟视无睹了。于是，我又抛给老师们一个话题："错中淘金"。我跟老师们讲：错误不完全是缺陷，还是资源、是金矿。如何让学生从错误中真正学到东西，就是我们当老师的炼金术。一句"错中淘金"，又一次调动起全校老师研究和讨论的热情。经过一个多月的酝酿和讨论，大家提出了经过初步实验成功的"错题本制度""记下错题换红花""错题红绿灯""错中淘金展示栏""给后进生建立错题档案""建立易错题库"等十几种"错中淘金"的好办法。话题到此，并没有结束。我们就此又进一步提出，错题本应该如何记，错题本的格式如何设计更合理、更科学；红花应该如何换；"展示栏"应该如何设计更新和保留。通过这样一番举一反三、循序渐进，"错中淘金"的话题被深化为一种思想观念，在教学中步步深入，效果日益显现。

（三）充分向教师团队授权

在学习型组织中，管理者必须学会分权，分权是一个相互探询的过程，是层次扁平化，组织咨询化，系统开放化的根基。所以要尽可能地将决策权向组织结构中的下层移动，让下层的团队有充分的自决权，并对其结果负责，这就必须通过自主管理来实现。自主管理的主要特征是信任组织中的每一个成员，并充分授权。杰

教代会常务组

克·韦尔奇的名言是："管理越少，公司越好。"校长要与教师分享权利，必须让教师感觉到他们不是被期望，而是致力于自己深深关切的事情，从而对自己的行为有了真正的责任感。校长不仅需要教师干工作，更需要焕发出他们的智慧。所以我突出强调了自愿结合，自主管理。他们自己发现工作中的问题，自己选定进取目标，分析原因制定对策，组织实施，最后自己评定结果。在这样的过程中，他们学习的速度更快，为能实现自己和组织的愿景感到充实和快乐。

随着教师社团的活跃，学校的很多工作在不知不觉间都分解到了社团。为此，各社团之间就要进行工作的分配和协调。我明确地坚持，绝不能由学校领导班子来进行这种分配和协调。为了保障教师社团的独立性和自主性，各社团教师自己推举出学习能力、工作表现足以服众的人，组成教代会常务组，由他们来协调各社团的

工作，并负责教代会的日常管理。学校为他们设有办公室，并配备专用电脑，常务组的工作完全独立运行。

常务组组成人员的称谓是：首席教师、副首席教师、秘书长、副秘书长。"首席"是从音乐中舶来的名词，演奏的位置在指挥的左方，第一个谱架的外侧，只有具备比较全面的音乐知识与组织能力的优秀演奏家，才能担当起这个指挥与乐队的"桥梁"。所以在我们学校能当选为首席教师是莫大的荣耀。常务组的第一任首席教师董云就曾经这样说："我们虽然除了本职工作之外多干了很多活，却因此而感到无比的光荣和自豪！"2007 年教师节，我校被评为省级先进集体，在国际会展中心颁奖，我提出这次上台领奖由教代会常务组选派教师代表。最后常务组研究决定，首席教师去外地做课，由副首席教师杨真芬代表学校领奖。当杨真芬与其他学校的一把手同台领回奖牌时激动得热泪盈眶。这件事在校内产生很大反响，老师们说，教代会在咱们学校真有地位。2008 年学校要更换教室的电视，常务组向学校领导请战，由他们来负责整个的采购。从最初的跑市场、确定品牌，到与经销商议价格、签订协议，再到最后的安装、调试，都是由常务组牵头做的。经过努力，他们为学校节省了 1 万多元的开支。

我一直强调要关注和研究身边的教育琐事，在这方面主动工作的一线教师比行政班子成员更具优势。哈尔滨的初春积雪融化，房檐下会常出现一个个的冰溜子，有掉下来砸到学生的危险。常务组会在第一时间组织老师们敲下冰溜子，并教育学生走路时与建筑物保持距离。老师们还提出：各种活动也包括运动会上的一些比赛项目，应避免通知学生过早，否则孩子们的提前兴奋会造成不必要的干扰。还有学校对学生阅读写作的专项测查，老师们则建议打乱班级分考场，并使用准考证，让孩子们从小很自然地适应将来要面临的各种考试。还有对学生的放学时间和站队位置，怎样安排更省时有序也都提出他们的想法，等等。这些很好的建设性意见，都被领导班子心悦诚服地接受，从而改善了学校的工作。

当发现在教代会常务组协调下，日渐成熟的教师社团已经成为学校管理工作中巨大的潜在资源时，我就开始琢磨如何将这一资源开发好、利用好。于是我再一次顺势而为，请教代会的首席、副首席、秘书长三名成员参加学校行政会议，并将原来的行政会议更名为"校政联席会议"。全校所有的重大决策，包括大宗采购和人事变更都必须经由联席会议讨论决定。每次的"校政联席会"例会，会议成员在一起平等地讨论问题，没有学校行政领导和教师代表的区别。参加联席会议的三位老师负责将一线教师们的感受、心声和诉求带进来。因为有了教师代表的参加，使得学校决策产生的过程更加民主化，同时，有教师代表参与所做出的决策，也获得了比以往更加广泛的理解和支持。随着时间的推移，联席会议越来越成为学校实质性的决策机构。

一年一度的职称评定工作是学校的大事。怎样评才能做到公平、公正、公开呢？仅仅依靠老师们的投票未必公正，因为老师们整天在一线忙于各自的工作，很难对其他学科、其他学年的老师有更多、更深入、更全面的了解，公开投票也就不一定客观准确，而且也容易掺杂个人情感，所以我们进行了反复研究，觉得在尊重全校老师投票的基础上，保持校政联席会议的终审权至关重要。2007年的职称评定中就遇到了这样的问题：有两位教师的选票相差不多，在联席会议的领导中也有不同的观点。后来，我们请和这两位老师同一学年的两位教师代表在校政联席会上谈了他们的看法，说出了两位教师在工作中的一些表现。因为教师代表讲的情况具体、可比性较强，终于使校政联席会议达成了共识，最后得出了较为公正的评选结果。校政联席会议全体成员不断进行研究探讨，逐年改进职称评审工作，最后形成由行政班子、教代会常务组，学年组长、学科组长、听评课专家组共同组成的大评委会，并聘请优秀教师代表担任公证员。大评委会对申报职称教师的申报材料、现场上课能力以及平时各方面的表现，进行严肃认真地评审，并量化打分，进行充分讨论，最后确定拟推荐晋升职称的人选。由于评审的程序及结果公开公平公正，全校教师都很信服。随着三位教师代表进入"校政联席会议"，他们发挥的作用很大，就有了一个必须注意的问题，那就是如果处理不好，这三个人慢慢会成为学校的"准领导层"，那么他们就将会因为身份发生变化而不能充分代表老师，他们参加校政联席会议的意义也就不复存在。如何确保教师代表所表达的是老师们的感受和诉求，而不仅仅是他们三个人自己的意见和想法，这是一个需要校长慎重斟酌的问题。几经考虑，我设计出一个既不限制这三个人作用的发挥，又不至于使他们成为"准领导层"的办法。那就是常务组每月召集一次各社团代表例会，集中讨论和研究社团工作的有关事宜，并随时强化一个观点，就是真正的团队不需要命令。他们的会议在教代会的专有办公室召开，开会时间、内容完全不需要向领导汇报。每次会议教师们的意见由常务组如实记录，不得删减，形成会议纪要，最后由首席、副首席和秘书长提交到"校政联席会议",这样联席会议上呈现出来的就是教师们的共同心声。

学校在努力实现层次扁平、组织咨询、系统开放的进程中,都会存在一些相对、甚至相悖的事物,如诉说与聆听、授权与控制、上级与下级、冲突与合作、索取与奉献等。如果仅仅关注其中的某一个方面而将其他排除在外,以此作为团队乃至组织的全部目标,那么就有可能出现失衡。在学习型组织中要注意维系事物间的相对平衡,在适度的充实与丰富中,形成有率有效的状态,达到相得益彰,取得绩效的最大化。

就我们学校而言,面对教师社团的如此活跃,教代会如此有权,那么我们的行政班子将如何自处?记得当时几位副校长和教导主任羡慕社团的有声有色,于是提出他们也要组建一个社团,名为"七星阵"。这个名字借鉴的是金庸的武侠小说《射雕英雄传》中,全真教第一位教主王重阳给他的弟子们设计的"北斗七星阵",此阵法对敌形成包围,随着阵势的变化即可联手往复流转不息,无可抵挡。看来年轻干部们有了危机感,担心被边缘化。本来我不太赞成领导班子也要演变成为社团,但是看到他们如此热切,这说明他们起码在心态上回到了教师的原点,所以我顺势而为支持了他们。但是教代会常务组却以他们是行政领导而不是一线教师为由拒绝他们加入。最终,我还是说服教代会常务组同意了"七星阵"社团的成立。在社团成立之初,我与"七星阵"社团的成员谈心。对他们说,你们作为学校的管理团队,如果成为社团,就会在行政管理与教师社团两个领域中拥有不同的身份,如何实现两个角色的转换,是这个社团能否长久的关键,也是我最为关切的焦点所在。而要搞好角色的转换,心态的调整非常关键。心态平和了,才能够从容应对传统等级观念的挑战,才能自觉地认同学校"层次扁平化"管理。我还对他们说:"领导,就是为老师们服务的。领导者应该是老师们的伯乐、诤友、伙伴,同时也是他们的学生。作为管理者,只有学会欣赏教师,才能不断地学习和接纳。"这些,是我对年轻干部的建议,他们心悦诚服地接受。同时,在制度设计上,在社团运作的规程上,绝不允许"七星阵"有任何特权,他们必须在社团工作中,接受"常务组"和教代会的领导与安排。一句话,教师社团、教代会和学校行政班子,各成体系,独立运行。

对学校管理层,我还有一个十分明确的要求,那就是"要学会欣赏他人,被教师超过是幸福"。这句话从教导主任到每一位副校长都非常清楚。比如,我们学校在竞聘教学研发中心高级研究员、研究员和助理研究员时，校领导与老师们在同等标准下实行平等竞争。到现在，全校已经评聘了高级研究员 7 名，而 7 位行政领导中还有 3 人没竞聘上。他们表示，在这方面只有创造条件、努力争取，没有任何捷径可走。

实践证明，"七星阵"社团确实较好地实现了行政管理与教师社团两个角色的转换。他们不但以主人翁的姿态参与社团的各项活动并出谋划策，而且积极发挥在行政管理上的作用，满怀热情地为老师们提供各项服务，受到了老师们的欢迎和肯定。

对领导者，我经常强调的是当领导意味着承担更多的责任；而对老师们，我则强调要捍卫自己的权利。我甚至一而再、再而三地对老师们说："你们有权利拒绝低水平的、不智慧的工作安排。你们一定要捍卫规则。当一所学校有思想有规则时，人人去捍卫，人人都快乐；没有规则，人人都不快乐。"

我对联席会议的最大期望与要求是要说真话。在这里，校长和教师一样平等。"万马齐喑究可哀"，如果一所学校静悄悄地只有校长的声音，那么，这绝不是一位好校长。这所学校也不会成为一所学习型的学校。

（四）关注潜能，鼓励个人成长

学习型学校的领导者，首要任务是关心组织中的人，因为他们是组织中核心与精神之所在。所以说组织必须以个人为起点，组织素质的提高必须以个人素质的提高作为前提和基础。人的潜能是指大脑的潜力，它是无限的，不断提升潜意识，使组织中各个层面的个人释放出潜在的智能，活出生命的意义是学习型组织的真谛。

南马路小学是一所地处道外区的平民学校，学生家长多为市井阶层，教师也都出身于平常百姓家。当年师范学校分配毕业生，最优秀的首选市直学校，接下来经济发达条件好的大区又挑选了第二批。分来道外区工作的多为家住道外，还有一少部分是家在农村，因道外缺教师而被留在城里。面对这样一批素质平平的教师队伍，我在咬定青山不放松，持之以恒地抓全校读书的同时，一直在注意审视着教师群体中的每一位个体。其实我们大家都是平平常常的人，南马路小学的教师更是如此。然而过着平常生活的平凡人也会有高贵之处，只不过是没有被发现，甚至连自己都没发现而已。他们有机缘与我相遇，我成为他们的校长，就应该打着灯笼，发现他们高贵的闪光点，不仅我发现，还要让他们自己发现，从而将闪光放大为灿烂。

为了唤起老师们充实自己、发展自己，实现自身价值的热情，首先要引导他们克服妄自菲薄、甘于平庸。我通过宣讲、交谈、组织读书研讨等各种方式，强化彼得·圣吉的一个观点，即"每个人天生就是积极而出色的学习者"。我们只要仔细观察人的绝大多数行为，就会发现他们并非天生的本能，而是后天学习得来的，所以要对自己有信心。不迈出第一步、第二步，你就不知道自己能走多远。

记得当时我多次向老师们介绍一个人，那就是龙永图。龙永图是湖南人，1965年贵州大学外国文学专业毕业来到北京，第一次喝汽水，觉得像吃药，但是花一毛钱买来的，舍不得丢弃，只好喝掉。他以为单位发的月票只能乘坐上班的一条线路，其余路程则花几个小时步行。然而就是他，后来成为中国最早懂国际贸易规则的人之一，成为中国著名的洋务派，1992年介入中国复关谈判，1997年被任命为外经贸部首席谈判代表。多年后的今天，我还能清晰地记得老师们当时被龙永图所感动的表情。

为了给老师们搭建平台，我在执校政二十年的时间里，曾提出一个又一个的称谓，提供让老师自己冒出来的机会，如"黄金四搭档""志愿者集团""五宝教师""语文味道""我们爱数学""登山队""研发中心""信息化团队""网扣"等，乃至后来以"三阳"为率先出现的一个又一个教师社团。经过一个时期，经过一个又一个阶段，一些老师身上的闪光点越来越凸显，于是我萌生了一个创意，就是设立校长特别奖"教师秀"，旨在校长不仅注意到某位教师与其他一些教师一样表现得很不错，还要注意到这位教师与其他人相比所不同的过人之处，这个鲜明的优点就是他的"秀"。其实有的时候，一个人只需要一颗理解他的心。

我点赞出来的第一位"秀"是赵红艳老师，名为"学而思之秀"。赵红艳是道外区某所学校的教导主任，因羡慕南马路小学的读书之风，放弃了教导主任的职务到我们学校来当普通教师。十几年来，她读了大量的教育理论书籍和教育期刊，写下了一本又一本的读书笔记，并且能与工作实践相结合，边读书边思考边实践。日积月累，她的内心及外在都有了很大的变化，班主任工作有声有色，教学上课堂中领着孩子积极主动地学习，深得家长的拥护和学生的敬爱。从她的身上老师们似乎加深理解了"学而不思则罔，思而不学则殆"这个道理。第一枝"秀"的出现在教师中引起了很大反响，大家都感觉到这太像赵红艳了，她身上所具有的

"学而思"这个大优点真值得我们学习，于是赵红艳的引领作用在老师们中间悄然发生了。

时隔一年，第二位"学而思之秀"又被我点赞出来，她就是程鑫老师。程鑫曾是学校的人事干事，写得一手好字，又有较强的文字能力，凡是我自己写的稿子，只有经她校对，我才能放心地发出去。热爱学生怀念课堂的情愫，使得她在学校缺班主任的情况下，主动请命去教课。平日里她就有很好的读书习惯，重返课堂后，又把读书思考与行动结合起来，在学年和学校的教研活动中，经常会提出比较重要的问题和有效解决问题的方法。她写的教育随笔常常被同事们夸赞，她提出的"心平气和地对待教育，让孩子慢慢长大"得到全校教师的认同。

我与"教师秀"

在二十年的校园读书风里，已涌现出一批爱读书善思考的教师，但是被选为"学而思之秀"的仅有两位，因为在这一批人中，她们俩做得最好，令全校教师由衷地佩服。

学习型组织要启发成员改善工作，所以当老师们的学习心态有了根本的变化之后，校长不仅要关注到教师的勤奋工作，而且更要注意引导大家去聪明工作。所以我命名的"聪明工作秀"在我们学校也有两位得主，他们分别是董艳老师和安东来老师。董艳是一位很优秀的数学教师，近几年又担任了主抓高年级数学教学的教导主任，工作量大任务重，所以她很勤奋也很忙。但是她忙能忙到关键处，勤能勤到点子上，她科学安排工作时间，听课后言简意赅与老师交换，然后以最快的速度把分散在每位老师那里的好做法好题目整合起来，在各学年传递共享。她带领老师们研究遗忘规律，并遵循规律恰到好处地组织学生巩固复习，同时把老师们在教学中，孩子们在练习中出现的错误认真汇总分析，通过巧用学校的题库资源，最快捷地向学生反馈。所以她教的班级以及她分管的学年，学生作业少，练习卷也少，考试成绩却很好，特别值得称道的是孩子们表现出来的对数学学科的喜爱。另外一位"聪明工作秀"是学校的教务长安东来，他曾是科学学科"国培"教师，任教师期间把学科教学抓得风生水起，成了学校的一道风景。他担任抓德育工作的教导主任，继而又负责教务处的全面工作，面对繁杂的行政事务，他每天都能按照事情的轻重缓急有步骤地工作，而且认真细致。以前排教师双休日、节假日值班表，在大家的感觉中似乎是比较麻烦的事，经他负责后，很快便悄无声息地按部就班了。课表排得清清楚楚，教具管得井井有条，他为了降低精力和时间的成本，让教务管理最大限度地信息化，得到全校的一致好评。他把简化和优化事务性工作赢得的时间，投入到教研和题库建设方面去，取得了显著的效果。这两位"聪明工作秀"的榜样作用，让老师们体会到学习是为了改善工作，学习型组织是注重结果的。

"石头"是一个多么美丽的词语，早年常出现在老百姓给孩子起的名字里，因为它往往可以和坚固、本真、长久等美好的想象联系在一起。我们学校就有三位老师当选为"石头秀"，因为他们三人有一个共同点，那就是为人真诚干工作实在，工作效果好。既有相同又各具不同，潘春梅是在农村长大的，祖母是建国初期的老共产党员、妇女队长。父母亲的为人在村子里也被大家称赞。淳厚的家风养成了潘春梅朴实善良的性格，她特别珍惜身边的人，谁取得了成绩，她都高兴，而且能与各种脾气秉性的人合作，人缘非常好。所以称她为"和合石头秀"。董云为人厚道是出了名的，从体育学科的学科带头人到教代会第一任首席教师，到教导主任，到副校长一路走来，始终能得到大家的信任，因为从他身上能让人想到"忠厚传家久"，所以对他的命名是"隽永石头秀"。陈叶梅勤勤恳恳的工作态度被全校公认。勤能补拙，无论接什么样的班，从来听不到她的抱怨，经她手带的班，用不了多长时间，各项工作就走在了学年的前面。有一个毕业班的班主任因孩子患了白血病，工作受了些影响，仅剩两个月就要毕业了，这个班交给陈叶梅了，她二话不说就埋头干起活来，最后全班以优异成绩毕业。她被称为"勤恳石头秀"，大家都赞同。

第八位"秀"是"清清亮亮秀"，由优秀数学教师姜玉霞获得。姜玉霞读书时数学成绩就好，参加工作后一直任数学学科的教学工作，教材烂熟于心，善解难题。小学阶段数学的知识结构、重点难点在她的脑子里条理清明，脱口即出，在日常工作中干起活来也快捷有序。性格爽朗明快简单，令周围的人感觉很舒服。"清清亮亮秀"放在她的头上，大家都觉得好，她自己更是喜欢。

第九位"秀"是"工作快乐秀"。这个秀的颁发让我大费了一番心思，因为多年建设学习型学校的进程中，快快乐乐干工作的人涌现出来一批，然而我却奖给了一个大家不太注意的人，那就是计算机教师谢华。谢华非师范学校毕业，属于社会招聘来的，因计算机水平较高，所以来我校后始终教计算机课。因为她知道自己未接受过较完善的普师教育，所以很注意学习，特别是在如何对待学生这个问题上，她更是虚心向同事们请教。学校提出关于教学工作的五项原则，其中第一条是"更多地让学生参与"，对此谢华深信不疑。她的课堂真是学生的课堂，她的教室还有一个别称"王大毛工作室"。为了让学生对信息技术有全景的认识，谢华决定自己学习使用最新的网上画图软件，自己绘制以信息技术为主题的四格漫画，让学生来表演。她给这个组织取了一个既符合学生特点又幽默生动的名字"豁牙剧场"，并在全校招聘编剧、摄像、演员、道具。随着《丢失的邮件》《装机奇遇记》《键盘大厦》《网络奇兵》《精美的苹果》等一部部教学短片的诞生和播映，学生们彻底成了谢老师的忠实粉丝。她将剧场 11 年所有活动的文件都留存着，她说："若干年后要出一本书，名字叫《豁牙剧场——看孩子眼中的 IT 世界》。"就这样，谢华整天美滋滋地沉浸在工作的快乐中。她当选"工作快乐秀"，全校教师都很服气。

第十位"秀"是陈阳，名为"努力成长秀"。陈阳参加工作 19 年，一直是低年级的班主任，颇受学生及家长的欢迎，而且在学校的各项活动中都活跃着她的身影。"我自己这么有水平"这句校内名言就出自于陈阳之口。她的成长进步与她的开朗性格和阳光的心态有很大关系。实事求是地说她也会常犯些小错误，特别是刚参加工作那些年。但是她知错就改，然后就忘掉不愉快，乐呵呵地去工作，无论在工作中还是在生活上，不管遇到什么困难和挫折，她都能勇敢面对，都不影响她昂首挺胸向前迈进。当得到夸奖的时候，她也曾自夸：我是有着顽强生命力的草。

第十一位"秀"的名字是我想了挺长时间才想出来的，那就是"默默美丽秀"，获得者是史英老师。史英性格内向少言寡语，她是我们学校 1998 年首批分来的四位大专生之一，几年后那三位教师中已经有两位成为教导主任，另一位也崭露头角，取得了骄人的成绩，只有史英一声不响，踏踏实实地干着自己的那份工作，既不嫉妒也不埋怨，心态平和本本分分。又是好几年过去了，干笨活儿的史英"开花"了，对数学学科的领悟，对学生能力的培养，得到学生和家长及同事们的一致称赞，目前她已经是学校教研活动中的核心骨干。

第十二位是我选拔的最后一个"秀"，史英获奖时我就说过"选秀"到此为止。但是老师们再三呼吁，希望校长退休前再选一个秀，我答应了。因为真的是最后一个，期待者多人，全校也都关注，所以真令我费了一番心思。斟酌之后，我起了一个很特别的名字"花儿朵朵秀"。让老师们有些意外的是这略显艳丽的名称居然落到一位男老师头上，他就是大队辅导员兼德育主任单体强。这位老师毕业于牡丹江师范学院音乐教育专业，是我校接收的第一位本科生。刚来时与其他初为人师的青年教师一样，还缺乏对工作的深入体验，而他与别人还有不同，那就是又多了一点儿音乐人的浪漫。但是较强的自我更新意识，让他很快便融入读书学习中。成为推波助澜社团的召集人之后，更是在学校的各项工作中大显身手。九年前他编辑的"名曲欣赏 100 首"至今在校内广泛使用，而且让全校师生感觉到每一首都那么好。他热爱少先队工作，当选为全国优秀大队辅导员。由于他心里真的想着"儿童是祖国的花朵"，所以在德育工作中勤奋执着，创意连连，凡是经他之手做过的事，常会让人有耳目一新的灵秀之感。由于他的存在，校园里的盆花也多了起来，稍有空闲，他就会去打理那一盆又一盆的花。蓦然间发现在拐角高处的小窗台上垂下一缕吊兰，那么恰到好处，这都是单体强心里秀的体现。

当十二位"秀"带着红绶带站在全校教师面前时，他们心存感恩饱含热泪，向校长和大家深深鞠躬，老师们也热泪盈眶地报以热烈掌声，这便是个人与集体的呼应。我评选教师秀不仅仅是对某个人的肯定，更重要的是方向引领，我要告诉老师们，他能"秀"，你也能，你是一个不同于别人的自己。发现自己的潜能，好好开发自己吧，未来世界需要的是善于学习不断自我更新的人，我盼望每位老师都有这样的理想：我能够让自己优秀，而且我还能从优秀走向卓越。

（五）组织共振，工作学习化

十二位"教师秀"的选拔在校内产生了很大效应，一批优秀教师追求自我实现的热情被激发了。教代会首席教师赵明新与秘书长曲训丽联手发起"我们也要秀"的召唤，很快便拉起一支由十九位教师组成的队伍，赵明新任团长，曲训丽任副团长，小荷才露尖尖角的骨干教师王妤自动请命任秘书长。我问他们为什么称"团"？他们宣称取意"花团锦簇"的"团"，

我们也要"秀"

也是团队学习的团，还有一层意思那就是把"十二星秀"也团结进来由他们领导。好大的口气，满心的豪情。听他们这么一说，我才算过账来，由十二位教师秀组成的"十二星秀"和十九位教师组成的"我们也要秀"，合起来共计三十一人，占了全校教师总数的三分之一，称"团"不为过。再仔细观察他们每个人，竟然发现他们风采各异，每一位都是好老师，这是一批建设学习型学校进程中的骨干分子。他们深信，个人成长最容易的路径是让比"我"聪明的人在自己左右。他们以自愿结成伙伴关系的方式组合在一起，这个大团队提出了他们的目标追求是：要有一颗高贵的心。行动口号是：真学习思考，真使劲干活，真切磋合作。望着他们，我被感动了。他们不仅仅是一棵棵挺拔的树，而是一片秀丽的树林，我相信这片树林必然带动起全校教师更茁壮地成长，到那时便是一片枝繁叶茂的森林。

"十二星秀"和"我们也要秀"的组成人员覆盖了各个学年和学科，汇聚了所有社团的核心人物。他们为了相互启发共同创造，在校内起到更好的引领作用，"十二星秀"的五位代表与"我们也要秀"的四位代表又联合在一起，组成了三十一人大团队的九人领导小组。为了降低时间成本，便于三五成群，即时快捷地研究问题，连夜建了九人微信群，名为"九棵松"，三十一人微信群名为"花团锦簇"。他们的存在成了集散地，也是枢纽中心。他们的学习与决策，反思与实践，很快便牵动起

各个节点的律动，组织的交互与共振的态势呈现了出来。

我从开始抓教师读书，到现在这么多年来，就一直强调学习与工作的不可分离性，所以基于工作的学习，老师们心里是清楚的：这所学校把学习与工作一样对待，凡是重要的任务，不会交给一个不爱学习，不善于学习的人。以信息反馈为基础，以反思为基础，以共享为基础的组织学习，也形成了一个比较稳定的状态。但是让组织成员都能正视现在的工作，把通过不断学习来改善工作成为一种信仰，进而转化为立即行动，这是一个进行时的命题。"九棵松"势如破竹，他们统一了认识，他们愿意有这份信仰并且要坚守它走下去。

老师们开始对自己携带的课程资源有了审视，然后有目的、有设计的开展学习和研究。一次闲聊中，程鑫和赵红艳这两位"学而思之秀"谈起怎样喜欢上读书这个话题时，她们不约而同地回想起儿时听广播的经历，"嗒嘀嗒，嗒嘀嗒，小喇叭开始广播啦！"成为她们童年时代最美好的记忆。上学后，袁阔成的《三国演义》、田连元的《杨家将》、刘兰芳的《岳飞传》，这些评书连播让她们如痴如醉。从小的聆听在她们心中植下喜爱文学的种子。程鑫还有另一个身份，是学校"笔筒"中的"一支笔"，她把要研究"聆听"问题的想法向"笔筒"中的另"两支笔"孙彦俊、程艳做了简单的说明，立刻勾起了他们的兴趣。带着问题，他们查阅了儿童心理学、语文教育学、阅读学的相关书籍。专家们的很多观点让他们豁然开朗，朗读大师特雷斯说：学生听得懂的语言，比自己看得懂的语言要丰富，程度要高一些，也就是说儿童听读的能力比眼读能力要强得多。心理学研究发现，儿童对外在事物的认识是感性的。如果阅读能伴随着具体形象、独特的情感或是丰富的音频信号刺激，就能有效激发他们阅读的兴趣，有助于理解阅读材料，接受文本内容，体悟内涵。有了理论的支撑，又有了"笔筒"的加盟，他们四人又吸纳了"我们也要秀"中的九位语文教师，成立了研究小学生"聆听"的微课题组。他们选择适合的儿童文学作品读给孩子们听，《夏洛的网》《舒克与贝塔》《男生日记》……每天读一个章节，第二天在孩子们充满期待的眼神中再读下一个章节。有的孩子迫不及待地想知道"后来发生了什么"，就让家长从书店买回这本书，由妈妈或爸爸读，他先"听"为快；有的孩子对喜爱的书一听就是好几遍，甚至还能讲给别人听。就这样孩子们入迷地听着，一个学期下来，听了好几本儿童文学作品。很多老师受到启发开展"晨读十分钟""老师读·学生听""评书半小时"等活动，为孩子们的阅读世界打开了另一扇窗。

经过一段时间的研究，他们的微课题又牵动了所有语文教师对"听读"问题的关注与思考。老师们通过进一步研究发现，人们从听觉获得的知识只能记忆15％，单靠视觉获得的知识只能记忆25％，而视听结合接受知识，则能记忆65％。受这一观点的启发，老师们在低年级开设"听读欣赏课"。赵红艳率先推出《雪孩子》一课，学生在反复倾听、看着画面跟读的过程中，不仅被雪孩子为救兔宝宝而化成了水而感动，而且还不自觉地模仿起朗读者抑扬顿挫的语音语调。在这节课结束前，一个孩子看着画面伴着音乐读到"雪孩子并没有离开我们，它变成云正朝我们笑呢"孩子们的眼中噙着泪水，还冲画面中的雪孩子摆手呢。后来听读欣赏课在学校全面铺开，老师们选文章、配音乐、下载录音、给文章配音，听读欣赏课成为低年级语文教师研究的新课题。同是"学而思之秀"的程鑫联合灯火社团的高年级老师，结合高年级学生年龄特点开设"阅读欣赏课""名著导读课"，并上了一节示范引领课《窗边的小豆豆》。孩子们品读着，欣赏着，爱极了巴学园的生活，对小林校长心生敬意，对小豆豆羡慕不已。两位老师的探索引起了组织共振，"听读欣赏""阅读欣赏""名著导读"在全校的每一间教室、每一个学生的心中开了花。学习因工作化而灵动，工作因学习化而精彩。老师们说，我们大家在一起学习实践，交流共享，并不是说我们又发现了一种全新的教学形式，而是在工作中体验到了科学已经证明的东西。

教师进入到工作学习化的状态，学校方方面面的工作也随之进入教师的视野。当工作重新被审视，就会发现还有那么多的不够令人满意，还有那么多可改善可提升的空间。"九棵松"提出改善教学工作先从反思我们的备课开始。备课的好坏关系到课堂教学的优劣与成败。由于惰性，以及对备课要求的僵化、教条，长时间以来备课成为应付检查的机器，其创新性和应有的价值受到了严重的弱化。传统的备课，往往只强调教师的作用，而更多地忽视了学生的发展；强调教师的预设，忽视学生的生成。新课程背景下，怎样备课才能更具实效？重塑备课新思维成为我们必须认真面对的新问题。

"九棵松"联合教务处从校本教研的实情出发，在反思改进的过程中对备课进行了改革，从内容到形式都发生了质的变化。"九棵松"在各学年组各学科组充分发挥骨干引领作用，同时各社团的"领袖"，各学术团队成员互相激发，共同研究。针对同一个问题，各个组织成员都参与其中，我中有你，你中有他。比如，以往每周一次的集体备课是指定主备人，这种"懒汉式"的备课不利于提高教师的专业水平。后来的备课，人人都是主备人，人人都有自己比较成熟的思考和设计，在贡献智慧相互补充相互碰撞中，教学设计修缮得更为精致。以往的备课总是从"怎么教"的角度思考问题，即使考虑到学生也不过是为了"教"而设计的"学"。这样的课表面看可能热热闹闹，但学生的收获有多少就要画问号了。现在备课思路从"怎么教"转向了"怎么学"，在充分研究学情的基础上，以学定教，顺学而导。在备课中，还有一点很重要，备课时间非常宝贵，老师们不仅要就教材备课，还要有学科意识，要有理念的提升。三年级语文教师在集体备课时印发了吴忠豪教授的文章《从"教课文"到"教语文"》，学年老师们深受启发，张英南把这篇文章传到网上，立刻被"嗅觉"灵敏的李璐发现，这篇文章在语文老师中引起很大的反响，老师们结合教材内容重新审视自己的教学设计，从"教课文"到"教语文"重新设计了教学内容和教学目标。在备课中，老师们触摸到了学科专业的理论前沿，并将理论运用于教学实践，课堂上出现了可喜的变化。五年级的数学教师观看特级教师吴正宪的教学录像，并展开讨论，深深地体会到让学生通过"摆一摆""画一画""折一折"的动手实践建立起来的数学概念远比教师讲授强得多。一些科任学科的教师备课时打破了学科界限，从网上下载专家讲座，集体观看并研讨，教育理念得到提升。老师们还以学年、学科为单位，把一周学习的成果与大家分享，反思教育教学实践中的问题，记录在一个叫作"采浪花"的本子上，意为在知识的海洋里采撷智慧的"浪花"。备课制度的改革源于教师对工作的反思和合理化建议，从而使备课内容和方式都发生了静悄悄的变革，教师感受到实实在在的专业成长，学生在课堂上有了实实在在的收获。

通过习题对学生进行各种思维训练是数学教师常用的手段，虽然教材提供了许多符合要求的教学资源，可是随着教材的改版和知识的更新，试题数量、质量都不能满足使用要求。课程资源是新一轮国家基础教育课程改革所提出的一个重要概念，没有课程教学资源的支持，再美好的课程改革设想也难变成实际教育成果。因此，数学团队"清溪谷"的老师进行讨论后决定向学校申请建题库，信息化小组立即来加盟，把技术层面的要素与"清溪谷"的学科论证结合起来，学校通过了他们的建议，从2011年开始筹建南马路小学题库。

面对懂技术的公司不懂教育，懂教育的人不懂技术的市场现状，老师们决定自己开发题库系统。信息化小组的安东来负责技术，他与"清溪谷"的老师们从题库功能的设置、题型的设立、试卷种类的划分等方面，与题库公司共同磨合，也可以说他们在教着软件公司做题库。对学科的知识体系进行细致的划分和界定，是建立题库必不可少的基础性工作，也是一项艰苦、细致的工作。"清溪谷"用近一年的时间将小学数学教材中的所有知识点配上习题，并按题型、难易程度等条件分类录入。题库研发过程中，老师们还添加了试题作者、录入人等信息。系统会根据"试题被选用次数"按降幂排列，选用次数较多的试题就是老师们认为含金量高的试题。当教师看到自己出的试题点击率高时，会感到由衷的欣慰；那些选用次数少的题目，会自然被淘汰。题库的建立，使试卷不再是"雪片"，而成为清晰的"线条"和美丽的"图画"。

题库还有一项重要功能，为每个学生"私人定制"错题卷。在老师的指导下，学生将自己每次考试中的错题录入"个人错题档案"中。积攒一定数量的错题后，生成个人错题卷。有的学生看到错题很少就很兴奋；有的学生错得多就很失落，但当他发现曾经的错题，现在已经掌握在手，笑容又重新挂在了脸上。学生的错误得以纠正，模糊之处变得明晰，学习的自信心也随之增强。现在题库中保存了从2007级到2013级共7届2297名学生的个人错题档案，记载了每个学生在校五年的所有错题信息。错题档案的建立，不仅让学生看到了自己成长的足迹，也为教学管理提供了准确翔实的数据。我们将不能及时反馈的教学比喻成隔着纱帐打保龄球，要求教师在学生测试后48小时内进行及时反馈。教学领导在题库中可以准确查出每道试题的学年、班级错误率，通过比对、分析，发现教学中共性及个性问题，及时有针对性地解决。错误率较高的试题，被录入到易错题库，根据需要生成易错题卷。教师遵循遗忘规律进行及时有效练习，正确率有了明显提高。目前，题库中已经积累了677道易错题。题库客观准确的统计功能，让老师们对教学的研究更加精益求精，学校的教学管理也更加科学。

题库的强大功能在数学学科中得到充分体现，语文、英语学科教师也参与到题库建设中。经过27次修改与升级，题库现在已很好地满足了数、语、外等工具学科的使用需求，运行稳定。为了让题库具有持久的生命力，老师们不断更新试题内容和形式，不让它变成"死库"。从某种意义上说，题库已经成为我校教学工作的重要组成部分。

2013年初，在区教育局的统筹下，学校每个班级都配备了电子白板。电子白板是一款全新的、功能强大的高科技教学工具，既继承了普通黑板这一教学手段的优点，又整合了现代多媒体教学的优势，特别是它在交互式学习、合作式学习、启发式学习等方面具有独特优势。我向教师提出要求，不能把电子白板当作传统的投影幕布使用，只有充分发挥电子白板的辅助教学优势，才能够促进课堂教学方式的变革和自身专业化的成长。于是，"如何让电子白板在教学中发挥更大的效益"就成了老师们学习研究的新课题。信息化小组的成员准备担任起培训全体教师的任务。计算机教师张劲松在向教代会申请时这样说："在咱们学校，我是第一个接受区里关于电子白板使用培训的老师。电子白板在教学中特别有用，我有责任把学到的知识与大家共享，同时也希望起到抛砖引玉的作用。"信息化小组其他成员也纷纷表达了想和老师们一起把电子白板利用好的愿望。他们的请求被批准了，在教务处的统筹下，针对"批注""画笔""视频播放""图像处理"等常用功能的使用进行了三期培训，收到了良好的效果。一石激起千层浪。没多久，老师们已不满足于电子白板这些基本功能的使用，纷纷立足所教的学科，开发电子白板的其他功能，以更好地为教学服务。比如，"清溪谷"的数学教师们先后学习研究了电子白板的聚光灯功能、回放功能、幕布功能等。这些功能的开发让学生在课堂学习中注意力更集中，课堂效率更高。"新叶新枝"社团的赵慧、张立嵩、赵娜和关姗姗四位数学老师最近正在研究使用电子白板的"格尺、圆规、三角板"等功能，为课堂上教师的演示、师生互动带来了极大的灵活和便利。蒋晓莉是三学年语文教研组长，她带领学年老师在研究电子白板的使用过程中引发了备课的改革。以前在备课时，老师们研究了教材教法后，就会开始制作多媒体课件，这是备课时最费时的环节。由于每一位教师设计的教学过程不尽相同，所以课件资源不能直接共享，要适当做些调整。运用电子白板教学后，大家把课堂上需要的素材直接放入资源包共享，极大地节省了备课的时间。

就这样，老师们在使用电子白板中发现了问题，就有针对性地去学习，学会了以后就在教学中使用，在使用中遇到了新问题，又会成为下一次的研究内容。用中学，学中用，成为老师们使用电子白板进行教学的常态。

工作学习化还体现在学校的管理中。毕业典礼，是很多学校都要举行的一项活动，一年一次，周而复始。一次"智慧泉"上，老师们对以往毕业典礼的固有程序

提出了质疑，认为除了发毕业证、师生讲话之外，还应该有一个让学生能永远记住

毕业典礼上的"我对天空说"

的形式，这个形式应该让学生同时获得这样几种感受：欢乐、畅想、解放和振奋。问题很快就引起教代会常务组的重视。他们在研究这个课题时，毕业班教师纷纷加入进来，大家共同查阅了大量有关毕业典礼的资料，也提出了自己的想法。灯火社团的老师们建议以班级为单位制作电子相册；毕业班的老师提出要设立"许愿墙"；有的老师建议制作纪念章……这期间，一张美国西点军校的照片进入了教代会的视野。在西点军校的毕业典礼上，学员们将军帽抛向天空。照片上，几百顶军帽在空中飞舞，一大群毕业的学员仰着头，满脸的兴奋。受这张照片的启发，教代会常务组的老师们有了灵感，于是就有了南马路小学毕业典礼上一个很特别的形式——"我对天空说"。这个创意得到了全校教师的称赞。这是毕业典礼的最后一个环节。每个孩子都会领到一支气球，他们把事先准备好的写着自己的理想的纸条挂在气球上。孩子们的理想也是多样的。潘军军同学在纸条上写道："我的理想是当一名医生，希望长大后能救活好多好多人。"张楠同学写的是："我的梦想是成为像袁隆平那样的人，在美丽的田野里耕耘，感受丰收的喜悦。"田硕实同学写道："我要当一

名修 F1 赛车的技师，成为世界上修车最快最好的人"……在著名音乐剧《猫》的主题曲"回忆"的旋律中，全校二百多名毕业生大声喊着"我对天空说——"一起把自己的梦想放飞到空中。孩子们都仰起脸来，看着那载着自己梦想的气球越飞越高。这美好的场面，对即将离校的毕业生来说，无疑是一种鼓舞，而对于更多的在校生来说，又何尝不是一种激励呢！

在工作中，一些骨干教师同时隶属于 N 个组织。比如，教务长安东来是"十二星秀"里的"聪明工作秀"，是"九棵松"里的一棵松，是四海方舟社团成员，是信息化团队队员，是幸福公社社员……正在热火朝天地讨论着学校装修问题，信息化团队研究的题库问题也需要他的加盟，一会儿他又跑到科学教研组和老师们制订"机器人"研究方案。在一次现场会上，他动情地说："我妈对朋友说，我儿子工作可忙了。说这话的时候她的脸上洋溢着自豪。"班主任李源自封为南马路小学的"大官"，她是三阳社团召集人、教代会秘书长、清溪谷成员、"花团锦簇"的团花，像扑克牌中的"混儿"一样。在她看来，被需要是一件很快乐的事儿。具有多重身份的人不止他们两个，三两个身份集于一身的不乏其人。多重的身份、多样的工作，每个人都在努力开发自己的潜能，都在寻找属于自己的舞台，他们忙碌着，心里却感受着充实与幸福。

在这个世界上，唯一不变的就是变化，变革对学校来说是一种常态。管理机制的变革，是学习型学校中一项长期艰巨复杂的任务和挑战，是永无止境的。我们基于校本，基于工作，基于个人，发挥团队的强大力量，促使教师在边工作，边学习，边反思的过程中不断自我激励，不断自我超越，在组织共振中形成强大的合力，从而实现我们的共同愿景。

三、常规工作充满魅力

随着教育的快发展，不断出现着与时俱进的新名词。对"新"的应接不暇，往往容易忽视一些不太新的东西，比如常规工作。"灵光一闪"更适合于艺术、科技领域，而教育则不同，教育思想和教育规律必须常规化。《现代汉语词典》中对"常规"的解释是：沿袭下来经常实行的规矩；通常的做法。"常规"并不是挂在墙上写在纸上的制度、规定等文字材料，而是一种日常工作的规范，是确保学校正常运转、健康发展的基本秩序和规矩，也是衡量一所学校管理水平的重要标志。多年来，我一直坚持这样一种思想：眼睛向下，固本培元，寓素质教育于常规工作之中。全校上下也始终盯住那些必须让学生拿到手的东西不放松：书要读好，字要写好，该背的得会背，该干的得会干，操要做到位，地要扫干净。这些每天必做的司空见惯的事情，如果我们总处于说没干还每天都在干、说干了还没有完全干到位的状态，就说明对素质教育还没有真正重视起来，或者说素质教育没有得到基本的保证。所以，我们本着对学生未来发展负责任的态度认真去盯这些事，该历练的一定要历练，但历练不是简单机械地重复，而是在教育理论指导下的科学训练。教育的绝大部分都应该是常规工作，它具有一定的稳定性和重复性，是相对恒定和持久的。但恒定与持久并不一定科学，我们要用是否符合教育规律这把尺子来检验，要不断回到教育常识、教育常理中进行原点思考，正本清源，不断完善创新，焕发常规工作的活力。剔除那些习以为常而又似是而非的东西，把符合规律的准确的东西恒定下来，进入新的常规管理的视野中。只有去粗取精、去伪存真后的"常规"才会真正促进学校的发展。

（一）让德育回归德育

党的十八届三中全会通过的《中共中央关于全面深化改革的若干重大问题的决定》中提出："深化教育领域综合改革。全面贯彻党的教育方针，坚持立德树人，加强社会主义核心价值体系教育……"《国家中长期教育改革与发展规划纲要（2010—2020年）》明确指出，坚持以人为本，全面实施素质教育是教育改革发展的战略主题，要坚持"德育为先，立德树人"。

教师社团在"省直机关建设学习型党组织报告会"上作汇报

可见，"德育为先，立德树人"是我国新时期教育的大计方针，是实施素质教育的重中之重。

马克思说："教育绝非单纯的文化传递，教育之为教育，正是在于它是一种人格心灵的唤醒。"教育家蔡元培说："教育者，养成人格之事业也。""教育的第一要旨就是加强德育，培养学生人格。"由此可见，培养学生健全的人格是德育工作的重中之重。

什么是人格？心理学家认为：人格是个人独特的心理品质和行为模式，具有一定的社会性、人本性、特殊性。人格不是与生俱来的，而是在长期的社会生活中，接受各种教育逐渐形成的一种品质。孩子在学校里首先应获得精神上的成长。有资料显示：一个人到了十八岁，人格建设就基本完成了，而小学阶段就已经完成了人格建设的三分之二，足以支撑他的一生。由此可以得出这样的结论：健全的人格对人一生的影响是巨大的，而在为生命奠基的童年时期形成的人格至关重要。

那么，小学阶段应该怎样培养学生的人格呢？传统的德育通常是灌输，把文化、价值观和规则等强加给学生。这种单向度的灌输式德育对于今天的学生来说，已然苍白无力。在"以人为本"的教育理念下，只有充分尊重学生的人格，将社会主义核心价值观转变为贴近儿童生活实际、符合儿童年龄特点的真切、朴实、易于接受的内容，成为学生内在的自我需求，德育才可能是真德育，也只有这样，德育才能发挥其应有的效力。因此，我们提出"让德育回归德育"。

"书香溢满校园，浓浓亲情流淌。课堂上发现自己，兴趣焕发向往。我们人格有力量，怀抱着温暖的阳光。"这是我校校歌的歌词，表达着我们对人格教育的重视：人格健全比成绩优秀更重要，小学德育不能只管小学这一段，要为学生的终身发展负责。

1. 信手拈来皆德育

德育资源哪里来？信手拈来皆德育。教师和学生每天都是在平凡的教育琐事中度过的。关注和研究那些平凡、朴素的教育现象和问题，在司空见惯的小事中做出不同凡响的理性思考，是教师专业特点所决定的应然之举。

曲训丽老师是一年级的班主任。她发现班级里几个性格活泼的孩子在午休期间总爱打闹，为此同学们没少告他们的状。经过了解才发现，原来他们觉得在操场上不知道做什么游戏好，午休的时间又比较长，感觉没意思，有时就不自觉地打闹起来。这个现象引起了曲老师的思考。如果只是采取"堵"的办法来处理这类事情可能会比较简单，比如，可以告诉他们在操场上打闹是不安全的，今后不许这样做；也可以派几名同学去监督他们；或干脆找些活儿让他们干，减少他们在操场上玩的时间。但是这样做，也许会导致这些孩子在有人监督的时候比较安静、规矩，而在无人监督的时候就异常活跃、继续打闹，时间久了甚至会形成虚伪的人格。活泼好动是儿童的特点，应该顺应他们的天性，帮助他们找到有意义的活动，让他们玩得健康、玩得有收获。和同学年的老师们商量后，一学年开展了"踢口袋"活动。午休时，曲老师带头在操场上踢起了口袋。在她的脚下，小小的口袋像一只调皮的小青蛙，忽上忽下，跳跃不停。同学们被吸引了，纷纷围在她的身旁，叽叽喳喳地议论着，有的还情不自禁地鼓起了掌。在孩子们羡慕、好奇的目光中，曲老师开了口："踢口袋是老师小时候特别喜欢的游戏，不但好玩，还能增强身体的协调性。你们可以自己踢，也可以一起玩儿，等练会了再和老师比一比谁踢得多。"于是，第二天午休时，操场上多了一些踢口袋的同学，再过一天，踢口袋的同学更多了。就这样，在一年级八个班班主任的带动下，踢口袋渐渐成了一年级同学都喜爱的游戏。午休时间，三三两两的同学围在一起，或交流踢口袋的窍门，或进行踢口袋的比赛，大家玩得热火朝天。这样一来，因为淘气被同学告状的事少了，操场上打闹的现象几乎不见了。发现这一可喜现象后，负责德育工作的安主任和大队辅导员单老师趁热打铁，又在全校范围内征集"我最喜欢的课间游戏"，征集活动得到全校师生的热烈响应。在班主任的组织下，同学们纷纷报上了自己喜爱的游戏。科任老师也参与其中，把自己儿时最喜欢的游戏推荐给孩子们。经过认真筛选，学校向同学们推荐了适合在午休时开展的运动项目，如转呼啦圈、丢沙包、跳大绳、跳皮筋、翻绳等。当学生在游戏中不知不觉地爱上体育运动并形成习惯后，老师们惊喜地发现：有的学生在做事时更自律了。在玩儿中，学生的身体得到了锻炼，同学之间的感情也加深了，还学会了与人合作……由曲老师一次小小的"发现"，引发班主任、大队辅导员、德育主任以及全校老师对"学生课间游戏"的研究，让大家意识到作为一名教师，我们每天做的都是一些平凡得不能再平凡、简单得不能再简单的小事，不可能每天都有可供人观看的精彩。我们就是要在这些平凡、简单的小事上动脑筋、想办法，细心观察，认真对待，在用心工作中去体会"生活无小事，处处是德育"这一简单而又朴素的真理。

当冰城的第一场雪来临时，意味着伴随它的还有近六个月的冬季悄然而至。对于校园里的孩子来说，这将是多么漫长的一段时间。也许生活在南方的朋友体会不到，校园里雪花飘舞、银装素裹，室内将是一幅什么样的景象：原本洁白的雪粘到学生的鞋子上，又被带进楼廊、教室，变成一汪汪黑水，地面也因此湿滑起来。作为教师，如果我们仅仅看到下雪带来的负面的东西，用简单粗糙的方式来处理，比如，减少学生到户外活动的频次，可能会减少相应的劳动量，也大大降低了雪天路滑带来的安全隐患。可是，这样做孩子就会失去亲近自然、享受冰雪的快乐。校园是孩子的，孩子应该享受本属于他们的快乐。"同学们，咱们到外面去赏雪，你们愿意吗？那我们就得穿好棉衣、戴好帽子和手套，外面天很冷，要保护好自己，别冻着。我们再比一比，看看谁穿得最

摄于澳门

快，哪一桌的同学能互相帮助……"在老师的引导下，同学们快速、安静地穿好衣服站好队来到校园里，尽情地亲近冰雪。孩子们高兴极了，有的踩在雪上，听着"咯吱咯吱"的声音；有的几人合作堆起了雪人；有的扬起脸来，让雪花亲吻面颊……于是，冰雪在孩子们的世界里不再只是一个名词、一种自然现象，变得真切灵动、异彩纷呈。"同学们，我们享受了冰雪带来的快乐，也要想到给校工、值日的同学带来的麻烦，我们进楼之前要跺跺脚，尽量把鞋上粘的雪去掉。进入大厅还要在脚垫上蹭一蹭。"就这样，老师们把"麻烦"变成了宝贵的德育资源。

开学第一天，很多学校的新生都会带着入学通知书到学校报到。这样看似平常的小事儿，如果我们做教育的人能将其赋予一些思考和设计，就会变成宝贵的德育资源。我校新生将入学通知书交给班主任后，老师要将全班学生的通知书送交档案室存档，学生时代的第一份记忆也随之被珍藏起来。毕业典礼那天，学校会送给每个学生一个精美的文件袋作礼物。文件袋里整齐地摆放着自己的入学通知书、上学第一天写着自己名字的方格纸、文思泉获奖作品的誊写稿……若干年后，孩子长大

成人，甚至到了迟暮之年，重新打开这份尘封多年的"打着包的幸福"时，一定会勾起一串串模糊又珍贵的童年记忆。

老师们还从一些细微小事中培养学生的良好习惯，如组织评选"光明小天使""节水监督员"，培养学生节水、节电的意识；设立"失物认领台"，告诉学生丢了东西要主动寻找；组织学生进行家庭收支情况调查，开展"今天我当家"活动，让学生能够知道怎样有计划、合理地花钱等。

老师们重视抓生活中出现的一闪而过的细碎小事，而且通过常规工作来完善细节，落实德育目标。每次搞大型活动，教师都要教育学生保持会场卫生，"卫生保持胜于清扫"的观念也渐渐深入学生的内心。让学生传口信时，教师会了解口信是否传到、是否准确，以此让学生明白答应别人的事要守信用，尽力做到。素质教育的宏观目标恰恰是通过这些微乎其微的小事实现的，不关注和研究这些小事，德育就只能是一句空话。

教育契机往往是稍纵即逝、可遇不可求的。对于教师来说，善于捕捉教育契机，开采其中潜在的德育资源，会收到事半功倍的效果。

我校的文思楼是天井式的设计，根据防火要求，天井周围都要安装防火卷帘，开关就安在旁边的柱子上。一个课间，张丹老师发现一年三班门口的防火卷帘正在慢慢降下来，随着卷帘的降落，安静的走廊沸腾了。张老师走过去，看见一群围观的孩子睁着好奇的大眼睛正注视着这道独特的"风景"。顺着孩子们的目光望去，张老师发现在卷帘开关的周围还有好几个小黑手印，这说明很多孩子对这个东西都感到好奇。见老师一来，学生纷纷说："老师，这是马明干的！"马明意识到自己惹了祸，低着头等着老师的批评。张老师摸了摸他的头问："你知道这是什么吗？""不知道。"孩子们也都摇着头。"那你们想知道吗？"孩子们一听来了劲，个个欢呼雀跃："想知道！想知道！"张老师告诉孩子们："这是防火卷帘，发生火情时，按向下的按钮，卷帘降落，烟火被隔离，人群就可以安全疏散了。"老师又看着马明问："现在你明白了吧？还想再试试吗？""嗯。""那就请你再按一下向上的按钮恢复原位吧。"卷帘慢慢升起。张老师又对马明说："小朋友都有好奇心，这是非常宝贵的。不过，以后再遇到自己很好奇但又弄不懂的事，应该先问问别人，不要随便动手，以免出现危险。当你按下卷帘时，别人会以为着火了，会给别人带来心理的恐慌。"马明高兴地接受了老师的批评。

后来，在张老师的提议下，一年级老师开了一个"消防常识我知道"的班会，带领学生观看消防视频、学习灭火器使用方法、了解防火卷帘的作用、学习防火小常识，还带着学生到走廊里看看什么是防火卷帘以及应该怎样使用，又去看看灭火器摆放的位置，还将防火卷帘开关旁贴上卡通提示"我是防火卷帘开关，有火情时再碰我"。

引导比批评更有力。张老师正是抓住了这个教育契机，在充分尊重理解孩子的前提下，对学生进行了富有实效的德育引导，化解问题的同时，还让学生学习了消防常识，可谓一举两得。试想，如果当时张老师当众批评了马明，虽然马明也会忐忑地接受批评，却难以收到预期效果。当我们用心疏导后，错误也会变成教育资源。

青年教师袁一珂接手了一个四年级新班。她在感受到孩子们天真热情的同时，也发现了一些孩子身上的问题，其中比较突出的就是自私。她曾就这个问题开过班会，与孩子们个别谈心，但起色不大。一天课间，一个学生的墨水瓶不知被谁打碎了，洒了一地蓝墨水。眼看着同学们陆续进了教室，有的绕开了墨迹，有的在七嘴八舌地互相指责，还有的则一副漠不关心的样子静静坐在座位上，只有班长宋吉轩拿起拖布默默地擦地，又在老师的帮助下把沾染蓝墨水的拖布冲洗干净。

袁老师抓住这个契机，和孩子们聊起了"什么是幸福"的话题。她在黑板上写下《李镇西教育日记》中的一句话："让别人因你的存在而感到幸福。"请同学们结合班级里刚刚发生的这件事谈谈自己的理解。孩子们恍然大悟，他们由衷地佩服宋吉轩，同时也明白了原来做一个让他人感到幸福的人并没有多难，关键是心里有没有装着他人，宋吉轩能做的事情自己也可以做到！

几天以后，袁老师看到一个学生的作文中写了这样一件事：他发现学校厕所的小便池被一个酸奶袋堵住了，想弄出来可是周围没有工具，于是便想到用手去捞，可又觉得太脏，但是转头间发现水池边上放的肥皂盒，想起电视上说的，用肥皂洗三遍手就可以把手洗干净。最终还是用手把那个酸奶袋捞了出来，洗干净手后高兴地回到班级。因为他想起了老师说过的话："让别人因你的存在而感到幸福。"他想做一个给别人带来幸福的人……

一件平常小事，经过袁老师的处理，热心助人的同学成了大家学习的榜样，其他同学受到了触及心灵的教育。我想，这就是生活中的德育，原汁原味，也耐人寻味。

在一次学校春季运动会上，我坐在主席台正观看学生的比赛，一个一年级的"小家伙"跑到我身边说："校长，刚才我跑了第一，可是没有奖品。""是吗？跑了第一不给奖，那校长带你去问问。"我拉着他的手走到了领奖处。听校长一说，体育老师先笑了，继而解释道："我们赛跑是分组进行的，你在小组里跑了第一，可算综合成绩你是第四名，所以就没发给你奖。懂了吗？""小家伙"眨巴眨巴眼睛，说："噢，我明白了。谢谢！"多么可爱的孩子，他的自主意识和据理力争的精神应该得到肯定。于是我说："有了问题你能主动想办法，多了不起！校长跟你合个影好吗？""太好了！""咔嚓"，随着相机快门的响起，我们一老一小两张亲切的笑脸被定格为永恒的瞬间。当这张照片出现在学校"绽放日月花"主题照片墙上时，这个小男孩成为校园里的小明星。

我常对老师们说，不是你读了一些教育理论的书，能说出一些教育的理儿就等于理解了教育，只有结合教育理论，关注教育琐事，做好教育细节，才是真正意义上理解了德育。

2. 我们的校园生活

（1）善良是一种力量。

《现代汉语词典》中对"善良"的解释是：心地纯洁，没有恶意。可以说，这一解释与儿童的特点不谋而合，就如《三字经》所说"人之初，性本善。"是的，儿童的心地纯洁是与生俱来的，充满着向上向善的神奇力量。善良，是中国文化中"好人"的总体特点，包括对人真诚、宽容、关心他人以及诚信、正直和重情感生活等内在品质，也是健全人格的特征之一。如何引导儿童把"善良"天性变成稳定的人格特征，也就成为我们在德育工作中重点研究的课题。

不知什么时候，学校正门的遮雨檐下成了燕子妈妈和燕宝宝的家。它们日夜不停地在这里进食、休息、唱歌、嬉戏。这一景观给师生带来了喜悦，同时也带来了弄脏墙壁、污染地面的烦恼。但是，从教师到校工，竟然没有一个人提出要驱赶燕子，因为大家都知道：保护动物、珍爱生命是一种善行，而这善行本身就是对学生的一种教育。于是，发现燕子窝破了，燕子妈妈又没来得及修补，负责后勤的赵树德、杜福杰两位老教师就帮忙抹上点泥巴。同学们放了学也不走，细心地数着小燕子是否都在窝中。一次，一只正在学飞阶段的小燕子跌落在地面上。这下可牵动了师生的心。同学们自发围成一道人墙，怕有人不慎踩到小燕子。几位男老师赶紧找来梯子，架在墙角。小燕子扑腾着翅膀，小嘴使劲地去啄贾栗强老师的手，他却憨憨地笑着，轻轻将它托起，站在梯子上的马广正老师赶紧接过去，小心地把它放回窝里。孩子们欢腾了。大队辅导员拿起手机及时捕捉到了这个精彩的瞬间，这是全校师生心中共同拥有的关于呵护生命、关于善良的美好记忆。

2000年，学校在操场四周种植了30棵丁香树。在我的倡议下，大队部开展了"给丁香树命名认养"活动。这个活动得到了全校师生的热烈响应。当时全校1400多名学生共给丁香树起了5000多个名字。学校从中选出50个名字，通过学生投票，最后选定30个名字。植树节那一天，全校召开了隆重的"丁香树命名认养"大会，23个班的学生代表为他们自己命名的"班级树"挂上"名牌"，7名教师代表为7棵"公益树"挂上"名牌"。每一棵丁香树都有了亲人。同学们为自己班级认养的丁香树浇水、除草、施肥，为它们"穿"上御寒的衣服，扎上漂亮的丝带，还用竹子围了简易的栅栏，插上警示牌，尽管不很规范，但学生在奉献爱心的同时懂得了珍惜生命。14年过去了，30多棵"班级树"换了一届届的小主人，但它们依然环绕在并不宽敞的操场上，栉风沐雨，茁壮成长。每年的5月，那一簇簇绽开的淡紫色花瓣在师生爱的滋养下散发出浓郁的芬芳。

有一件事至今回想起来，内心都充满了感动。记得初夏的一个中午，天空突然乌云密布，接着就是罕见的冰雹。在操场上玩耍的孩子纷纷跑回了教室，趴在窗前向外张望，一边看着冰雹，一边兴奋地谈论着。突然一个孩子叫道："快看！"只见一个学生打着一把雨伞，把自己和一棵与他几乎一般高的丁香树遮在伞下。这时候，教室里静极了，大家被这一场景感动了。我想，这就是善良的力量。

二年级的一个小女孩得到了老师奖励给她的一块糖，一整天她都不舍得吃。放学后，她骄傲地向妈妈展示自己得到的这块糖，准备享用它。忽然她发现在不远处有一个乞讨者，正可怜巴巴地看着她。小女孩稍微迟疑了一下，不顾妈妈的劝阻，走向了乞讨者，松开紧紧攥着的那块糖，放进了他的手里……当家长把这件事告诉班主任张琦老师时，她的心被触动了。不知从何时起，社会出现了太多的真伪难辨。虽然和那位妈妈一样，张老师也不能断定那位乞讨者是不是真正需要帮助的人，但小女孩那颗善良的心却是弥足珍贵的。于是张老师既表扬了她，又告诉她，今后要在家长带领下，通过有关部门把爱心送给那些最需要帮助的人。

在我校师生的眼里，善良还是言行中的友好、相处时的宽容、善解人意的温情、对长辈的孝顺……在我的心中，善良是点燃道德信念的火把，善良是施者与受者心中共享的甘甜，善良还是神奇的、充满爱的力量。在我的建议下，文思楼的一面墙上，淡黄的背景下刻有一行醒目的字：善良是一种力量。"善良"两个字是红色的行楷，字号较大；"是一种力量"这几个字较小，是黑色的黑体字，刚劲有力。醒目的颜色、震撼人心的语句直抵师生的心灵，也传达着我这样一个执着的追求：让善良的品质在南马路小学代代相传。

（2）劳动多么好。

美国哈佛大学曾经对波士顿地区 456 名儿童做过一项长达 20 年的跟踪调查，调查发现，爱干家务的孩子和不爱干家务的孩子相比，长大以后的失业率为 1∶15，犯罪率为 1∶10，爱干家务的孩子平均收入要高出 20％左右，离异率、心理疾病患病率也较低。这是因为让孩子从小干家务，可以培养他们吃苦耐劳、坚韧负责、珍重亲情、尊重他人等良好品质，他们长大以后自然比那些"四体不勤"的孩子更有出息。苏霍姆林斯基也曾说："体力劳动对于小孩子来说，不仅是获得一定的技能与技巧，也不仅是进行道德教育，而且还是一个广阔无垠的惊人的丰富的思想世界。这个世界激发着儿童道德、智力、审美的情感，如果没有这些情感，那么认识世界（包括学习）都是不可能的。"热爱劳动是一种高尚的道德品质，是小学阶段教育的重要任务之一。可是纵观我们的教育现状，现在的孩子大多是独生子女，由于家庭、社会的影响，劳动意识薄弱、生活自理能力差，甚至于不会穿衣穿鞋，地面脏了不会扫，指甲长了不会剪。家长重智育忽视劳动教育，只要求孩子写好字、念好书，学习成绩好，而对孩子参加劳动则认为是浪费时间，说孩子长大了自然就会干活，凡事不让孩子动手，不让实践，结果不仅孩子的智力得不到发展，使得这些孩子没有劳动观念，有的甚至鄙视劳动。一份调查显示，美国孩子每日劳动时间是 72 分钟，韩国是 42 分钟，法国是 36 分钟，英国是 30 分钟，中国孩子每天仅劳动 12 分钟。不把劳动当教育，有劳动却无"教育"，这种现象很常见。这种现象为教育者提出了劳动教育的新课题。我们学校十分注重劳动教育，把它当成了学校德育的重要部分，实实在在地在工作中探索实践着。

我校的劳动教育从刚入学就开始了。刚上学的孩子班级卫生怎么搞，就成了摆在班主任面前的一个问题。有些教师怕麻烦包办代替，在一些学校还出现了家长轮流到学校值日的现象。我校教师在学生刚入校门就给学生编排了值日表，老师从怎样扫地、怎样洗抹布开始教。扫除时，孩子们挽着衣袖，吭哧吭哧地扫地擦地，他们有时把水弄得满地，有时还把滴着水的抹布直接放到桌布上，地扫得没有那么干净，用的时间也比较长，他们头上挂着汗水，可是却难掩一脸的笑容。一位教育家曾说过："一个孩子为了浇花，开始提了一小桶水，接着他又提第二桶、第三桶、第四桶，结果，他累得满头大汗。这时，你不必担心，因为对他来说，这其实是世界上任何一种别的喜悦都不能够比拟的真正喜悦。"孩子在劳动中学习着劳动，体会到劳动的艰辛和劳动成果的来之不易，还在劳动的过程中收获着合作的快乐。

一年级教师还利用班会时间举行钉纽扣、叠衣服、做寿司比赛，在班级歌声的时间播放《劳动最光荣》，还在班级评选劳动之星。一连串的劳动教育让孩子知道了劳动是一门技能，只有付出相应的劳动和汗水才能获得美好的东西。当一个人明白东西来之不易的时候，他才会更加珍惜。以往随地乱扔垃圾、破坏文具、丢三落四的现象明显减少。有的孩子回到家里还能帮着家长分担家务，比如扫地、刷碗，甚至帮家长洗小件衣物，他们打心眼儿里愿意这么做。

为了培养学生热爱劳动、亲近自然、团结协作、吃苦耐劳的精神，学校在操场周围开辟了 4 个菜园，每个菜园虽然仅 20 平方米。各个班级纷纷递交申请书，提交自己的种植计划。在激烈的竞争中菜园花落四家，"蔬香农场、Monkey 农场、QQ 农场、快乐农场"诞生了。孩子们在菜园里撒上了西红柿、豆角、胡萝卜、茄子等蔬菜的种子。锄草、松土、浇水、施肥，动作仔细又小心，他们在亲身体验中见证一粒种子长成蔬菜的全过程，每个孩子都为自己班级的菜园负责到底。6 月刚过，孩子们欣喜地发现西红柿结果了，青涩的果实只有拇指肚大小，孩子们小心翼翼地拨开叶子，1 个、2 个、3 个……认真地数着西红柿的个数。你数一遍，我再数一遍，数了一遍又一遍。收获的季节到了，孩子用手一点一点扒开土，刚刚露出胡萝卜橘红色的身体，孩子们就学着小白兔拔萝卜的动画，一个抱着一个，"拔萝卜，拔萝卜，嘿呦嘿呦拔萝卜……"全班同学唱着笑着，小萝卜被一个一个拔出来。胡萝卜、西红柿发给学生，孩子们小心地把自己的劳动果实乐颠颠地举着给家长看，有的孩子还把舍不得吃的已经蔫了的胡萝卜捧在手心里，让妈妈给她照相留念。蔬香农场的曲老师把收获的豆角给孩子们炖好带到学校，午餐时学生共同品尝劳动的成果，菜香飘满教室。罗兰说："世间一切美味佳肴都没有劳动结出的果实更甜美。"劳动是幸福之源，劳动果实最甜美。

　　学生亲历了劳动的全过程，感受到了劳动的欢乐和艰辛。在劳动的过程中，老师还给孩子们创设了展现自我、体验成功的机会。教师引导学生写观察日记、劳动日记。有了劳动实践，学生言之有物，言之成理，真情实感自然地流淌出来，亲近自然、热爱劳动的美好情感得到了升华。每个班级还在劳动中拍摄了许多令人难忘的精彩瞬间，学生欣赏自己劳动的欢乐场景，心中充满了自豪。小小菜园收获的不仅是蔬菜，还有精神的果实。他们不仅了解了种植方面的知识，认识并学会使用各种劳动工具进行简单的劳动实践，体验劳动的快乐，同时磨炼了意志，锻炼了吃苦耐劳的精神，收获了精神世界的丰盈与满足。快乐来自于劳动，只有那些勤奋劳动、努力创造的人才能从自己的劳动创造中体验到快乐的感受。

　　"值日班"活动是我校德育的常规工作。三至五年级的各个班级每天轮流值日，在这一天中，校园的卫生清扫、常规管理均由这个班级负责。孩子以极大的热情投入其中，各个班级分别打出"今天我当家，有事请说话""事事关心，心心相印"等口号，轮到他们值日，这个班级的同学就会早早来到学校，维持秩序，清扫操场。我校地处闹市，学校的花坛与人行道仅隔一道铁栅栏，周边流动人口较多，素质良莠不齐。在学校的花坛里总会出现废纸、饮水瓶等垃圾。学生拿着学校准备的长夹子，将垃圾从花草丛内一个一个夹出来。值日结束，班主任在总结时问学生："你怎么看那些扔垃圾的人？""你会乱扔垃圾吗？"孩子们从不要乱扔垃圾说到不随地吐痰，从爱护环境人人有责说到要尊重清洁工人的劳动。有一个孩子还谈到在国外的一次经历，他到意大利旅游，在宾馆的电梯口看到"禁止吐痰"这几个异常醒目的汉字，而旅馆指南上都是意大利语或英语，我们的汉语竟以这样的方式出现，真是奇耻大辱，我们真的应该好好反省！

　　孩子们通过捡垃圾受到教育，唤醒了潜藏内心的荣辱感。我们感受到了劳动的价值，正像苏霍姆林斯基说的那样：只有通过有汗水、有老茧、有疲乏的劳动，人的心地才会变得敏感、温柔，也只有通过这种劳动，人才会以热忱的心去对待周围事物。

　　几天后，德育主任听到校工跟他说起这样一件事：一个学生把垃圾倒在了垃圾桶的外面，转身就走，另一个学生拦住他，说："你要尊重别人的劳动，请你把垃圾收起来重新倒进垃圾桶里。"校工说起这件事时，被尊重的幸福写在了脸上。

　　在我们学校，劳动已经成为学生生活的一部分，他们自制学具、认养班级盆花、制作节日贺卡……在劳动中，学生的聪明才智得到绽放，创造力被充分开发，良好的劳动习惯会伴随一生。

（3）孩子们的节日。

节日本身就蕴含着欢乐、享受、祝福等精神元素，具有庆祝、喜庆之意，如国庆节、圣诞节、元旦、春节等；节日具有纪念、思念之意，如清明节、端午节、中秋节等；节日具有尊重、关爱、感恩之意，如妇女节、劳动节、儿童节、母亲节、父亲节、重阳节等。节日是学生日常生活的一部分，也是德育工作的宝贵契机。

我校极其重视节日文化，在节日中教会学生切合实际、恰如其分地表达情感，让学生以文明、健康的方式度过每一个应该认真过的节日。

每年五月的第二个星期日是西方的母亲节，六月的第三个星期日是父亲节。我们借助这个契机进行感恩教育。例如母亲节，我对德育主任和大队辅导员提出了这样的要求：不要为了可观看性而过度注重形式，或者为了完成自己的德育"作业"而加重老师和家长的负担。要动脑筋，本着降低成本，注重实效的原则来精心策划。于是，由大队部和幸福公社联合举办的"我给母亲写封信"活动正式启动了。母亲节前夕，老师给同学们布置了准备信封和邮票的任务，但并不说出这项任务的目的，使活动充满了神秘感。在大家的期盼中，在老师的启发下，在课堂上同学们开始拿起笔，笔下流淌的是对母亲不尽的感恩之情。

亲爱的妈妈：

在母亲节前夕，我要用这封信来表达我对您的爱。

在家里，您总是睡得最晚、起得最早的人。每当全家人都睡觉了，您还不忘给我检查书包，看看有什么书没有带。早晨，您总是很早就起床，为我们全家做饭，做好了饭再叫我。晚上，我在做作业，您做好了饭等着我，从来没有先吃过，我叫您您也不听，一直等着，直到我吃为止。谢谢您，妈妈！

记得那是周三的一个中午，我让爸爸转告您帮我买信封和邮票。可是爸爸忘了告诉您，而我却以为您已经买了，直到晚上7点我才问您："买了吗？"您一脸疑惑，我能从您的脸上看出来您没买，我当时大发脾气，跑回自己的房间。过了一会儿，我听见关门的声音，打开房门一看，原来您买信封去了。回到家，您又忙着找邮票，原来您没买着邮票。又过了一段时间，您找到了，说："这是我最喜欢的一枚邮票，别丢了！"我接过这枚载满爱的邮票，贴上了。

　　妈妈，我对您的爱用千言万语也说不完，所以汇成一句话就是：母亲节快乐！

　　祝您身体健康，万事如意！

儿子：佳琦

5 月 8 日

　　妈妈们陆续收到了信，她们在感动之余，纷纷给孩子回信。当学生在收发室发现自己母亲的回信时，欣喜之情溢于言表，小心翼翼地拆开，认真阅读起来。一封封书信就像一弯弯绚丽的彩虹，架在母亲和孩子的心灵之间。孩子们稚拙的笔调打湿了无数妈妈的眼角，妈妈的回信寄托着对子女的殷殷希冀，传递着浓浓亲情。

亲爱的儿子：

　　在母亲节来临之际，收到你的信，妈妈心里无比高兴。

　　我的儿子长大了，妈妈的一举一动你都看在眼里，记在心上。

　　宝贝，妈妈宠你，但不会盲目地娇惯你，那样只会害了你。我要让你懂得珍惜生活中的每一个人、每一件事，所以你可能会抱怨妈妈对你发脾气，但是妈妈希望你明白，妈妈是希望在你成长的过程中少走一些弯路，少犯一些错误，所以才会在你犯错误的时候显得有些严厉，甚至对你发火。

　　儿子，你知道吗？每一次对你发脾气，妈妈也是既生气又后悔，气你为什么总是不听话，后悔妈妈又选择了一个错误的方式与你交流。宝贝，你现在已经长大了，有些道理应该能逐渐领悟的。

　　妈妈觉得你这学期的表现非常棒，能独立做数学思考题了，自己也知道主动复习功课，还制订了学习计划，这真是不小的进步啊！你开始知道努力了，这使妈妈感到欣慰和自豪！你要相信每天前进一小步，人生就会前进一大步。

　　你还要知道生活和学习不是一帆风顺的。妈妈希望你无论什么时候、什么地方都要正确面对生活给你的磨难，失败在所难免，但成功了也不要沾沾自喜，好高骛远；失败了不要一蹶不振，自暴自弃，你要宽容、耐心地看待得与失，生活学习中你都要充满自信，快乐地过好每一天。

爱你的妈妈

5 月 11 日

感恩回报感恩，亲情传递亲情，在南马路小学，德育已经成为一种感染，一种陶冶。

第十二届全国人民代表大会常务委员会第十次会议做出将 9 月 30 日设立为"烈士纪念日"的决定。对于和平年代的小学生来说，怎样让烈士纪念日发挥精神熏陶的作用，让祭英烈变成学生发自内心的行动，老师们进行了认真的思考。国庆前一周，老师让学生查找三位烈士的事迹，早自习时各班学生把自己找到的烈士事迹讲给大家听。学生通过上网查资料，去烈士纪念馆参观，读烈士故事，了解到迄今为止约有 2 000 万名烈士为民族独立、人民解放和国家富强、人民幸福英勇牺牲。由于战争年代条件有限，许多先烈没有留下姓名。全国有名可考、并收入各级《烈士英名录》的仅有 193 万余人。学生们的故事中有抱炸药冲敌阵与敌同归于尽的杨根思、挺胸膛堵枪眼视死如归的黄继光、舍身炸碉堡的董存瑞、做好事不留名的雷锋、烈火烧身岿然不动的邱少云。还有鸦片战争时期抗英名将关天培，中日甲午战争爱国将领邓世昌，加拿大共产党员诺尔曼·白求恩，中国国民党抗日名将张自忠。学生在查资料、讲故事、听故事的过程中，被革命先烈的英雄事迹感染着。烈士们用殷红的鲜血书写了爱国主义最壮丽的诗篇。孩子们用深情讲述告慰沉寂在祖国每一处领土与领海之下的英雄先辈。学生在欢度国庆前，带着自己对烈士的敬意，为烈士献上最真挚的哀思。吃水不忘挖井人，学生带着对英雄先辈的无限崇敬与感恩之心纪念烈士。不知不觉中，爱国主义情怀在学生的心里孕育。

此外，中秋节"月是故乡明"师生摄影展、重阳节给身边的老人送贺卡、"六·一"儿童节自己和自己比赛，一个个节日蕴含着丰富的人文内涵，提高了学校节日文化建设的德育功效，让学生的校园生活变得生动鲜活。

（4）书籍育人。

心理学研究告诉我们，广泛阅读对于学生形成同情心、责任感至关重要。英国哲学家培根在《论读书》中也说："读书在于造就完全的人格。"可见，阅读不仅是一种美好的人生体验，更是认识自己、塑造健全人格的金钥匙。

李春梅老师在接手三年级的新班时，发现有一小部分同学还没有养成良好的读书习惯，于是就鼓励他们和书籍交朋友，并向他们推荐适合阅读的课外书，教他们养成主动阅读的好习惯。一段时间后，有个曾经不爱读书的女生在日记里这样写道：刚开始我捧起书的时候，还觉得读书没什么好玩的。没想到，《笑猫日记》一下子就吸引了我。笑猫的女儿二丫是个心地善良的小猫，她为了帮助卖报的聋哑老人吆喝，去鹩哥那儿学唱歌，练得嗓子都哑了，甚至累出了血，才学会了说人话。后来她为了帮助一个女孩又去学唱歌……二丫虽然是一只猫，但是她那么善良，我要向她学习，去帮助有需要的人。李老师对这位同学的爱读书、爱思考给予了肯定，又引导她要向榜样学习，做那样的人。经过跟踪观察，李老师发现原本默默无闻的女孩变得更阳光自信，更乐于助人了，心中那颗善良的种子也悄然萌芽。在李老师的带领下，同学们又读了美国作家 E. B. 怀特的《精灵鼠小弟》，喜欢上了机灵、勇敢、心地善良又乐于助人的小老鼠斯图而特；在严文井的《"下次开船"港》中，大家为唐小西浪费时间的做法感到惋惜，当他被坏蛋灰老鼠带到了没有时间束缚、鲜花不开、海浪不起的"下次开船"港时，又为他着急；在《怪医杜立特历险记》中体会到了人与动物之间那种亲密的关系，为人类的善良而感动；读《夏洛的网》时，当读到蜘蛛夏洛为了帮助朋友小猪威尔伯而即将离世时，眼睛里闪着泪光……不知不觉中，学生们变得安静了，专心致志了，也更容易被感动了。他们心中有了学习的榜样，同时也种下了真善美的种子。

学校还根据不同年级学生的阅读特点，进行专题读书活动。比如在低年段开展以"爱与生命"为主题的阅读活动，带领学生读《象老爹》《海蒂》等书籍，推荐阅读《猜猜我有多爱你》《爱心树》《小鹿斑比》等。有一次，一位一年级家长对班主任老师说："老师，你们最近读了什么书啊，昨天孩子突然抱住我说'妈妈，我爱你，不要离开我'。"原来，早在三周前，老师和同学们共同读了《象老爹》这本书，不知不觉地，孩子对生命的宝贵、对亲人的重要已然有了朦朦胧胧的、自己的感知。在中年段开展以"人物传记"为主题的阅读活动，带领学生们读《居里夫人的故事》《假如给我三天光明》等书籍，向学生推荐阅读《孔子的故事》《岳飞传》《普希金传》等。读书的过程中，他们学习海伦·凯勒的勇敢坚强、不向命运屈服的品质，对科学家、艺术家们锲而不舍、百折不挠、勇于创新的钻研精神赞叹不已，被岳飞精忠报国的爱国精神所感动。在高年段开展以"成长"为主题的阅读活动，带领学生读《草房子》《爱的教育》等书，向学生们推荐阅读《城南旧事》《呼兰河传》等名著，透过作者独特的视角，跟随主人公一起经历喜怒哀乐，在观察与思考中收获心灵的成长。

可以说生活在南马路小学的学生是幸福的，他们不仅感受到了书籍中散发的如阳光、雨露、清风般的温暖、芬芳，更感受到了书中所蕴含的巨大的道德力量，在持续不断地阅读中，精神世界更丰盈，人格更健全。

（5）珍惜时间。

在儿童的世界里，在生活条件相对优越的城市里，孩子们眼中的"珍惜"只是一个抽象的词语，与之相联系的也无非是珍惜粮食，珍惜某些贵重的物件等物质层面上的东西，珍惜时间是他们很少能想到的，所以我们常会发现，许多时候，儿童的宝贵时间就在无所事事中度过了。其实，时间对一个人来说是相当重要的，养成良好的时间观念是一个人做事成功的基本前提，珍惜时间和珍视生命一样，也是健全人格的表现，要在儿童时期尽早培养。于是，围绕"如何引导学生管理时间"，老师们展开了一系列的德育活动。

一年级的陈叶梅老师编写了一个童话故事，名字叫《师生共战时间大盗》。在故事里，时间大盗偷偷潜入了一个班级，专在小朋友上课往窗外看时、摆弄文具时、边写字边玩时偷走时间，有了时间，他们保持童颜和旺盛的精力，而丢了时间的小朋友却渐渐衰老、苦不堪言。最后，在老师的帮助下，同学们齐心协力赶走了时间大盗……同学们听得入了迷，在故事中仿佛看到了自己和同学们的影子，不知不觉中也懂得了要珍惜时间这个道理，在以后的学习中，不用老师过多地提醒，就能自觉地珍惜时间了。陈老师把自己的成功经验与其他老师分享后，老师们开始更加深入地学习和实践。

老师们率先垂范，首先让自己的时间观念鲜明起来。上课前两分钟，准时站在教室门口，铃响即上课；下课铃一响，立即下课，决不压堂。学生下课后，老师会提醒先准备好下一节课的用品，然后按实际需要依次完成上卫生间、喝水、看课外书、聊天等事情，保证铃响后，立即进入上课状态。

为了引导学生学会管理大段的时间和见缝插针地利用零碎时间，有的老师还指导学生为自己制定作息时间表，写一写考试前一周的复习计划，给自己限定合理的完成作业所需时间。有的老师用奖励学生"读书时间"的方法，鼓励学生专心致志、省时高效地完成任务，然后利用剩余的零星时间来读自己喜欢的课外书。有的老师引导学生做个小调查，"哪些情况下会有零星的时间？我们可以怎么利用？"学生们各抒己见，出谋划策，不知不觉中增强了时间观念，学会了管理时间。

现在，我们学校每间教室里都悬挂着一块表，学生一抬头就能看见它。它提醒着同学们，时间转瞬即逝，就如同这美好的童年时光。"白发不知勤学早，白首方悔读书迟""花儿初放在春天，人的风华在童年"这些名言警句再不是空洞的口号，而是在珍惜时间、管理时间的体验中逐步理解、深化的，对人的一生都有深刻影响。

　　3. 浑然一体的育人氛围

　　一提到学校德育工作，往往大家首先会想到，那是德育主任、大队辅导员带领班主任老师完成的工作，与科任教师无关。在南马路小学，我常对大家说，每位老师都要立足自己的教育教学岗位，遵循教育的规律老老实实地工作，创造性地工作。通过学习研究来反思自己的教育教学行为，校园中发生的哪怕微不足道的一件小事，也许其中都蕴含着宝贵的教育契机，人人都要当优秀的德育工作者。在实践中，我也创造机会，让不同学科、不同社团、班科任老师携起手来，在常规工作中取得德育工作的最大实效。

　　各学科教材中，蕴含着极其丰富的"育人因素"，因此，我们要找到学科教学与思想教育的最佳"融合点"，进行思想教育的有机渗透。

　　三年级数学教材中的统计图教学，介绍了我国特有动物的种数、濒危和受威胁动物的种数，老师借此对学生进行保护野生动物的教育。在教"时、分、秒"时，可进行惜时守时教育；在应用题教学中，结合"植树造林"事例，培养学生绿化祖国意识，结合诸如节约用煤气、粮食增产、激光测距等许多具体事例中的数据资料，使学生在解题时受到多种思想教育。

　　《语文课程标准》中提到"培养学生高尚的道德情操和健康的审美情趣，形成正确的价值观和积极的人生态度，是语文教学的重要内容，不应把它们当外在的附加任务，应该注重熏陶感染，潜移默化，把这些内容贯穿于日常的教学过程之中"。语文教学过程中的德育渗透就要如春风细雨慢慢地、温暖地进入学生的心灵，于无形中感染、熏陶学生。在教学《桃花心木》时，课文中有这样一句话：

接受中央电视台《新闻联播》采访

"不只是树，人也是一样，在不确定中生活的人，能比较经得起生活的考验，会锻炼出一颗独立自主的心。"老师带领学生朗读了这句话以后，提出问题让学生讨论，树木的"不确定"是指什么？人的"不确定"又是指什么？学生能通过树木的"不确定"指上文"老天下雨是算不准的"从而理解人的"不确定"指生活的变化无常。学生还联系生活实际，谈了在艰苦环境中自强自立的事例，通过这些事例很快就明白了只有在不确定中生活的人，才会有自立、自强的精神和本领，只有这样的人才会得到生存与发展。学生就是在这样的字词赏析中，在文章的感悟中，体会到了生活的含义。

信息技术课培养学生爱护设备，遵守计算机教室规则的良好习惯，培养学生良好的计算机使用品质；思想品德课发挥德育主阵地的作用，结合教材内容进行传统美德教育，注重学生高尚情操的陶冶、健全人格的塑造。体育课的教学除了教育学生锻炼好身体，还要注重培养学生不怕艰苦、勇于战胜困难和恶劣环境的勇气、胆略，坚韧不拔的意志品质，严格的组织纪律性和合作精神，强烈的集体主义精神。艺术类的课程，是学校美育的重要阵地。在对学生进行美育的同时，又营造美的氛围陶冶学生高尚的道德情操、培养审美情趣，把学生对真善美的追求诱发出来，变为向真、向善、向美的力量，德育和美育有机结合在一起。

课课有德育，人人做德育。根据各学科特点、学生年龄特点使德育渗透科学化、经常化、系列化，让学生在学校能时时处处受到德育的熏陶，从学校中得到科学文化知识和思想道德的双丰收。

此外，学校每学期都要组织学生观看电影、话剧等活动，怎样才能既保证活动的良好效果，又让学生养成安全乘车、做文明观众、保持环境卫生等行为习惯呢？我把这个课题交给两个由科任教师组成的社团去研究。他们经过认真调查研究后，将校内外教育活动的一般要求细化为操作性很强的"南马路小学活动操典"。"操典"将活动全过程的各个细节做了明确规定，比如，乘车时对教师的位置是这样规定的：上车时班主任在车上安排座位，配班教师在车下组织学生上车；行车时两位老师一个在前，一个在后，叮嘱学生注意乘车安全并检查落实到位；下车时班主任在车下组织站队、清点人数，配班教师在车上组织下车秩序并检查是否有学生遗漏物品；行走时班主任在排尾，配班教师在排头带领队伍。再比如，校内活动后留两名学生进行场地清扫等。这些细节看似无关紧要，但是我们通过"操典"的规范，让学生在活动中养成了文明的行为习惯，也让教师体验着"人人都是德育工作者"的责任和快乐。

春天的风轻轻拂过孩子们的脸庞，夏天的树舒展臂膀为孩子们撑起阴凉，秋天的落叶顽皮地同孩子们玩耍，冬天的雪花把校园装扮成童话里的殿堂……四季脚步匆匆，如何帮助学生发现自然的美好，留下生命的足迹呢？我们开展了以"春夏秋冬"为主题的系列教育活动。

春天，科学学科的老师带领孩子们来到校园里，观察刚露头的小草，摸一摸变软的丁香树枝条。于是，同学们认真地写下观察报告，争相表达着发现生命萌动的愉悦；语文学科的老师带孩子们来到校园，边欣赏美景，边吟诵描写春天的诗句，惜春惜时的感受在心里发芽；大队部向同学们发出了"拥抱春天"摄影展的倡议，同学们纷纷走出家门，在山上、在小河边、在田野里、在街道中寻找春天，并用相机拍摄下来，不知不觉有了一双善于发现美的眼睛……

夏天，孩子们在杨树下一起玩耍、一起读书；运动会上同学们展现运动员的风采，体现团结的力量；写字节、樟树儿童读书奖颁奖仪式，学生们自己跟自己比赛，天天长本领；野游、磨炼营活动，让孩子们身心更健康……喧嚣中有生命的律动，快乐中有幸福的成长。

秋天的校园落叶纷飞，这是孩子们最快乐的季节。有的学生手里攥着一大把落叶，却还在兴致勃勃地寻找自己更喜欢的那一片；有的学生两两一组，专注地玩着"杠老梗"的游戏；还有的同学三五成群，尽情地捧起一把把金灿灿的树叶抛向高空，任凭树叶落到脸上、身上……校园里充满了欢声笑语，孩子们的脸上绽放着灿烂的笑容。如果为了保持操场的整洁，就得及时清扫落叶。可是我们却没有这样做。虽然表面上看操场不那么整洁，但是涌动着生命的气息，这才是真正面向儿童的教育。于是老师们亲自组织学生捡落叶、玩落叶，孩子们高兴极了。在玩的同时，他们的各种疑问也随之而来，比如：为什么很多落叶会在秋天脱落？为什么不同种类的树叶在秋天会变成不同的颜色？这极大地激发了学生们自主探索的欲望。我们又适时地向全校师生推荐了美国作家利奥·巴斯卡利亚的《一片叶子落下来》这本书，在了解树叶生命历程的同时，也开始对生命有了关注。

冬天，师生们在校园里观雪景、打雪仗、堆雪人……

在学校前厅的电子屏上，在校园的墙壁上，伴随着季节的更换，不断地展示着孩子们在春夏秋冬的轮回中走过的精彩瞬间。就这样，平凡的日子有了色彩，孩子们的每一天都那么充实、快乐。

早晨，在悠扬的乐曲声中，学生踏进校园，一天的学习生活就在愉悦的心境中开始了。

上课了，《单簧管波尔卡》响起，轻快、明亮的乐曲声中学生感受到的是对课堂的向往，对知识的渴望。下课了，《钟表店里》准时响起，在清脆、富有节奏感的乐曲声中学生们舒缓紧张的情绪，以便更好地投入到下一节课的学习中。柔美、抒情的小提琴曲《沉思曲》《致爱丽丝》响起，提示大家午休时间、放学的时间到了，一旦高亢的小号曲吹响，学生迅速到操场集合……午休后，悦耳的"班级歌声"从每间教室中传出，这是孩子们享受的快乐时光。伴随着美妙的歌曲，学生们浸润在音乐的世界里。

德育，往往不是写出来的，也不是说出来的，而是做出来的。不该做的不做，该做的就一定要盯住，干好干到位，进入到每年每月每日的教育行为当中去，慢慢地积淀升华，才能实现教育的真正意义。也只有这样，与我们朝夕相处的常规工作才可能常抓常新，充满魅力。

（二）师生共驾课堂教学之船

课堂教学是学校教育的中心环节，是学校的常规工作，也是师生共同的舞台。每天每月，岁岁年年，师生的大部分校园时光都是在课堂上度过的。课堂教学的质量与师生的生命质量息息相关，影响着他们今天的成长和明天的可持续发展。如何使课堂成为师生共同度过的丰盈、涌动、充满活力的生命历程呢？我们认为，首先要做的，就是要精雕细琢地打磨我们的教学常规，使之日臻完善，并成为全校教师共同遵守的恒定而持久的教学规范。因此，学校要求教师一定要不断深入地、科学地理解教育。只有真正理解了教育，正确的教育观念才能支配教师的行为，才会将理念转化为内心生长出的固本培元、实事求是、科学有序的教育行为。在这样的课堂上，学生学到了知识，锻炼了能力，有了较好的情感体验，有了进一步学习的愿望，进来和出去是有变化的，只有这样，课堂才会真正成为师生共铸的充满魅力的精神家园。在全校教师学习研讨、达成共识的基础上，我们又提出了课堂教学的五条原则。

1. 更多地让学生参与

新一轮课程改革实施以来，课堂教学要面向全体学生的观念已深入人心。评价一节好课的重要标准就是学生在课堂上的参与度，具体体现为是否全员参与、全程参与和有效参与。

为了真正让学生参与进来，学校在全校范围内创设参与的氛围，全方位、多层面地培养学生的参与意识，这是使学生主动参与课堂教学的基础。光有了参与的热情当然不够，还必须提高学生参与的质量。如果教师在课堂上总问些烦琐浅显的小问题，学生不用动脑筋就信口回答，课堂上你问我答似乎很热闹，实际上学生的思维仍停留在低级阶段。这样的热情并没有太多的实际意义。因此，我们要求教师课堂提问一定要设计得有质量、有容量、有价值。现代教学论研究表明，教师和学生之间的语言交流有 40%～60% 是以教师提问的形式进行互动的。从学习的本质上来讲，感知是学习产生的表象，问题是产生学习的根本原因。好的问题可以诱发和激起学生求知欲，把学生思考引向深入。

《母亲的账单》是二年级语文教材中的一篇课文，课文讲的是小男孩彼得给妈妈开了一份账单，索取他每天帮妈妈做事的报酬；当小彼得在他的餐盘旁看到他想要的报酬时，也看到了妈妈给他的一份账单，感受到母爱的深情。李璐老师设计了一个问题："小彼得应不应该向妈妈要钱？"有的说应该，有的说不应该，大家七嘴八舌地议论起来。接着李老师让同学们分成正反两方展开辩论。一番唇枪舌剑，据理力争，学生思维的火花被点燃了。有的学生认为小彼得获得报酬是理所当然的，有付出就应该有收获，因为小彼得劳动了，他就应该获得报酬；有的同学则认为小彼得太不懂事了，父母给了他生命，养育了他，他帮妈妈做一点事是应该的，不应向妈妈索取报酬……学生在辩论中领悟到母爱的无价、亲情的可贵。

《"贱卖海张五"》是教科版语文五年级下册教材中的一篇精读课文，课文语言风趣幽默，极富表现力。尹娜老师让学生朗读"海张五那边还在不停地找乐子，泥人张这边把那些活在他手里的泥上全找回来了"这段文字后，提出问题："'找'可不可以换成别的词语？"学生将"找"换成"捏""做""弄"等其他动词，可是当他们把这些动词换到文中反复品读后，发现如果换成这几个动词，味道就会大减。一个"找"字运用得十分传神，这个"找回来"还与前文中的"找乐子"互相呼应，可以表现出泥人张的"艺高胆大"和"以其人之道还治其人之身"的机敏。

正是教师巧妙的设问，调动了学生学习的主动性，使学生成了课堂真正的主人。除了课堂教学，丰富的学科资源为学生的参与提供了广阔的舞台，参与向课外活动延伸。比如，在中高年级，数学教师会在复习课后，给学生布置几道设计作业题的任务。学生参与的热情极高，不仅有模仿性的设计，还有创造性的设计。孩子做自己设计的作业也会非常高兴，很少出错，乐此不疲。期末复习阶段不会再出现雪片似的试卷和滔滔不绝地讲卷子。老师们让学生自己整理单元的知识点，自己配上相应的习题。老师还要求所配习题有基础、变式、拔高等不同梯度。老师们把学生优秀的试题拼成一张卷，在每道习题的后面都标注了习题的作者、班级，并把试卷上的题录入到学校的电子题库。一次习题课上，董老师点开学校电子题库，选中了一道试题，这时任建新大声说："老师，这是我出的题。"董老师让他当小老师来讲这道题，他在同学们羡慕的目光中讲完了题。期末复习在学生主动参与中生动起来。

在课堂上，教师还要学会等待，"舍得"花时间让学生充分思考，因为这是保证参与广度和深度的必要前提。一次，上"求平均数"的练习课。郎萍老师出示了这样一道题目：环保小队共有 10 名同学。男生平均身高是 142 厘米，女生平均身高是140 厘米，这个小队学生的平均身高是多少？由于同学们已经学过比较简单的求平均数的方法，所以大家争先恐后地举起了手，一位同学不假思索地答道：（142＋140）÷2＝141（厘米）。老师又接连提问了几名同学，答案一致。郎老师知道这是由于学生受到刚刚学过的"求几个数的平均数"的影响产生的负迁移，没有真正理解求平均数的方法。她看着同学们，对大家说："噢，都是这么想吗？"在静静地等待中，一名，两名，五名学生举起了手……郎老师并没有急于让举手的同学回答，而是继续等待，给更多的学生思考的时间和发现的机会。又过了一会儿，十几名学生举起了手，二十几名学生举起了手……郎老师感觉时机成熟，叫起了一名学生。"老师，这个答案是不确定的。""为什么？"接着，同学们纷纷发言，互相补充，得出了正确的结论：当男生和女生人数相同，平均身高是 141 厘米，当男生人数多于女生时平均身高就大于 141 厘米，反之就小于 141 厘米。一节课就在不知不觉中过去了，师生还沉浸在探索的快乐中。当学生回答不够准确的时候，郎老师没有急于完成预设的教学任务，而是留给学生足够的时间思考、发现，在等待和鼓励中唤醒了更多的学生。

要提高学生课堂的参与度，还需要对不同层次的学生提出不同的要求，施以不同的帮助，使学生树立自信心，使他们乐于参与。我们还特别注意那些性格内向、参与意识不强的学生，更要多加鼓励，对他们身上的闪光点要及时肯定、赞扬，促使他们积极参与，主动学习。

体育课上，一个叫姜琦的女孩一到跳绳的时候总躲在一旁。董云老师了解到她不跳绳的原因是身体协调性较差，再加上性格比较内向怕同学嘲笑，就干脆不跳了。董老师知道如果长时间忽视她，这个孩子就会失去参与课堂的积极性，这种自卑心理也会让他从此与体育无缘了。董老师先鼓励她，让她敢于尝试，然后教她一种特别的方法，让她只摇绳不跳，然后再教她把绳摇到脚前迈过去，再之后就是一个、两个……这样同学们跳绳时，姜琦也能参与进来，经过一段时间，姜琦可以连续跳七八个了，到了学期末居然跳了 79 个，根据《国家学生体质健康标准》评定为良好。

当然，这些做法必须建立在教师尊重学生人格、与学生平等合作、共同探求与发现的基础上，有了这个基础，好的做法就会源源不断。老师们说："我们想得比较多，也研究得比较多的是'参与'问题，不仅学生喜欢'参与'，我们也喜欢'参与'。'参与'促进了学生的发展，也向我们自身的提高提出了挑战。"

2. 鼓励学生质疑

心理学研究成果表明：思维过程总是从问题开始的。一个勤于思考的人，总是善于发现问题。著名特级教师霍懋征说："学问，学问，学会提问是学习过程的一项重要工作，要从小注意培养和训练。"学贵有思，思贵有疑。我曾多次阐明这样的观点：没有探究的发问，没有疑惑的目光，也没有对疑问的回应和释疑后的喜悦，这样的课绝不是好课。疑问是思维的开始，是创造的动力，一个好的问题比好的回答更有价值。因此，鼓励学生质疑，培养质疑能力，就成为课堂教学应当遵循的一条原则。

苏霍姆林斯基说："在人的心灵深处，都有一种根深蒂固的需要，这就是希望感到自己是一个发现者、研究者、探索者。"作为教师，首先要做的就是要珍视和培植学生这种乐于发现的积极性，让他们敢于质疑、乐于质疑。因此，我要求教师注意对那些突发奇想的孩子给予尊重、爱护和引导。

语文教师马香菊在教学《小草，向前走》一课时，有位叫杨阳的学生突然举起了手。他说："老师，我们应该爱护花草树木，那为什么足球场上的运动员却可以踩小草呢？"同学们的好奇心一下子被激发出来，开始纷纷议论起来。马老师没有急于告诉学生答案，而是笑呵呵地对大家说："杨阳能细心地观察，大胆地提出心中的疑问，真棒。谁能帮助他解答？"在同学们七嘴八舌地发言过后，马老师告诉大家，"草的品种有很多，足球场上的草是草坪草，这种草的生命力更顽强，在比赛和训练时运动员踩踏是没有问题的。而在中国的城市里，草坪较少，人很密集，大家都去踩的话，小草肯定受不了，所以要爱护花草。"虽然表面上看，这个"小插曲"似乎耽误了宝贵的教学时间，但是通过马老师的巧妙处理，却让学生明白：头脑中有"小问号"的同学真了不起，自己也要善于在习以为常的事物中发现疑问，并且大胆提出来。这样，质疑的积极性被大大激发了。

并不是所有的学生都能在课堂上有灵光一闪的精彩质疑，有的学生在课堂上经常会有别样之说。如在讲《一粒米的来历》一课时，张立慈同学提出来，稻谷可以不脱粒，煮成稻谷饭扒皮吃。在讲"分数、小数、百分数互化"时，一位叫焦杨的同学提出来，"1/6 约等于 0.167 等于 16.7％，可不可以写成 16.7％等于 1/6"的问题。我们的教师非但没有指责，反而怀着欣喜之情去理解和引导他们，爱惜他们的立异精神，当他们消除了犹豫、担心、缺乏自信等心理障碍后，才会向有效质疑、精彩质疑的高度攀登。

以往我们常犯这样的错误，上课前总是假设学生什么都不会，备课就立足于怎么教会学生而设计了大量问题。上课时，学生无疑之处，教师仍设疑提问；有疑之处，教师全包办代替，学生还没来得及生疑，就让教师的讲和问给堵回去了。因此，我要求教师设疑一定要少而精，而且要设在学生不易领会、易于忽略或难以深入的关键处，其余的尽量留给学生去质疑。最初学生的疑问往往是零散的、浅层次的，这就需要教师做好引疑工作，教给学生质疑的方法，让学生问在重点、难点处，疑在新旧知识的结合处。这样的质疑才是有效质疑，教师应该着力培养。《卖火柴的小女孩》一课中有这么一处描写："小女孩嘴上带着微笑。她死了，在旧年的大年夜冻死了。"张帆老师让学生朗读这句话后问："你看看这几句话有没有什么问题？"经老师这一指点，几名学生举起手来，"小女孩都冻死在街头了，怎么还微笑呢？安徒生爷爷是不是写错了？"张老师表扬了能发现问题，而且还敢向大作家挑战的同学。在教师的组织引导下，同学们进行探究，使他们对文章的主旨有了更深的理解。他们知道了安徒生爷爷用"微笑"去描写小女孩的死亡，是想让女孩美丽的幻景与冷酷的现实形成鲜明的对比，更使我们痛恨那个罪恶的社会，对小女孩的不幸遭遇产生深切的同情。在阅读教学中，引导学生抓住重点词语进行质疑问难，引发思考，为体会文章的中心起到了关键作用。老师们还引导学生抓住课题进行思考，从标点符号入手发现问题等方法培养学生质疑的能力。

生疑还须能解疑，方有长进。我们的教师在教学中注意帮助学生对疑问归类整理，然后凭借掌握的知识自己解决或在小组里讨论解决。教师在此基础上，根据学生的需要解惑。在教学中教师还注意引导学生探究那些牵一发而动全身的关键性问题，并根据学生的接受能力适当加大难度、设置困境、向学生提出挑战性的问题，这样才能使学生的智慧不断增长。

数学是思维体操。在教学中，教师们非常注重创设质疑的氛围，培养学生的质疑能力。凡是学生能够自己学、自己想的，都放手让学生自己去做；凡是能撞击学生智慧火花的地方，都想办法提供其闪光的机会，让学生的疑问在自然而然中产生，让创造能力在动手和积极思考中得以保护和培养。

数学练习课上，同学们正在用三角板画15°角，比谁的办法多。有的同学先画了一个60°角，再沿着其中的一条边在角内画个45°角，15°角出现了；有的同学先画一个45°角，再沿着其中的一条边在角内画个30°角，15°角也出现了。这时郭展豪同学大声地说："我有更好的办法。不用画三笔，两笔就能完成。"赵慧老师鼓励他到讲台说一说自己的做法。他把一个带有45°角的三角板放在下面，30°角的三角板放在上面，让45°角和30°角的顶点重合，一条边也重合，然后指着两条没有重合的边所夹的角说："这就是15°角，比较难画的是30°角的那条没有重合的边，我们可以先找到它与另一块三角板的两个交点，用两点连成一线的方法就可以画出来。"在同学们敬佩的目光中，郭展豪走下了讲台。在教师创设的质疑氛围中，学生质疑释疑，思维被激活，智慧火花不断闪现。

二年级的闻帼英老师在教学《狼和小羊》一课时，请同桌合作练习朗读狼和小羊的对话。文中的提示语是这样写的："小羊大声地说"，于是王博同学在读的时候就放大了音量，以此来突出"大声"。这时李佳佳同学提出了不同的看法："小羊已经看出狼想吃它了，当时肯定很害怕，再加上它本身就是很软弱的小动物，所以大声说话时声音应该是颤抖的，不能那么大声地喊。"说完，她又按自己的理解读了一遍小羊的话。闻老师发现这一情况后，表扬了李佳佳会读书、敢质疑的精神，又让她和同桌给全班同学朗读狼和小羊的对话，教室里响起了热烈的掌声。

"敢于质疑—善于质疑—主动释疑"，就在这样的过程中，学生的求异思维、创造能力大大增强，学习中伴随的自信、快乐体验又将成为主动质疑探究的动力。

3. 给学生选择的权利

在传统教育观念中，中国家长习惯于帮助孩子规划和设计，总是以"这是为你好"的名义专断行事，越俎代庖。时间一长，孩子就会慢慢迷失自我，形成被动消极的心理。在课堂学习中，如果教师"好心"地继续包办代替，不给他们选择的时间和空间，整齐划一地"齐步走"，学生将失去主动探究的热情，思维也趋于单一、僵化，更不要谈创造性了。

教育家布鲁纳说："知识的获得是一个主动的过程，学习者不应是信息的被动接受者，而应该是知识获取的主动参与者。"新课程改革以来，学生学习的过程是主体化的过程，这一观点得到了广泛认同。学生在课堂上的态度和方式，决定了他们的发展水平。给学生选择的权利，就是让学生在判断、甄别、取舍的过程中历练主动性人格。因此，在课堂上给学生选择的权利对学生一生的影响至关重要。

美术教师李雪莲在《蝴蝶创想》一课的教学中，让学生通过不同的表现形式创造性地完成蝴蝶作品，评选出最具创意奖。这个具有挑战性的学习内容让学生来了兴致，课前准备时选择什么材料、运用什么色彩、表现哪一种类蝴蝶的哪一种姿态等，都着实花了一番心思；课堂上，学生用彩笔画、用手工纸折、用橡皮泥雕、用米粒粘、用彩绳围、用瓶盖拼等多种表现方法完成作品，学习得兴致盎然。课后，孩子们还用自己创作的蝴蝶来装饰班级的墙报，装饰家里的环境。

在四年级的科学课上，安东来老师带领学生学习《坚固的桥梁》一课。内容是用相同数量的瓦楞纸制造规定体积的桥梁，承载越重评分越高。学生根据课前了解到的桥梁知识和简单的力学知识，制作成不同形状的桥，有独木桥、拱形桥、斜拉桥等。通过承重量的测试，学生知道了框架结构可以使桥梁更加坚固。

教师给学生充分的自主选择权利，学生的主体性得到充分尊重，个性得到彰显，学习效果明显提高。没有差异的教育不是素质教育，差异往往在选择中。克服班级授课制的教学内容同一和教学活动统一的弊端，这就要求教师承认差异，面对差异，因材施教。对于因材施教，教师们是这样理解的：好像摘一棵树上的桃子，有的伸手就能够着，有的跳脚才能够着，有的需要踩个矮凳子，有的则需要踩个高凳子。教师因材施教要在教给学生跳脚、搬矮凳子、换高凳子上下功夫。在数学教学中，通过摆学具帮助学生建构数学概念，积累数学活动经验，是教师常用的做法。因为学生存在差异，教师在让学生摆学具时，不应搞"一刀切"，应该让学生选择适合自己的方式操作。在一年级学习"9 加几"的进位加法时，很多学生在学前教育中已会计算，有的教师不顾及实际学情，执意要求学生用摆木棒的方法学习，那些已经会计算的学生也不得不动手依照要求进行操作，这样做不仅浪费了一部分学生的宝贵时间，而且会渐渐使他们失去学习兴趣。史英老师在教学这个内容时，先在班级做了知识前测，结果显示，班级 45 名学生中有 41 名学生已经能够准确说出得数，占全班学生的 91%，只有 4 名学生不会计算。在 41 名学生中，有 12 名学生虽然能说出得数，却是通过数数或背诵的方法得出来的，也就是说，他们还没有掌握"凑十法"的计算方法。根据学情，史老师整合了单元教学内容，采取了选择性学习的方式，让班中不同层面的学生在课堂上都有所收获。对于已经能熟练运用"凑十法"计算的 29 名学生，史老师设计了 ABC 三类不同梯度的提高练习，让他们分层次有选择地做，这些学生有了心里的优越感，思维更活跃，学习的劲头也更足了。对于虽能说出得数但还不能用"凑十法"计算的学生，史老师还是让他们通过摆小棒的方法建构"凑十进位"的知识，为他们升入三年级学习"加法结合律"打下坚实的基础。史老师把那 4 名完全没学过的学生调到一个小组，通过摆学具的方法循序渐进地进行教学。一节课下来，不同层次的学生都在原来的基础上有所提高。《数学课程标准》提倡的"人人都能获得必需的数学；不同的人在数学上得到不同的发展"的目标在史老师的课堂上得到了实实在在的落实。

　　提问和作业也常常让学生选择，教师用投影仪打出几个问题或几类作业，让学生选择其一来回答或选择一类为作业。这时你不必担心孩子们会选择最简单的内容，因为他们的自主性和上进心会使他们向高目标攀登，即便学习暂时有困难的学生，也会羡慕别人选择了那些引申发展的内容而力争要赶上去。我们给学生的选择还体现在其他方面，如每学期学生的作文，三分之一是指定内容，三分之一是限定范围，学生自己选内容，剩下的三分之一是学生想写什么就写什么，范围和内容都由学生自己选择，这恰恰是最受孩子们欢迎的，写出来的文章非常生动，有生活气息，有真情实感。实践中，我们体会到，给孩子提供选择的机会，他们会很好地珍惜和利用，有助于他们进入愉悦的创造之中。

4. 尽量让学生手脑并用

瑞士手表名扬天下，欧米茄、英纳格、劳力士，块块手表做工精细，价格不菲。劳力士表最初的标志为一只伸开五指的手掌，它表示该品牌的手表完全是靠手工精雕细琢的。可是 150 年前的瑞士贫穷落后。18 世纪末，大教育家裴斯泰洛齐提倡"手脑并用"，叫人们不要光动脑子不动手，要精练技术。瑞士照此行事，在工艺精密上取得了巨大成就，使国家逐渐富裕起来。陶行知先生在 20 世纪 30 年代也提出了"手脑并用"的理念，时至今日仍是教育工作者探索和研究的问题。"手脑并用"就是要让思考与实践相结合。因为"课堂上只有经常性启发学生动手、动口、动脑，自己去发现问题，解决问题，才能使学生始终处于一种积极探索知识，寻求答案的最佳学习状态中"。儿童掌握知识，提高认识，必须通过自己动手操作。让学生从小养成善于观察、善于动手、边想边操作的习惯，这是素质教育的重要内容。因此我们在教学过程中尽量为学生创造手脑并用的机会，让学生在思考与实践中学习知识发展思维。

要想让学生真正掌握知识，在课堂教学中必须让学生亲自参与知识建构的全过程。《色彩的变化》这是一节色彩的基础课，要让学生认识三原色、三间色。学生第一次接触水粉色，那五光十色的水粉色正如孩子眼里的世界一样五彩缤纷。新奇的东西往往会激起他们探索事物的强烈欲望，这就要求教师挖掘教学内容的新意，使之有新鲜感。美术老师让学生自己动手玩颜色，学生把三原色中两种颜色相调和，出现了另一种颜色。这一变化，学生没见过，觉得很新奇，很好玩，兴趣顿生，个个跃跃欲试。学生们又调出了不同颜色混合后出现的新颜色。老师还让学生同桌合作调颜色，看看都调出了什么颜色。多次试验后学生发现了规律，三原色是调不出来的，红加黄变成橙色，红加蓝变成紫色，黄加蓝变成绿色。原来三间色橙绿紫是任意两个三原色调和出来的，是两种颜色的中间颜色，所以叫三间色。在动手玩颜色的过程中，色彩在孩子的眼里生动起来，学生对用水粉颜料画画充满了期待。

由于汉语拼音本身只是一些符号，没有特殊的意义，而"b、p、d、q"又长得非常像，是最容易混淆的一组声母，所以让一年级的孩子正确辨别这四个声母真的很难。一年级的老师让学生用手势来区分，双手攥拳后伸出大拇指两个拳头相对。拇指向上左手"b"右手"d"；拇指朝下左手"p"右手"q"。学生边动手边说出顺口溜，四个字母的区别被形象地记忆了。借助手的动作学习，不仅使学生对知识清晰可辨，也使区分的过程简单易行，节省了操作的时间。

很多教师简单地把动手操作中的"动"理解为动一动、摆一摆、做一做，而忽视了学生操作过程中内在的"思维操作"活动。如果我们只是停留在实际操作的层面，而未能引起学生的思考，就不可能真正发展学生的思维。苏霍姆林斯基说："手和脑之间有着千丝万缕的联系，手使脑得到发展，使它更明智；脑使手得到发展，使它变成思维的工具和镜子。"所以必须是动手实践与思考相结合，学生的思维才能得到发展。在教学四年级上册《平行四边形和梯形》这节课时，老师们深切地理解了这些话的含义。如果按照教参的建议和以往的教学经验，这节课就会让学生通过直接观察平行四边形和梯形，来发现它们边的特点。四年级的老师经过团队学习后发现：这样做势必会造成学生只是表面知道了它们的特点，而不知为什么会有这样的特点，也不会知道这与前边学习的两条线不同的位置关系：平行、垂直、相交又有什么关系，是知其然而不知其所以然。有了这样的认识后，老师们决定反其道而行之，让学生通过动手操作来实际感知平行四边形和梯形的组成。他们为学生准备了三张透明模板，每张模板上分别是一组镂空的线：平行线、相交线、垂直线。老师们让小组合作，每人选择任意两组线拼成一个四边形，想一想你拼成的图形是由两组什么样位置关系的线组成的？根据边的特点又可以怎样分类？学生很快画出平行四边形、正方形、长方形、梯形、一般四边形。在画一画、看一看后，学生通过比较发现：两组垂直线可以拼成正方形和长方形、两组平行线拼成平行四边形、一组平行线一组相交线拼成梯形、两组相交线拼成一般四边形。学生通过亲自动手操作，参与知识的形成过程，把抽象的知识转化为直观的认识，他们不仅知道了什么是平行四边形和梯形，并清晰地认识了边的特点，对初中将要了解的线与形的关系有了初步的认识，也为今后立体图形的学习积累了经验。

听写是一项复杂的脑手相结合的活动。它不仅需要用耳朵去辨别声音信息，而且要求对经过耳朵输入大脑的信号进行处理，再通过手迅速准确地记录下来。听写训练一方面要凭借语言感知唤起对相应字词的识记；另一方面又必须迅速将音、义转化成形并做出输出反应。"幸福公社"的老师们想到很多行之有效的听写方法：把一些字谜收集起来，在听写的时候信手拈来。"你没有他有，天没有地有，水没有池有"，学生会写"也"，再用"也"组一个词写下来；把学生容易出错的笔画和部件，或容易混淆的同音字、形近字，在听写时有针对性地指出来加以提醒，使学生在书写时进一步加深印象；借助近义词、反义词听写，既复习了这些词语的近义词或反义词，又能有效地培养学生的反应能力和倾听习惯，一举多得；根据词语意思听写，如"争着向前，唯恐落后就是——"学生心领神会，提笔就写"争先恐后"……

在教学中，学校还做出了"不动笔墨不读书"的规定。教师每天都要指导学生边读书，边圈圈、画画、想想、写写，调动多种感官参加学习，促使脑子进行记忆、思维和想象活动，循环往复，从而形成边阅读边思考的能力，这种能力也正是学生学会学习的基础。

一年级的曲训丽老师还利用班会课开展丰富多彩的活动，为学生创设手脑并用的机会。她请来学校玩魔方的高手曹雷老师，教给学生玩魔方。刚开始曲老师还跟着一起学，可是小孩儿学得非常快，很快曲老师就跟不上他们的步伐了。课间、午休，孩子们交流经验，互相比赛，小魔方在孩子的手里上下翻转，灵活自如。曲老师还在班级举行多米诺骨牌大赛，虽然一年级学生专注的时间很短，可是骨牌却像有魔法一样将孩子们牢牢地吸引着，他们比赛在规定的时间内哪组摆得最长，推倒后哪组能成功……就这样课内的学习向课外延伸。学生在手脑并用中，潜能和创造力不断被激发，回报给课堂的是思路更清晰，思维更敏捷，学习能力也更强了。

5. 一定要有合作

合作是人类相互作用的基本形式之一，是人类社会赖以生存和发展的永恒动力。合作精神作为人类一种优秀的思想品质，历来为有识之士所推崇。在知识发展、经济日趋繁荣的今天，合作精神更显示出前所未有的魅力。从教育要培养社会所需要的人和促进个人的全面发展来说，培养学生的合作意识和能力是非常重要的。合作学习作为学校培养学生合作精神的载体，被誉为"当代最伟大的教育改革之一"。合作学习为学生提供了人际交往的过程，有助于激发学生的学习动机，为学生提供了学习的伙伴，为终身学习和终身发展提供锻炼的机会。

合作学习不只是一种教学方式，还是一种学习方法；不只是一种学习内容，还是一种生活态度。因此最重要的是培养学生学会尊重、学会倾听、学会欣赏、学会共享，并有与他人合作交流的意识，这是合作最根本最核心的理念。

新课标要求教师不仅要关注学生掌握知识的多少，更重要的是要关注学生是否亲历探索过程。在教学中，教师要积极为学生提供合作交流的机会，使学生在合作中学习知识，发展思维，在交流中培养能力，获得自信。

在课堂教学中，教师要为学生提供合作学习的条件和机会。老师们在班级里成立多个小组，以学生自愿组合为前提，再根据学生的身高、学习程度差异情况加以调整，使各小组成员搭配科学合理。这样的小组深受学生欢迎。

有些老师还将班内学生分成若干个八人或十人大组，大组与大组之间的综合学情基本均衡，大组内按照"优—较优—良—中—弱"最靠近原则组合成同桌两人小组，前后桌四人中组，两个中组组成一个八人大组。为让每位学生都得到锻炼，要给每位成员分配职位，并采用干部轮换制。组内设小组长、中组长、大组长、管理员，还根据任务需要临时分派或指定操作员、记录员、报告员、检查员等具体事务性职位。小组用于合作学习时，交流从两人小组开始。这样既避免了出现单兵作战中的任务过重，又避免了集团作战中的无效等待。小组交流合作，大组综合评价。合作为学生提供了和谐交流的机会，使学生在互助中共同成长。

小组合作学习经常会让学习活动的效果事半功倍。《复式条形统计图》是一节统计图的综合运用课。在这节课上，马红光老师给大家布置任务：将中国、美国、英国、俄罗斯四个国家在奥运会上金银铜牌的数量用一个统计图表示出来，如果有问题可以在小组内讨论。学生已经学过了单式条形统计图的知识，听到老师的要求立刻开始绘制统计图。各自画完图以后，他们的讨论开始了。马老师在巡视中认真倾听小组内的发言。"你怎么把金银铜牌的条形全部涂黑了，这怎么区分呀？""你的金银铜牌不按顺序排列太乱了。"马老师发现孩子们在互相找毛病，于是引导学生："小组成员可以共同修改一张统计图，看看怎样能把这张统计图绘制好。"小组成员将注意力转移，开始了共同合作。"先把金银铜牌按顺序排列。""把金银铜牌区别开，用空白条、斜纹条、黑条表示。""在旁边做上图例。"……孩子们用不太规范的语言互相点拨着、启发着，找到了本节课的知识点，也突破了难点，统计图在大家的齐心协力下绘制成功。马老师向他们竖起了大拇指。这时马老师又让学生修改先前画的统计图，孩子们你帮我，我帮你，看着这些修改过的作品，脸上露出彼此欣赏的笑容。在合作学习中学生相互学习，有效交流，共同提高，提高了课堂效率。

随着学生合作意识的形成，合作常常会自然而然地发生。班级手抄报展览时，找材料，画插图，排版和誊写；实验课上你记录，他操作，大家观察；排演课本剧，各个角色紧密配合；习作讲评时发现彼此作文中的精彩与不足……这些做法不仅给学生提供了合作交流的机会，使学生在参与中加深了对知识的理解，同时也营造了一种和谐、民主的氛围。学生在合作中善于动脑，敢于发表意见，养成了与别人合作交流的习惯。

小组学习仅仅是合作的一种形式，合作不仅仅是分组，如果把合作学习狭义地理解为"分组"的话，那么合作就变成了课堂的点缀。倾听、欣赏、接纳别人的闪光点，实质上也是有效的合作学习。

学习活动中的合作一定要有意义，要不然就起不到任何作用。学生在小组合作学习过程中并不能保证每个组员都能各抒己见，有时成绩较差的孩子可能会一言不发，成绩较好的可能只顾自己讲；在小组汇报环节，通常都是少数思维活跃、善于表达的学生作为代表汇报合作的结果。有的教师也往往更关注结果，而忽视合作过程中的后进生。我校教师非常关注这种合作中参与不均衡的现象，王丽丽老师的班级新转来一名叫雷彻的小男孩，王老师通过家长了解到他学习不太好，因而格外关注他在课堂中的表现。作文课上，老师要求学生以《我的同桌》为题写作文。在老师讲解完作文要求后，让学生在小组内说一说和同桌之间发生的事。同学们交流着，可是王老师发现雷彻却显得无所事事。在没有打扰其他成员的情况下，王老师把他叫到身边，告诉他："要认真倾听别人的发言，眼睛要看着对方。你的用心倾听是给讲话人的鼓励和尊重。"听了老师的话，雷彻开始认真地倾听，可是他却没有发言。"你为什么不发言呢？""我刚来，不了解我的同桌。"这样的回答让老师一时无语。下课铃声响起，雷彻的书包被自己碰到地上，书本散落，水也洒了满地。这时，同桌韩泽立刻和他一起把书本捡起来，还拿来抹布帮他擦干地上的水。这一情景进入王老师的眼里。"雷彻，刚才发生的一幕不就是最好的写作素材吗？"经老师提醒，雷彻好像有所醒悟。"在小组中给大家说一说刚才发生的事。"小组同学聚拢来，有了话题，有了氛围，给了雷彻表达的勇气，他张开嘴说话了。

我们学校还倡导要教师走下讲台，走到学生中间，与学生共同评价和修改作文。因为在传统的作文教学中，教师是评价者，是绝对的权威。学生写完作文怕给别人看，甚至自己也不看，俨然是个局外人。叶圣陶先生说："教师修改不如学生自己修改，学生个人修改不如共同修改。"学生和老师共同制定评价的标准，自我评价、小组评价、教师评价三种方式有机结合。这些评价就像三面镜子从不同方面展现学生的作文能力，去发现学生作文中的闪光点。小组合作进行赏析，与他人比较，取长补短，教师的评价又能锦上添花。在这样的多元评价中，学生的情感得到了尊重，写作能力得到提高，学生对评价的结果自然会心悦诚服，并且还能感受到评点后的快乐，也让评价充满了人性的光芒。

我们倡导"一定要合作"，还有另外一番意义，让孩子们在合作中结交朋友，建立友谊。现在的学生大多是独生子女，没有兄弟姐妹为伴，而且缺少和伙伴共同活动的机会，所以孩子很难交到朋友。再加上孩子往往以自我为中心，不会与小伙伴相处，即使有了朋友也很难形成持久的友谊。合作可以让同学间相互交流、每个人都有机会表现自我，也愿意去接纳他人，他们相互尊重彼此欣赏，既充满温情和友爱，又充满互助和竞赛。合作中积累起来的童年友情是质朴而又坚实的，将成为他们一生的财富。

合作让学生融入集体的良好氛围中，他们感受到集体的力量，体会到成功的喜悦，这种合作精神也将会成为他们学会生活的重要基石。

除了上述五个原则，对于课堂教学，我们还不能忽视它的陶冶功能。蔡元培先生曾经说过："凡是学校所有的课程，都没有与美育无关的。"人类几千年文化的结晶，本身就蕴含着无穷的美，应该让学生在课堂上感受到美，在美中受到陶冶。

课堂上的陶冶是一种氛围，只有身在其中才能被感染；课堂上的陶冶是模糊的，不像拆零打碎后的知识点那么清晰；课堂上的陶冶源自教师的人格魅力，甚至举手投足都让学生效仿。语文课上，老师配乐深情地朗读优美的课文，让孩子们闭上眼睛去聆听。孩子们的心被打动了，他们觉得自己懂了，懂了感觉到的美好，他们产生了想说出来的愿望，可是又说不清楚懂了什么，正是在这似懂非懂的模糊中，他们收获了精神世界的丰盈，孕育了优秀的品质。体育课上，在民族乐曲的伴奏下，体育老师穿着宽松飘逸的专业服装给同学们示范太极拳的打法。一招一式是那么平和稳健，又是那么轻灵圆活。学生被吸引了，朦朦胧胧中感受到了运动之美，中国武术文化之美，就在只可意会、不能言传的美好氛围里，热爱体育运动的种子悄悄种在心田。"Hello，boys and girls！"年轻的英语老师满面笑容地站在讲台上，挥舞手臂热情地向男孩女孩们打招呼，流利的英文如音乐般流淌，得体的装束让孩子们耳目一新，他们感受到的是生命的活力，语言的神奇……陶冶还是吟诵诗歌时的抑扬顿挫，阿拉伯数字组合变化的神奇，乐曲的婉转缭绕，颜色的绚丽多姿……就在陶冶中，课堂充满意趣和美感，充满人文情怀，师生就在这种享受中共同成长。

早在 1998 年，我在《人民教育》上发表的文章中就提到了课堂教学应遵循的原则，至今已经 16 年了。这些原则已成为我们学校的常规，是多年来坚守的东西。随着时间的推移，我们不断地注入自己的理解，让它更丰盈。在丰盈中继续坚守，在坚守中更加丰盈。今年与去年不同，明年与今年不同，过去与现在不同，现在与将来也不同。我们与经久绵长、意味深远的常规共同成长，不断为它注入活力，它的根基才能越扎越深，让课堂教学充满勃勃生机，因而变得魅力无穷。

（三）五项童子功

中国教育学会副会长陶西平先生曾经说过，教育要"张弛有度，知快守慢"。当今是信息时代，发达的互联网每天都和我们在一起，所以"知快"容易，但是"守慢"却不太容易。教育要说的话很多，但不能从网上拿下来就说，我们应当注意，流行快的文化有时会催生虚假的东西。教育要做的事也很多，但是也不能什么都做，因为有的是你做不了、也做不到的，有的则是你做不过来的。所以，做事要有选择，应当选择那些最本质的、让孩子们终身受益的东西。

《基础教育课程改革纲要》目标中提出"精选终身学习必备的基础知识和技能"。我校以此作为深化课改的核心思想，并明确地将其细化为写字、计算、阅读、写作、科学素养"五项童子功"。应该说这件事不仅仅是小学要做的，初中、高中也都要做。为什么我们要称其为童子功？童子功是童年时期练成的可以受益终生的功夫，也是童年没练好，长大了想补也无法补的功夫。北大著名教授陈平原先生就说过这样的话："童子功是补不了的。"在人身上，唯一能持久的东西是从童年时期吸收得来的，我们应该替孩子们珍惜金色的童年，不应该错过的就要尽最大努力来留住。我们小学老师有责任把文明素养融入孩子的血液中，形成孩子终身受益的童子功。

就写字而言，我校查阅过一组数据：《红楼梦》全书文字量达 731017 个字，只使用了 4462 个字；《子夜》全书文字量达 242687 个字，只使用了 3129 个字；《骆驼祥子》全书文字量达 107360 个字，只使用了 2413 个字。这其中出现频率最高的汉字有 3650 个，而常用的 2000 汉字又占了 3650 个字出现频率的 97.4%。可见，成人在汉字应用中所出现的大量错字、别字是小学教育的责任。因为这 2000 个常用汉字是在童年时期，由我们小学老师领着孩子一个字一个字地认、一笔一画地写而习得的，这个过程孩子长大了无法重复。还有计算，在中学的数学学习中，由于"马虎"出错似乎是教师和家长说得最多的原因，其实计算的不准确往往与小学的口算功夫不到家有关。列方程式的问题又与小学阶段应用题教学中是否建立起缜密的逻辑思维有关。小时候没夯实基础，将来就没机会补救；小时候形成的不正确习惯，长大了也很难改过来。2001年，我参加全国更新教育观念报告团时，与时任潍坊市教育局局长李希贵相遇，并经常在一起交流，他有一个观点很令我赞赏，"什么年龄读什么书，我们不能错过孩子们黄金般的阅读心理和阅读年龄"，对此我也深有同感。这是一个很重要的问题，事实上却常常被我们教育工作者忽略了。教育家乌申斯基也说过，儿童是用形式、声音、色彩和感觉来思维的。所以，童年应该读安徒生、格列佛，甚至还应该读汤姆·索亚、阿凡提，还有西游记。孩子们的想象力和感知力恰恰是在读这些书的过程中开发出来的，错过了这个阶段，阅读效果就会大打折扣，甚至永远与这些精神食粮擦肩而过。据说有不少过了而立之年的人，对小时候没读过的名著想补读一下，可是一读就想打瞌睡，觉得都是胡思乱

与李希贵摄于重庆

想、痴人说梦。还有在小学毕业时，如果一个孩子每分钟的默读达不到300字的话，那么就决定着他的阅读速度将很难再提高，有些考生高考时答不完卷子都与之不无联系。至于写作，更是在小学时由字到词、由词到句、由句到篇这样一块砖一块砖地垒出来的，难道长大后还能拆了从头垒起吗？至于对自然的亲近，对科学的兴趣，也是童年时期培养起来的。因为只有孩子才会捡起树叶"杠老梗"，趴在地上看蚂蚁搬家，观察蜻蜓的大眼睛和薄纱般的翅膀。

　　我校童子功的提出，距今已整整10年了。10年来，我校已将童子功纳入常规工作中。扎实的基础知识和基本技能是孩子们形成创新能力的根基。将这些每天必做的、司空见惯的事情做好、做精，常规工作就得到了保证。"童子功"绝非朝夕之功，它需要我们在常规工作中正确地对待和处理，脚踏实地、实事求是地去探索、

去积累、去开辟、去创造。一天天，一月月，一年年，老师们围绕"五项童子功"踏踏实实地进行探索研究，一批批学生练就了过硬的"童子功"，为终身学习打下了坚实的基础。

1. 写字

汉字的造型独特优美，它以结构疏密、点画轻重、墨色淡浓、行笔缓急来抒发感情，创造意境，被喻为纸上音乐舞蹈。它不仅神奇、有趣，还有着悠久的历史，蕴含着丰富的文化！汉字是中华文化的基因，是文明传承的载体。愈是全球化，汉字书写愈显其珍；愈是科技进步，汉字书写愈彰其贵。《语文课程标准》中指出："规范、端正、整洁地书写汉字，是学生终身学习能力的基础。养成良好的写字习惯，具备熟练的写字技能，具有初步的书法欣赏能力，是现代中国公民应有的基本素养。"因此汉字的书写不仅仅是一项技能，也是学生语文素养形成与发展的重要内容，更是对中华民族优秀文化的继承。小学教师有责任使每个学生都能从小就开始养成喜欢汉字的情感态度，有责任让每个学生都能书写一手方方正正、漂漂亮亮的中国汉字，把中国汉字这一文化精髓传承下去，使汉字显示出更强大的生命力！识字、写字是阅读和写作的基础，是第一学段的教学重点，也是贯穿整个义务教育阶段的重要教学内容。多年来，我校高度重视汉字的识写，将"写字"确定为"五项童子功"之一。

要让生性好动的孩子喜欢写字，养成良好的写字习惯，首先要重视写字兴趣的培养。任何一种技能技巧的学习和获得，都离不开兴趣，兴趣是学生持之以恒学习的动力。对小学生来讲，写字与阅读、习作相比，是相对枯燥乏味的，怎样激发并保持学生对写字的兴趣，让学生握着笔就觉得愉快，就容易入迷呢？我们发现对于小学生来说，凡是他们喜爱的，学习持续时间相对较长，效果也较好。根据小学生的年龄特点，老师们采用故事启迪、竞赛激励、展览等方法进行兴趣的培养。在指导一年级学生学写基本笔画"点"时，学生以为写好这一"点"很容易，可实际上写起来就难了。"点"包括左点、右点和长点，"点"的形态也不尽相同，要想写好不同形态的"点"就更不容易。为了激发学生学写"点"的兴趣，一年级的老师播放了王献之学写点画这个故事视频，教育学生要想写好看似简单的"点"需要勤学苦练。他们还根据写字教学的不同内容引入怀素习字的故事让学生学到了勤奋，岳飞在沙上练字的刻苦……古人勤学苦练的故事，是学生练字的生动教材，学生对汉字书写产生了兴趣。老师们还利用多媒体课件，向学生展示要学习的基本笔画及变化形态。在学生反复观察的基础上，引导学生想象："这些生动形象的笔画都像什么?"如"、"像小雨点，"｜"像悬挂的银针，"乀"像剑，"丿"像扫把，这些生动的比喻，加上形象的画面，不仅让学生感受到汉字的形体美，而且使他们对抽象的汉字笔画产生兴趣。在写字课上，老师们还向学生展示精美的书法作品，学生陶醉在楷体字的典雅工整、雍容大方，宋体字的刚柔相济、优美舒展，仿宋体的挺拔秀丽、舒畅柔婉所构成的艺术情趣之中。学生初步感知到汉字的形体美、点线美、空间美，从而产生学习的愿望。

教师还将学生开学第一节写字课上的作业保留下来，一段时间后，让学生与开学时的字进行比较，在自己和自己比赛中发现进步，从而增强写好字的信心。利用儿童的好胜心理，老师还经常让学生互比互学，取长补短。

汉字作为一种符号体系，从笔画到结构都有其自身特点和内在规律。写字教学中，教师要善于引导学生通过观察比较寻找汉字的书写规律。

汉字里合体字占90%以上，合体字都有自己的偏旁，而这些偏旁的书写都有其自身的特点和规律，每个偏旁的起笔、收笔在田字格中都有自己的位置，不能随心所欲。掌握了偏旁的书写，就可以运用到带有这些偏旁的字里，使字的结构安排得更好。新叶新枝课题组先将田字格进行改革，田字格的每一小格参照边界线找出中间点，命名为"点中点"，将汉字的起笔收笔参照两个点中点的位置进行定位，取名"定位法"。合体字中左右结构的字占多数，因此指导写好左右结构的偏旁尤为重要。老师们把左右结构的偏旁分为两类，大偏旁和小偏旁。贯穿于上格和下格点中点的偏旁叫大偏旁，像单人旁、提手旁、木字旁;位于两个点中点区间的偏旁叫小偏旁，如:口字旁、言字旁、土字旁等。根据偏旁的大小以及某一笔画在田字格上的分布，按照"首笔定位""高点定位""低点定位""主笔定位"的方法进行书写。学生掌握了以上定位方法，就能找准每一个笔画的位置，字就在格中定位了。如学习"塘"字时，由于小偏旁的定位比较难把握，老师出示了"土、冫、氵、口"等一组小偏旁，通过课件观察，学生发现小偏旁在格中的位置大致是固定的，只要找到首笔位置就能定好位，因此写这类字时要用"首笔定位"的方法。将偏旁的首笔写在左上格的点中点处，收笔收在左下格的点中点处，这样写出来的小偏旁就显得小巧多了。有时，即使是同一个偏旁因为所在位置的不同写法也不一样，这就需要教师引导学生仔细观察认真比较。比如同样是"阝"，老师让学生观察左耳刀和右耳刀在写法上的区别：左耳刀是垂露竖，右耳刀是悬针竖，教师及时总结所有左偏旁中的竖都是垂露竖这一构字规律。其次是左耳刀窄，钩落在横中线上；右耳刀宽，钩落到横中线下。通过进一步观察，学生又发现"阝"在左边时，要写得高高大大，"阝"在右边时，要写得低一些，这就是"错落有致"的书写规律。老师们注意发现和揭示字的书写规律，做到指导一个字，带动一类字，克服逐字指导的弊端。

我们常常发现学生练字时书写很认真，一到做作业字迹就有些潦草了。究其原因，是学生没有实现知识的迁移，没有形成自觉写好字的习惯。为此，学校倡导"提笔即是练字时"的书写习惯，做到不管什么场合，不管什么时间，只要提起笔来，就要认真书写。为激发学生写字兴趣，培养良好的书写习惯，学校从 1998 年开始创设了校园"写字节"。写字节每年一届，设立"临池奖""笔耕奖""特别荣誉奖"和"精功奖"。首次获奖颁发"临池奖"证书，第二次获奖在证书上加盖一星章；第三次获奖加盖双星章；第四次获奖颁发"笔耕奖"；第五次获奖得"特别荣誉奖"。"精功奖"是集体奖项，每个年级评选出一个错字率最低的班级，授予"精功奖"。如今，写字节已历时 16 载，共有 10852 人次获奖。去年获得"精功奖"的班级，全班 43 名学生共书写了 5160 个字，错字数仅为 4 个，错字率不足 0.08%，浓郁的练字氛围已在校园里形成。

正确的书写姿势对于小学生而言格外重要，因为学生正处于发育的关键时期，以正确的姿势书写，不仅有利于书写的规范，也有利于学生的健康成长。有资料显示：小学生执笔姿势不规范的比例高达 90% 以上。一年级老师编儿歌、顺口溜，让孩子在多次的背诵中养成习惯，如"食指前，拇指后，笔杆落虎口。""头正、肩平、身直、足安"等。书写时注重一气呵成，养成想好再写的习惯。"想"指的是要认真观察笔画的变化、结构的处理，认真分析笔顺的规则，达到"意在笔先"，做到观察仔细，书写认真。良好写字习惯的培养，是一个长期而艰苦的过程，也是磨炼学生意志品质的过程，需要教师经常提醒，坚持不懈。

学校将"写字"纳入学生语文综合评价体系中，采取"写字过级制"。每次过级时，学校在当册书中抽取 60% 必会的生字，要求每名学生都必须正确书写。灯火社团的老师针对学生在听写中出现错别字的问题进行了研究。他们查阅心理学书籍，在学习、实践的过程中发现，学生在出现错字的时候重复书写三至五遍最有助于识记；如果一个字写错了，可以单独重复书写这个字三到五遍，如果写成了别字，那么就把字所在的词语重复书写三到五遍。

为解决汉字识写过程中的回生与遗忘，杨军老师在一年级语文教学实践中思考，如果能把学生学习汉字变成乐事，变单调的读、重复的写、机械的识记为有情有趣地看、有滋有味地思、有感有触地实践，那么正确识字和写字就会变得轻松、愉悦，让孩子们提前进入阅读和写作的愿望就能够实现。由于一年级的学生在学前班已经认识了一些简单的汉字，有了一些识记汉字的感性经验，杨军老师在学生刚入学时就引导学生从生活中认字，如各种商标、牌匾、广告牌等，并尽可能把剪下的字贴在"识字本"上。为了激发学生的识字兴趣，根据一年级学生的特点，她开展了"请来认识我"的活动：全班有 48 名同学，所有同学姓名中的汉字共有 136 个，除去重复的字外，还有 97 个不同的汉字。开始，她把学生的姓名打在一张张卡片上，发给孩子们。利用课间、午休等时间，请孩子拿着写有某个同学姓名的卡片去找同学本人，通过"结对子"的游戏来识记一些较简单的汉字。游戏刚开始的时候，每到下课，孩子们就迫不及待地拿出手中的姓名卡片与同学相对照，嘴里还不停地向同学询问名字的正确读音。短短的三个星期，多数学生不仅记住了全班同学的姓名，人与名对上了号，而且更让杨军老师惊奇的是这 97 个姓名中的相对简单的生字也认识得差不多了。

蒋晓莉老师有意识将学生学过的字编成句子、儿歌、童话故事，让学生阅读，在阅读中巩固生字。比如，学习了"帕、叉、耍、麻、式"之后，让学习阅读儿歌"白毛巾做手帕，又字加点变刀叉。而女耍，广林麻，式字好认工弋加。"再比如，学习了形声字"烧、浇、饶、翘、晓、挠、绕"后，阅读童话故事"猫妈妈不在家"，"冬天的一个晚上，猫妈妈要出去抓老鼠，她告诉小猫在家不要玩火。猫妈妈走后，小猫没有听妈妈的话，在火炉旁绕来绕去。一不小心火苗烧着了地毯，小猫吓得尾巴都翘了起来，他赶紧用爪子去挠，不管用。他又急忙用水来浇，终于把火浇灭了。他长出了一口气，也知晓了妈妈为什么不让他玩火的道理"。科学的训练不仅调动起学生写字的兴趣，也培养了学生正确、规范、美观地书写汉字的能力。

多年的学习实践中，我校教师不断总结写字教学经验，研究写字教学规律，加强学生良好写字习惯的培养，让学生在观察比较、勤学苦练、互相欣赏中，提高正确书写汉字的能力，逐渐形成良好的学习品质，让更多的学生体会到"写好字，真快乐"的美妙感受。

2. 计算

计算是小学数学教学的重要内容和任务，是学生必须掌握的基础知识和必要的应用技能，是数学学习与数学能力发展的根基。《数学课程标准》中明确提出"要使学生具有进行整数、小数、分数四则运算的能力"。在数学教材的编排上，计算贯穿始终，占有很大比重。可见，培养学生的计算能力是小学数学教学的重中之重，夯实"计算"童子功尤为重要。

如何提高计算能力？实践中我们认识到，计算能力的形成要以理解算理、掌握算法为基础，通过科学的设计，在循序渐进中逐步实现。计算的准确率和速度不是靠机械、反复地训练就能自动习得。因此，学校要求教师要从课堂教学上下功夫，尤其要重视新授课。"首印效应"告诉我们，如果学生对所学知识的第一印象出现偏差，那么在以后的学习中往往会重复错误，很难纠正。学校通过开展研讨课、观摩课、指导课等教学活动提高教师新授课的教学能力，因而教师在教学时更胸有成竹，教学更扎实、高效。比如一年级教学 10 以内的口算时，教师能主动遵循从具体到抽象的认知规律，采用数形结合的方法使之达到熟练。教学 20 以内加减法，为了增强趣味性，教师会借助学具和歌谣进行教学，像"凑十法"的儿歌："一九一九好朋友，二八二八手拉手……五五凑成一双手。""看 9 要想 1，看 8 要想 2……大数放前加小数"都是在教学中经常采用的。小学生是靠语言来思维的，课堂上教师常常鼓励学生在口算时说出不同的思路，既让学生理解了算理，又培养了思维的灵活性。乘法分配律是继乘法交换律、乘法结合律之后出现的运算定律。从某种程度上来说，其抽象程度要高一些，是计算的一个难点，因为它不仅仅是乘法运算，还涉及加法运算。根据课前的学情分析，老师们达成共识：教学时应注意通过对比练习区分乘法结合律与乘法分配律的不同特点；通过一题多解的练习，经历解题策略多样性的过程，优化算法，加深对乘法结合律与乘法分配律的理解；针对典型题目多次进行练习。因为老师们在课前做了认真的学习研究，并设计了相应的教学策略，因而学生计算的错误率大大降低了。

计算课往往很枯燥，如何激发学习兴趣？数学教师通过学习研究创造性地使用教材，让学习变成学生内在的需要，主动地参与其中。马红光老师在讲"利息"一课时，发现教材中只是简单介绍了存款的意义，存款的形式，本金、利息和利率的概念以及利息的计算方法。如果按照传统的教学方法，教师在 20 分钟内就可以教完这部分教学内容，剩下的时间就是让学生反复运用公式来计算。这样做不仅局限了学生的思维，限制了学生积极参与的兴趣，使学生成为死读书的知识容器。五年级的老师们深入分析教材后，决定突破教材的束缚，从生活实际出发重新设计教学内容。课前进行"调查走访"，让学生带着《你对存款知多少》这个题目，根据自己的兴趣调查走访，亲身感受生活中的"利息"问题；课堂上让同学们交流调查走访的体会，教师在学生反馈信息的基础上有针对性地讲解计算利息的公式，然后指导学生进行运用公式计算利息的练习。这样一来，学生们学

在美国与当地中学生合影

习的积极性提高了，通过计算，有的学生还发现利息和储蓄的数额、储蓄时间的长短有关系，相同数额下，存的时间长利息多，定期储蓄比活期储蓄利息高。学生还发现，除了储蓄以外，还有其他理财方式。这时在学生的头脑里，计算不只是书本上的知识，而是成为生活中的工具，和生活发生着千丝万缕的联系。以后，学生在超市购物、在当家庭"小管家"中都能主动运用计算，而这种主动性正是产生创造能力的前提。

数学教师还经常开展"找斑点"活动，通过分析研究学生在计算中出现的问题来反思教学实践，并透过错误的表象看到实质，积极寻找对策改进教学，对培养学生的计算能力起到了极大的促进作用。灯火社团的老师们发现，三年级的学生在计算多位数乘一位数的连续进位乘时经常出现错误。他们将出现学生错误的算式和草纸逐一进行分析、比较，很快就发现了一个共性的错误，那就是错题的学生大多是在乘加口算上出了问题。比如，$127×8$，学生在计算时要先算 $7×8＝56$，再算 $2×8＋5$，这一步的答案应该是写 1 进 2，然后再算 $1×8＋2$。就是在这两步乘加的口算时，学生掌握得不够准确而导致了错误。随后老师们有针对性地设计了"乘加口算"

的专项练习。经过一段时间的强化训练，多位数乘一位数的连续进位乘这类问题的病根很快就被挖除了。在此后的计算题设计中，教师会更有针对性，让学生灵活掌握所学知识，在辨析中真正提高计算能力。发生计算错误的原因还有很多，比如有的学生会把加号看成减号，把"12"看成"21"，这是因为儿童感知事物比较笼统，不善于发现事物的联系和特征，是心理学上的"月晕效应""习惯效应"。有的学生答题时一有声音就"分心"，这是由于注意的不稳定性造成的。有的学生之所以产生计算错误，是因为受以前学习的经验模式影响，这是"定势效应"，等等。当教师运用心理学知识来研究这些问题时，就会对学生出现的错误多了一份理解与宽容，而不是简单粗暴地埋怨学生或用惩罚来解决问题。教师还会在遵循规律的前提下寻求对策，提高学生的计算能力。比如，学校规定数学课堂上，新授前要进行视算、听算的练习。因为视算和听算是口算练习中两种基本的形式。视算是通过眼看题目脑算，直接口说得数，此时学生必须注意力集中，认真观察，眼、脑、口同时配合。听算则是通过耳听、脑记和脑算对学生进行口算训练，相比视算难度增大，却是激发学生思维潜能，培养数感的好方法。在口算中经常调换口算形式，将视算和听算相互结合起来，交替使用，可以提高学生口算的兴趣，训练记忆力，提高速度，让学生的学习心理始终保持在渴求的积极状态。还有，在视算、听算、笔算中加入新旧知识的对比训练内容，让学生既掌握新知，又复习旧知，进一步明确加、减、乘、除之间的关系，使新旧知识互相沟通，形成完整的知识体系。

要提高学生计算的准确率和速度，如何循序渐进地强化训练更科学？学习研究后，每天10分钟的"计算天天练"被安排进入学校的课程表。数学教师按照书中的章节编成系列练习题，根据艾宾浩斯的遗忘曲线科学安排口算、笔算等内容的再现时间，以小卷的形式考查学生。每次考查前，老师要根据不同年段、不同班级学生的不同特点，提醒学生在答题中养成认真的好习惯，同时教他们一些答题技巧。比如，答口算题时要横向或纵向一道一道地答，这样才能做到不重复、不遗漏。做题时要集中注意力，边想边写答案。做完题后要从头开始一道一道地检查，用不同的算法验算，并且把检查过的题做上标记。笔算之前，要准备好演草纸。用折叠的方法折出格子，按顺序在格子中笔算，以便检查时能容易地找到，节省计算时间。在学生答题时要营造安静的氛围，不要过于频繁地走动巡视，对有不良答题习惯的学生要争取在第一时间发现并予以指导，抓住养成良好习惯的最佳时机。对于班级内出现的影响其他同学的做法要及时消除，以免造成"破窗效应"。在教师总结试卷时除了要分析错误原因，还要关注计算习惯的落实情况，如书写是否整洁、规范，是否运用草稿纸笔算等。怎么评价学生？我们始终坚持用不一样的标准评价不一样禀赋的学生，比如教师对"计算天天练"进行统计后，会激发那些思维敏捷、学习能力强的学生的数学潜能，争取达到更优秀。鼓励学习能力较弱的同学自己和自己比，从中获得自信和成功的体验。并评出周、月、学期的"计算黑马奖""计算小明星"。然后把"喜报"张贴在墙上或送达家长手中，通过"家校圈"进行表扬，聘请担任"计算小老师"，在班会上汇报计算经验等，经过教师科学的设计，枯燥的计算变得充满乐趣和挑战性。

针对计算，学校还精心设计、组织竞赛活动，对于提高学生的计算能力，挖掘学生数学潜能有明显的促进作用。心理学家托伦斯曾做过竞争条件下学生创造性思维的实验，结果表明，每个年级的学生在思维灵活性、清晰性和流畅性等方面都远远优于非竞争条件下的情况。我们还认识到只有竞赛组织的频率适度，并且注重评价方式的多元，才能真正保护学生的积极性，收到预期效果。我们的竞赛活动是丰富多彩的，比如把全班同学平均分成八个组，每个组同学接力完成同一张计算卷。计算速度快、准确率高的组获胜，我们把这种竞赛叫"计算接力赛"。在竞赛中，教师们欣喜地发现同学们的集体荣誉感增强了，平时注意力不够集中的学生也变得那么专注，计算的准确率比平时高了。"扣13"是同学们喜欢的一种数学游戏，在学习"20以内的加减法"之后就可以玩。先在同桌两人之间进行，准备好1—20的卡片，打乱顺序后扣着发到每人手里。比赛时，两人轮流一张一张地揭开数字，比如一个同学出了"5"，另一个同学再出一张"8"，这时就要迅速把手扣到"8"上。再比如，当连续出现"2""7""4"时要迅速把手扣到"4"上。谁扣得慢，谁就把桌面上的卡片收到自己手里，谁先清空手中卡片谁就获胜。同桌之间熟练了以后逐级参加挑战赛，从四人小组的竞赛直至班级的决赛。老师还建议同学们回家后利用扑克和亲人玩儿。玩着玩着，老师竟然发现同学们创造性地玩起了"扣14""扣18"的游戏。"扣13"既是游戏，又是竞赛，既锻炼了学生的观察力、记忆力，又提高了思维的敏捷性，因而他们的计算兴趣更浓了，准确性也更高了。

学校每个学期都要举行"计算过关"测查，低年级考查口算，测查时间为10分钟。中高年级考口算和笔算，测查时间为20分钟。试卷由学校出，在保证准确率的前提下，提高对学生计算速度的要求。以一年级下学期为例，口算考查内容为"百以内加减法"，共 60 道题，10 分钟交卷。学生可以提前交卷，由老师统计时间。测查后统计，学生口算的平均速度达到每分钟 7 道题，平均错误率为 5％。远远高于教参中提出的"单元结束后绝大多数达到每分钟做 3 题""平均错误率 12％以内"这个要求，甚至学年中有近 10％的学生达到每分钟 20 题。在学校较高标准的要求下，平均每个学年有近 10％的学生达不到要求。比如，一年级下学期测试 60 道口算题，如果学生错 4 道题以上，就视为不合格，需要参加第二次补考。因为我们要尊重学生的差异，给他们成长的时间和空间。这时考查不再参照学校标准，而是按教参规定的标准进行。"计算过关"，我们关注的不仅是学生的"计算"能力，还有"计算"中的人，培养学生的自信心、认真的做事态度是我们更为看重的。

计算看似简单，其中却蕴含着大学问。绝不能盲目机械地进行重复练习。如果老师对自己的工作不加以审视，不反思以求改进，势必会造成教学效率低下，长期下去，就会酿成学生厌学的恶果。计算当中有科学，科学在于求真，我们要以求真务实的科学态度来对待教学中出现的问题，不断地在实践中提高认识，发展能力，超越自我。

3. 阅读

全世界很多国家极其重视阅读，美国政府曾提出"挑战美国阅读"，制定"卓越阅读方案"；日本曾颁布"儿童阅读推进法"，指定"儿童阅读日"；英国在 2003 年提出将儿童的阅读进行到底。随着课程改革的推进，儿童阅读问题在中国也得到了前所未有的重视。然而现实生活中，小学生的文本阅读正在悄悄地被弱化，各类补习班、电视、动漫、网络充斥着孩子们的课余生活。当孩子在学习上有了困难，家长们往往选择花大量的时间和金

朱永新教授在南马路小学

钱送孩子去补课班。苏霍姆林斯基说：要"无限相信书籍的力量。"阅读是人类传承文化的最基本手段，是搜集处理信息、认识世界、发展思维和获得审美体验的重要途径。阅读是所有课程的核心和基础。无论哪一门学科，主要的学习手段都是通过阅读各种教材和书籍来接受前人所创造的文化遗产。有人曾做过统计，人类90％以上的信息来源于阅读。教育研究者发现，儿童的阅读能力与未来的学习成绩有密切关联，阅读经验越丰富、阅读能力越高，越有利于各方面的学习，而且阅读越早越有利。朱永新教授甚至认为阅读是解决素质教育问题最好的路径。因此，小学生阅读问题引起我们极大的重视，在课内阅读和课外阅读都进行了一些实实在在的思考和探索。

学校成立了专门研究小学生阅读的课题组——"幸福公社"。因为阅读会为孩子幸福的人生奠基，所以我们给课题组起了一个如泛黄的老照片一样美丽而古老的名字。我几乎从不在学校的任何课题组中任职，唯独担任了幸福公社的"老支书"。老师们成立了班级读书会，如"黑眼睛""小溪流""消息树""大叶杨""采浪花""落花生""阅微书会""小脚丫书友联盟"……他们在班级读书会中开展了晨读十分钟、经典诵读、名著伴我成长等特色读书活动。2009年的寒假，我们还出版了自己的社刊——《幸福公社学期刊》，其中的栏目有精品陈列、好书推荐、点滴心得、佳文鉴赏、亲子悦读等，希望以此凝聚所有教师相信阅读的神奇力量，推动儿童阅读工程，通过阅读给学生不一样的世界，也成就自己的幸福人生。

"晨读十分钟"是孩子特别喜欢的读书时间。每天清晨，孩子们都会静静地坐在教室里听老师给他们读美文。程鑫老师在教学日记中写道：

今天我们要读的是冰心的《雨后》。虽然这是冰心写于1959年的诗，距离现在已有50年了。但是我想，孩子爱玩的天性不会变，他们眼中的世界不会变。他们一定会喜欢这首诗！

嫩绿的树梢闪着金光，

广场上成了一片海洋！

水里一群赤脚的孩子，

快乐得好像神仙一样。

小哥哥使劲地踩着水，
把水花儿溅起多高。
他喊："妹，小心，滑！"
说着自己就滑了一跤！

他拍拍水淋淋的泥裤子，
嘴里说："糟糕——糟糕！……"

刚读到这儿，"哈哈哈！"教室爆发出一阵欢乐的笑声。有些"小淘气"一边冲同学扮着鬼脸，一边嘟哝着"糟糕、糟糕"。他们显然对这个词语充满了新鲜感，不住地重复着。我继续往下读：

小妹妹撅着两条短粗的小辫，
紧紧地跟在泥裤子后面，
她咬着唇儿，提着裙儿，
轻轻地小心地跑，
心里却希望自己，
也摔这么痛快的一跤！

话音刚落，"老师，'唇儿'和'裙儿'都是儿化音，读起来很好听。"何迪抢着说出了自己的感受；学习上有困难的刘子瑜用手指点着书上的字，轻轻地念"溅起""赤脚"，我感动极了，要知道，他的识字量少得可怜，诗中又没有拼音，他想读出这些生字，得需要多么认真地聆听啊！……就这样，我和孩子们陶醉在诗的世界里，沉浸于美好的朗读之中。

每天给孩子们朗读的时候，我常常偷偷观察他们的神情，是那么专注，那么喜悦，那么幸福。我要永远珍惜这份由读书带给我们师生的美好，将朗读进行到底。

丁莉老师在教学日记中写道：

学生们坐在安静、温暖、泛着淡淡灯光的教室里听我读《爱心树》这本书。窗外的天空灰暗，还飘着雪花，让这安静的小屋显得越发温暖可爱了。孩子们静静地望着我，凝神聆听，有的人眼中闪着点点的泪光，这是一幅无法用语言描述的美好图画！读完这样的故事，孩子们只要记住了这个故事，他就懂得了很多东西，不需要去告诉他这就是父爱母爱，他们已经明白了。儿童文学就是用这种最有诗意、最感动人的故事把人类的基本感情告诉孩子。这样的故事和作品阅读多了，一个人就被浸润其中，他就会变得有感情。这远胜于我们平时生活中的说教。

"晨读十分钟"是学生开启一天学习生活前的"热身"，是学习中的一道开胃小菜。通过"老师读·学生听"的方式，学生将美文"从文字世界过渡到了声音世界"，开阔了视野，丰富了情感，获得了审美的愉悦。

课题组提出的"课内学方法，课外览群书"得到了全校语文教师的共识。首先，要在语文课堂上打好坚实的阅读基础。学校十分重视上好每一节语文课。教学的最终目的是让学生习得方法，学会学习。老师们对传统的阅读教学进行了改革，确立"以学定教，顺学而导"的教学模式，提高了阅读教学的实效。现行语文教材的主体部分都是由一篇篇文章构成的"文选式"教科书，阅读课在语文课中占有很大比重。阅读教学中的"读"也是最能体现语文学科个性的，因此在课堂教学中，教师十分重视学生的朗读和默读。语文课上，教师将"读"作为教学主线贯穿于课堂教学的始终，并辅以相应的语言文字训练。一节节阅读课，老师带着学生把课文读通读顺，读美读熟，有的甚至背诵下来。语文学科的"工具性"和"人文性"就在这入情入境地读中有机地整合起来。

关于默读，苏霍姆林斯基说："为了使学生学会有表情地、流利地、有理解地阅读，使学生在阅读的时候不要去思考阅读过程而是思考所读的内容，那就必须使学生在小学期间花在朗读上的时间不少于200小时，而花在默读上的时间不少于2000小时。"这些经过实践检验过的数字，如果我们没有做到，教师在用大量的讲代替学生的阅读，就一定存在问题。教师在研究朗读、默读的问题时，确定了学生每天的朗读时间不少于20分钟，默读时间不少于1小时，这样才能够让学生达到流利、有理解地阅读。我们在语文课堂上最大限度地让学生朗读和默读，采用以问促读、激趣引读、点拨导读等方法，精讲多读，教给学生在读中进行感悟的能力和方法。老师们还查找了大量资料，共同研究，运用定时测量、全篇测量、有效阅读测量等方法测定学生的默读速度，并根据所测量的数据，确定了不同年段学生的默读标准。学生在潜心阅读中少了浮躁，多了实实在在的收获。

　　"不动笔墨不读书"是关于读书的古训。读书要有所收获，最重要的是吸取和积累书中的精华。积累的方法有很多，但最适用的莫过于做读书笔记了。已故著名作家钱锺书先生的记忆力惊人，被外国学者称作是"照相式"的记忆。即便如此，他仍然记下了大量的读书笔记，而且这些笔记成为他著书时的主要参考资料。可见，做读书笔记是提高阅读和学习能力的

静静阅读

重要途径。起初的要求是让学生摘录书中的好词佳句。教师和学生共同阅读欣赏某篇文章，共同寻找其中的好词佳句，经过引导学生渐渐知道了哪类词句有积累的价值。然而，学生的领悟能力和欣赏水平是不同的，没有交流就缺少借鉴，提高得也慢。因此，教师经常组织学生互相交流读书笔记。在读他人的笔记时，如果遇到了自己也认为精彩的词句，那么就用简单的符号表示出来。当学生看到自己摘抄的内容被他人用符号标出表示欣赏时，都非常高兴，而且也从他人那里学到了很多新鲜优美的词句，有的学生还通过读他人的笔记对其他同学读的书产生了兴趣，于是互相推荐、借阅课外读物。在经历了最初的摘抄好词佳句之后，教师们发现有不少学生只积累而不会应用，读书笔记做得不错，可习作时仍是"白开水"。为此，老师们想了很多帮助孩子们学会应用的办法。比如，鼓励学生多翻看自己的读书笔记，将其中的好词好句有意识地运用到作文中，看看每篇作文能灵活恰当地用上几个词句。渐渐地，学生们看到自己作文中被老师赞赏的语句越来越多，这才真正体会到积累的益处。同时，老师们对提高读书笔记的质量提出了新的要求，除了继续摘抄精彩词句外，还要求用简练的语言概括出所读篇章的主要内容，并写出读后的感受，字数可多可少，以此培养学生边读书边思考的习惯。

其次，学校还开设了校本课程——读书课，作为语文课的延伸。《南马路小学语文补充读本》作为读书课的补充，为学生课内阅读与课外阅读之间架起了一座沟通的桥梁，对于学生阅读篇目的扩充、方法的迁移、能力的培养、兴趣的提高以及习惯的养成都有重要意义。学生每周都要在专用教室——"活水轩"里上一节读书课。学生在一架架的书前安安静静地浏览书目、挑选书籍、查阅资料，从而养成进图书馆的习惯，形成了良好的阅读修养。起初上读书课的时候，老师们发现大部分学生能全神贯注地静静阅读，可总有一些孩子东张西望，不能很快进入读书的状态。于是，怎样上好读书课，就成了老师们探索的课题。有一次上读书课，王雪惠老师看见窗外大雪纷飞，而孩子们在阅览室里静静地读书。王老师即兴写了一篇随感，记录下这个令人感动的画面。

> 这是第四节课。我和我的学生们坐在安静、温暖，泛着淡淡橘黄色灯光的图书室里读书。窗外的灰暗和雪花，让这安静的小屋显得越发温暖、可爱了。望着我的学生手捧着书，静静地读着，真是一幅美好的图画啊！
>
> 瞧，宋佳音的眼睛紧紧盯着书，嘴角微微噘着，真不知她正漫游在怎样的故事世界里。姚佳莉已经保持一个姿势很长时间了，可她自己竟浑然不觉，完全被眼前的书本吸引住了，那表情多安静，似乎周围的一切都不存在了，整颗心完全融进了书里。王佳锟的脸都快贴在书上了，可我真不忍心因为提醒注意姿势而打扰他，不忍心把他从书中那精彩的故事里唤醒。
>
> 是啊，读书是一件多么快乐的事啊！这一颗颗童心正随着书中人物的欢乐、悲伤而跳动，正经历着他们从未经历过的事情……
>
> 下课铃声突然响了，唉，这铃声响得可真不是时候……

当王老师给全班同学读这篇随感的时候，孩子们都聚精会神地听着。听到自己名字的同学都情不自禁地露出了喜滋滋的笑容。后来的读书课，认真读书的人越来越多了。孩子们尝到了融进书中的快乐，读书课也上得越来越好了。

在读书课上，张英男老师通过主题阅读，有针对性地选取与课本中同步的文章引领学生阅读，在同一主题下，用一篇带多篇，用一本带多本。比如，教材中第六单元编排了多篇古代神话故事，老师就由《被缚的普罗米修斯》一文引发开去，寻找同类别的文章进行阅读，学生找到了多篇希腊神话。孩子们运用语文课上学到的读书方法津津有味地阅读。下课了，有的学生将自己读到的有趣的内容与老师和同学分享。为了保持学生的阅读热情，张老师还开展以希腊神话为主题的读书交流会，学生们不仅介绍新旧神谱、特洛伊战争的起因等有关希腊神话知识，还交流了读书心得，从而实现了阅读的个性化、多样化。

再次，学生的课外阅读也进入了老师的视野。《语文课程标准》中明确提出：学生在小学阶段的课外阅读总量不能少于 145 万字。教师要"培养学生广泛的阅读兴趣，扩大阅读面，增加阅读量，提倡少做题，多读书，好读书，读好书，读整本的书"。因此，将学生领进更广阔的课外阅读的世界，是我们小学教师的分内之事。

荣获"宋庆龄樟树奖"

清代大文学家袁枚曾说过："书非借不能读也"，我们由此得到启发设计了"浣书流"工程，并纳入学校的常规工作。"浣书"取自清代嘉庆年间的出版机构——"浣书堂"，寓意读书要读得澄澈明洁，如洗过一般。"浣"谐音"换"。"浣书流"旨在让书籍流动起来，如不息之水流溢在孩子的生命中。学校精选两千余册知名出版社的优质图书作为"浣书流"的第一批用书，三年进行一次补充更新。每本书都有编号，按年段分发到各班，每班 28 种，共 56 本，学生、班级、年级之间根据《"浣书流"工程实施细则》互换书籍阅读。语文老师还为每一名学生建立了阅读档案，全面掌握学生的阅读基础和阅读进展情况。阅读档案的建立使学生产生了阅读动力。以上学期为例，全校人均读书 9 本，阅读总量达 92 万字，最少的学生阅读总量也近 20 万字。五年下来，阅读量多的学生达到上千万字，最少的也阅读了近 200 万字，远远超过教育部规定的 145 万字的标准。

面对浩瀚的书海，如果缺少教师必要的引领，学生的课外阅读就像大海中盲行的船，最终会偏离航道或无功而返。现在有很多孩子爱看动画片和漫画书。《会阅读的孩子更成功》一书的作者南美英认为："看电视和看漫画书成了词汇贫乏的原因。"比如，"他像一支离弦的箭冲出了教室"这句话，在漫画书上只用"嗖"这个象声词一带而过。如果在阅读的视野中只有漫画书，势必会缺少语言文字的滋养，慢慢地，孩子就丧失了熟悉好词佳句的机会。所以，我们给低年级的学生推荐了图文并茂的绘本，比如，《七号梦工厂》《掉进酒桶的老鼠》等，倡导高年级的学生"少读漫画，多读经典"。老师们给学生推荐了很多既有趣又经典的儿童书籍，比如，《长袜子皮皮》《浪漫鼠德佩罗》等。教师在读书方面有意识地引导，提高了学生阅读的修养与品位。

读书奖励机制的建立，为推动儿童阅读、培养学生的读书习惯起到了积极的促进作用。2002年，我荣获了第11届"宋庆龄樟树奖"，将奖金全部捐赠设立了"南马路小学樟树儿童读书奖"。迄今已颁奖11届，共有1472人次获奖，其中有46个家庭获"亲子读书奖"。每年一届的樟树儿童读书奖颁奖仪式通常在7月份举行。这是孩子们翘首企盼的节日。筹备颁奖仪式，最费精力的就是选书了。我对书籍的要求近乎挑剔——对于书籍的出版社、装帧、纸张的克重，都有自己的标准，不允许有一本盗版书进入孩子们的视野。我们让孩子从小接触到的书一定是最好版本的，比如"四大名著"在一家大型的书店里就可能有十几甚至几十个版本，我们一定要挑选中华书局、人民文学、上海古籍等一类出版社的图书；比如《汤姆·索亚历险记》这样的外国文学名著首选上海译文出版社或译林出版社。书籍买回来，我们按照不同年级、不同奖项将一本或几本书摆放好，用红色丝带打上精美的蝴蝶结送给学生。几年下来，我们选购了大量书籍作为礼品送给孩子们。像《史记故事》《林汉达历史故事》《封神演义》《说岳全传》这样的历史故事，像郑渊洁童话系列、杨红樱的马小跳系列、曹文轩的《草房子》，像海伦·凯勒的《假如给我三天光明》、黑柳彻子的《窗边的小豆豆》、圣·埃克苏佩里的《小王子》、罗琳的《哈利·波特》……古今中外，凡是孩子们喜闻乐见的优秀作品都是我们选择的对象。

颁奖仪式上，获奖学生手里捧着心爱的书籍，脸上洋溢着灿烂的笑容。看着他们高兴的样子，我也打心眼儿里乐，我觉得让孩子从小养成爱读书的习惯是一件功德无量的事。我对获奖的学生讲："获得这个奖项，标志着你们在渐渐形成读书的习惯。如果你成了一个有读书习惯的人，你将成为一个丰富的人，一个有力量的人，

为获"亲子读书奖"的家庭颁奖

甚至可以开疆拓土的人。有人说，你坐在一个喜欢读书人的旁边，即使他不说话，你都会感觉到你像坐在大海边。"我也对获奖的家长说："有很多家长有良好的经济收入。他们一心想着给子女留下财富，但是如果家长能和孩子一起读书，给孩子留下终生爱读书的习惯，那将是取之不尽、用之不竭、影响孩子一生的精神财富。"颁奖仪式上最隆重的一个奖项就是"亲子读书奖"。在悠扬的乐曲声和热烈的掌声中，家长牵着孩子的手走上红地毯，共同分享读书带来的自信和荣耀。此情此景，对于每一个在读书中成长的孩子又何尝不是一种激励！一个没获奖的孩子不无羡慕地说："从今天开始，我也要让爸爸妈妈和我一起读书，我还要他们在休息日里和我一起去书店买书，明年我也要获奖！"

此外，读书还要纯熟，在小学阶段养成熟读成诵的功夫也至关重要。古语说，"少年之记，如石上之刻；中年之记，如木上之刻；老年之记，如沙上之刻。"脑科学研究表明，13岁之前是人一生中记忆的黄金年龄，一旦错过难以弥补。一谈到背诵，人们常常会想到中国古代的私塾，中国许多文学大师都是在童年时期就能熟读成诵。那些在儿童记忆力发展的黄金时期积淀下来的经典，会印刻在身上，并随着年龄的增长，成为一个人的素质与修养。我们每个人都有这样的感受，童年时代背诵的文章，到了成年也能脱口而出。梁实秋先生在《岂有文章惊海内》一文中说："我在学校上国文课，老师要我们读古文，大部分选自《古文观止》《古文释义》，讲解之后要我们背诵默写，这教学法好像很笨，但无形中使我们认识了中文文法的要义，体会撷词炼句的奥妙。"也许这种最古老最笨拙的方法才最有效。在日常教学中，老师们除教材中规定的背诵内容必须让学生拿到手外，还补充了《南马路小学背诵篇目》，包括古典诗词、快乐童谣、现代美文，背诵数量达3万余字。一年级上学期，学生就已能熟练背诵"必背篇目"中的20首古诗、30首童谣、经典散文

《陋室铭》和"选背篇目"中的若干篇。背诵形式，各班可以根据需要自行选择。有的班级是学生轮流带领全班同学背诵，有的班级是老师配上优美的音乐与学生一起背诵，有的班级干脆从网上"请"来朗诵名家和学生一起背诵，还有的老师在班级的展示板上开辟了"每周一文"栏目，在学年开展了"背诵擂台"的活动。海量背诵，既启人心智，又为学生的幸福人生打下亮丽的精神底色。经典诵读，厚积薄发而又历久弥新！学生们通过背诵经典，对优秀作品的理解和鉴赏能力有了明显提高。

五年的小学时光，孩子们在书籍的世界里徜徉，伴着名家经典体味生命拔节的奇妙音响。我们可以负责任地说，凡在南马路小学学习生活过五年的学生，身上一定有受过良好阅读训练的印记。

4. 写作

俗语说："读十篇不如做一篇。"契诃夫认为："对作家来说，写得少是这样有害，就跟医生缺乏诊病的机会一样。"可见，提高写作能力的重要途径就是写作实践，就像只有在游泳中才能学会游泳是一个道理。我校将"写作"列为童子功，并进行了一些有益的探索。

《语文课程标准》阶段目标中，对于写作有不同的表述，第一学段称为"写话"，第二、三学段都称为"习作"，到第四学段才称为"写作"。称谓的不同，体现了要降低小学阶段写作难度的思想。古人有一种很好的写作理念，认为写作应该从写"放胆文"起步，逐渐过渡到写"小心文"，即在学习写作的初始阶段，不必强调种种规矩，应让孩子放胆去写，就像初学走路的婴幼儿，首先是让他有迈开步子自己走路、不要人扶的勇气，这时候什么走路的规矩和技巧对他来说毫无用处。季羡林先生曾写过一篇回忆文章《我的老师董秋芳先生》。文中描述了一个细节："他出作文题目很特别，往往只在黑板上大书'随便写什么'五个字，意思自然是，我们愿意写什么，就写什么；愿意怎样写，就怎样写，丝毫不受约束，有绝对的写作自由。"那是个写八股文的年代，而董先生却对写作不提任何要求，让学生有"绝对的写作自由"，这种开放的写作观令人钦佩。叶圣陶先生也曾说过，"只有让孩子自由表达，才能鼓起孩子写作的欲望，才会使孩子有话可说。"因此，我校教师鼓励自由表达，让孩子易于动笔，乐于动笔。在低年级不必过于强调"怎么写"的问题，应鼓励学生把心中所想、口中要说的话用文字表述出来，让学生处于一种放松的心态，这就是人们常说的"我手写我心"。学生没有"作文"意识不要紧，关键是让学生敢于自由表达，乐于动笔。

一年级的老师发现，当孩子学完拼音时有了一定的词汇和语句积累之后，在与人沟通和交流时更愿意以书面形式来表达。可是由于学生识字有限，当遇到不会写的字时，除了让孩子用拼音代替外，还可以采用画图的方法。现在一年级学生的年龄是 6 岁，3～6 岁的儿童是通过存留在脑子里的一些表象来思考的，因此可以借助图画来代替不会写的字词，使孩子克服不会写字带来的思维停顿，而且提高了学生"写作"的兴致。只有不敢画的孩子，没有不会画的孩子。再复杂的人物景象，只要经过了他们的头脑，就会变得简练起来；再简单的事物，只要经过他们的手画出来，就会变得丰富起来。如果孩子要写"蚂蚁搬家"，就可以画一个小蚂蚁背着一粒大米，在画画的过程中，他们在头脑里会产生蚂蚁搬家的一系列动作和情节，而这些想象又丰富了他们的写话内容。在采取"以图代字"的训练中，老师们还注意随着学生学习生字的增多和运用语言能力的增强，鼓励学生尽量用文字表达，这样的引导会让学生的抽象思维逐步发展。经过团队学习，低年级教师还发明了"图画日记""图说系列"等办法，有效地提高了低年级学生的写话能力。

赵红艳老师在一年级时就带领学生诵读了 300 多首儿童诗。清新活泼的儿童诗深得孩子的喜爱。升入二年级，经过赵老师有意识的引导，班里的一些孩子已经不满足于仅仅读别人的诗了，常常"诗"性大发，黑板、文具、桌椅、清风、明月，甚至垃圾桶都成了他们的写作对象。写完后，同学之间还互相交换作品津津有味地朗读。下面的两首诗都是学生在课堂上即兴创作的。

> "风是一架飞机，
> 每走一阵就会落下几个小伞兵。
> 飞到大地上，
> 给大地妈妈喝水；
> 飞到小河里，
> 和小鱼小虾游戏；
> 飞到玻璃上，
> 望着小朋友玩耍。"
>
> ——矫政言

"小鸟小鸟静悄悄，
　树儿要睡觉。
　树儿树儿静悄悄，
　风儿要睡觉。
　风儿风儿静悄悄，
　花儿要睡觉。
　这里那里静悄悄，
　大家要睡觉。
　大家大家静悄悄，
　宝宝睡着了。"

——谭斯媛

　　如果不是赵老师在课堂上亲眼所见，真的很难相信这样充满童真童趣的诗竟出自二年级的小朋友之手。儿童天生就是诗人，没有诗意润泽过的童年是不完整的。放飞孩子的想象，还孩子本属于他们自己的诗意童年。

　　写日记是提高学生写作能力的有效途径。可是大多数学生却把写日记当作负担，这种被动的写作对于写作能力的提高是没有益处的。王妤老师把学生分成 8 个小组，每个组员轮流写日记，大家叫它"漂流日记"。每个人在写的同时还可以欣赏到其他同学的日记，老师和同伴还会在本子中与作者

与陈锁明院长（左二）及部分全国骨干校长合影

交流感受。每天日记本一发下来，小组的同学都会饶有兴致地品读一番。前面有的同学运用了一个好句子得到了老师的好评，接下来就会有人效仿。周五，小组中的

一名同学可以将日记拿回家和家长一起分享。家长也参与到"漂流日记"中来，有的对孩子们的日记作点评，有的回忆自己的童年生活，还有的对孩子说说心里话……孩子们乐此不疲地写着"漂流日记"。一次，王老师出差归来，孩子们就迫不及待地问："咱们什么时候写'漂流日记'呀？"孩子们从写"漂流日记"中学着积累、借鉴，更重要的是他们能在日记中诉说悲伤、分享快乐，表达真情实感，写作的兴趣就在这种自由表达中逐渐培养起来。

有的老师还在班级的展示板上开辟了一个栏目，叫"作文话题我推荐"。孩子们可以随时将感兴趣的话题记在上面，推荐给大家。"我希望星期天可以这样过""生病真难受""我的小鸟飞走了"……这些话题让孩子们一下子有话可写了，真情实感也就由心底自然流淌出来。

写作水平的提高是一个循序渐进的过程，不能一蹴而就。叶圣陶先生说："写作的历练在乎多作……为养成写作的习惯，非多作不可；只有经常动笔，反复运用，不断探索，才能逐步解决各种困难，把学到的知识运用到写作，从不会到会，从搜肠刮肚、绞尽脑汁到胸有成竹、得心应手。多写多练，在练习内容上，也应由简到繁，由浅入深，以期最大限度地激发学生的写作欲望。"学校明确提出每学期习作不少于 25 篇、必须当堂完成的要求，并在我校的办学使命中将"勤于写作"鲜明地提出来。

不少学生感到写日记苦恼是因为他们还缺乏从生活中提炼素材和把握谋篇布局的能力。因此，老师们提出要降低写日记的难度，从训练学生写精彩句子和段落入手，用"连缀成文"的办法，逐步提高他们写日记的水平。这样一来，就把每天写日记改成每天写一句或一段表达自己真情实感的"精彩句段"，这就是"精彩句段每一天"的由来。后来，"精彩句段每一天"成为我校学生每天的必修课，老师们让学生将当天观察到的人、事、景、物加以选择自由地写点什么，有话则长，无话则短，力争写得精彩，表达真情实感。比如，有的同学面对春天的反常气候写道："现在是春天，应该是春雨霏霏的季节。可是今年春天怎么像是生病了呢？先是雨夹雪，接着又是沙尘暴，把好好一个春天弄得不像春天了。"有的同学反感家长给予的过分关爱，写道："我一点自由空间也没有。家就像个盒子，我是一颗珠子，我的上边是爸爸，下边是妈妈，左边是奶奶，右边是爷爷。他们整天围着我转，把我的心转得迷迷糊糊的！"这样每天练习写一段话，日积月累就搭建起了学生的"写作大厦"。

全国著名特级教师于永正曾经说过："在小学生作文刚刚起步的时候，在学到了一种新的写作知识刚刚运用的时候，在学生写着写着遇到困难而愁眉紧锁的时候，在学生面对作文题目感到一筹莫展的时候，恐怕没有比老师'下水'示范一下更有启发性、鼓舞性、指导性的了。"所谓"下水文"，就是教师用学生的口吻，按学生的认知水平和能力，以学生身边的事物为典型材料写的文章。写"下水文"成了我校语文教师的基本功和必修课。教师有了亲身"下水"的真切体会，讲解就会更加透彻，指导就会更加切实，批改就会更加恰当。幸福公社组织部分语文教师对"下水文"进行点评，并在学校的《花谢花开报》上陆续刊发。教师的"下水文"对学生习作真正起到了激趣、引路的作用。

有时候，抓住生活契机，有意识地引导学生写规定的作文也是学生作文能力提高的重要方式。2006年，我与孙彦俊、赵艳华两位教师到北京、天津为学校购书。回来后，我听了孙老师的一节作文课——"'捡'来的作文课"。在这节课上，孙老师先是简单地描述了这次"京津淘书之旅"的收获，表达了对孩子们的想念之情，然后就提到了要送给他们一件礼物。同学们非常兴奋，纷纷猜是什么礼物。孙老师没有直接告诉他们礼物是什么，而是给学生讲了那个美妙的夜晚，我带他们捡叶子的故事，又讲了他是怎样精心挑选、悉心呵护这些叶子的，学生很受感动。

就在学生非常渴望得到礼物的时候，孙老师走到每个同学的桌前，发给了每人一片叶子，当时的哈尔滨已是万物凋零的冬季，这片片绿色的叶子让学生非常兴奋。孙老师让他们仔细观察这片叶子的特点，然后由叶子展开联想。有的学生说："这不是一片普通的树叶，这是老师从遥远的北京带给我们的，我一定要把它做成书签，好好珍藏起来。"有的同学联想到：这也许是今年冬天北京剩下的最后的叶子。还有的同学联想到了地球，联想到了感恩……最后，孙老师让学生根据观察到的，以及由此而展开的联想进行自由创作，孩子们的语言非常丰富。

今天，我和班上全体同学都收到了一份特殊的礼物——一片杨树叶。说它特殊，是因为它是孙老师出差特意从北京国子监大街千里迢迢带回来的。

这片树叶，长长的叶柄上长着一片酷似桃形的叶片，叶片上依稀可见相互对称、争先恐后向上蜿蜒的叶脉。叶子的边缘顺着向上方向形成深浅不一的锯齿，有的像山峰，有的像洼地。

由于天气转凉，原先嫩绿的树叶有些已经褪色，但仍有部分绿色一如既往顽强地伫立着，这让我似乎闻到了春的气息。啊！冬天已经到来，春天还会远吗？

老师把这片树叶从遥远的地方带回来，同时也把爱带到了我们身旁。这种爱像父亲的爱深重如山，挺起我男子汉的脊梁；这种爱像母亲的爱如涓涓细流，滋润我的心田。这片绿叶虽然很轻，但它寄托着老师对我们深沉的爱。

——张墨染

我们的孙老师可算回来了，老师给我们带回来一片绿叶，绿色的表面上带着灰色的斑点，芳香的气味使人陶醉。摸起来有点粗糙，像筋脉突兀的老人的手。

这片看起来非常普通的叶子表达了孙老师对我们的一片心意。这片叶子从遥远的北京带回来已经好几天了，但还是有水分。我想一定是老师对我们的爱意把叶子感动了，它偷偷地流下了眼泪。因此我套用一句名言：老师的爱是天地间最伟大的爱。

——范云珩

在学生宣读自己的作品之后，孙老师也将这次经历写成的散文读给了学生。

······

走出国子监大街，便来到了与之垂直的雍和官大街。南北畅通的雍和官大街和安定门大街一样车水马龙，一样霓虹闪烁。也许是怕被喧嚣夺走这难得的夜，于是我们匆匆转身，沿着来时的路继续享受这夜的静谧了。

"给孩子们带点什么礼物回去呢？"我小声嘀咕着。走着走着，艳华弯腰拾起一片叶子，说："不如给每个孩子带回一片绿叶"。校长连声称赞"这是个不错的主意"。我这才注意艳华手里的树叶。这叶子比我的手掌还要大，叶脉突起的纹路清晰可见，叶柄已经发黄变黑，但叶子还是那样翠绿可人。如果将这些罕见的大杨树叶带回到早已是漫天飘雪的北国去，给冬日里的孩子们捎去这淡淡的绿意，岂不是最好的礼物？想到这里，我拍了拍艳华的肩膀说："这个主意实在是高。"于是，在校长的带领下，我们在清幽的月光里，一片一片地捡拾起那心底的绿意来。

……

　　课结束了，孩子和老师仍沉浸在那浓浓的爱意中。其实，生活中到处都是写作的资源，只要我们教师善于捕捉并巧妙地加以引导，学生的作文中就一定能出现"未曾预约"的精彩。

　　叶圣陶先生说，"文章要自己改，学生学会了自改的本领，才能把文章写好"。《语文课程标准》中也强调学生要"养成修改自己作文的习惯"。在学生完成当堂习作后，教师都要留出让学生自己修改的时间。有的老师通过小组合作的方式让学生互相修改，找出写得好的地方在哪里，为什么好，怎样评点，同时也要找出存在问题的地方，共同讨论怎样修改才算好，最后在小组内予以相应的评价。互改后，由每组的组长汇报组里批改的情况，全班同学讨论，教师作点评。通过多次作文修改，学生逐步掌握修改作文的方法。同时在互改中互学共勉，共同提高。无论是学生自己修改还是小组互改，都比仅仅是教师修改效果好得多。

　　学生的习作，都希望得到老师的赏识和同学的赞美；无人喝彩，无人赏识，就无法满足其自我实现的需要。学校的"得意之作"写作系列的评选为学生感受写作快乐提供了平台。为激发学生写作兴趣、培养良好写作习惯，学生的当堂习作在班级讲评中被宣读的，名为"快乐笔"。在每次"快乐笔"中评选出两篇佳作，名为"芸香草"。每月在"芸香草"作品中再选出一篇美文，印发给全班学生及家长赏读，名为"清风荷"。凡是在本年度获过"芸香草"的学生均有资格参加"文思泉"的选拔，"文思泉"是写作训练系列活动中的最高奖项，届时在规定时间内现场作文。经过学年初审、评审小组复审后确定获奖名单。所有获奖作品统一编号，在档案室永久收藏。

　　学校还鼓励学生将写过的作文结集发表。很多班级办班报、出作文选、开设作文赏析专栏等，让孩子享受创作的快乐。"小脚丫书友联盟"为学生搭建了一个将"作文"变成"作品"的平台——《万叶集》。《万叶集》与日本现存最早的诗歌总集《万叶集》同名。寓意书友联盟这棵大树上每一个孩子都是一片闪光的绿叶，当万叶汇集时，呈现出来的就是大树繁茂、万叶翠绿、生命旺盛的景象。《万叶集》发表孩子们的小作文、小片段。每周进行一次"作文大闯关"活动，学生在规定的时间里按要求完成一篇作文。入选的作品就发表在《万叶集》上。学生平时的作文、练笔、精彩句段，凡是精彩的，都可以在刊物上发表。在这个过程中，教师关注到了学生间的差异，及时捕捉后进生的闪光点，发表在《万叶集》中，点燃他们写作的激情。哪个孩子在《万叶集》上发表了作品，就按一字一角钱付给他们"小脚丫书友联盟"自制的"联盟钱币"作为稿费。在调动孩子写作热情的同时，也培养了孩子的稿费意识。每期的《万叶集》，教师都要印发给每一名学生和家长。面对几百人的读者群，教师不再是唯一的读者，权威的评判者，学生的作文成了有分量、有价值、有读者去阅读的文章。这也成了学生写作的内在动力。虽然《万叶集》还很稚嫩，但教师用文字为孩子保存了珍贵的童年记忆。老师还鼓励高年级的学生将自己的"得意之作"到报纸、杂志上投稿，有的老师和学生一起写博客。五年七班诞生了两位小作家。张雨萌写的是短篇校园小说系列，目前已有 5 部，3 万余字；赵瑄写的是一部两万多字的科幻小说。她们每写完一个章节，全班同学就争相传阅。她们表示，自己的小说还要继续写下去，等时机成熟还要发表。

写作是一个漫长的过程，教师不可急功近利。培养学生的写作兴趣和写作信心尤为重要。当学生有了兴趣和信心，写作水平就会逐渐提高。

5. 科学素养

21 世纪是一个高科技的时代，而我们国家的科技底子薄，国民的科学素养与发达国家相比有较大的差距。有学者曾对我国的公众科学素养做过一些调查：2001 年，我国公众基本科学素养水平的比例仅仅为 1.4%，而 1990 年美国就达到 7%左右。"科学技术是第一生产力""创新是一个民族进步的灵魂"。因此，培养学生的科学素养是一项面向未来的重要童子功。《科学课程标准》认为，科学素养包括"学生必备的基础科学知识、科学的思维方式、科学的生活方式"。鉴于此，我们认为小学生的科学素养包括爱科学、学科学、做科学和用科学。科学素养的养成是长期的，早期的科学素养教育将对一个人科学素养的形成具有决定性的作用。

小学科学课作为对小学生进行科学启蒙教育的一门重要学科，对培养学生科学志趣和创新精神，学科学、用科学的能力，对学生科学素养的提高和创新能力的发展都有着十分重要的意义。我校十分重视科学学科，要求任课教师创造性地上好课，尤其要重视实验课。我对老师们说："我们上好科学课并不是要让所有的孩子都成为科学家，而是要让他们都具备基本的科学素养，并让其中的有些孩子具备成为科学家的潜质。我们教师要做的就是不断地对学生的智慧提出挑战，让他们在接受挑战的过程中，体验到学习科学的乐趣。"

科学兴趣是科学素养形成的动力源泉。天文学家卡乐·萨根曾经说过："每个人在他们幼年的时候都是科学家，因为每个孩子都和科学家一样，对自然界的奇观满怀着好奇和敬畏。"孩子的好奇心和求知欲是天生存在的，教师首先应呵护

种植蔬菜

学生与生俱来的好奇心与求知欲，进而采取多种多样的方法，将这种好奇心转化为科学兴趣。养蚕和利用蚕丝是人类生活中的一件大事，至少在 3000 年前中国已经开始人工养蚕。蚕生长在南方，为了让学生观察蚕完整的生长过程，科学教师曲頔上网购买蚕卵自己养蚕，让学生亲眼见证蚕的生长过程。学生的兴趣被调动起来，对曲老师养的蚕充满期待。南方暖意融融，而北方刚刚冰雪融化，蚕的生长需要特定的温度与湿度，曲頔老师为蚕宝宝买来电椅垫铺到大鱼缸里，放好温度计、湿度计随时观测。晚上她用泡沫箱将蚕宝宝带回家里，第二天早上再背回来。什么时候喂食，喂多少都严格按照书中的要求做。虽然如此精心，可是北方的环境对蚕卵而言还是很不适应，五十多天过去了，最后能成活的仅有 6 个。学生在这个过程中不断发现惊喜：蚕卵会变色，蚕还会睡觉，大眠后的蚕食欲下降，原来我们吃的蚕蛹是这么来的，像蝴蝶一样的蚕蛾出来了，雄蚕吐丝多等。学生还将蚕卵—蚁蚕—熟蚕—蚕茧—蚕蛾精心制成标本，放到实验室标本架最醒目的位置。这些标本不仅饱含曲頔老师的辛苦付出，还浸透了孩子们观察研究的历程。对蚕的观察和写观察日记，让孩子产生了浓郁的探究兴趣。此外，种大蒜、养蝌蚪、养金鱼一系列活动培养了孩子的观察能力。他们发现，迎春花先开花后长叶、丁香花打骨朵了、杨树树皮的颜色发生了变化等，学生对周围事物的变化感知得更敏锐了。

对科学的兴趣不仅源于观察的乐趣，还来源于自主探究带来的快乐体验。安东

来老师教学的《我们的小缆车》是小学科学教科版第九册《运动和力》单元的第二课，教参建议在探究拉力大小与小缆车运动的关系时，让学生推测多少个小垫圈能让小车运动，并让学生多个多个地增加垫圈，观察小车的运动有什么变化，从而得出拉力大小与小车运动有什么关系的结论。学生并非空着头脑进入教室，在日常生活中，学生已经形成了广泛而丰富的经验和背景知识，这就是原认知，是有效教学的重要资源。因此，安老师决定利用学生的原认知进行教学。他让学生猜测哪些物品可以让小车动起来，学生从书本、铁块、笔袋想到小垫圈、砝码等科学课器材。安老师让他们用身边的材料亲自试一试，孩子们发现小缆车动了，有的同学的小车都被物体拽翻了。学生刚要庆祝自己的猜测成功时，安老师提出新的问题：到底多重的东西能让小缆车刚好动起来，你们再试一试。为了让小缆车刚好动起来，学生就一点一点地增加小垫圈或砝码，并认真观察着，"再加一个试试""动了，动了。""老师，小缆车刚好动了。"孩子们兴奋地叫着。"你们能告诉我究竟多大的力能让小缆车动起来呢？"又一个问题让热闹的教室瞬间安静下来。这时，安老师从实验器材里拿出了拉力计让学生观察，并用拉力计来试一试。这一试不要紧，学生们发现原来力是可以测量的，而且还可以很精确地测量。安老师从学生原认知出发，通过"可以动"到"刚好动"的步步引领，让孩子从对"力"的模糊认识上升到了用科学的视角和方法解决问题后的清晰理解，产生了质的飞跃。

学生对科学的兴趣和探究的精神像荷叶上的露珠一样，需要教师小心呵护。科学教师樊俊峰在"信息技术与科学学科的整合"课中，组织学生讨论恐龙灭绝的原因。闫玉伟同学提出了不同的观点。他说："老师，我认为恐龙并没有灭绝，而是分别走了'帝王之路'和'百姓之路'。"对于他的新奇观点，樊老师先是一愣，然后马上追问："什么是'帝王之路'和'百姓之路'？"闫玉伟解释道："走上'帝王之路'的恐龙就进化成了高级动物，而走上百姓之路的恐龙则是由于适应环境能力差，渐渐地成了低级动物。"对于这别样之说，樊老师怀着欣喜之情去理解。她觉得学生能把自己认为正确的观点勇敢地提出来，并用自己已有的知识加以说明，先不说观点是否正确，这种敢想敢说的精神就需要我们老师小心呵护。这节课后，樊老师又与闫玉伟共同查阅了大量资料，引导他去探究，使他认识到恐龙的灭绝至今仍是一个自然科学之谜。新课标倡导的学习方式之一就是探究学习，质疑是探究学习的本质特点。学生提出的问题可能很浅显，也可能没有道理，但却引发了他们的探究欲望，唤起了他们学习的兴趣和需要，这样的学习才会有动力，这样的课堂教学才会有实效。

科学课是培养学生科学素质的主阵地，在科学教学中要引导学生学习、探究、实践、创新，潜移默化地将科学和创新的种子播撒到学生心中。课堂教学的时间和空间是有限的，而小学生对自然科学的探索是无止境的。学校十分重视引导学生灵活地应用已有的知识与技能，解决生活中的实际问题，形成知识的有效迁移。

科学课外活动作为课堂教学的补充和延伸，拓宽了学生实践和创新的途径。春天，学校的小小菜园开始选种，从常见的豆角、茄子、西红柿到玉米向日葵等，共计二十二种。仅辣椒就有小辣椒、朝天椒、大青椒三个品种。从撒种到收获，学生亲历蔬菜成长的每一个过程，收获还真不小。黄豆学生都见过，可是很难将黄豆与豆荚联系起来。夏天，老师和学生摘下一些绿色的豆荚，这就是孩子吃过的毛豆。到了秋天，剩下的豆荚自己变黄、变干了，在太阳下炸开，在风中碎裂了，原来里面就是黄豆。学生在实践中知道了黄豆与豆荚的关系以及种子是怎样传播的。有成功的喜悦也有失败的教训。学生种的南瓜已经开花了，可是花谢了却不结果，着实让学生懊恼，静静地等到天都凉了仍然没有收获。什么原因？学生通过请教老师和查阅资料，知道了南瓜需要授粉才能结果，因为菜园的位置比较背风，很难自然授粉，必须通过人工授粉才能实现。他们心疼地摸着南瓜枯萎的瓜秧，说："我们一定要看看它结果是什么样。"失败的教训没有带来懊恼，却带来再试一试的决心，他们期待明年的再试身手。菜园里还有笑料产生，学生总是将胡萝卜误当成香菜拔出来，看到没有长成的胡萝卜心疼不已，他们自己总结教训再摘香菜时要闻一闻叶子的味道，还可以看看胡萝卜裸露出的茎，实在区分不开，就试着扒开一点点土，看看有没有胡萝卜的影子。菜园里的故事层出不穷，四个小菜园为学生探究科学、观察实践开辟了新天地。

学校三楼的格致厅是学生开展实践活动的专用场地，学校还与市里的科学宫建立联系，将科学宫的一些实验器材定期拿到学校，让学生零距离参与实践活动，感受科学的魅力。在格致厅的一角有一块赛车场，学生的四驱车比赛经常在这里开展。学校有很多学生都有拼装四驱车的经历。"4 秒 20，你的四驱车开得这么快，怎么做的？""四驱车怎么停了？卡住了！唉，没成绩了！""安装时还要注意齿轮间的摩擦力，导向轮也要尽可能地润滑！"学生经常在这里相互交流拼装经验，切磋技艺；怎样减少小车摩擦力，怎样增强齿轮咬合力，导轮的角度与四驱车的稳定性，电池的电量与提高速度的关系等等。

老师们不仅引导孩子观察周围世界，带领孩子动手动脑探究，还让孩子看到科学更广阔的空间，为学生开设了"赛恩斯影城"，播放科幻电影为学生打开想象大门；经典实验再现，让孩子感受科学的神奇，并且揭露伪科学的真面目。老师们还把观影作为激励手段，课堂参与积极的学生获得奖励积分 10 分，100 分可换一张观影票；小发明创造可以直接换影票。这样的激励调动了学生学科学用科学的热情。

学校还经常以多种途径、多种方式开发与利用丰富的课程资源，共同促进学生科学素养的提高。"电子百拼""科技航模""我眼中的四季""盐的世界"等综合实践活动把学生带进了五彩缤纷的科学世界。四年七班的宋煜同学在以"玩纸"为主题的科技活动中获得了周冠军，他在"精彩句段每一天"中写道：

> "今天下午的撕纸比赛现在想起来还是非常激动。当初，王宁老师宣布比赛内容的时候我还在想，一张 A4 纸有什么可玩的？当王老师说出要求后，我傻眼了，一张 A4 纸，不能断，不能粘，还要想办法穿过全身，最后看谁的用时最短。天啊，这简直就是不可能完成的任务！随着王老师一声令下，同学们都开始动手撕了起来。就这一张纸，我可不能轻易出手，一定要想好主意再动手。我一边想办法，一边看其他同学撕。突然，我脑子里一下有了灵感。于是，我快速地撕了起来。正撕着的时候，不知道是谁喊了一声：'完了，我的纸断了。'吓得我手一哆嗦，差点儿功亏一篑。老天保佑，我终于成功了！我是新的'纸环王'。我的高兴劲儿还没过，王老师就又给我们表演了一个魔术，一个纸环从中间剪开，明明应该成为两个纸环，可是却变成了一个大纸环，这是为什么呢？我们也试了起来，可是怎么一剪就成了两个纸环了呢？最后，还是王老师揭开了谜底，原来是将纸的一端与另一端的反面粘在一起，王老师告诉我们这叫摩比乌斯纸环，是一道世界著名的数学题。没想到一张纸还有这么多种玩儿法，玩纸还有这么深奥的学问！"

学生科学素养的形成与提高是一个渐进的过程，并非一蹴而就的事。只有认真领悟"科学素养"的真正内涵，积极探究科学素养的有效策略，学生才会在科学雨露的滋润下，在科学阳光的照耀下，一天天茁壮成长。

　　十年的坚守与创新，让我们愈发感觉到五项童子功是那么美丽隽永。它是开在学校常规工作这根藤上，靠教育规律的滋养，靠教师智慧的浇灌而盛开的花朵。学生一踏入学校，教师就开始了辛勤播种，直到毕业时收获姹紫嫣红。这花朵因学生掌握了终身发展所需的知识技能而美丽，这花朵因为学

赵翠娟校长教育思想研讨会

生积淀了自信、认真、主动、创造等优秀品质而隽永。在建设学习型学校过程中，我们深刻地体会到，好的东西一定要在常规里，好的理念要迅速变为行动，固化为常规。让教育在千百次地打磨常规中焕发无穷的魅力。

　　我与共和国同龄，历经无忧的少年时代、"文化大革命"的风雨和 11 年的知青生涯之后，年及而立才返城回到哈尔滨，进入小学工作。从那时起直至今天，已成为一位九年一贯制学校的 65 岁的老校长。回望来时路，感慨万端。如果说，43 年的教育生涯中，我最深切的感悟，那就是从事教育事业，要遵循教育规律，规律不可欺。

　　我们大家都知道，规律是客观存在、不以人的意志为转移的正确的东西。按正确的做应该不是问题，然而现实中却存在问题，或是我们耳闻目睹的，或是我们曾经做过和现在正在做的事，依照教育规律去审视，有时就会发现不正确，有些事乍一看光鲜亮丽，而仔细一品又似是而非了。列宁说："规律是现象中持久的东西。"如果我把现象中持久的东西比作常识也许并不确切，但是当我们尽量去触摸教育最本质的东西时，常常会发现这原来只是常识。常识简单又容易被忽视，但它从不骗人，我们应该平心静气地尊重常识，因为常识中往往有规律。

　　拉丁语中将教育定义为"耕种"，真是一个好说法。该播种时播种，该锄草时锄草，该施肥时施肥，阳光雨露滋养着，等待庄稼的生长和成熟，智慧的劳作必然获得丰收。其实人的一生也有四季，孩子的成长有其适当的速度，我们不能有贪念，

更不能揠苗助长，把孩子培养成"反季节的水果和蔬菜"。功利和浮躁是教育的天敌，让教育回归教育，只有诚实笃信地去做，才会做出好的教育。

最近几年我一直这样想，我们怎么这么忙，我们是不是想要的太多，想做的也太多了。校长的时间、老师的时间、学生的时间都是个常数，做了这些往往就做不了那些，我们不能过于关注对事物表面上的探讨和太多着力于自己想法的表达，我们真应该想清楚，我们最需要的是什么，最重要的又是什么，不仅想清楚，还要说准确，然后一定要有确切的行动。只要下定一个不更改的决心，不断地学习、行动和反思，就一定会摘下果实。

建设学习型学校是进行时的命题，它永无止境。我们要有一颗平常心，如果没有平常心，总对速效和立竿见影怀有期待，那你就会失望，就会在半途停下来。我们常年做读书这件事，认认真真地经营着一方小天地里的花谢花开，春夏秋冬，安安静静，不求喝彩，大家读书就好，教师团队成长就好，孩子们受益就好。却不曾想到的是，我们这样一所多年读书的普通学校，竟引起了省委书记和教育部领导的关注。2010 年 1 月，党和国家领导人习近平同志对我校建设学习型组织的工作作出重要指示，2011 年 3 月，时任国务委员刘延东同志对我校通过读书提高学生人文素质的做法给予肯定，并对教育部作出重要批示。这对我们全校师生是莫大的鼓舞与鞭策，我们热泪盈眶，满怀感恩，要在建设学习型组织的道路上努力更努力地走下去。

在省直机关"建设学习型党组织"的报告会上，我校 43 名教师代表共同说出了我们的心声：我们南马路学校是一所普通的平民学校，我们这些教师也都是平常百姓家的子女，但是我们却有幸工作在这里。这里是一个多年坚持读书的地方，是一个有教师社团，有智慧泉，可以让士兵说话的地方。这里还是一个有诗情画意，浸润着浓浓亲情的地方，这里更是一个相互激发，共同创造，盛开思想之花的地方。在这所学校里，我们有滋有味地过日子，我们其中的每一个成员都能深深地感受到：我存在，我发展，我快乐！但是，回首走过的道路，我们发现其实不是每天都有值得宣讲的事例，也不是每天都有可以供人观看的精彩。20 年建设学习型学校的时光中，我们常常是在静默中认真地做着司空见惯的小事情。然而怀抱一颗平常心，做着一些平凡事的过程中，却收获了一种意味深长的充实。我们很想大声地说：好风凭借力，送我上青云！

社会反响

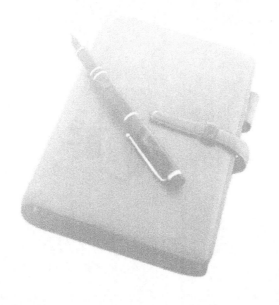

这里是一个多年坚持读书的地方，是一个有教师社团，有"智慧泉"，可以让士兵说话的地方。这里还是一个有诗情画意，浸润着浓浓亲情的地方，这里更是一个相互激发，共同创造，盛开思想之花的地方。在这所学校里，我们有滋有味地过日子，我们其中的每一个成员都能深深地感受到：我存在，我发展，我快乐！但是，回首走过的道路，我们发现其实不是每天都有值得宣讲的事例，也不是每天都有可以供人观看的精彩。20 年建设学习型学校的时光中，我们常常是在静默中认真地做着司空见惯的小事情。然而怀抱一颗平常心，做着一些平凡事的过程中，却收获了一种意味深长的充实。

一、校长应成为教育家

孟凡杰（黑龙江省教育学会会长）：

教育家引领学校发展，是人类社会进步的需要，是教育改革发展的要求。《国家中长期教育改革和发展规划纲要（2010—2020 年)》提出："倡导教育家办学。"然而，尽管教育改革轰轰烈烈进行，但我们总觉得少了点什么，相对于科学家、企业家、政治家、艺术家等层出不穷的社会现实，教育家更显得稀少而弥足珍贵！但我们坚信，随着国家改革开放的不断深化，探索创新的伟大教育实践，必将使更多的教育家脱颖而出。

我们总是如仰望星空一般仰视教育家，把教育家视为一种符号、一种境界、一种象征。视角的存在，使我们只看到金字塔的顶端，却忽视了宽大的主体。那么什么是教育家？《辞海》对"家"这样定义："经营某种行业，掌握某种专门学识、技能或从事某种专门活动的人。"按照这一定义，教育家就应该是"有教育的专门才能，懂得教育规律，有自己的教育思想和见解，创造性地从事某一方面教育工作的教育工作者"。如果用这个视角去寻找教育家，我们就会发现，教育家不是神秘不可及的，我们身边就有教育家。孔子、陶行知是教育家，锐意改革的北京十一学校校长李希贵，也是教育家。

教育家只能从"爱"中产生。陶行知说"捧着一颗心来，不带半根草去"，这是对教育大爱的本真诠释，是对教育本质规律近乎自发的执着，是以探求教育真谛为幸福源泉的自觉。教育家身上的这种爱，是对受教育者的无私、持久、普遍的爱，是以为受教育者提供最适合教育为己任的道义感和责任感，是对教育承担社会责任的强烈的使命感，并将这种使命感自觉扛在肩头，付出毕生的精力也无怨无悔。有没有这种爱，是教育家和以教谋生的人的根本区别。

教育家只能从学习与思考中产生。孔子说："学而时习之，不亦说乎"，又说"吾十有五而志于学，三十而立，四十而不惑，五十而知天命，六十而耳顺，七十而从心所欲，不逾矩"。正是不断的学习，成就了中国历史上最伟大的教育家、思想家。孔子还有一句话，"学而不思则罔，思而不学则殆"，论述的是"学"和"思"的关系，这也是成为教育家的金科玉律。要成为教育家，就应勤学不辍，深思质疑，不局限于既有理论成果和实践经验，不屈服于世俗偏见的压力，而要在广博的知识积累上深入研究、与时俱进、探索教育的本质规律，结合自身教育实践，形成独特的教育思想和教育信念，同时又善于把这种思想进行总结和表述，使其成为教育思想宝库不断更新的重要素材和基础内容，并能不断点燃追随者和后来者的思想火花。

教育家只能从创造性实践中产生。这是古今中外、国际通用的培养教育家的公理。教育是培养人的创造性劳动，而且需要用成果检验劳动质量的高低。教育家不仅要有自己独特的教育思想、理念，还要把自己的思想、理念按照管理学、组织学的原理贯彻到教育实践领域，使每个受教育对象都获得最大可能的充分的发展，产生良好的社会效果，并在一定区域内形成积极的推动力量。教育家不同于教育学家，教育家的劳动成果是受过教育的"人"，教育学家的劳动成果是教育学理论，是精神产品。还有一种比喻，教育学家就好比是建筑设计师，勾画的是宏伟蓝图，教育管理者好比是项目经理，按照设计师提供的图纸，组织人手和资源，把图纸变成高楼大厦。但只有能够设计好蓝图，组织好施工管理，最终建成高楼大厦，且在团队和产品上烙上与众不同的印记的，才是教育家。

校长具备了成为教育家的最大可能。他有自己的实验田，有自己忠诚的团队，有波澜壮阔的改革予以历练。他要做的只是忠诚于教育事业，善于学习、思考和总结，形成具有特色的教育思想和办学理念，并能领导、组织团队不断前进。做到这一点，社会认可他为教育家就为期不远了。我们的教育正处于改革的滚滚波涛之中。每一所学校，就是这大潮中的一叶风帆，寄托着党和人民的殷切期待，承载着学子们对理想和命运的追求，肩负着国家和民族重振辉煌的历史使命。在这条航船上，教师是水手，校长是舵手，组成共同的团队，共同驾驭着希望之舟驶往理想的彼岸！校长，就是这个团队的引领者、组织者和管理者。中国有数以百万计这样的舵手，然而并不是每一位舵手都能成为这理想之舟的合格指引者，在改革大潮汹涌澎湃的激流中，有迷失，有彷徨，有抱怨，故步自封者有之，随波逐流者有之，当然也有洞察规律、勤奋不辍、引领潮头，带领学校闯出一片广阔天地的舵手，这样的舵手，我们就可称之为教育家。

读赵校长这本书，我们见证了一位普通教育工作者的成长经历，一位平民教育家的心路历程。她热爱教育，凡是与她接触过的人，都能通过她的言谈举止，感受到她对学生们、老师们发自肺腑的爱，对事业的执着追求和强烈的责任感、使命感。

做校长 20 年来，她始终致力于学习型学校建设，变革学校管理机制，把南马路小学这所平民学校建设成为在全国有较高影响力的特色学校。她打造"用学习成就自己，用工作成就人生"的教师文化，提出"学校是学习的地方，更应是引发学习的地方，教师只有不断地读书学习，才能真正地理解教育，创造充满诗意的校园"。她着力打造教师社团，组织教师读书学习，为每一个教师绽放智慧和潜能创造条件，让每一个教师心中时刻有一种为共同目标的实现全身心投入的愿望和为之奋斗的工作激情。她在全国率先提出的"让读书成为习惯"已成为南马路小学标识性校风，每一个从她的学校走出来的孩子心灵上，都深深地打上了读书的烙印，并受益终生。她用自己创造性的工作赢得了广泛的尊敬，并起到了重要的引领和示范的作用。什么是教育家？这就是教育家，根植中国教育土壤的本土教育家，扎根于一线教育实践的教育家，以自己的创造性工作开风气、传后世的教育家。希望更多的校长在改革大潮中脱颖而出，成长为真正的教育家。

二、教师、学生、家长眼中的赵翠娟

程 鑫

远远望去，她就是一位衣着朴素、慈祥和善的老人；走近她，温暖的笑容，睿智的目光使人如沐春风；听着她的话语，充满教育的智慧与人生的哲理，发人深省，令人折服。就这样，我们有幸成为她的下属，成为她的学生，被她尊重，被她开发，被她点亮，从幼稚走向成熟。

刚参加工作那会儿当班主任，特别想把工作干好，可是班级的个别生总拖后腿，让我苦恼不堪。学校要举行广播操比赛，为了取得好名次，我竟然萌生了一个愚蠢念头——不让动作笨拙的个别生参加比赛。

校长好像猜出了我的心思，教育理论研究会上，她带领青年教师就如何对待后进生的问题进行了讨论，并推荐我们读了相关的教育理论书籍。学习后，我的脸红了，心却一下子敞亮起来。比赛那天，看着学生们或灵巧或笨拙的动作，看着他们或灿烂或腼腆的笑容，我的心灵被震撼了：原来摒弃了功利心的教育这么美好！

于是，"心平气和地对待教育，让孩子慢慢长大"这句话就从我的心里长出来。时至今日，这句话已经成为我们全校教师的共识，并赋予了它更深更广的内涵，但我永远也忘不了当时校长给我的彩旗飘飘的表扬，和对老师们鼓励的话语。

又是十几年过去了，寒来暑往，我和同事们有滋有味地学习、工作、生活，收获着精神的丰盈和职业的幸福。我现在是学校教代会副首席教师、"幸福公社"成员，学校两位"学而思之秀"之一。我将永远记得，在我的背后有一个人，她爱读书，思想深刻，待我有知遇之恩。她就是我永远的老师——赵校长。

程 艳

在校长室的书架上放着一个硬纸板做的钻石图形的头饰，那是 2008 年一次教师大会上全校教师送给赵校长的礼物。与这个头饰一起送给赵校长的还有一个称号"慈祥的智慧老人"。

赵校长是研讨会上大家争论得面红耳赤时一锤定音的那个人。"减负"是我校教师一直关注的问题，1997 年国家再提"减负"时，校长已经带领我们研究了两年，1995 年召开的"由减负说开去"的研讨会上，校长就在大家争论不休时，提出问题"不用题海战术，学生们很高兴。可是分层布置作业，学生为什么把必做内容做完，还主动选做其他的内容？"使我们对教育规律的认识又向前跨进了一步。当学校吹响"让学生爱上你所教的学科"的号角后，"减负"又成为焦点。是不是我们科学的工作，让学生喜欢我们的学科，"减负"就不存在了呢？面对大家的疑问，赵校长说到了："隔雨隔雾看减负"。学习本身就是一项艰苦的脑力劳动，既然称之为负担，它就是客观存在的，会受到很多客观因素的影响。校长一席话，使大家豁然开朗。一锤定音来自校长对教育的深刻理解。

校长也是每次众议纷纭时"点彩儿"的那个人。学校二楼书香厅的装修过程中，大家提议要在醒目的位置放上几个关键词，"博览""底蕴""润泽""厚积薄发""手不释卷"……校长笑呵呵地说："你们就想说读书对人的发展很重要，想找一些大词儿对吗？"我们不住地点头。"我说几个，你们看行不行？""阳光""雨露""清风"这三个词语一出口，大家的眼睛一下子亮起来，多么形象而又深刻的比喻，校长赋予这些美丽的词语以温度和活力，这正是一位老教育工作者对读书和生命深深地领悟。

多年来在我们或开会或发表文章的过程中，经常有自己心里的意思怎么也表达不好的时候，校长常会笑着问我们："你们到底想说什么？"我们叽叽喳喳说了很多，这时校长会说："我来帮帮你们吧！"当我们读着校长帮我们修改的文字时，大家一下子欢腾起来："这就是我们想要说的话，校长怎么这么懂我们。"有时我们美滋滋地把自己写的东西拿给校长看，校长可能只是修改了几个字，也可能只是把几个词语调换个顺序，味道就变了。没有深厚的功底，哪有这些点睛的神来之笔，大家从校长身上感受到了"书中乾坤大，笔下天地宽"。渐渐地，很多老师也养成了多读书勤动笔的好习惯。

于平淡处显深刻，在细微处见真情。赵校长既有教育家的睿智，又有老人的宽厚与平和。慈祥的智慧老人像普洱茶一样，时间愈久愈散发出淡淡的幽香。

孙彦俊

转眼间，我已为人师 16 载。回首走过的路，也许最值得庆幸的，就是初入教坛的我能够与一位爱书的校长结缘。至今我还依稀记得，我这个没有任何背景的师范毕业生仅仅凭借勇气步入南马路小学校长室接受面试的情景。在自我介绍中也许流露出了我对书的喜爱，校长便问我，真的喜欢读书吗？我如实回答，读书是我最大的课余爱好。校长又问，读过教育理论书吗？我也如实回答，除了学校里学过的课本，没读过别的。后来又围绕书的话题和校长进行了近一个小时的"深入"交流。这个做事雷厉风行的校长说了我这辈子都无法忘怀、简单得对我来说近乎奢侈的一句话："因为你是个爱读书的人，我决定接收你了。"

一次，校长听完我的语文课，把我叫到校长室，从柜子里掏出了她珍藏多年的一摞圈画着密密麻麻字迹的旧杂志散页，对我说："这是我读过的文章，回去看看，或许对你有帮助。"读着这些暖人的文字，我的眼前仿佛出现了校长伏案耕耘的身影。这真是莫大的鞭策与鼓励。如今，这些东西依然被珍藏着，只是换了一个人。

校长爱书，我也爱书，所以有幸结伴远赴北京、天津为学校图书馆购书。从北京到天津，每到一处，都能收获意外的惊喜：北京五环外的一个"冷库"里，两千余本名社精品图书载了满满一车，甜水园里浙江少儿书店的特价新书打了几十个包裹，印有"读书郎"字样的市面罕见的绝版童书被"扫荡"一空……这一行斩获颇丰。一路同行，一路书香，一路灿然。

2005 年 12 月，学校有 22 位教师应邀赴北京作大会发言。我被校长选为修改稿子的核心组成员。还记得那天夜晚，屋外飘洒着雪花，气温骤降到零下二十几度。

我们吃过晚饭回到学校连夜奋战。虽然已连续工作了十几个小时，但是校长对语言文字特有的敏感丝毫不差，"彦俊，要注意行文中语言的简洁"，"这两个词语调换一下怎么样"，"这儿不要叹号，改为句号更好"……那一夜，我分明感受到了何其芳先生目睹周总理"一夜的工作"的感受！真不知我有何德何能，居然受到如此器重。

与书结缘，与爱书的校长结缘，是我今生的福。

安东来

赵校长经常说：爱他，就给他工作。我就是得到"偏爱"最多的那一个。

在校长身边已经工作 14 年，从最初的不自信而远望着校长，到如今走到校长身边大展拳脚。我曾对校长说：我最大的优势就是善于把握机遇。其实，校长早就看明白了，于是将我的优点不断放大，总是给我"搭台唱戏"的机会。四海方舟社团成员、信息化团队成员、幸福公社成员、校园文化建设小组成员等诸多身份都让我有机会参与学校的各项工作。校长总是让我身处"漩涡"之中，在这个过程中曾因为是"外行"烦恼过，也因为做错事懊悔过，而校长的坚决与信任，让我在挣扎中学会了"游泳"。毕业典礼、樟树儿童读书奖、智慧泉等特色活动……都因我的存在而"添彩"。今年两座教学楼的校园文化装饰工程，很多楼层主题设计是我与设计师共同创意并付诸实施的。校长笑着说，快赶上穆桂英了，阵阵不落。

在校长教育智慧的启发下，我就产生了自己制造"旋涡"的冲动。于是，我让自己进入"旋涡"中心，积极地把周围的人裹挟进来。在我分管的科任教师中开展教师专业能力展示活动。为美术教师举办了个人画展，我为他们制作了宣传海报。为了筹备个人画展，他们经常加班加点地忙活。张德莉老师居然在这次画展中完成了时隔多年未完成的作品。画展结束后，老师们都获得了成功的体验，找到了幸福感和归属感。岂不知，我仅是将赵校长的思想移植了。

校长夸我"聪明"工作，给我颁发了"聪明工作秀"，我知道这是赵校长的期许和鼓励。我也不会忘记老校长的话，"小赢在智，大赢在德"。

这就是慈祥而智慧的教育专家，影响和改变我一生的人——赵校长。

陈 阳

2005 年 8 月，学校给老师们搭建了一个展现教育智慧的平台——"智慧泉"，各个社团的活动蓬勃开展，大家都想在这个平台上用自己点滴的智慧汇聚成南马路小学智慧的清泉。

作为"新叶新枝"社团的召集人，我决定带领社团的伙伴们共同承办一期"智慧泉"，大家都兴致勃勃，跃跃欲试。我们召开了组内的"微型智慧泉"，围绕"如何帮助学生在学习中克服重复错误"的话题结合工作实践发表自己的看法。在学校召开的"智慧泉"现场，当我和伙伴们汇报自己社团的做法时，校长认真地倾听，并且不断点头，夸我们能基于工作实践发现问题，解决问题。汇报完，校长笑容满面地看着我们社团的每一位成员夸赞道："哎呀，你们个个咋都这么有才呢！"我们被校长肯定了，我们的做法是对的，我们真了不起，一种自豪感从我们心里油然而生。我不禁对着校长和全校老师大声说"我从来没发现自己这么有水平！"自从这期"智慧泉"后，我的这句话就像插上了翅膀，在校内外传开了。我知道自己不是什么"才女"，只有在工作中不断地学习、探索才能使自己名副其实。

校长不仅叫我"才女"，还经常为同事们的某一个好的做法而叫好，也称为"才女"。校园中一位位普通的老师都像我一样，在校长"才女"称号的催化下，不断超越自己，幸福地工作着，幸福地生活着。

单体强

赵校长具有点石成金的本领，她能发掘每位教师的潜能，让大家努力做大一号的自己。

我从牡丹江师范大学音乐系毕业分配到南马路小学工作。刚来的时候，因为自己是学艺术的，穿衣打扮举手投足也很"艺术"，红皮鞋、瘦腿裤，浇浇花、拍拍照，自视与众不同的我与大家始终保持着距离。一次，校长跟我谈话："我们体强有音乐人的气质，但你不要忘记你是教师，要把你所学的东西用到教学实践上，好好研究怎样让学生热爱音乐。"我开始潜下心来研究音乐教学。音乐是情感的艺术，它的魅力在于能给人们驰骋想象的空间。我在备课时挖掘音乐形象中的情感因素，引导学生由浅入深，体验音乐中的情感，享受音乐带给他们的美好。我还利用业余时间在上千首乐曲中为学生选了100首名曲，早上孩子们踏着歌声走进校园、课间学生伴着歌声做游戏、中午班级歌声在校园回荡。学生的情感在音乐中潜移默化地受到陶冶，我也从中体会到了当教师的快乐。我的变化，校长看在眼里，让我担任大队辅导员一职，使我在德育的天地里大展身手。得到校长的肯定与信任，我用心研究德育工作，走到孩子们中间，俯下身子与他们交流。渐渐地，德育工作在我的眼里有了色彩，我发现校园里的德育无处不在。母亲节前夕，在我的倡议下，学校发起了"我给母亲写封信"的活动，对学生进行"感恩"教育。当我看到孩子和妈妈在书信中传递浓浓的亲情时，我感受到了做教育的幸福。每一天，我都用心地做着德育工作，学校的少先队工作开展得有声有色。我被评为"全国优秀少先队辅导员"，受到时任团中央第一书记陆昊的接见。

现在的我已不再刻意追求表面上的"艺术特质"，可是大家却都说我是能在孩子心灵上舞蹈的艺术家。在我每一次取得成功的时候，都感觉有一种力量在激励着我继续向前，那是校长信任与赏识的目光。

董　云

1992年，我毕业分配来到南马路小学，从体育教师到教导主任再到副校长，一直是在赵校长的悉心培养和鞭策中成长的。从一桩桩一件件教育琐事中，我看到了赵校长作为教育家那敏锐的观察和深刻的思考。

校园装修时，二楼书香厅设计了一些落地的书架。我提议，为了便于孩子取放，最上面一层书架不放书；书架上的书也不宜放满，穿插着放些静物更美观。校长说："教育不是供人观看的，教育是做出来的。学校的一切设施都是为孩子建的，如果不能让孩子使用，就失去了它的价值。""这个书香厅可以像图书馆一样准备梯子，最上面的书籍一样可以借阅，孩子们要有自我保护的意识。这些书籍可以由孩子自主管理，这里面有德育。"学校的每一处在校长眼里都是教育的资源，她的心里时刻装着孩子。在校长的启发下，我们把书籍按年级的高低安排书架位置并定期调整；让各学年认领书架、竞聘图书管理员；安排对各学年的开放时间。下课了，孩子们在书香厅里兴奋而有序地选书，安安静静地阅读。管理员们轻轻地整理图书、擦拭书架的灰尘。在信任的目光中，孩子们学着自主管理，2 800余册图书在孩子们手中循环借阅着，竟然没有一册书丢失。此时，书香厅真正成了孩子们阅读和成长的精神园地。我也理解了校长所说的"教育是做出来的"的道理。

我知道，赵校长对教育深刻的理解来源于她丰富的知识底蕴。校长还给我开列了很多"量身定做"的书目，引导着我读书。她也经常鼓励我，虽然是体育老师出身，但只要不间断地读书学习，就一定能在书香中泡出来。如今，不管工作有多忙，我每天都能坚持读书做笔记，用努力学习勤奋工作来回报知我懂我的校长。

赵红艳

"学而思之秀""清清亮亮秀""默默美丽秀""聪明工作秀"……这些称谓也许对外人来说是一头雾水，而对南马路小学的老师们来说，则是一种至高无上的荣誉。每个人都无时不"心向往之"。它们的发明者就是我们的"智慧老人"——赵校长。

赵校长善于抓住每位老师身上的闪光点，并不断加以放大。一位又一位各具特色的教师便脱颖而出。我就是其中的一位受益者。

在一次全体教师大会上，赵校长郑重地对大家宣布，我被评为"学而思之秀"。我做梦也想不到我能获此殊荣！赵校长亲自为我佩戴绶带，我永远也忘不了老校长那亲切的拥抱和谆谆的教诲："'学而不思则罔，思而不学则殆。''学而思'就是希望你在读书中不断反思，把读书、反思的结果作用于工作，让孩子们受益，同时也实现自己的教育梦想。"

我喜欢读书，但是能主动把读书和工作结合起来，得益于赵校长的引导。正是因为她把我身上这个芝麻般的优点夸成了西瓜一般大，我才在工作中慢慢领悟到了"用学习成就自己，用工作成就人生"的意义。

赵校长就这样夸奖着我们每一个人。夸着夸着，我们便找到了感觉，找到了方向，同时，一个个"秀"也闪亮登场了。

赵明新

我是教代会首席教师，学年组长，幸福公社、灯火社团的成员，是多种"头衔"集于一身的"重要"人物，教语文课、带班级、参与学校管理，每天总是乐呵呵地忙活着。

谁能想到，刚调入南马路小学时的我只是个普通的语文老师，性格也比较内向。每天只是躲在班级里按部就班地上课、批改，关注的也就是自己眼前儿的那点事儿。感觉每天都忙忙碌碌的，但对语文教学也没有那么深入的研究，处理教育琐事似乎也不那么得心应手。有一次，校长语重心长地对我说："明新，你能够踏实、认真地工作，是个好老师。可是，你不善于开发自己，学习还不够，你就像花生一样把仁儿藏在里面。如果能嗑开皮，把里面的仁儿露出来，就会展现精彩，发现连自己都不知道的潜能……"在校长的鼓励下，我开始拿起书来结合工作读书学习。几年后，我这个"花生"变了。我和学年的同事们钻研教材，把语文课上得有滋有味；我在团队里组织老师学习研究，平凡的工作在大家的眼里有了色彩。我的潜能被激发出来，在工作中找到了生长点。后来，我主动竞聘教代会首席教师，我和教代会常务组的老师一起为学校提建议，参与决策，共同管理学校。现在的工作更忙碌了，但是一想到做了那么多对学生成长、对学校发展有益的事，成长中收获了那么多无法言说的精彩，浑身就充满了力量。

莫言说，"一路走来，你若懂我，该有多好。"我说，"一路走来，校长懂我，这有多好。"的确，校长就是那个能走进你内心，懂你、点亮你的人。

陈叶梅

每当您走进校园，总有一群孩子围着您"赵校长，赵校长"叽叽喳喳地叫个不停；总有一些老师拉着您的手与您交谈；总有一双双眼睛深情地注视着您的身影……

风雨20年，您把一颗颗爱的种子播撒在每一位师生的心里，也收获了师生们满心的爱与尊重。翻开记忆的相册，一个个令人感动的瞬间浮现在眼前……

镜头一：十几年前，您带领老师们守护在倒塌的操场围墙旁边，捍卫着每一寸教育用地，为了那可贵的400米操场不被侵占，任凭开发商使出浑身解数，您都毫不动摇。您教会老师们用正义捍卫权利。

镜头二：现场会上，一句"好风凭借力，送我上青云！"抒发了全体教师的雄心壮志。就是因为有您这头"雄狮"的带领，我们这些普普通通的教师拥有了自信和动力，在工作中充满了豪情和干劲儿。

镜头三：当您把"勤恳石头秀"的绶带授予我时，激动的泪水潸然而下，因为对于全校老师来说，这是一种至高无上的荣誉，任何部门颁发的奖励都没有您这位智慧老人发的"秀"有分量。所有的付出，所有的默默耕耘都值了，因为您一直关注我、激励我。

赵校长，您带领着南马路小学全体教师走过风霜雨雪、逐步迈向成功与辉煌。20年，岁月把时光深深刻在您眼角的皱纹里，却依然阻挡不了您眼中智慧的光芒，您是我们心中最好的校长。

董 艳

在我们南马路学校，老师们特别喜欢"专业化"这个词儿。如果谁被说成专业水平高，在我们学校是最大的荣耀。因为赵校长是教育家，她不仅精通管理，而且还精通语文教学，如果语文学科相关的知识出现争议，到校长那儿准能一锤定音，让我们这些数学老师非常羡慕。校长怕冷落了我们，亲自帮我们组建了"清溪谷"，还把几位数学骨干教师请到她的家里，成立了"我们爱数学"小组。她把一些前瞻性的教育思想融入每一个具体的教育细节中讲给我们听，在更新我们教育观念的同时，也改变了我们的教育行为。

学期初，"清溪谷"团队的教师利用开学前的时间整理出了 1 到 10 册教材的知识点以及每个知识点所包含的习题，开学后及时发放到数学教师的手里，使教师在备课时能非常清楚每节课的教学内容与前后知识的联系，了解教材每单元的编排意图。并且组织学年教师把 10 册教材中的知识进行分类，把同类知识进行"纵向"穿线，让每位数学教师对小学阶段的教材在头脑中都有一个清晰的脉络。在这个整理和研究的过程中，数学教师不仅爱上了数学，而且对数学学科心生敬意，都想成为专业水平高超的数学教师。

就这样，校长看着我们在专业化道路上一步一步地成长进步，取得成绩时，给我们以鼓励；遇到困惑时，给我们以启迪。她是我们的精神导师，跟着她我们能发现自己，觉得自己就像一棵树，根能往土里扎，枝叶能往天上长。

尹 娜

记得我刚到南马路小学不久，校长到我们学年与老师一起分析学生的学情状况，我当时就一个想法：我新接的这个班级这么难带，可得好好向校长诉诉苦。于是，轮到我时，我就从班级的整体情况开始汇报："我们班的特点是男孩子多而且比较活跃，所以不太好管理。""的确是这样的。"校长点了点头。"这个班从整体看，孩子不怎么聪明……"听到此处，校长突然打断了我的话："尹娜啊，作为老师你不能这样评价你的学生，更不能这样给孩子定位！"我顿时愣住了，不知所措，校长察觉到了我的紧张，语重心长地对我说："你来南马路小学的时间还短，对教育的理解还不够深刻，《给教师的建议》这本书读了没有？""读了，还没读完。"我吞吞吐吐地说。"好，我希望你能反复读读苏霍姆林斯基的这本书，也相信你对教育会有更深刻的理解！"我红着脸，用力地点点头。

回到家里，我每天花半小时读书，并且拿起笔来用心勾画，用心记录……越读我就越清醒，对教育的理解也不断地深入。校长常说每位教师都是一座金矿，可以开发……我突然明白，每一名学生也是一座金矿，可以开发。

如今，那批曾经被我称为"不怎么聪明"的孩子，已经纷纷踏入省重点高中的大门，他们即将搏出属于自己的一片蓝天。想想如果不是校长及时纠正我错误的思想，这批孩子会不会因为我的错误定位而选择错误的人生呢？真是想都不敢想……现在，我早已更正了自己的教育观念，用欣赏的目光看待所有的孩子，他们比我想象中的还要出色！

时光荏苒，与校长相识、相知，已近 10 个年头，我也成为学校语文核心团队——幸福公社的一员了，从当初的自以为是到今天的脚踏实地；从当初的目光短浅到今天对教育的逐渐理解，这种思想的蜕变都要感谢校长的谆谆教诲，是校长教会了我读书，是读书让我成长！谢谢您：我最亲最敬的智慧老人——赵校长！

樊俊峰

赵校长常说："好老师不是校长造就的，而是校长成全和帮助出来的。"2006年，赵校长找我谈接手人事干事工作的事情。望着校长鼓励和期待的眼神，虽然心中有些犹豫，我还是欣然接受了。我自小在姥姥身边长大，慈爱的姥姥对我无微不至地照顾使我工作不够细致、管理能力比较差。学校的人事工作非常繁杂，是一项具有极强的政策性、业务性、时间性和服务性的工作。开始工作不久，由于业务不熟悉，我的工作时常出点小差错。校长总是耐心地教我这句话应该怎样说，那件事儿应该怎么办。满怀愧疚的我在校长的鼓励下暗下决心：一定把工作做好，不辜负校长的期望。在赵校长全力打造的学习型组织中，我深知读书学习是我解决工作困惑的最佳途径。我开始认真学习人事工作相关的政策法规，丰富信息，开阔视野。遇到疑问，及时向上级部门或经验丰富的人事干事请教，尽全力避免出错。同时深入了解每一位老师的个人情况，不断完善老师的人事信息，确保更好地为老师服务。我的工作逐渐有了起色。赵校长不失时机地鼓励我："小樊的工作越来越有样儿了。"

时间匆匆而逝，熟知我的家人都说我的性格、为人处事能力都有了极大的改变，爱人半开玩笑地说："我由衷地感谢赵校长让你做了这份工作，让你有了'脱胎换骨'的变化，终于能让我省省心了！"校长也夸我："小樊对人事业务越来越精通了。"校长的鞭策与鼓励将永远伴我成长！

姜玉霞

睿智、渊博、慈爱、宽厚……也许是每个与赵校长相识的人心中对她的感受。但是，在我的心中，她是妈妈。

寒暑交替，校长两鬓斑白，她把我们视同家人。2010年，校长第一时间知道我的血小板指数下降，紫癜再次复发，立即命令我停下手中工作，去医院治疗。当得知我在哈两次骨穿后确诊为"再障"后，又第一时间打来了电话："姜玉霞，去天津血研所吧。那里是血液病权威医院，去那再检查一下，看看怎么治……"此时无助的我是多么感激她那母亲般的关怀和指点呀！走在天津的街道上，我看着诊断结果电话打给了赵校长。我能感觉到电话的另一端校长落泪了，"不是再障就好，不是就好。"校长哽咽着，"没事，姜玉霞，咱什么也不要想，好好治病……"

20多年来，我和同事们无论遇到什么问题，都会在第一时间向校长倾诉。校长就是我们的主心骨，给我们智慧和勇气。

蒋晓莉

在我眼中，赵校长是一位令人敬重的教育家，她的教育思想影响着校内外一批批的教育工作者。她与老师的谈话很有特点：亲切、愉快，使人备受启发。

做了二十几年的班主任工作，有了一定的工作经验，在老师们眼里班级管理好，学生成绩高，职称也已评完，自我感觉离名师还有差距，也就不再那么努力了。有一天，在走廊上无意间碰到了校长，与校长礼貌地打了声招呼。校长说："晓莉，你工作多少年了？"我小声说："有20多年了。"校长笑了笑，夸我："晓莉当年是个多么有灵气的小姑娘，工作努力有才华，班级管理教学样样出色……"我正沾沾自喜，她却话锋一转，问："最近还在坚持读书吗？记笔记了吗？"我支支吾吾说不上来，但同时也吐露了心迹："校长，我都40岁了，只想把领导交代的工作干好就行了，也不想怎么样……"校长迟疑了一会儿，亲切地说："我都60多了，你有我大？"我忙摇头又摆手说："没有，没有。"她笑了："你以为校长的教育思想是哪儿来的？是通过读书学习，反思实践后，从心里长出来的。我现在都坚持天天读书，都没觉得自己老，你比我年轻那么多，怎么就说自己老了？"我的脸红了，简直有些无地自容。随即她又给我讲了许多名师的故事，鼓励我克服自身的惰性，要突破瓶颈，超越自己，收获职业的幸福感。

谈话快要结束时，她老人家看着我的眼睛，郑重地说："出力气才能长力气。工作是给自己干的，要把工作当作事业来干。"我被这一番话深深地打动了，并由此奋发努力。现在，我是三学年的语文教研组长，虽然在班主任中是年龄偏大的，但我依然每天乐呵呵地去工作，去学习，去成长、体验成功、收获快乐。

刘玉梅

善良、慈祥、智慧，这就是我爱的赵校长。

校长说，"学校不仅是引发学习的地方，好的学校还是家庭的延伸。"读书学习的同时，我们还从中感受着家庭的温暖，传递着亲情。

四年前，爱人在毫无征兆的情况下突然去世，与故去的父亲才时隔一年。无情的打击，使我倍感无助、孤独、迷茫。为了使我振作，校长在百忙中多次找我谈心，"别忘了，你是孩子的母亲，你要给孩子做出榜样。生活的不幸都会过去，坚强地生活，努力地工作，做一位精彩的母亲，让孩子为你骄傲！"校长的疼爱和良苦用心，给了我勇气和力量。渐渐地，我也做得越来越好。如今，我是"亲情花"的"大姐大"；"四海方舟"社团召集人；教师职称评审专家组组长。

教师的职称评审在学校中是大事，校长却放权让老师们来做。我们连续奋战三个晚上，结合大量调研工作，本着公平、公正、公开的原则，数易其稿，出台了《中级职称量化打分表》，征集意见中，获得全校教师一致认可。校长说，即使她不在南马路学校工作了，留下的教育思想，打造的校园文化，恒定的管理制度，也会让这所学校良性运转。现在，校长给职称评审组重新定位，明确身份：南马路学校职称评审委员会"智库"。

回首20年走过的路，校长的教育情怀和坚守感动着我们每一个人。如今，我们努力、科学、聪明地工作着。怀着一颗感恩心，做好身边每件事，回报学校，回报我爱的校长。

马红光

在我眼中，赵校长是那个"方法总比问题多"的智者，是那个在毕业典礼上与学生深情拥抱的长者，是那个在师生困惑时指点迷津的引路人。在她的领导下，学校工作总有一股无尽的力量被推动着，不断地改进，不断地创新。

我性格比较内向，工作上不够主动。在一次交谈中，赵校长跟我讲到了管理学的经典《从优秀到卓越》中的"飞轮效应。"她说：其实每个人都像一个巨大的飞轮，自己要去推自己。一下两下，这个飞轮纹丝不动。但是只要坚持不懈，咬着牙不放弃，这个能量积攒到一定数量，突然有一天，自己这个飞轮就会慢慢动起来，自己也就有了势能，再坚持推下去，自己的这个飞轮就会越转越快。与校长的这次交谈，让我产生了要推自己一把的冲动。我找来林崇德的《智力发展与数学学习》、吴正宪的《吴正宪与小学数学》《创造孩子们喜欢的数学课堂》等书籍，开始一本一本啃起来。学生们喜欢上了我的课，我也在课堂教学中找到了乐趣，我发现自己开始转起来了。校长又把一个学年交给我，我从提高教师专业能力出发，和老师们共同学习研究，亲自下水和大家一起同课异构、辩课、议课。我还把散落在教师个体的零星经验汇集整理，给学年老师下发纸条，上面有陈玉玲的一题多解、王孝斌的教学设计、郭阳的课后反思，老师们在我的带动下也开始转动起来。

校长不仅激发了我的内驱力让自己转动，而且让学校里多个飞轮共同转动，带动学校的这个大飞轮良性运转，校长是老师们心中无形的发动机。

潘春梅

记得刚参加工作时，有一次学校召开读书座谈会，老师们畅谈着"如何通过读书改变自己的教育行为""如何让自己的工作更遵循教育规律"等话题。看着如此热烈的研讨场面，我忽然产生了一种自卑感：我和在座的老师们相比还差得太远啊！当我有些语无伦次地汇报自己的读书与工作收获时，也表达了这种深深的自卑。说完后，我面红耳赤地坐下，颇感局促。赵校长听后语重心长地说："春梅，你是一个很努力的老师，你的身上有成为一名优秀教师的潜质。你现在缺少的是自信。一定要相信自己是一座金矿，是一盏灯，只要坚持不懈地学习、实践、反思，你和你的学生一定会在幸福、愉悦中共同进步。"望着赵校长慈祥而又充满期待的目光，一股暖流涌上心头。信任的力量是无穷的，我默默地对自己说："校长，您放心，我一定能行！"

在以后的工作中，当我面对平凡而琐碎的事情稍有懈怠时，我的耳边便响起校长那熟悉的声音："小学不'小'，小学教师同样可以做出大学问！"正是这些谆谆的教诲引领着我一步步前行，一点点去触摸教育中那些本真的东西。

在上学期的校务会议上，校长亲自给我佩戴上"合和石头秀"的绶带，希望我这块"石头"将来变为熠熠生光的金子。如今我工作更起劲了，带领学生进行小组合作学习，布置社会实践作业，创建数学错题题库……尽情收获着当老师的快乐。

我爱这所学校，并庆幸拥有这样一位好校长。

曲训丽

校长喜欢读书。学校的老教师常说，早在 20 世纪 80 年代校长就从有限工资里拿出钱订《人民教育》《小学语文教师》《上海教育》，她更是学校图书馆的长期借阅者。我们这些孩子上班后也已经习惯等待校长向我们推荐书籍，《给教师的建议》《给加西亚的信》《学会生存》《天才是训练出来的》《会阅读的孩子更成功》《海尔中国造》《教语文其实很简单》等，这些书指引着我们做理性的实践者。

我刚到学校不长时间，学校每周都有自觉读书日，读书后大家还会说说体会，刚走出校门好不容易可以不用读书了，又拿起书来读很是不情愿。假装看书，摘抄人家的做法，准备蒙混过关。可是研讨会后，校长拍着我的肩膀说："你能开始读书这很好，可是别人好的做法不能拿来就用，要经过论证和分析。校长送你一本书好好读一读，你会喜欢上读书的。"《叶圣陶教育文集》至今还摆在我的书架里，那泛黄的书页见证了我认真读书的经历。我被这部书吸引着，叶老对语文教学的一些精深的见解总会给我以启发，解决我语文教学中的很多问题，我找到了读书的乐趣。

2004 年校长推荐的《第五项修炼》让我们开始了解了学习型组织，我们恍然大悟，原来赵校长一直带领我们在建设学习型组织，学校里最有权力的教代会、主动研究工作的多个社团、让士兵说话的智慧泉……这些都是层次扁平化、组织咨询化、系统开放化的标志。我成为灯火社团的召集人，带领社团教师钻研教学、录制电子书、做微课题研究，边工作边学习边研究。校长依然推荐书，可是那已经不能满足我的看书需求，阅读着、思考着，工作中的难题被攻克，我在学习中发生着质的变化。

60多岁的老校长开会回来，跟我们谈到俞敏洪的新东方、马云的电子商务、李希贵的十一学校，三个人物的三本新书让我们更强烈地感受到：我们必须奔跑起来，才能追赶上校长读书学习的脚步。

唐永年

赵校长在教师心中是一位慈祥的老人，在学生心中更是一位亲切、和蔼的知心朋友。虽然赵校长每日总有处理不完的事务，可她很喜欢和学生在一起。正因如此，教过或没教过的学生，在校或已毕业的学生，提起她都是那样亲切，提起她总是掩饰不住尊敬和喜爱。

在今年的毕业典礼上，赵校长与往年一样，手捧着鲜花向即将毕业的学生们道别。那一句句发自肺腑的真切话语，让在场的学生热泪盈眶。当天参加典礼的还有毕业生的家长们，孙钰廷家长感叹着这些年来孩子的改变："在南马路学校，我的孩子在老师们的教育下，热爱上了读书、懂得了感恩，取得了很大的进步。孩子能在这样一所学校学习，是我们全家的福气，我们十分感谢学校。"

王　妤

有一次特别的会议让我永远记得，那是赵校长为我们召开的，主题为"来真的！"这次会议让我们每一个人的内心深处都受到了震撼，也得到了警醒。我暗下决心：校长来真的，我们也要来真的。要真的读书学习，我们要真的钻研教学，我们要真的让自己长本事。会后，校长找到我们社团，校长说："你们社团不仅要自己学习，还应该带动学校老师！"听到校长的话我们更激动了，我们都是最普通不过的老师，竟然也可以起到带头作用？于是，在校长的帮助下，我们连夜起草一份"倡议书"，第二天，我们向全校老师发出倡议：以品行端正、业务精良为荣，崇尚勤奋好学，刻苦钻研。在学习中工作，在思考中工作，用审视的眼光看待工作。在学校大兴教研之风，提升自己的专业素养，鲜明自己的业务优势，追求自身从事教育的附加值。我们的倡议得到了全校教师的积极响应……

回想我在南马路学校的成长之路，是赵校长那双无形的手牵着我走了一程又一程。她是一位智慧的领导，能挖掘每一位教师身上的潜能，并使之无限扩大，让我们收获成功、快乐；她是一位慈祥的母亲，心里记挂着每一个儿女，看到她的孩子们进步了，成长了，就是她最大的幸福。

袁一珂

每当看到南马路学校《语文补充读本》那清新雅致的封面，读到那经典醉人的篇章，闻到那隐隐约约的墨香，总是禁不住想要捧起它。同时，脑海中也会再次浮现出赵校长带领课题组老师编写这本书时的情景。

去年冬天，赵校长提出要重新编写《语文补充读本》，主要是加大容量，在体例上也有所调整。接到任务后，课题组的老师们经过几次开会讨论，最终确定了初步方案，并开始搜集资料。寒假前的一个周末，我们将"成果"呈现到赵校长面前。赵校长大致翻看后，直接问道："这些内容需要多少课时来完成？容量是否合理？"我们在设计之初就已经计算了大概的课时容量，当即做了汇报，正觉得自己工作细致认真时，校长又问："补充的内容占一学期语文课的总课时数的多少？每一课时能教学多少内容应该具体标注出来。"于是，我们对语文教材整合后所需要的总课时数、语文教材所用课时数、剩余的课时数、具体的课时分布都做了准确地计算，最终得出了相对科学的结论。由此，我们又一次从赵校长身上体会到什么是"准确"。

接下来，赵校长又仔细地听了关于所选篇目的汇报。在这个过程中，她不时地提出问题："各学年所选篇目的梯度，你们考虑了没有？""这一册的文章都涉及了哪些题材？是否符合这个学段孩子的特点？""这些篇目的顺序应该怎么排列？""名家名篇有多少？""所选内容与语文教材之间是否能做到互相补充？"……由此，我们又一次从赵校长身上体会到什么是"严谨"。

最终，经过反复地推敲和赵校长一次次严格地审查，一本文质兼美的补充教材展现在学生们的眼前。赵校长也再一次给我们上了生动的一课，正如她要求我们的那样，轻易不要说出"可能""差不多""大概"这一类模糊的字眼儿。

郎　萍

"聪明的人能对眼前事物做出准确的判断，而有智慧的人能对未来的变化做出正确的预测和评估，并为未来做好准备。"赵校长就是这样一个智慧的人。

2005年暑假前夕，赵校长让大家说说自己教学方面的优势，举行了一次"登山队"竞聘活动。在竞聘中我自信满满地说："我认为自己是个活题库。在讲到新知识的时候，马上能知道本节课的重点难点，学到某个知识点时，通常会出什么样的题。在学生学习新知识的时候，就让学生了解哪些题要引起注意。这样避免在学生做卷子时再发现有哪些问题没讲明白回头重讲。"竞聘结束后，赵校长对我说："你刚才讲得很好。郎萍是个聪明人，教学经验也很丰富。但是，如果仅陷在经验里，就不会有进步，应该好好学学新的教学理念。"校长的夸赞充满激励，校长的批评又是那么切中要害。的确，我曾一度跌入"经验陷阱"，在良好的自我感觉中迷失了前行的方向。校长的点拨加上自我反思，我开始拿起书本老老实实地学习，从网上买来新课程理论方面的书、小学数学名师的书认真研读，观摩张思明、吴正宪、华应龙等名师的教学录像。学习了，才知道自己的浅薄，知道自己与名师的差距有多么遥远。阅读，实践，反思，成了我工作的常态。几年后我发现自己的教学观念更新了，数学教学思想改变了，课堂上孩子们学习的热情更高了。现在回头再看当年的自己，真是感慨万端。如果没有老校长的当头棒喝，如今的我也许还是那只盲目自大的井底之蛙。

郭 阳

瘦瘦的身躯，微弯的脊背，一个看似普通得不能再普通的老人，一开口便显出了她的与众不同——声音洪亮，底气十足。亲切的话语中透出一股浓浓的书香与自信。这就是慈祥的智慧老人——赵校长。

赵校长已经 65 岁了，可是她却拥有年轻人都难以匹敌的记忆力，难怪 CT 片显示赵校长的大脑超乎寻常的饱满。作为一名教育家，她总是站在教育的最前沿，勾画着学校发展的蓝图。有时她的话会让我们一时难以领悟，但随着读书与实践的积淀，可能一个月、一学期……甚至更久，你会忽然意识到：噢，原来赵校长说的就是这个意思，当初的理解未免过于浅薄！

三年前赵校长提出：争取学生热爱你所教的学科。赵校长带领我们反复地讨论、实践，再讨论、再实践……意在让我们找到使学生真正爱上学科的好做法。一次，讨论会结束后，我和几个同事在门口看到了赵校长，她抛给我们一句话："同样的习题，不同的解题思路，让学生恍然大悟。"我牢牢地把它记住了。之后，我在教学中发现：当你在课堂上提出学生够得着的、真正有价值的问题时，是学生最专注的时刻。"这道题有好几种解法呢！看谁想出的方法最多，最好？"每当这时，孩子们总是眉头紧锁，凝神思考。当她们想出办法时，你又会看到他们笑开花的小脸，然后认真地写出答案。进行汇报时，我总是让学生到前面讲解题思路，这时不用整顿纪律，因为孩子们都在认真倾听，都想知道他用的是什么方法、和自己的有什么不同、有没有讲错的地方……就在这种思维碰撞中，学生们体会到了解决问题的快乐！

这样的情景让我不由得想起赵校长的话，这不就是让学生爱上数学学科的好方法吗？智慧老人很早便提出来了，只是我比较愚钝，到今天才理解其中的真意！这样的事例不胜枚举，每到这时我便会暗自慨叹，就是这样一位身材瘦弱的老人，为什么在我心目中的形象却如此高大呢？

赵艳华

在人生中，总有一些人在思想上给我们以深远影响、在心灵深处打下烙印。对我来说，这个人就是赵校长。她常挂在嘴边的一句话就是：当兵吃粮，站岗放哨，把你的工作干亮堂。

赵校长不仅是知名的教育专家，还是优秀的语文特级教师。她经常听"推门课"，我在一线执教时有幸被校长频繁地"推门"。现在回想，从刚开始被校长"推门"时的紧张到后来盼着她来"推门"的期待，正是我由教学起步到享受课堂的过程。尤为难忘的是，她曾亲自到我们班讲过《詹天佑》一课，我有幸成为唯一的听课教师。下课铃响，学生仍意犹未尽，有的学生拉着她问，什么时候再来讲课。身教比言传更具力量，校长专门为我做的这节示范课给我的震撼和影响历久弥深。直至今日，作为教学副校长的我自问，可曾有当年校长那般上"下水课"的勇气。一次，我看到了赵校长二十八年前当老师时设计的板书，泛黄的纸页上，一课一课，密密麻麻，手写体端端正正，整整一大本……语文是南马路小学的拳头学科，之所以称为"拳头"，是因为有赵校长这样一位优秀的语文特级教师在引领、在雕刻、在辐射。

有人说，如果老师是一位有阅读习惯、知识广博、妙语连珠的人，那么她教的学生就一定是有福气的。能成为校长的学生，我是有福气的。

史　英

"唯天下之至诚胜天下之至伪，唯天下之至拙胜天下之至巧。"这是曾国藩家书中的名句，也是马英九先生的家训。校长把这句话送给我们，并将它作为我们学校一条重要的价值观。校长常说，教育是诚实的劳动，做教育的人要有赤诚之心。教育没那么多可供人观看的精彩，更多的时候是要耐得住寂寞，教育朴素的规律蕴含在至诚至拙的耕耘中。

我性格比较内向，工作中没有那么伶俐，但始终秉承着勤恳踏实的作风，默默地在数学教师岗位上耕耘着。与我一同分配来的伙伴，有的已成了教坛上小有名气的"名师"，有的班主任工作干得有声有色，可自己却依然默默无闻。校长说，史英的心里有"花"，看起来没有那么光鲜亮丽，但踏踏实实工作的人一定有出息。我把小学数学一整套教材找来，从第一册到第十册一页一页地看，一个章节一个章节地思考，笔记足足记了三大本。工作中，我努力讲好每节课，不厌其烦地辅导后进生，赢得了家长的高度信赖。有一天值班，我正在批改试卷，校长走到我身边，笑着说："史英，来，校长抱抱你，嗓子都累哑了，校长心疼你。工作中要'加一点智慧的料，让工作的汤鲜起来'，智慧的料藏在规律里、思考中。"我的拙劲上来了，我要找到校长说的那些智慧的料。于是我开始啃书，研究教学。渐渐地，学生更喜欢上我的课了，后进生的进步速度快得让我吃惊了，考试成绩越来越好，我品尝到了平凡工作中的乐趣。

一次教师大会上，校长给我颁发了"默默美丽秀"。"默默"是诚实的坚守，"美丽"是教育智慧的绽放。在校长这样的价值取向的引领下，像我这样平凡的老师，有了工作的目标和方向，让我们能大踏步地前进。

梁　敏

校长很现代，因为她总能敏锐地感知教育最前沿的问题，引领教育的走向；校长又有些传统，是因为她坚持学校必须给学生留下该留下的东西。做了副校长之后这种感触更深。

记得我刚当上副校长时，区里每年都有测查，为了保住学校连年的好成绩，我在假期就在想抓成绩的办法和措施。跟校长做了汇报，校长听后先表扬了我能认真思考学校工作，很有热情。随后说："学校不能只关注成绩，那只会对学生的短期学习负责，难免以牺牲学生越来越喜欢学习为代价。学校不唯考试，但赢考试。我们教师要教的是热爱。"一语点醒梦中人，原来我把提高教学质量仅理解为提高分数，却忽视了教师能力的提高和学生的可持续发展，这样的认识是狭隘的。"怎样让教师'教热爱'""怎样让学生爱学科"成了我思考的方向。我和老师们共同研究知识层次结构、建学校的题库，共同参与补充读本的编写；我们一起研究试卷，精讲精练，把雪片似的试卷变成"线条"和"图画"；还和几位教学主任一起研究好课的标准，提出"实实在在上好课"。向全校教师明确学校的评课标准，关注常态课，关注课堂上学生的成长，关注教师的学习和实践。有了观念的提升和行为的改变，学校的教学工作有了变化，我的职业素养也在不知不觉中提升了。

校长的现代督促我们不断学习，更新观念紧紧跟随她的步伐；校长的传统让我们知道做教育的人应该怎样坚守教育最本质的东西。在学习与坚守中，我们成长着。

张金花

我从外校转入南马路小学，自觉是一个经验丰富的教师。当我看到社团的老师们在研讨时说的内容常常是我能感觉到但又没想明白的问题；他们能对学科知识系统地把握，站在学生的角度去设计教学；这些都彻底颠覆了我的"经验论"。看到与大家认识上的差距，我开始着急上火了，从哪开始读书学习？怎样才能融入这个集体？"你从现在开始拿起吉他，20年以后你就会成为一个'牛人'，这是著名的一万小时定律。要自己跟自己比赛。"校长的这番话让我豁然开朗，《给教师的建议》成了我读书学习的第一本教科书。

读书学习让我发现教育规律都是那么朴素而简单，很多日常教学中似是而非的东西也变得清晰起来。一段时间以后，我成了"星星琐"社团的成员，我们一起关注教育教学中的琐事，用科学和理性之光照亮每一个细节，我们研究学生背诵问题、学生心理健康问题、关注师生身体健康等等，将工作打磨得更加精致，将我们的职业生涯润泽得熠熠生辉。

在参与学校管理当家作主的过程中，我也学到了很多以前未感受到的东西。学校每年的职称评选都能做到公正透明，可是校长还要不断改善，让它形成机制留存下来。我作为骨干教师有幸被教代会吸收为大评委会的公证员。跟着大家一起研究评审条件、审核评审材料，切身感受到赵校长科学认真的管理已深深影响着这里的每一个人，整个过程大家都能坚持原则秉公办事。生活在这样的大家庭里不用担心不公平，每个老师都会受到公正的待遇，心里都是敞亮的。

她科学的管理艺术不仅让我喜欢上"弹吉他",而且让我这普通一兵也享受到了自己当家做主的快乐。

李　璐

校长爱读书,即使年过花甲仍然手不释卷。校长室的书架上经常会增添几本新的教育理论书籍。

校长教育我们,好书要反复读。一次,我和同伴到校长家参加"休闲茶座",看到两本苏霍姆林斯基的《给教师的建议》。第一本因读的次数太多已经破旧了,被收藏到书架中;第二本显然也已经接近于"收藏"的程度。谈到这本书,校长自己也不知读了多少遍,她常读常新,每次读都有收获和发现。校长说,不厌其烦地读一本书,是一种沉淀,读到一定程度就会产生质的飞跃,让人恍然大悟。这正是校长令我敬佩之处,她总能把道理说得深入浅出。对大多数人而言,浅出比深入难,因为只有对道理理解透彻的人,才能通俗易懂地"浅出"。

受到校长的影响,我越发热爱读书,更愿意与校长交流读书心得。当我说出"分数是素质教育的副产品"时,校长连连点头称赞,并询问这句话的出处。谁知几天以后,这句话出现在校长给全校教师的纸条上。看到自己的名字出现在纸条上,读书人的幸福感油然而生,即使没有人夸奖,也觉得幸福。

校长经常送"礼物"给爱读书的教师。校长曾送给我一本记事本,上面写着"想清楚,说明白,写出来,干到位"的赠言。校长教导我专业成长只靠读书还不够,要坚持写教育反思,在司空见惯的小事上做研究。"写出来"是将脑中的想法有条理地重组,是第二次思考,能促进成长。但要警惕浅层次的思考,只作一般的教育叙事不等于教育反思,更谈不上教育研究。平时要大量阅读理论性书籍,如果没有理论做支撑,缺乏基本的学养和正确的方法,任何研究都不会成功。现在,我和学年的同事,正朝着校长指引的方向进发。

李冬蕾

我与校长朝夕相处整整 24 年了。作为副校长,我有幸与她同处一室,得到了更多与她面对面交流的机会,听她说工作,话教育,谈人生,每次都听不够,总有"胜读十年书"之感。对于普通教师来说,开教师大会成了老师们学习的绝佳时机。

校长每次开会都精心设计，她的讲话深入浅出，耐人寻味，既有学术报告的理论功底，又不像一般学术报告那样晦涩乏味，总是给大家传递教育的前沿信息，令人耳目一新。

校长博学睿智，开会从不读稿，她能用平实的语言讲出深刻的道理。比如校长在会上提出"教育要做减法"就是要我们简洁守正，遵循规律，在工作中尽量触碰教育最本质的东西，不搞花架子，摒弃似是而非，踏踏实实地上好课。校长要我们重视教育的陶冶功能，她推荐我们看电影《放牛班的春天》，从中我们感受到音乐可以陶冶人的性情，对人的灵魂具有塑造与救赎的力量；雷夫怎样让56号教室不仅是知识的摇篮，更成为人格的花园；在会上播放巴黎街头的快闪表演，让我们明白教育就是春风化雨。校长希望我们怀有一颗高贵的心，因为高贵的人拥有强大的个人魅力，这种力量会让你不被世俗裹挟着前进，拥有坚定的信念和正确的价值观，从容地面对生活。校长每次开会都像是一个专业引领的报告会，给我们带来头脑风暴，让我们产生不断学习的愿望，紧跟教育的脚步。

校长开会也常有"惊喜"。与进步的教师合影，引得众人羡慕不已；在会上颁发各种"秀"，被奖的老师泪流满面，旁边的我们也心潮澎湃；圣诞节和五宝教师一起头戴圣诞帽，送上新年祝福；带着我们一起"绽放日月花"，盘点一个学期的成长与收获。

最近几年，学校发展进入快车道，召集全校教师参加的大会并不多，因为校长提出"能写纸条绝不开会，能开小会绝不开大会，能站着开会绝不坐着开会"的要求，避免高耗低效的工作方式，既保障了教师的个人时间，又在校园中形成了提高工作效率的舆论氛围。

从深入浅出的报告会到纸条文化，都彰显着校长对教育深刻的理解和精细化的管理，这些已深深植入我内心变成了目标和理想。希望终有一天，我也能成为像校长一样懂教育、会管理的人。

我心目中的赵翠娟老师

鲍慧轶（1989 年毕业生）

当写下这个题目的时候，记忆将我带回到二十年前的南马路小学，带回到和赵老师朝夕相处的学生时代，带回到人生学习的最初阶段。

人在一生中能碰到好老师是幸运的。我就是这样的幸运儿，在我最懵懂无知的时候遇到了我一生中的恩师——赵翠娟老师。

赵老师是四年级接我们班的。赵老师讲课循循善诱，娓娓道来，引人入胜。在课堂上，赵老师给我们背诵《木兰辞》，声音抑扬顿挫，一气呵成，"唧唧复唧唧，木兰当户织。不闻机杼声，唯闻女叹息。"时至今日，我从未曾忘记。赵老师的吟诵让我体会到了中国古典诗词优美的乐声格调以及其中所传递出来的强大的人文魅力。中国的文学真美啊。这就是我从赵老师那里学会的第一课。我从此爱上语文，爱上写东西。

可是要写好作文并不那么容易。小孩子大都观察能力差，书面语言贫乏，到写作文时就开始胡编滥造，我当然也不例外：写做好事就是捡到钱交给警察叔叔，写人物就是大眼睛高鼻梁，写感受就是我今天高兴极了。赵老师针对我们这样的问题，在班级设立了"发现者园地"。这下可好了，大家都特别踊跃，"园地"里贴满了我们在生活中的各式各样的发现。谁的发现真实有趣，谁就可以获得一枚老师颁发的小红花。赵老师还组织我们从家里拿来书籍，同学之间相互传看，然后写读后感。我们的书面语言运用得也越来越自如。我们班级学习的气氛不断高涨，大家都在比着学，谁都不愿落后。

一位好老师不仅能教好书，更重要的是能育好人。赵老师把我们全班同学都看成是她自己的孩子，看成她的心肝宝贝，说是像妈妈一点不为过。有的男生邋遢，赵老师就和我们女生一起帮他整理东西，教他怎么才能做干净整洁的好孩子。有的同学家里生活困难，父母身体不好，弟弟妹妹没人照顾，赵老师就自己花钱买来东西送给他，有时还让他的弟弟妹妹到班里旁听。赵老师用她的爱心吸引着所有的孩子。

正所谓"亲其师，信其道"，我敬佩她，她说的话我都爱听。有时赵老师表扬我的作文哪里好，哪次数学成绩高，我就像成了一个伟大的人物一样心中充满自信，对于一个胆怯、敏感的小女孩来说，这很重要。所以，无论公开课，还是电台录音，所有活动我都积极参与，大胆发言。虽然我说的并没有多么精彩，做的也并没有多么优秀，但是我敢于大胆展现真实的自我，有勇气战胜自己的弱点，这一切都得益于赵老师那独特的人格魅力。

二十几年过去了，我已为人师，并在讲坛耕耘了十几年。这些年来，是赵老师在我儿时的心中留下的印痕伴我徐徐前行，她的学识、人品启迪着我怎样做人，怎样为师。十年来，我也常常会听到、见到赵老师那独特的理念、精辟的论述，这些教育思想又让我的教师生涯多了几分灵动，多了几分深刻。无论多久，恩师永远！师恩永远！

我眼中的赵翠娟校长和她的南马路小学

刘少文（毕业生家长，博士，黑龙江大学新闻传播学院教授）

2008年高考，我的女儿刘婧婷以文科658分的好成绩被清华大学新闻传播学院录取。能上驰名中外、学风谨严的清华一直是我们和她本人的夙愿。高兴之余，女儿的第一反应是要把这一喜讯在第一时间内告诉自己敬重的几位老师，而她第一个想到的就是自己的母校南马路小学的赵翠娟校长。我们也深以为然："吃水不忘挖井人"，孩子的成长虽与自己的天分、努力分不开，但更是众多老师辛勤培育、搭梯扶持的结果，而其学业里程中的第一块基石恰是由赵校长及她的老师们铺就的。

1996年，7岁的女儿要上小学了。做教师的妻子和做记者的我尽情发挥了我们比较严谨认真的职业特点，经过一番"由此及彼"的比较和"由表及里"的调查，决定把孩子送到南马路小学就学。这颇引起我们周围亲属及同事的诧异：家住道里，为何要"隔山迈海"地选道外的一所学校呢？而我们则坚信"众人皆醉我独醒"，这所学校的校长是一位有着自己办学理念，且孜孜以求的人。

事后的一切证明我们的判断没有错。孩子确实多学到许多东西，更重要的是孩子爱上了读书，对学习充满了乐趣，每天都有新的起色，每天都是兴趣盎然。有无数个夕阳西下的黄昏，在放学的路上，孩子津津乐道地向我们描述在学校里的学习生活。还有许多个宁静的夜晚，临睡前孩子要求和大学中文系毕业的我们比赛古诗词，看谁背得最快、最多，而又错误最少。虽然，作为家长，我们也付出了许多鼎力配合学校教育的努力，但我们在心理上感到轻松愉悦，并没感到劳顿之苦，因为学校路子对头，孩子快快乐乐，我们自然从心底里高兴。后来作为家长我曾有幸列席一次小学教学研讨会，并聆听到赵校长的一个发言，虽然具体题目忘了，但依然清晰记得她讲的是自主学习。赵校长说自主学习要让孩子体验到学习的快乐，要对问题产生兴趣。她还阐释了怎样培养孩子的兴趣，感受学习的快乐。这时我才恍然醒悟：原来为孩子们的快乐学习，学校付出了那么多的努力和探索。记得四年级时，孩子有一天回家翻箱倒柜地把书架上的《辞海》《大不列颠百科全书》《中国名人词典》《中国通史》都搬出来，并默无声息地查阅、抄写。原来是老师留了一道作业：题目任选，自查资料，凭个人兴趣，写一篇小论文。她最后写了一篇有关秦始皇的文章，完全是独立完成的，交上去深获老师赏识。从此以后，一个积极的结果是孩子学会了有效利用工具书。

孩子非常喜欢南马路小学和她的老师们，即使在十几年后的今天，也常提起小学时的许多往事。孩子称赵校长为"校长奶奶"，足见其亲和力之强。赵校长不仅在每周一的升旗仪式后要发表她激情四溢富于感染的讲话，而且天天到各班去看孩子们，并和他们亲切地说话，因此在学生眼里，她不是一位威严的校长，而更像一位善解人意的慈祥的"奶奶"。孩子们有话也愿意跟她说，每次又都会得到鼓励，感到满足。孩子告诉我们，她把考上清华的消息告诉赵校长时，校长激动得连说好几个"好"，还说，"我没有看错，这在预料之中。"最后，孩子还有意卖关子："你们猜赵校长还说什么了？"几次没猜到，女儿便挺着脖子自豪地说："校长还说，让我有时间过去一趟，她要奖励我。"幸福之情，溢于言表。这恐怕就是爱的教育吧。

这就是赵校长，这就是南马路小学，我为他们感动，为他们骄傲。

三、十年引领读书风

——记哈尔滨市南马路小学校长赵翠娟

《中国教育报》记者　郭萍

1994 年，赵翠娟出任黑龙江省哈尔滨市南马路小学校长，至今整整 10 年；1994 年，赵翠娟上任伊始，就在全校教师中倡导读书，倡导学习，至今也整整 10 年。

十年磨一剑。这支"剑"就是具有现代化教育理念的一代小学教师，这支"剑"就是 21 世纪的学习型校园。

（一）读书成了学校"最大的事"

赵翠娟是 66 届初中毕业生，半路出家当"先生"，能够成长为一名优秀的小学教师，她觉得，是靠不断地读书和学习。于是，当接手南马路小学这样一个教师水平一般、学生素质一般的学校时，她认定只有学习才能提高队伍，只有学习才能彻底改变学校面貌。

在 20 世纪 90 年代初"人人下海"，"全民经商"的浮躁中，安心读书真不容易。赵翠娟拉着这支年轻的队伍开始上路了。没有赞美，没有掌声，青年教师的不情愿和牢骚伴着赵翠娟的严厉甚至是呵斥，组成了一幅并不十分和谐的读书图。赵翠娟认准的事是不会轻易放手的。她对老师们说："只要我在南马路小学当一天校长，读书就是这个学校最大的事。"

"最大的事"终于结出最大的果。一年，两年，三年……渐渐地，老师们读进去了。读进去就再也放不下了。教师的言行，教育观念都悄悄发生了变化。

1999 年，书不离身的赵翠娟读了一本叫作《第五项修炼》的书，作者是美国麻省理工学院的教授彼得·圣吉。里面提出的"学习型组织""组织的学习能力"等观点吸引了赵翠娟，这不正是自己梦寐以求的一种境界吗？她一下子就钻了进去。

学习型组织，在中国应该怎么做？在学校怎么做？没有人告诉她。结合南马路小学教师读书学习的实践，她感到，自己走的路没有错。南马路小学教师的读书一开始就是一种组织化的形态，只是缺乏系统的理论指导。

这以后，赵翠娟更有信心了。如果说，过去的读书还是教师个人的读书、个人的学习，属于学习型组织的第一阶段，是一群人在学习，那么，她要带领教师们向更高层次进发了。

《21 世纪学校优质教育研究》是联合国教科文组织中国教育学术交流中心的科研项目，南马路小学整体的学习氛围，良好的理论基础，使他们再一次获得接受这个项目子课题的机会，赵翠娟毫不犹豫地把研究目标锁定为"构建学习化校园行动研究"。

学习化校园必须实现团队学习，这样才能取得更高层次上的共识，激发出高于个人努力的群体智慧。多年坚持不辍的读书，教师们良好的学习习惯，为赵翠娟新的探索奠定了坚实的基础。

（二）"深度会谈"激发集体智慧

"深度会谈"，是赵翠娟和教师们读书的第二阶段。最初教师们认为读书是自己的事，自己学习就行，就是开研讨会也是个人向大家作汇报，不是一个重要的学习方式。有的人还把自己学习中获得的新认识看作"私人财产"，平时不和大家交流，就等着研讨会"一鸣惊人"。为了让大家尝到交流的甜头，赵翠娟把教师们分成若干研讨小组，每个小组都有两名骨干。人少气氛宽松，加上骨干带头把自己的认识拿出来和全体分享，小组的讨论活跃了。交流中大家看到相互间的亮点，而这无数亮点的汇集，就是一片灿烂。

小组对话有了突破，大会研讨也活跃了。不是一人讲众人听，而是观点对观点，一人发言，大家呼应。有一次，研讨会的题目是学校应"以学生为本"。赵翠娟说，"以学生为本"的核心就是理解和尊重。有3个教师立刻表达了不同意见，他们说首先要确立学生在学校的基本权利，然后才谈得上"以学生为本"，否则就有施舍之嫌。赵翠娟也再次发言，指出他们的偏颇，3个年轻教师也针锋相对。这样你来我往，其他人也被吸引过来了，4个人的争论变成了集体参与，最终的结果，教师们对什么是"以学生为本"的思考更深了，理解也更全面了。

学习中的交流与碰撞需要建设性的冲突，赵翠娟就是一个善于制造冲突的人。她不断找题目，不断设置问题，将学习引向更高的阶段。

据说，生长在美国加州的红杉树是世界上最雄伟的植物，可以生长到90米高，但是红杉树的根却浅浅地浮在表层土壤中，这样的个体很难抗住风雨侵袭。但是当一片红杉树长在一起，根部紧密相连，就能抵御狂风骤雨，屹立不倒。这很像南马路小学的教师，当初并不十分优秀的他们今天能够让许多同行刮目相看，是赵翠娟带领他们生出学习的根系，心手相连，成长为一个善于学习的团体，才有今天不断地攀升。南马路小学就有一个以"红杉林"命名的组织，有8个年轻的教师负责经常征集大家的建议，整理归纳大家的共识，对学校的工作进行系统思考，全面策划。"红杉林"下面还有9个课题组，课题组的工作不是学校布置的，而是小组成员在充分学习研讨的前提下，共同设计的。这样，学校的工作由每个课题组分解到位，分别实施。这样，学校就不是校长一个人的，而是全体教师的。赵翠娟说，离开和教师们的学习、对话、合作，自己都不会工作了。这话也许过谦。但是，通过构建学习化校园，依靠团队的智慧"开启学校管理的新思路"，正是赵翠娟所感悟、所追求的。

如今，南马路小学进入了"边学习、边工作、边研究"的状态。学习和工作已经是不可分割的一个结合体。全校上下犹如一个开放的系统，一个有机的生命体，不断释放出蓬勃的活力。

"深度会谈"提升了教师们的学习层次，也激发了他们对师生之间、学生之间对话的关注和思考。

（三）让读书成为一种习惯

在南马路小学，每个教学班都有由前后桌组成的合作学习小组。每天每节课都有生动的对话在进行。一次，一个小组在讨论生活中的射线的例子。孩子们举出了探照灯、手电筒、太阳光等。一个学生说头发也是射线，引起大家的反驳，连教师也参加进来，一起讨论。这个学生说，头发长在头皮一端是端点，头发不断生长就是无限延伸。教师说射线是直的，这位学生说，头发被吹风机吹得竖起来时就是射线，剪成平头也是射线。就这样，师生共同对话，有争论，有共享，更有超越。在赵翠娟的引领下，教师们开始感到，教师的学习没有对话不行，学生的学习没有对话也不行。

人人参与的平等对话，促进了师生间的真诚沟通，造就了校园里民主和谐的氛围。五年级的一个班长在全体教师面前汇报他们担任值日班的感受，突然话锋一转说："早晨我们在校门口维持秩序，向每个上班来的老师问好，每个老师也回问我们好。可是有一位老师不理不睬就走过去了，我们很失望。"赵翠娟一边鼓掌，一边走上前去，抚摸着孩子的头鼓励他说："你再说一遍。"此时，所有的教师都对这个孩子报以热烈的掌声。事后，赵翠娟对教师们说，你们用热烈的掌声回应这种批评，体现了教师的胸怀。这样的对话，培养了孩子的自信，使他们形成了可贵的自主意识，这比教师讲多少节课、多少道题都难得！

南马路小学的教师爱读书，南马路小学的学生也爱读书。2002 年，南马路小学把阅读课作为校本课程排上了课程表，每个班级都有书架。四年级的一个学生看见邻居把旧书当废品卖很心疼，他犹豫再三，还是鼓起勇气向邻居要。邻居被感动了，随他挑选。结果，这些书摆上了班级的小书架。一个家长说："你们学校读书的风气都刮到我们家了。双休日我们全家拿出半天到图书馆去读书！"

赵翠娟说，一个人没有学习的能力不能发展，一个组织没有学习的能力不能发展，一个国家没有学习的能力怎么能自立于世界民族之林？作为一个教育工作者，最神圣的职责不就是在你的工作和努力中培养这种学习能力吗？于是，南马路小学的师生们都会重述赵翠娟常常引用的一句话："在这个变革的年代，你唯一持久的竞争力，就是你有能力比你的对手学习得更好。"

这就是赵翠娟。她让所有人都激起读书的欲望。无论你情愿与否，她好像终生就在做一件事：拉着你，推着你，执拗地要把每个人都带进学习的美好境界。这就是赵翠娟，她不同于传统的校长，不同于传统的劳模，不同于传统的管理方式。她在做的事情，不是一年、两年甚至三五年就能看到成果的事情。可是她坚持着，甘于寂寞，甘于孤独。最终，那些年轻的教师们的学习能力增强了，那些可爱的孩子们的学习能力也增强了。在南马路小学，师生们真正感受到：学习是生命趣味盎然的源泉。这将使他们终身受益。

四、捧着一颗对党真诚的心

——记哈尔滨南马路小学校长赵翠娟

《中国教育报》记者　郭萍

在哈尔滨道外区一片拥挤的住宅区里，找到这所没有醒目标志的学校——哈尔滨南马路小学，出租车司机还颇费了点周折。

南马路小学，一所名气不大、普普通通的小学，校长同样的名气不大、普普通通。赵翠娟，一个从里到外都朴实无华的中年妇女，缺少常见的那些出类拔萃的女校长们所特有的风采。但是，只要触摸她的心路历程，她的真诚和质朴会强烈地感动你；只要关注她所做的一切，她的才能和远见，她对党的教育事业兢兢业业的精神，会给你留下难忘的印象。

赵翠娟属于在北大荒成长起来的那一代人。1979 年返城后，在小学当过锅炉工，在聋哑学校教过书。1987 年中师培训后，她以优异的成绩分到了南马路小学。当赵翠娟兴冲冲赶来报到时，意想不到的事情发生了，学校并没有马上接收她。聋哑学校的教学经历，使人置疑她的教学能力，甚至平平常常的外貌也成了拒收的理由。几经周折，赵翠娟总算留了下来，接手四年级一个班的语文课和班主任工作。然而不到一年，赵翠娟做的三件事，着实令上上下下开始对她刮目相看。

首先是她讲的一堂课《趵突泉》，丰厚的文学底蕴，对课文准确的理解把握，不仅感染了学生，也使来听课的校长改变了对她的看法。紧接着，当年的12月，区里举办思想品德课观摩教学，校长派赵翠娟代表南马路小学去上课。当时，思想品德课正处于探索之中，怎么讲，谁心里也没有数。从来没讲过思想品德的赵翠娟就这样上了讲台，居然一下子就拿了优胜。不等人们从惊讶中回味过来，赵翠娟组织的一个主题班会"竞争与嫉妒"，又引起了轰动，报纸、电视都做了宣传。

回想起当年的情景，回想起她燃起的这"三把火"，赵翠娟说，她是捧着一颗对党、对事业、对教育真诚的心来做事的。

赵翠娟那颗真诚的心，使她对形式主义的东西深恶痛绝。记得有一年，原国家教委的领导来视察南马路小学，有人主张全校1200名学生在操场上表演口琴吹奏（这是南马路小学的"绝活"）。二月的哈尔滨，天气很冷，时任教导主任的赵翠娟坚决反对。这种阵式看上去肯定很壮观，效果很强烈，可孩子们要挨冻。最后，还是按照她的意见，让孩子们就在教学楼的走廊里、楼梯上做了汇报。

赵翠娟捧着一颗真诚的心，决定了她不会赶潮流、追风头，认准了的事她会坚持到底；否则决不轻易盲从。80年代中期，哈尔滨小学基本功训练蔚然成风，赵翠娟对此十分赞同，可始终保留着自己的一些想法。如今，有的学校已经放松了这些训练，南马路小学的走廊里，仍然摆满了老师们每日练板书的小黑板。赵翠娟说，真正懂教育规律的老师从来不会给学生过重负担，真正懂教育的老师必须教孩子做人，为他们的终生发展打基础。

赵翠娟当小学老师是半路出家，从一个外行到内行，她觉得是坚持不懈地读书，读教育理论，才使自己渐渐明白了什么是小学教育，渐渐明白了如何抓小学教育。因此，1994年赵翠娟出任南马路小学校长后，做的最重要的一件事是成立教育理论研究会，组织老师们读书学习。

对于年轻的教师来说，最初的读书是不情愿的。有一个女老师说，她是在赵翠娟的呵斥中读书的。一年两年，七年八年，不管社会上怎么热闹，赵翠娟带着南马路小学的教师们默默地走自己的路。没有掌声，没有鲜花，渐渐地，老师们读出了甜头。找书读，抢书读，成了老师们的一大乐趣，也成了南马路小学一道最亮丽的风景。

赵翠娟的真诚，赵翠娟的为人，赵翠娟作为一名普通共产党员在教师中树立起来的形象，潜移默化地影响着年轻的教师们。"爱孩子吧！你生命的精彩是因为他们的存在""我知道，并不是一两节带有表演性质的观摩课就能塑造出一位教育家，在教学中，过强的观赏性只会给孩子带来色彩斑斓的知识泡沫"……你听，这些观点、这些话像不像是赵翠娟说的？

南马路小学 62 名教师的平均年龄只有 30 岁，对党的认识谈不上深刻。但是，从赵翠娟身上，他们感悟到了什么是共产党员，怎样做一名共产党员。赵翠娟有一个愿望，让青年教师中的党员能占到 30％ 左右。"这样一个坚强有力、朝气蓬勃的战斗堡垒，就是我不在，也可以做很多大事。"

五、让读书成为习惯

——赵翠娟和她的学习型学校

《人民教育》记者　白宏太

这是一条普通的小街，雨后的路面有些泥泞。街的一边是陈旧的居民楼和形形色色的小店铺，人声，车声，音乐声，分外嘈杂。

街的另一边就是黑龙江哈尔滨南马路小学，原本不大的校园又被一条横穿的马路隔成了两块。学校不起眼地藏在热闹的市井中。

开放式的围栏没有刻意把学校与闹市隔离。但进入校园，就像进入另一个世界。干净整洁的教学楼里，别致的蓝色基调、洋溢着童趣的装饰、富有文化意韵的壁绘，都是学校自己设计。似乎格外爱惜这样优美的环境，每一个人从身边走过，都面带着微笑，脚步轻盈。这一切是那么和谐，外面的喧嚣更衬托出这里的宁静。

在教学楼里醒目的地方，立着一块黄色屏风，上书一行大字——"让读书成为习惯"。

"这是南马路小学的校风，也是我们坚持十年在做的事。"

赵翠娟校长对记者说，"学校是学习的地方，更应是引发学习的地方，教师只有不断地读书学习，才能理解教育，创造充满诗意的校园"。

（一）

这本是一所普通的城市小学，浓郁的读书氛围让它与众不同。

午后，记者跟赵翠娟校长走在校园里。还没有上课，老师们都在办公室里埋头研读。在几棵树下，一些学生也正沉浸在书的世界里。

此情此景，恰如学校阅览室里的一行标语——"静静阅读"。

赵翠娟的话，让记者对这行标语又有了更深的认识："它既是提醒大家在读书时保持安静，不要影响别人；同时也是希望在这个喧嚣的世界上，每个人都能抛开一切浮躁，静下心来读书。"

阅览室取名"活水轩"，让人很自然地联想起宋代大学者朱熹《观书有感》中的诗句："问渠哪得清如许，为有源头活水来。"

"教师不是只凭两本书，一本教材和一本教参，就可以教一辈子。教育是一项创造性的工作，需要滔滔不绝的源头活水。"赵翠娟说。

她的话，质朴中透着睿智。对读书学习的如此重视，闪现出她对教育事业本质的深刻理解，更蕴含着她 30 多年来宝贵的成长智慧。

30 多年前，在北大荒"插队"的赵翠娟走上讲台。"我是 66 届的初中毕业生，凭那点儿底子，不学习，肯定教不了。"怀着这样朴素的认识，赵翠娟走上了学习之路。同事中有许多大学生，因为家庭成分不好被"流放"到那里。"我去听他们的课，学着备课、上课。"就这样，她开始成长起来，先是教初中，后来居然教起了高中。

回到哈尔滨，赵翠娟改教小学，她没有觉得游刃有余，学习的紧迫感反而更强烈。"当时每月挣 43 块。工资中有一项叫报刊费，10 块。我想，既然是国家给的报刊费，就该好好利用。所以尽管家里很穷，仍自费订了好几份杂志，我就是在那时结识了《人民教育》。"

当年那些杂志，赵翠娟一直舍不得扔，发黄的纸页上还有她勾画、圈点的痕迹。有一些还被她拆开，仔细分类装订，送给学校老师们。

没上大学是赵翠娟一生的遗憾，自觉"先天不足"的她把读书当作必需的补充营养。"读着，琢磨着，我就懂得了教育是什么。"

初到南马路小学，赵翠娟已经 37 岁。学校不太情愿地接收了这个衣着朴素、貌不惊人的大龄女教师，起初也很少有人关注她。

但这丝毫不影响赵翠娟享受和孩子们在一起的快乐。她在班里设立"发现者园地"，让孩子们记录生活中的新发现。"孩子眼里每天都有新鲜事儿，发现露珠了，发现小草发芽了，发现好吃的了……一有发现就赶紧贴上去。"赵翠娟眼里闪着光，孩子们的兴奋劲儿让她回想起来还很动情。

在课堂上，赵翠娟提倡"自能读书"："这是我自己起的名儿，让孩子们也去发现，学着自己读书。"她刻了一枚木戳，哪个孩子读出新发现，就奖一朵小红花。孩子捧着红花本，像捧着宝贝，别提多高兴！

偶然的一个机会，一位区教研员被教室里的欢笑声吸引，推门进去听了赵翠娟的一节课，又惊又喜，马上对校领导说："你们这儿可是来了个好老师，你们去听听她的课吧。"领导半信半疑，第一次走进赵翠娟的课堂。一下课，他们的脸上都笑开了花。

积淀丰厚的赵翠娟像一块璞玉，一旦被发现就让人充满惊喜。三年后，班里学生毕业了，赵翠娟随即被提拔为教导主任。几年后，她又以出色的工作能力，被任命为南马路小学校长。

当时的学校，经济困窘，办学条件差，如何走上发展之路呢？赵翠娟第一个想到的就是读书。"我想，在这所学校里，我买不起好的硬件设施，但绝对买得起书，订得起杂志。"

赵翠娟不仅是要创造一个读书的环境，而是要培养一批有读书习惯的教师。不学习，就不会工作！这是她从自身成长中得出的最朴素的认识。同时，读书使她较早接受到世界终身学习理论的影响。

赵翠娟对记者说，"当时我还不懂可持续发展，我只是觉得，这么干一定会让我的学校有后劲。"

（二）

在这不大的小学校园里，处处散发着隽永的书香。

"山不在高，有仙则名；水不在深，有龙则灵……"刘禹锡这篇著名的《陋室铭》，被学校挂在会议室里，寄寓着一种"斯是陋室，唯吾德馨"的高远志趣。与之相映衬的，是侧面墙壁上四幅工笔国画，画面上那几扇古色古香的窗棂格外引人遐思。

这一设计出自赵翠娟的创意。"我希望，教师们能透过这样几扇窗子，体验到古人读书的乐趣；要从这里，去看到外面的世界。"

"学校要有读书风，教师要有书卷气。"这是赵翠娟一直倡导的，"一个小学教师，如果就知道教科书上那一点片段知识，你可能变成一个有知识、没文化的人，甚至都算不上是有知识的。"

赵翠娟极力要让学校教师通过读书，成为有"文化"、有后劲的人。但她没想到，在她看来很自然的事，开始做起来竟是那么难！

"我好不容易熬过了小学、初中、师范学校无休止的读书和考试，毕了业来到这里，没想到又得'卷土重来'。"已是市教研员的李兆坤老师，当年曾沮丧地说。这典型地反映了部分教师厌倦读书的心态。

"起初全靠我骂着、打着、逼着他们去读书。"赵翠娟笑着说，"别看校长官儿不大，但在这'一亩三分地'里，大家都挺在乎你"。

副校长刘艳芝就是被赵翠娟"骂"上读书之路的。刚毕业的她爱说爱笑，空闲时就喜欢找人唠嗑儿。有一次正说得热乎，被赵翠娟碰上，一声呵斥："读书去！"刘艳芝眼泪顿时就下来了，从此乖乖拿起了书。

对这些习惯被她称为"孩子"的年轻教师，赵翠娟觉得有责任把他们领上一条健康成长的道路。而她深知，好"孩子"是夸出来的。有几个年轻教师平时喜欢看点儿书，于是每次开完周末例会，她就大声招呼他们："小宋、兆坤，咱们明儿个上书店。"

"赵校长这是故意说给其他老师听的。"如今的副校长宋国兴笑着说，"就是想让大家知道，因为我们爱看书，校长才跟我们亲近。"

两个，三个，四个……很快有七八个年轻教师也加入进来。从此，每天下班，不用赵翠娟要求，这些人就会留下来，围坐在她身边读书。渐渐地，留下来读书的人又增加到十几个……

眼看有了规模，赵翠娟开始"封官"："咱们成立一个青年教师教育理论研究会吧，宋国兴当会长，李兆坤当秘书长。"

回首那段日子，"会长"宋国兴坦诚地说："我以前只喜欢文学方面的书，对教育书籍不感兴趣。但尽管觉得很枯燥，还要装作爱看，因为校长挺看得起，咱得把事情做好。"另一位老师则更直率地说："那时我只知道，要是不读书、不学习，校

长就看不上你。"

"因为校长喜欢"，成为很多不太喜欢读书的教师拿起书的理由。

教师们心里想的，赵翠娟当然不会不知道，但她始终也不点破："年轻人总是喜欢进步的，要多鼓励。你得夸那些喜欢读书的，即便你明知他是假装着喜欢，你也要去夸他。"

那时候，大家常听到校长这样的鼓励："书是多么可爱的东西啊，当你拿到这种文明的、高尚的东西，你不由自主就会被它感染。"赵翠娟浓眉轻扬，嘴角挂着陶醉的笑，激情的话语中充满了期待。

教师们更爱听到的是校长的夸奖："某某，你看你读书以后，人都变漂亮了，说话也跟以前不一样了，真是'腹有诗书气自华'。"

就这样，教师们身上慢慢有了让赵翠娟欣慰的变化："有些人读着读着，就开始喜欢读书了。一些假喜欢的，也被我夸成真喜欢了。"

可是，这其中的艰辛又有谁知道呢？"当时社会上没有读书氛围，就这么悄无声息地读，也不能很快见效，压力之大可想而知。"为此，甚至有人主张换了这个校长，但尽管如此，赵翠娟没有动摇："我在全校会上说，只要赵翠娟当一天校长，读书就是这所学校最大的事。"

还有一个更宏伟的心愿，赵翠娟一直没有说，现在终于可以向记者敞开心扉："当时是1994年，我算过了，假如我能当十年校长，我要拿出五年时间，让老师们读书。我希望五年以后，我这里的教师能理解教育，让老百姓的孩子在理解教育的教师教育下成长。"

（三）

"理解教育"是赵翠娟经常强调的。"很多时候，教师做错了事，不是师德的问题，也不是在动机上要做一个不好的教师，而是由于缺少学习，没有认识到一些东西。"

这句话，没有人告诉她，是从赵翠娟心里生长出来的。"读书使我发觉，在教育行业中，不懂教育的还大有人在。"正因此，她忍不住想对全国的校长说，一定要通过读书学习，让你的教师理解教育！

南马路小学教师在逐渐体验到读书乐趣的同时，开始理解教育。

"最初完全是被逼的，我甚至一度有些愤怒。"年轻教师陈阳笑着说。每天晚上电视台的黄金档时间，父母在客厅安闲地看电视，她却在里屋痛苦地读着枯燥的教育书籍。一赌气，她干脆抱着书来到客厅，指望着用读书声盖过电视。

一天过去了，两天过去了，偶尔听她读得有趣，父母忍不住插两句。不知不觉中，烦躁的心平静了，她又回到里屋，开始走进书的世界里。不过读到精彩处，她还会忍不住出去，和父母分享读书的快乐。

比她教龄更长的教师，都有过抄读书笔记的经历。"一开始要求很简单，就是抄刊物上的话，我定期检查，拿图章盖个戳儿，写上时间，谁也别想糊弄。"赵翠娟说。这样一抄就是三年，每逢出差回来，她第一件事就是检查读书笔记。

"当时的摘抄都是漫无目的的，多半为了应付。"教导主任赵艳华说。但一件至今记忆犹新的小事，改变了她。有一天，她被赵翠娟叫到办公室。校长翻出她那本又脏又破的笔记，轻轻地说："看你的本子，怎么脏成这样？"赵翠娟拿橡皮把封面擦干净，又用胶水粘牢，然后对她说："拿回去写上名字，咱们做老师的，干什么都要像样儿。"

"校长虽然没有批评我，但从那以后，我认真了很多，本子也总是干干净净的。"赵艳华激动地说。

"抄上一年半载，他们的观念就不一样了，就会有惊喜，有发现。"这份读书带来的惊喜初体验，是赵翠娟最希望看到的。"一开始，当他们悟出一些道理时，觉得很了不起，哎呀，我居然发现真理了！等再读多一点儿，他们才明白，敢情这真理早有人发现了，而且比他们说得更完善、更系统。"

赵翠娟稍作停顿，紧接着说："但即便这样，他们还是觉得惊喜，因为那仍然是他们的发现。"她特别强调了"他们"这两个字。

到了这时候，交流变得尤为重要，教师们急切想把心里那份发现的惊喜表达出来。赵翠娟又封了一批"官"，八位活跃分子被任命为教育理论研究会的理事，以他们为骨干开展交流研讨。

但由于不懂"共享"，研讨会起初只是个人才华的"斗秀场"。"大家缺少开放的心态，研讨时只把自认为很精彩的理论说出来就完事了。不听别人说的，更不去参与讨论。"副校长李冬蕾是当年的理事，体会颇深。

要使个人学习转变为团队学习，必须突破这种习惯性防卫。赵翠娟适时改变形式，把教师分成若干研讨小组，每组两位理事，带头把自己的认识拿出来共享。人数一少，气氛宽松了，讨论也活跃起来。有了这个基础，再大会研讨，就不是一人讲众人听，而是一呼百应。

十年前的一场大讨论，教师们至今说起来还很兴奋。那次研讨的主题是"提高教学效率"。刘艳芝和宋国兴分别介绍了经验。

刘艳芝谈的是"分层次布置作业"："我们根据学习程度，把班里的学生分成三个部分，分别布置不同的作业。经过尝试，效果很好。"

宋国兴则主张"遵循遗忘规律，进行有效复习"；"新知识不及时复习，很容易忘掉。我根据艾宾浩斯遗忘曲线理论，让学生分段复习"。

两人都有理有据，听者颇受启发。就在这时，赵翠娟抛出了一个问题："宋国兴不用题海战术，学生很喜欢。可是，刘艳芝的学生，为什么完成了必做内容，还愿意选做其他的？"

尖锐的提问，把教师们引向更深入的思考。所有人随之分为两大阵营，展开激烈的辩论。双方争得面红耳赤，难分高下。接下来，围绕"由减负说开去"的话题，全校持续了长达一个月的争论。

"在研讨中，需要有人适时地投出一颗石子，打破平静的水面，激起大家思维的活力。而赵校长常是那个投石子的人，后来我们就把她叫作'首席学习官'。"李冬蕾说。

文静、内向的梁敏曾经是学校的保健教师，原来的她习惯把自己当作局外人："每次研讨，我总是坐在后排，尽量不发言。"

可渐渐地，她按捺不住了："我觉得，如果不把自己的观点说出来，心里会很不舒服。"一天，她情不自禁开了口。听完她的话，校长特意回头鼓励说："你虽然是保健教师，但我希望你也能在自己的岗位上做得精彩！"这句话，一直伴着梁敏走上学校政教主任的岗位。

（四）

"同孩子们一起成长，是我一生最快乐的事。"

"我愿做破晓的启明星，唤出孩子人生的第一缕阳光。"

"爱孩子吧，你生命的精彩是因为他们的存在。"

"心平气和地对待教育，让孩子慢慢长大。"

……

读着这情理交融的格言，是否让你对教育多了一些认识和思考？格言的作者并非我们熟知的教育名家，而是南马路小学的教师们。

学校会议室里存放着一份特殊的档案——"说说我自己"，每个教师用一页篇幅，谈成长的经历，谈教育的感悟，谈成功的体验……动情的语言，精美的版式，再配上照片和自编的格言，十分光彩照人。

"当他们有了进步或新的认识，随时可以修改或重写。"赵翠娟介绍说，"他没有自己写得那么好，但没关系，至少说明他想朝好的方向努力。"

这些并不十分深刻的格言，这些并不优美的自我评价，不正是教师们自己对教育的理解！

对教育的理解，源于读书以后，对教育生活的重新审视与发现。

"教了16年数学，我曾三讲《分数的意义》，每一次都有所不同。"闫晶娣老师说，"这三节课，见证着我读书学习后的成长。"

十几年前，初出茅庐的她要在区里上一节公开课。她选了四年级教材中的一课《分数的意义》。记得上课前，看见学生正翻着课本，她赶忙让他们合上书。"我心想，你们要是先看了书，我可就没法儿教了。"现在想起来，闫晶娣觉得挺可笑，"当时的我是一个知识的权威者。"

几年后，已经崭露头角的她上示范课，讲的依然是《分数的意义》。"经历了几年读书学习，我开始意识到要调动学生的积极性。"闫晶娣准备了很多图形模具，让学生自己动手。那节课上得很热闹，课后反应也不错，但不断深入的学习很快让闫晶娣有了新的反思："我又进入了另一个误区，过于强调学生参与，忽略了教师必要的引导。"

就在不久前的一次示范课，特级教师闫晶娣第三次讲《分数的意义》。"有了前两次的基础，我更多的是作为组织者和引导者，与学生共同参与，同时注意联系生活实际。"

通过读书来改变自己的教育教学，这一直是赵翠娟强调的："要把学到的教育理论深深地扎根于你教学实践的沃土中，研究每天课堂教学中感受和遇到的问题。"

"感悟千字文"是赵翠娟对教师们的一项要求："我不上课，你们上课，我要看你们写的最鲜活的东西。"教师们的感悟，她每篇都看。看到写得好的，就毫不吝啬地拿到大会上表扬："老师们，这篇文章写得真漂亮，我给大伙儿念念。你看他做得多好啊，这才是教师该做的，你可能做过就忘了，但孩子会记一辈子。"

教师们喜欢听校长读文章，每次台下总是静悄悄的。一篇文章由校长这样有感情地读出来，加上褒奖有加的点评，顿时显得那么美妙。"其实他没写得这么好，他可能只有一个地方写得好，但我说因为时间关系，我只念其中的一段。"聪明的赵翠娟懂得宽容，"你多说他的好，他就会极力把不好的一面隐藏起来，慢慢变得越来越好"。

"过去的我背对着太阳，只看到自己的影子；如今的我面向太阳，眼前永远是阳光灿烂。"有着 11 年教龄的班主任杨军这样形容读书带来的巨大变化。原本有些偏激、做事粗率的她，变得宽容、细腻。

体育教师马广正谈到读书，眉宇间也流露着喜悦："读书学习使我能用宽广的胸怀面对很多事。"

比较而言，年轻教师更多的是从自己的失误中，对教育有了最初的理解和感悟。"有一件事赵校长没跟老师们提起，但我始终铭记在心。"孙彦俊老师向记者敞开心扉。

几年前，小孙师范毕业来到南马路小学。一上来就当班主任，面对孩子们的顽皮，他有些无所适从。终于有一天，他压不住火气，推搡了班里的一个孩子。"赵校长知道后，立刻把我叫到校长室，所有校领导都列席，很严厉地批评了我。"

"我当时瞪大了眼睛，一脸的愤怒，肯定把他吓得不得了。"赵翠娟笑着说，"我就是要让他们知道，体罚孩子就是犯了学校的大忌"。

"校长批评以后，我虽然服气，但理解还不深。"小孙坦诚地说，"这几年的读书让我真切体会到，教育是基于爱的事业，不是简单粗暴就能解决的"。

赵红艳也是南马路小学的"新教师"，与孙彦俊不同，她此前已有 10 多年教龄。两年前，她带着对南马路小学这个读书环境的向往，毅然辞去在原来学校的教导主任职务，甘愿到这里做一名普通教师。

可是，初到这里，她一度有些消沉："每一次研讨会上，看到大家都侃侃而谈，我感到特别羡慕，我什么时候能像他们那样啊？"

好在她很快找到了自己的方向："从去年开始，我坚持每天写教育日记，一开始是当作任务，现在每天要是不写，睡觉都不踏实。"

最近赵红艳每天又多了一项必做的功课，那就是每天读 6 页苏霍姆林斯基的

《帕夫雷什中学》，这是校长新布置的任务。

"不论是小孙，还是红艳，都没经历过我最初带着大家读书的那段时光，一些老教师也很怀念。"在全校大会上，赵翠娟满怀激情地说："亲爱的老师们，让我们再读《帕夫雷什中学》，每天 6 页，我和你们一起读。我会在某一天说，老师们读到这一页了吧，咱们来共同研讨。"

"虽然每天只读 6 页，但坚持读下来，我感觉到，自己的内心世界越来越丰富了。"赵红艳由衷地说。

（五）

10 年过去了，读书是否给南马路小学带来了期待中的变化？

赵翠娟没有直接回答，而是说起一段插曲。"那是 2000 年第 10 期，《人民教育》卷首语中刊登了傅国亮总编辑写的《让读书成为习惯》。一拿到杂志，我们马上将这篇文章复印了，教师们人手一份。这句话就像我们的心声，大家随即就决定将它作为校风。"

这么多年过去，"让读书成为习惯"的校风，已在教师心里生根，习惯了边学习、边工作、边研究的教师们，正成为一个日渐成熟和稳定的学习型组织。"我一天不读书就睡不着觉，大部分教师也是如此。在南马路小学，不读书就没法儿在这儿生存。"

回顾走过的历程．赵翠娟沉吟着，很认真地说："十年来，我们南马路小学不见得每一件事都做得特别好，但我们一直不断在做，从没停止对理想的追求。"探索的艰辛，她没有过多提及，仿佛一切就蕴含在这顿挫的语气中，蕴含在她眼角那细碎的皱纹里。

多年来，赵翠娟说得最多的是感恩："在这块土壤里，我过得很快乐。我对教师们说，要懂得感恩，感恩学生，感恩工作，感恩生活。"

就在采访期间，传来了赵翠娟被评为全国劳模，即将赴北京接受表彰的喜讯，这让她有些坐立不安，也让她发自内心地感激。

因为感恩，赵翠娟格外强调教师对教育的理解。"有时候，我会默默地站在操场上，看着教学楼上每一扇窗户。我粗略地算一下，随着铃声的响落，每天要有一百六十多节课在教室里发生。"她望着窗外，眼里含满了深情，"我想，光靠领导看是看不住的，只有教师真正理解了教育，才会在无人观看、无人监督的课堂上，有恰到好处的应答，对各种即时事件有很好的判断和处理"。

这些年，赵翠娟不用再逼着大家读书了，学校里有许多小的学习组织和大大小小的"官"，自发地把教师组织起来。像什么"八强""黄金四搭档""红杉林""策划部"，全是赵翠娟自己起的名。有人开玩笑说，赵翠娟整天封官，既不受职位限制，又不涨工资。

"红杉林"是由八九位青年教师组成的学习组织，负责征集教师建议，对学校工作进行系统的思考。

据说，红杉树是世界上最雄伟的植物，可以长到 90 米高。它的根系很浅，但是，当一片红杉树长在一起，它们的根部紧密相连，即便是再狂暴的风雨，也很难将它们摧垮。

这多像南马路小学的教师，当初并不十分优秀的他们在赵翠娟的带领下，生出学习的根系，心手相连，成为一个善于学习的团体，显示出厚积薄发的发展态势——

这里先后培养了 14 位省级骨干教师，其中 4 人入选为国家级培训的骨干教师；

这些年共有 10 位教师成长为"小超高"（中学高级教师）；

这里还走出了 4 位教研员……

而这仅仅是这片"红杉林"中有代表性的"几棵"，一项更有说服力的数据是：全校 60 多位教师中，先后有一半以上的教师获得省市级以上的奖励，有三分之二的教师在市级以上教学评比中获奖。

采访结束，记者和赵翠娟校长从教学楼中走出来。操场上，孩子们正在举行诗歌朗诵比赛。看到赵翠娟，他们立刻兴奋起来，纷纷大声地喊起来："校长好！""校长好！"

"孩子们好！"这时候的赵翠娟显得特别快乐。

"校长跟我们赛诗吧！"不知哪个孩子喊了一声。

"好啊，我先起个头，咱们就背苏轼的《念奴娇》吧。大江东去，浪淘尽……"

"千古风流人物。故垒西边，人道是，三国周郎赤壁……"孩子们跟着齐声背诵起来。

一时间，赵翠娟和孩子们的声音响彻在校园上空。

在学校的围栏外面，很多人被吸引过来，静静地观看着。那一刻，仿佛有一种精神，正从这小小的校园里向周围流淌……

六、"原生态"的魅力

——记黑龙江省哈尔滨市南马路小学校长赵翠娟

《中小学管理》记者　张　葳

赵翠娟，一位地处北国冰城哈尔滨市道外区的普通小学的女校长。

没有靓丽的外表，没有显赫的背景，也没有什么特别的惊人之举。她不过是十几年来秉持着一种理念，靠着有些笨拙的慢功夫——读书，来引导教师不断地创新，最终把学校带出低谷，办成了全国著名的"以学习成就人生"的特色学校。她自己也因此成为一位名校长，教育家。

如何解读赵翠娟的成功呢？如果你上网搜索"赵翠娟"三个字，瞬间就会跳出近 2000 条的相关信息，其中的许多版本都会提及"读书""学习""学习型组织"之类的主题词，而笔者则对赵翠娟成功中那些"原生态"的东西更感兴趣。因为笔者知道，成功的人一定会伴随着读书，而读书的人却不必然都成功，这里似乎还有更"上位"的东西在起作用；况且，在赵翠娟行动之初，学习型组织理论还没有介绍到中国来呢。

下面，就让我们一起去感受赵翠娟校长带给我们的"原生态"的魅力吧。

用教师的眼睛看——

1994 年，赵翠娟被任命为校长时，一堆难题摆在了她的面前：亟待偿还的外债、改善办学条件、提高教学质量、建设教师队伍……孰重孰轻，该从何处入手呢？

事情到了赵翠娟那里，却也变得简单：曾经的教师身份，给了她一个基本的立场——用教师的眼睛看，循着教师的心去发问：一个教师到学校来工作，他最期盼的是什么？是成长，是进步啊！如果在这上面没有什么发展，那就是最大的悲哀，也是学校最对不起教师的地方。低素质的工作状态，使教师的生命没有价值，既害了学校，也害了教师。

在赵翠娟的心目中，当了校长，岗位变了，我心依旧。于是，顺理成章，赵翠娟就把自己的管理目标定为：让教师的生命有质量，让他们走向高尚、懂得文明、事业有成；让南马路小学的学生，在学校里度过一生中最有意义的时光。

上任伊始，并没有系统地研修过学校管理学的赵翠娟，却一下子抓住了管理的核心——"人"这个基本的要素。她从尊重人的发展需要入手，把教师队伍建设放在了首位，并由此走上了富有特色的学校管理之路。

在回望中选择起点——

怎么才能让教师的生命有质量？靠什么去引导和管理教师？靠制度约束？靠情感驱动……都好，但赵翠娟更钟情于生活经历赐予自己的独特感受。

回望1968年——

赵翠娟被裹挟在知青上山下乡的滚滚洪流中。

人往往有一种倾向：缺什么，便渴望什么；而一旦拥有，又常常不够珍惜。赵翠娟因过早地失去读书的机会，所以对读书有着超乎常人的渴求。那是冰天雪地的北大荒啊！自然条件的恶劣和精神上的迷茫，足以使人的理想与激情破灭，而这一切唯有与读书相伴走过时，才会产生不同的意义和结果。

如今，当那段日子已经渐渐远去时，它赐给赵翠娟的是一种千金难求的高素养：不怕吃苦，勤奋学习，实在做事，真诚待人，心态平和，懂得感恩，对每一件经手的工作，都养成了反思与审视的好习惯……

从以往的经历中，赵翠娟坚定了自己应该走的路：靠读书管理学校！

尽管现在流行"短平快"，尽管靠读书管理学校是明摆着的慢功夫——不容易整出"动静"，但赵翠娟坚信：读书能够改变人心，改变人的生活态度，改变人的做事方式；人一旦通过读书收获了高素养，那么不管走到哪儿，不管从事什么工作，都如同握有了一把开启幸福之门的金钥匙。赵翠娟的路就是这么走出来的。她当年的返城，无异于处在厚积薄发的起跳状态：在转正、调动、做课等一次次机会面前，她总能够脱颖而出，并最终站在了小学校长的位置上。

就这样，尊重自己对人生的感悟，赵翠娟照方抓药，走上了一条"由内而外"——靠读书改变人的内心，改变人自身的状态，进而凝聚人心、改进工作、管理学校的道路。结果：一路坚持，13年之后，赵翠娟造就了一所"以学习成就人生"的优质学校。

解开自己心中的"结"——

赵校长不断地引导教师读书，使南马路小学教师队伍的面貌渐渐发生了变化。

教师们越来越添"书卷气",越来越显"气自华"。更重要的是,教师的内心正发生着深刻的变化:他们越来越理解教育了。

内心的改变,早晚会外化为行为;而内容的发展,也迟早要打破旧有的形式。

伴随着教师读书而来的,是一种"新型的关系"在悄悄地建立:有着相同困惑的人,会不由自主地聚在一起"嘀咕";而承担共同任务的人,也会凑在一块儿探讨。不知不觉中,学校出现了组织学习的端倪;零散的需求,也渐渐化为共同的愿望。同伴间在商讨解决问题的办法时,不断印证、肯定着自我;同时,也希望在问题解决中进一步展示自我、表现自我。

教师们越来越想为学校做点什么,似乎有一股热情在心中涌动,能量越聚越足。这时,不同于个人学习的"组织学习",在南马路小学呼之欲出。

赵校长以她特有的敏感,度出这种"新型关系"的价值:它能解开自己心中的"结"——

长时间以来,引导教师读书,既带给赵校长无比的喜悦,也带给她一种隐忧。喜悦在于:教师读书的积极性被普遍调动起来了;隐忧的是:教师读书的原动力似乎还是来自校长,即多数时候是靠校长推动而行的。最突出的表现就是:每当校长离开一段时间,教师学习的劲头就有所松懈,校长回来"忙活一阵"后,教师读书的热情就又会上去。如何变校长的个人发力,为教师的共同发力?教师共同发力的最佳形式以及适宜的渠道又是什么?如何将教师个人的发展和学校整体的发展融为一体……这些一直是赵校长心中的"结"。

如今,解开"心结"的钥匙,似乎就在这不同以往的"新型关系"中。

既然共同的难题,会让人有种"同病相怜"的感觉;而"同病相怜"的人凑在一起解决问题,也更容易感受到集体的力量,那么就大力发展、固化并升华这种"新型关系"!于是,赵校长以最大的热情去扶持它、引导它。

2005年8月,那是南马路小学特别值得纪念的一段日子,它不断地被南马路小学的教师们称为"058"现象。学校出现了标志性的"事件"——"三阳社团"诞生了。

"三阳社团"是由部分班主任组成的社团。社团三位召集人中,有两位姓"杨",剩下的一位姓孙(sun),英文是"太阳"的意思。"三阳社团"由此得名。他们为社团设计了标识,确定了明确的目标:以研究的态度和方式做好班主任工作。

不久,科任教师组成的"四海方舟"社团也诞生了。这两个社团还有自己的外围组织——"三阳啦啦队"和"推波助澜"社团。他们在支持前两个社团的同时，也独立地开展自己认为有价值的工作。

"新叶新枝"是以"以老带新，以新促老"为特点的社团，口号是"枝随叶长，叶随枝生"。"五连环"社团是由年级组长组成的，五人中有三位党员、两位积极分子。他们地位独特，在凝聚全体教师的工作中发挥着先锋模范作用。"鹅毛雪"社团则是以提供后勤保障、积极为大家服务为宗旨的社团……

在那段日子里，教师们纷纷行动起来：找同伴，为社团起名字、设计标识、确定宗旨……忙得不亦乐乎。每个人的好主意都在往外涌，他们的热情似乎找到了宣泄口。

教师社团的产生基于对教育困惑的思考和对工作中棘手难题的解决。很明显，这时，教师个人的学习已经变成了组织的学习、团队的学习。

在社团里，教师带着问题读书，用教育理论来审视自己的工作，并设计出新的问题解决方案。

至今说起那段日子，"新枝新叶"社团的召集人陈阳老师仍然激动不已："'058'是我们学校工作的重要分水岭，教师自发地成立了很多社团，我也坐不住了。我特别感谢赵校长。虽然我算不得一匹千里马，但仍得到了赵校长这位伯乐的赏识，她让我当了社团召集人。我们几个成员过去都是不显山不露水的人，通常是领导让干什么就干什么，从来没想过要自发地干点事情。社团成立后，我们第一次组织全体教师会，主题是'错中淘金'，心里特别激动。我们几个成员每晚都在一起商量搞好活动的对策。结果，我们4个普普通通的老师承办的这次活动，得到了全校教师的支持。很多老师不光说自己的闪光处，还把自己犯的错误和教训毫无顾忌地说出来，让大家受益，效果好极了！我过去怎么就没发现自己这么有能耐、这么优秀呢！这话听起来大言不惭，但这是我发自内心的感受。"

"灯火社团"的召集人曲训丽老师也说：学校刚出现各种社团时，我特别羡慕别人，也想加入。后来，我们成立了啦啦队社团，也变成别人羡慕的对象了。在社团里，我们开展了很多工作，后来我历数了一下做的事情，竟然把自己吓了一跳：我怎么做了那么多的事儿呢——我是"灯火社团"的召集人、四年级语文学科组长、教学研发中心成员……这在过去是不可想象的。我觉得在这个学校工作特别幸福，我相信自己会成长得非常快。

这是南马路小学教师的共同感受和体会。

这时，赵校长惊异地发现：她曾经苦恼的个人发力，已经变为共同发力了。通过参与社团活动，教师越来越广泛、深入地关心并参与学校管理了。而且，当学校把难题交给社团去攻克时，学校的决策权已经在渐渐下放了。管理者与教师成为在一起学习和研究的共同体。

接下来的问题是：如何进一步完善教师社团，如何更好地发挥教师社团的作用？现实进一步呼唤着新的管理机制的出现。

不久，学校制定了"校政联席会"制度，正式让教师社团参与学校决策。

"校政联席会"由两路人马组成：一路是校长、副校长、教导主任、年级组长。另一路是社团代表。他们组成教代会的常务工作机构，设首席、副首席、秘书长、副秘书长等6个职位。"校政联席会"每周召开例会，成员在一起平等地讨论问题。学校所有重大问题，都必须经过联席会议讨论、通过。

至此，学校传统的组织结构已经被打破，新型的组织形式诞生了。教师社团正式成为南马路小学的决策实体。教师参与学校管理和决策，被制度化和经常化了。

"让每一位士兵说话"——

教师的巨大能量通过社团活动渐渐地被释放出来。在那段日子里，每个社团都在争相承办活动，效果好极了。

不久，活动中的一种现象引起了赵校长的特别关注：那些平日里默默无闻、不善言辞的教师变化最大。他们以从未有过的热情，积极为学校的发展贡献自己的思想和智慧。在活动中，他们精心准备、尽情展示，享受着从未有过的快乐与幸福。赵校长一面感受着教师的感动，一面又习惯性地陷入对以往学校管理弊端的反思中：看来，教师缺少话语权呐！面向全校教师说话一直是领导的特权，即使有个别教师代表发言，那也是受命，是点缀而已。一定要打破这种局面，为普普通通的教师搭建话语平台，"让每一位士兵说话"！

于是，以"让每一位士兵说话"为宗旨，学校正式为教师搭建了话语平台——"智慧泉"。"智慧泉"有独特的标识，口号为："点滴智慧，点滴成泉。""智慧泉"每月举办一次活动，由各社团轮流承办。

从此，在"智慧泉"的舞台上，出现了一个又一个有利于改进学校教育教学和管理工作的话题。比如：为了养成教师审视、反思工作的好习惯，将错误教训变成资源，"新枝新叶"社团抛出了"错中淘金"的话题。针对学生挑食、偏食、肥胖者越来越多的现状，有的社团提出了"科学饮食"的话题……

很快，新的问题又出现了：话题的内容怎么确定？怎么协调好群众参与和建立秩序的关系？应该建立哪些原则？……一时间，话题管理的问题正式提到赵校长的议事日程上。

经研究、探索，话题管理的原则基本确定下来：

第一，话题应该来自教师的日常工作，既能引起广泛的共鸣，又可微观操作，更对学校整体发展有意义。

第二，话题应该是生成性的，不断调整的。

就这样，有利于学校发展的各种话题，或由社团自发产生，或由学校抛出。每位教师都可以在"智慧泉"的舞台上，宣讲自己的学习心得和体会。教师们兴致勃勃地参与自己感兴趣的话题的讨论，尽情地展示自己，并不由自主、自信地喊出"我是士兵我怕谁"的口号。

在别人最不经意的地方，赵翠娟发现、抓住并解决了学校管理中最应该解决的问题——普通教师参与学校常规管理的渠道和平台。

把形式做到极致——

在学习、研究、实践中，南马路小学教师创新的热情空前高涨，各种各样改善工作的好思路和好做法纷纷往外涌："绽放日月花""错中淘金""共饮一杯香茗""我对天空说""文思泉""樟树儿童读书奖""校园集体舞"……

让我们共同感受一下其中比较完美的一个教育形式——"我对天空说"。

这是一个毕业班的典礼活动，由三阳社团和五学年老师共同策划。谈到当时的场面，孙彦俊老师说：典礼的最后一个环节"我对天空说"最有创意了。每个孩子都会领到一个氢气球，球上拴着五彩的纸条，上面写着孩子们想对天空、白云、小鸟和未来说的话。最后，活动在张雨生"我的未来不是梦"的歌声中结束。瞬间，200多个五颜六色的气球腾空而起，孩子们仰天雀跃、大声呼喊：我的理想上天了……我当时也特别激动，太完美了！相信当时所有在场的家长、教师、学生都被感动了。我们觉得更爱孩子了，孩子也更留恋母校了。

当时也在现场的陈阳老师是以家长的身份参加这次活动的，她想让即将入学的6岁儿子也感受一下学校的氛围。陈老师的儿子特别淘气，是那种没有一件事能让他安静地坐下来的爱动的孩子。可是就在放气球的一刹那，她发现儿子哭了，很伤心的样子。她的第一反应是孩子磕了、碰了，赶快跑过去问。儿子却说："妈妈，你们学校真好！我感动了，我想上学！"

面对教师被激发出来的创新热情，赵校长又习惯性地开始思考：形式太重要了，真的不能小看！好形式背后，必定是学习研究，是精心的设计和创造啊！当这些生动完美的形式被经历后，教师对教育的感悟和理解不就在其中了吗，形式再造了教师的教育生活。但"在我们国人传统的价值观念中，常常重内容而轻形式。其实，生活也好，教育也罢，很多时候，形式就是内容。重视形式不等于形式主义。没有深邃思想支撑的形式，才是形式主义；有了深邃思想的支撑，形式也是力量，形式也是生产力"。

赵校长决定，用机制鼓励教师在教育形式方面的探索和创新，一定要让教师的智慧和碰撞后的火花有着落。

于是，在赵校长的主持下，学校大张旗鼓地鼓励教育形式创新，设立了三组六项大奖：第一组是"原创奖"和"最佳原创奖"，用来奖励那些做法新、有创意的教师。第二组是"雕刻奖"和"最佳雕刻奖"，授予那些能够把自己或别人的创意很好地运用到实际中并切实改进了工作的教师。第三组是"马谡奖"和"发现马谡奖"。这组奖项是发给那些搞了"华而不实"的项目和发现其"不科学"的（专指那些"听起来似乎很有新意，但在实战中却'失守街亭'——好看不好用"的项目）教师的。目的不是为了"挥泪斩马谡"，而是感谢"马谡"和"发现马谡者"让大家分享教训，知道什么可以做，什么不可行，从而少走弯路。同时，这样做也是为了让教师深刻理解并牢牢记住：做学问、搞创新，不能搬弄名词术语，也不能去刻意标新立异，要真正脚踏实地地改善教育教学工作。

除此之外，还有两项更有力度的大奖：好创意被收录南马路小学教师思想库或思想金库。思想库的收录标准为：对教育教学及管理工作有意义、操作性强的创意。思想金库的收录标准为：在实践中获得了很好的效果，并可以在较长时间内被重复使用和借鉴的创意。上面提到的"我对天空说"，就是经过全校教师认真讨论后，被正式收入思想金库的好形式之一。

想想看，自己创造的教育形式被固化为学校的一种传统，这对教师来说该是怎样的一种荣誉和奖励啊！有一天，可能你已经退休离开了学校，而你曾经的思考和心血不会被浪费，后人还在应用，甚至会永远记得你……

在耕耘后的沃土中收获——

　　寒来暑往，在南马路小学这一方小小的天地里，赵校长带领着教师们读书、思考、创新。学校里没有内耗，没有空转，教师在酣畅淋漓的工作中，体会着创造的愉悦，找到了归属感。更重要的是，学校里有一种氛围在弥漫，有一种精神在凝聚——"靠研究推动工作，用学习成就人生"。

　　让我们听听教师怎么说。

　　"三阳社团"的杨真芬老师深有感触地说："南马路小学不像学校，而像家；同事之间不像同事，而像兄弟姐妹。我们每个人在学校里工作，一方面自己成长，另一方面也为了这个家做贡献。我原来是教美术的，后来我对班主任工作感兴趣想转行。为了弥补语文、数学专业知识的不足，我决定竞聘学科'登山队'员（'登山队'是由在语文和数学教学方面愿意学习、研究的人组成的，就像攀登教学的山峰一样）。记得当时自己的脸皮特别厚，'不要脸'地在前边说着自己的'优势'：我是怎么在家读书和研究的，怎么借参考书、教学光碟的……结果，我真竞聘上了。其实我知道自己不够那个水平，但是大家信任我，给我机会。我觉得在这所学校里特别幸福。学习既成就自己，也给大家带来力量；学习使我们深刻、有底气，学习也是我们参与管理的基础。"

　　三年前从外校调来的李源老师说："来这所学校前，别人曾告诉我这所学校有两个特点：一是教师爱看书，二是教师爱加班、不爱回家。来后我都证实了。刚开始，我还没那么高的觉悟，经常在办公室里闲谈，但后来我发现，他们每天每人都读6页书，所有的教师在办公室里都会互相问：今天你看到哪儿了？这句话你怎么理解？这件事你怎么看？在这个氛围里，我觉得如果自己不读书就不是这个集体中的一员。后来，我才发自内心地想读书了。我觉得只有读了书才能和大家谈自己的观点，才有共同语言，才感到幸福。""灯火社团"的赵明新老师也说："我来校时间不长，但进步、成长非常快，因为大家都推着你走。这里的每一个领导、教师都在帮助你、关心你；不论你出现什么问题，只要提出来，就立刻会有人坐下来和你研讨，告诉你怎么做……研讨氛围特别浓。"

　　"四海方舟"社团的召集人安东来老师说："过去，我从来不觉得自己这么有水平。但是，'058'之后，我们信心十足，腰杆子非常硬。我觉得自己很牛！我们现在就是想怎么把自己的特长发挥到极致。"

　　老教师张萍提到这样一件事："去年有几天，所有的领导都进京参加研讨会了，校长把学校交给了我。我觉得责任特别重大。但就是在他们走的这几天，我真的体会到了学校因建设学习型组织而带来的变化。大家都特别自觉，没人'放羊'，下班全不走，比校长在时还认真，都把学校当家。他们查访每一个教室，关灯、关门、送走每一位学生……非常让人感动。"

"四海方舟"社团的体育老师董云说："学校的氛围特别好，老师们都争做贡献。一年前，我们发现有的班学生走后电源没关。我们计算了一下，发现一台已经关闭但不拔电源插头的电视 10 小时耗电 0.06 度。如果全校所有的电脑、电视都不及时拔掉电源插头的话，那么每月至少要浪费 300 余元的电费，非常可惜。于是，我们主动在电脑上设置了 30 分钟自动关闭、主机 2 小时关闭的功能。之后，我们又主动找校长提议：全校教师行动起来解决这个问题。"

......

我们有理由相信，南马路小学是一所充满后劲的、极具发展潜力和竞争力的学校，因为他们摸索并建立了一整套全校师生共同发力的学校管理制度和管理机制，更形成了"以研究推动工作，用学习成就人生"的校园文化。这些年来，随着教学质量和社会声誉的提高，南马路小学的名气越来越大，各种荣誉纷至沓来：学校成为教育部在黑龙江省唯一的联系点校、全国中小学整体改革实验基地、全国中小学教师素质培训项目示范校、全国科学教育实验基地、全国走向新世纪特色学校、全国重点课题优秀实验学校……还先后荣获省级文明单位标兵、省首批一类示范校、省德育工作先进集体、市劳模单位、市教育系统先进集体标兵等荣誉称号。

我们有理由相信，南马路小学是一个人才辈出的学校。因为那里教师中的大多数人已经习惯了以学习作为自己的生活方式。对他们而言，工作不再是完成任务，而是研究、创造，因而乐趣无穷。这些年，学校先后培养了 14 位省级骨干教师，其中 4 人入选国家级培训骨干教师……更有说服力的数据是：全校 60 多位教师中，有一半以上获得过省市级以上奖励，有 2/3 的教师获得过市级以上的教学奖……教师成才的是"一群"或"一片"的概念。

由"原生态"中引出——

赵校长所遇到的事，我们每个管理者都可能遇到：一段经历赐予的人生感悟，一种变化带来的喜悦或隐忧，一个司空见惯的场景，一次激动人心的经历……一切都似乎微不足道。她只不过是在别人"没感觉"的地方，看到了有价值的"东西"并把它定格。她所做的一切都源于对人的理解，所以她能够尊重人：尊重别人的发展需要，也尊重自己的人生感悟；解放人：不适宜的就突破它，没有的就建立起来；为了人：提供平台，释放能量，完善机制；成就人：最终实现人的自我价值。真正的以人为本！不牵强，没拔高，遇到什么，就面对什么、解决什么，不受框架束缚，该出手时就出手，自然而然地创造与生成着，一切顺势而为——依做人做事的大道而行。

赵校长能够看到、抓住并做出来的事，却不是我们每一个人都能够看出、抓住并做出来的。这里边有眼光、有态度、有价值判断和取舍标准，有对人性的理解与感悟，有人生的大智慧，而赵翠娟恰恰是这样一个智者。这些根本的东西才是决定赵翠娟成功的"原生态"，也是比读书更"上位"的东西。赵翠娟的成功说明：抓住这些根本的东西，学校就能一步步地走向辉煌。获得根本的主要渠道，既离不开"读书"，更要靠读书中的思考、审视与提升等好习惯，还要靠实践中的悟性和积累。这可绝不是一日的功夫了。

赵校长最让人佩服的地方在于：她千方百计地将个人的财富（让读书成为一种习惯，成为一种生活方式）转化为团队的财富。换句话说，赵校长把"将学习作为个人的生活方式"，转化成为"将学习作为一个组织的生存方式"。因为赵校长认准了：在整个变革的大背景下，你唯一持久的竞争力，就是你有能力比你的竞争对手学习得更好。姑且自创一个词吧：赵校长施行的是"素质管理"。就像一个人的成长要靠好的"养成教育"一样，一个组织的发展，同样也要靠好的"养成教育"。

赵翠娟校长不追时髦、不赶潮流，十几年如一日，致力于读书——从团队的"养成教育"抓起。她的成功让我们感受到一个成熟校长深厚的管理功力，更让我们感受到"原生态"的无穷魅力。

七、为希望放飞

——记哈尔滨市道外区南马路小学校长赵翠娟

《党的生活》记者　郭庆晨

素质教育，是近年来教育界和学生家长经常谈论的话题。什么是素质？赵翠娟的理解是：进入了血液，变成了一种本能，那才叫素质。她就是按这种理解对学生进行素质教育的。

哈尔滨市道外区南马路小学校不算大，可那也叫 1400 多口子人啊，而且，这不是一般意义的人，是一群正在长身体、长知识、肩负着祖国未来和希望的孩子啊！偌大的学校，众多的学生，作为校长，怎么才能管好呢？赵翠娟无时无刻不在考虑这个问题。对学校的管理，首先是教育思想的管理，要有自己的想法，有自己的观点，才会符合校情，才能有所创造。而照葫芦画瓢，不会有创造性，也不能将教育搞得生动活泼。

南马路小学的课堂上，每个老师都在努力贯彻校长和他们共同探讨形成的"四项原则"：激发学生兴趣的原则，鼓励学生参与的原则，让学生获得成功的原则，差异发展的原则。一切都是高标准严要求。比如说，课堂上老师的提问怎样才能有合适的角度、足够的技巧，是很讲究的。在课下，"怎样设问"是教师们共同探讨的题目之一。这就是说，老师不光要提问，还要会提问，而且是优秀的设问。南马路小学的教师们都知道赵校长有一个近乎苛刻的要求：一堂课结束后，一定要问问自己，学生们得到了些什么，进来的时候同出去的时候有什么不同？这样的标准，这样的要求，教学质量如何可想而知。

具体点儿，不说数学课怎样掌握笔算和口算的规律，不说学生如何把脑袋上的头发纳入抛物线之列，也不说对画画有抵触情绪的学生竟然成了图画爱好者，就说说语文教学中对生字的掌握吧——赵翠娟他们查阅过有关的数据：《红楼梦》全书 931017 字，只用了 4462 个汉字；《子夜》全书 242687 字，只用了 3129 个汉字；《骆驼祥子》全书 107360 字，只用了 2413 个汉字。在这三部小说中出现频率最高的有 3650 个汉字，而常用的 2000 个汉字的出现频率又占总数的 97.4%。现在小学阶段的全部生字是 2500 个，比常用汉字还多出 500 字。整个小学读完，把这 2500 个汉字拿下来，就能满足学生们一生中最基本的读写需要。一些已经走上工作岗位的成年人，常常提笔忘字，写错字、别字。责任在谁呢？赵翠娟不客气地说，这种状况是小学的时候造成的，小学要把这个责任义不容辞地承担过来：经她倡议，除了注重课堂上的识字教学，还将小学语文 10 册生字表中的 2500 个汉字印成生字表，送给全校教师和中高年级学生人手一份，作为师生共同练字的内容。学校还做出了具体要求：老师每天写小黑板，学生每天写钢楷。无论是老师还是学生，"提笔就是练字时"已经成了共同习惯。

写字，如果仅仅是当作任务，或当作纯粹的技能训练，停留在周而复始的机械运动阶段，其枯燥程度可想而知。赵翠娟有本事把枯燥的东西变成孩子的需要和兴趣。为了变学生的被动写字为主动参与，学校设立了"写字节"。1998 年 6 月第一届"写字节"的主题是："写好字真快乐！"从此发端，每年一届的"写字节"成了老师和学生们的重要节日。获得"写字节"设立的"临池奖"和"笔耕奖"，成了老师和学生们新的追求。

在课堂教学之外，还有一种素质必不可少，那就是爱国意识。在这一思想的支配下，赵翠娟把爱国主义作为南马路小学课外活动的一项重要内容。

著名教育家陶行知先生有一句名言："我是中国人，我爱中国，中国现在不得了，将来一定了不得。"几十年过后，当许多人早已忘怀了的时候，这句话出现在南马路小学教学楼最醒目的地方。它不仅是作为一句名言，而是作为南马路小学全校师生的誓言。每周一的学校升旗日上，在象征着伟大祖国的五星红旗面前，1400 多名师生高声朗诵，不，是大声地吼。那阵势，那动静，让人想起了一句话："力拔山兮，气盖世。"

赵翠娟不放过任何对学生进行爱国教育的机会。而每次讲话，都是那么动情，那么打动人心。

清明时节，赵翠娟会对学生们说："亲爱的孩子们，我们今天能过上幸福的生活，是无数革命先烈用鲜血和生命换来的。我们一定要珍惜这来之不易的生活，不忘长眠于地下的烈士啊！……"

中国驻南斯拉夫大使馆被美国飞机炸毁，消息传来，赵翠娟义愤填膺。面对全校的学生，她大声疾呼："同学们，一个国家不能落后，落后就要挨打。亲爱的同学们啊，希望你们一定要好好学习，早日成才，用你们的双手把祖国建设得更强大……"

日本教科书事件发生的那天，外边下着雨，不能把学生们集中起来，她就通过广播讲话："同学们哪，当年，日本帝国主义侵略中国，对我们中华民族犯下了不可饶恕的罪行。对这段历史，今天的日本人可以让他们的后代忘记，我们中国人的子孙后代却永远不能忘记……"

每次这样的讲话过后，就会看到一个个热烈的场面：各班级召开主题班会，讲历史，唱国歌，学生们一个个流出了激愤的热泪。少年的眼泪，常常会变成最牢固的记忆；赵校长传达给他们的对国家、民族的热爱之情和强烈的责任感，将在他们幼小的心灵中潜移默化，成为永恒。

赵翠娟认为，一所学校的最大魅力，在于它的智力背景和文化资源。在南马路小学，校园的围墙上面有各式各样的儿童画，这些画，可以看作是各年级画廊的延伸。看上去，每一幅画都是展示孩子们天真活泼的性情和绘画天才的杰作。教学楼走廊的墙壁上，按序排列着 65 幅照片，介绍的是民族乐器和西洋乐器，每幅照片介绍一种；另一层走廊的墙壁上，则陈列着世界名画，达·芬奇的《蒙娜丽莎》、罗丹的《思想者》、齐白石的游虾、徐悲鸿的奔马，不同的画种，各样的流派，65 幅名画，带学生们走进了一个艺术的天堂、美丽的世界。离开走廊，学生们照样能够得到艺术的享受。那是在课间，学校的广播里会传来悠扬动听的世界名曲：贝多芬、莫扎特、柴可夫斯基、肖邦……赵翠娟认为，高雅的艺术，才能陶冶出高雅的性情。

活动课更是精彩纷呈、硕果累累：剪纸、编织、刺绣，绘画、书法，戏曲、器乐、舞蹈，微机、空模、海模，群星办报、发现者园地、小蜜蜂广播站，兴趣数学、诗词社……许多项目成了市、省的"名牌产品"，甚至在全国都有一定的影响。

教育部基础教育司的一位领导同志在考察了南马路小学的教学工作之后，对有关人员夸赞道："我到过全国许多地方，没想到南马路小学的赵翠娟把素质教育的点儿踩得这么准。"

赵翠娟说："再过 30 年，我可能不在了。如果这些孩子们回想起这段生活，觉得在南马路小学读书是他们的幸运，我就算对得起他们了。"30 年后，从南马路走出去的孩子们会怎样评价这段生活，我们无从知晓，但在今天，一位老师在向新生家长做自我介绍时是这样说的："我庆幸自己是一名教师，一名南马路小学的教师。"南马路小学的许多教师都有这样的感受。

小学教育，是致力于学生发展的教育，是着眼于学生打基础的教育，其根本任务在于为学生今后的发展和成长奠定坚实而牢固的基础。在赵翠娟看来，小学教育工作者必须将创新根植于自己的教育观念中，从真正意义上理解：从小有主体意识的人，才是长大了有可能创新的人。学校教育的基本功能是帮助学生不断增强和发展他们的自主性，使他们逐步成为认识社会、改造社会的行为主体。而课堂教学又是学校教育的主要方式，课堂教学从本质上就应该是主体性的，离开了主体性，素质教育的目标不可能在教学过程中得到实现。

　　几年前，我国基础教育的权威刊物《人民教育》发表的一篇评论员文章引起了赵翠娟的注意。文章说："在我国，由于创造的贫乏，严重制约着科技、经济与社会的发展。我国每年的专利申请，平均5100多个企业才有1件，而美国仅电话电报公司拥有的专利就有3.5万项。日本丰田公司的员工每年提出合理化建议200万项，人均27项，采纳率为98%。而我们国内，不少企业建厂几十年没有一项专利，几千人的工厂，一年竟提不出几条建议来。"这情况，这数字，让赵翠娟感到一阵阵心痛，那感觉，比最严重时的晕车还要难受。难过之后是格外的清醒：国民素质是现代化的基石，而自主意识是国民素质中不可或缺的内容。自主是创新的前提，而中国人所以缺乏创新的精神，重要之点也在于缺少自主意识。改变国人的这种状况，需要从小学抓起。

　　这是教育思想的转变，这是教育观念的转变。这转变，对于一向注重应试教育的校园来说不啻是一种革命。

　　1996年10月，也就是在赵翠娟任校长后的第三年10月，南马路小学重新修订了校训："自立，合作，立异，追新。"统共只有八个字，其中竟有六个字是在倡导自主意识。从此，如何让学生成为学校的主体，赵翠娟考虑得就更多了。

　　——是该叫别出心裁，还是叫独树一帜，记者很难说清，反正南马路小学有一个独特的节日——"校园学生节"，每年9月10日，老师们过教师节的时候，南马路小学的学生们便迎来了自己的节日。赵翠娟的观点是，学校的主体不光是老师，还有学生。既然老师有"教师节"，学生怎能没有"学生节"呢！南马路小学学生们的骄傲是有理由的，别的不说，起码他们比别的学校的学生多一个节，而且是自己的"节"。

　　——学校设立了学生联合会，还有完全由学生组成的"校园值日班"，由学生自己管理自己，培养自主自立的能力。

　　——课堂就是情感场，教师与学生的平等关系在课堂上得到了充分的展现。学生站起来回答问题，不论答得正确与否，都能体面地坐下。如果学生三次举手没有被老师点到，第四次不用举手、也不必得到老师的允许就可以直接回答问题。据说，这最初是赵翠娟给学生撑腰，作为规定在全校的大会上向学生公布的，继而则成了师生共同的守则。

　　——在南马路小学，听不到老师称学习差的学生为"差生""落后生"，取而代之的是"有特殊需要的学生"。称呼的改变并不能改变学生的学习成绩,然而却能增强学生的自尊心和自信心。

——BBS,是电脑网络的专用术语,意为"帖子"。这种帖子的最大特点就是可以自由张贴,无拘无束。南马路小学的教学楼楼口有一块"校园BBS板",上面密密麻麻地贴着学生们内容不同、形式各异的"帖子"。

赵翠娟"惯"学生,在南马路小学是出了名的。这一点,连赵翠娟自己都承认。

南马路小学的学生,不管是谁,也不管是什么事,都可以随时去敲校长室的门,与他们的赵校长对话。一天,一年级的一个"小家伙"敲开了校长室的门。"校长,运动会我跑了第一,可老师没发给我奖。""是吗?跑了第一不给奖,这不行,得去问问。"一只温暖的大手牵着一只稚嫩的小手,走进了教研室。听校长一说,老师先笑了,继而解释道:"我们赛跑是分组进行的,你在小组里跑了第一,可算综合成绩,你就不第一了,所以就没发给你奖。懂了吗?""小家伙"眨巴眨巴眼睛,说:"校长,听老师这么一说,我明白了。要不,我心里还不服气呢。"

在学校总结值日班情况的大会上,五年级的学生于占洋站出来给老师提意见:"那天我值日,向一位老师鞠躬,问老师好,可那位老师不理不睬地就走过去了。我对她很失望。"听着学生的发言,赵翠娟喜欢得什么似的。待于占洋说完,她问:"你当着这么多老师的面给老师提意见,不害怕吗?""有一点害怕。"赵翠娟一把把于占洋搂过来,一只手抚摸着他的头:"孩子,别怕,你再说一遍。"于占洋依偎在校长的怀里,又把意见大声地重复了一遍。话音落定,短暂的静止,随后便是热烈的掌声。这掌声是送给谁的?学生于占洋,还是校长赵翠娟?大概都有吧。

那是接受全国中小学整体改革实验基地的验收吧,1200名学生要在教学楼的前厅演奏口琴合奏。排练的时候,赵翠娟正发着高烧,在二楼她的办公室里输液。当她发现队形不够理想时,离表演的时间已经很近了。赵翠娟不是对工作可以将就的人,要么不干,要干,就要高标准、高质量。可时值严冬,只能挤在前厅和走廊里的同学们排任何一种队形都很困难,在这个节骨眼上还要变队形,又让她感到自责。她说话了:"同学们,你们辛苦了!你们这样积极地参与,展示南马路小学的风采,校长代表全体老师谢谢你们!我由于身体原因没能及时参加排练,现在提出让你们改队形,我很抱歉。为了表示我的歉意,我给大家行个礼。"然后,面向学生恭恭敬敬地鞠了一躬。那一刹那,整个大厅鸦雀无声,接着响起的是雷鸣般的掌声,一些高年级的学生眼里闪动着激动的泪花。改队形进行得迅速有序……

事后，有人曾问赵翠娟，怎么会想起向学生鞠躬？她说："当时我给学生行礼，不仅是表达我的歉意，更是表示我对学生的尊重，是向师道尊严挑战，是有意在潜移默化中塑造学生健全的人格。"

透过赵翠娟的"惯学生"，人们看到的是她怎样不遗余力想方设法地把学生培养成爱学习、思想活跃、有主见的人。有时，在全校师生大会上讲话，她会不失时机地问上一句："同学们，谁是学校的主人？"憋足了劲儿的孩子们响亮地回答："是我们！"

赵翠娟常对教师们说："每个孩子都是父母的心肝宝贝。从孩子出生的那一天开始，他们就在编织着有关孩子的美丽的梦。他们把孩子送到学校，就是把希望和梦想送到学校，甚至把一颗心都放在了老师这儿。我们做教师的一定要好好爱人家的孩子，不要辜负了人家。"她把师德建设放在学校工作的首位。她提出的口号是："爱学生是师德之魂"，"深层次的师爱是尊重学生"。她经常对教师们重复一个非常简单又十分重要的道理：把孩子当人。学校的成绩、学校的文化、学校的一切，都是师生共同创造的，所以要爱护学生。教师们都把爱学生、培养学生自主的精神和能力当作自己的一份责任。他们那简短的"自白"，虽不能代表他们爱学生的全部，却也可从中略见一斑：

"让孩子们自由、自主地学习吧！因为这是创造的双翼。"

"爱孩子吧！你生命的精彩是因为他们的存在。"

"接近孩子的心灵，你会触摸到快乐的源泉。"

"心平气和地对待教育，让孩子慢慢长大。"

赵翠娟是共和国的同龄人。初中毕业赶上上山下乡，远离哈尔滨到北大荒农场，当过农工、副连长、报道员，1979 年，在场部中学当了几年教师、已经结婚的她，才回城接母亲的班继续做她的教师。当教师的赵翠娟，与别的教师的不同之处，就是在每一本教学笔记本的扉页上都抄写上同一段古人的文字："授人以鱼，只供一饭之需；教人以渔，终生受用无穷。"决心"教人以渔"，以不误人子弟。

1994 年，当了校长的赵翠娟对自己说：不要着急，教育是科学，要遵循它的规律，不能观看性太强。她记得台湾作家刘墉在一篇文章里说过这样的话："当别人的五层楼完工时，你的地基可能还没有打好。如果因为羡慕别人五层楼的成绩，或被别人楼房落成的鞭炮声扰得心慌意乱……只怕你就没有资格去盖五十层的大楼了。"

此时的赵翠娟，捧起了我国著名教育家蔡元培、陶行知，美国教育学家杜威，苏联教育学家苏霍姆林斯基的著作。蔡元培"五育并举"的主张，陶行知的"生活教育论"，杜威"活动课程"的概念，苏霍姆林斯基关于"校长对学校的领导，首先是教育思想的领导"的思想……丰富了她的教育理论，开启了她的智慧。细研深思之后，她选择了打基础、下慢功夫的路子。她做出的第一个决策，是组织青年教师搞起了"教育理论研究会"。别人都说赵翠娟傻："这世上的书太多了，什么时候能读得完？读书这活儿太费时间，猴年马月才能见效？"赵翠娟也觉得自己是傻。可是，别无他法。搞教育嘛，而且又是基础教育，不下点儿笨功夫，光想着急功近利哪儿成？

读书是个苦差事。一帮中师毕业不久、刚刚20岁出头的小青年，满脑子都是"对付小学生纯属小菜一碟"的自负，让他们坐下来容易，可让他们把书读进去就难了。理论研讨会上，她出题目，极力引起教师们的兴趣。为了把学习引向深入，她经常提出一些与大家相左的观点，扮演反面角色，让教师们在激烈的争论中加深对教育理论的理解。她组织教师们读《名人授课录》，从中吸收名人授课的成功经验。她把苏霍姆林斯基著名的《给教师的建议》当作教师必读的教材，人手一册，读过了、读熟了，便在"读建议，谈感受"的专题研讨会上交流、畅谈。渐渐地，青年教师们开始用理论的眼光审视和衡量自己的教学，开始把自己的教学实践升华到理论的高度。

青年教师结婚，赵翠娟建议他们添置家具的时候要购买书架。课余时间常带着青年教师去书店选书、买书，久而久之，硬是把青年教师逛商店的习惯改成了逛书店。她教教师们学会积累，包括积累知识和积累感受。她教教师们学会涉猎，多涉猎一些教育以外的内容，如音乐、绘画、文学、哲学，等等。赵翠娟觉得这还不够，她又提出了一个响亮而又温馨的口号："让书香气充满整个校园。"学习，成了南马路小学最大的事。作为抓大事的校长，赵翠娟对许多事布置后就不再过问，由各部门各负其责，唯独对教师在理论研究会上做的读书笔记一定要检查。作为一项制度，也作为一种习惯，青年教师教育理论研讨会的学习隔周一次，雷打不动。后来，就连中年教师也被研讨会吸引，自动参与其间，不知不觉地由"旁听生"变成了"正式学员"。

谈及教育理论研究会成功的实践，五年三班的班主任赵艳华说："理论研究会使我们感到充实，赵校长在都市的浮躁中给我们找到了一席之地。"教导主任刘艳芝则坦诚地说："开始，我根本不愿意看书，觉得有那工夫不如上街逛逛。应该说，我们是在赵校长的呵斥下养成读书习惯的。"

翻开每天一期由老师们轮流主办的校报《八面来风》，读一读其中的"著名教育学家论教育""教学箴言""最新教育动态""最新教学动态"等栏目，读一读老师们自己写的《论终身学习》，你会在深切地感受到这些小学教师身上散发出来的浓浓书卷气的同时，还能感悟到他们以读书为乐的情趣。

打开老师们的《古典诗词摘抄本》，厚厚的本子上每一页都是工工整整地摘抄的古诗词，而这样的本子每个老师都有一本——这是赵翠娟倡导的又一方面的学习内容。她要教师们通过这种训练和积累丰富学养，实现在教学过程中的有备无患、游刃有余。

赵翠娟保管着一套题为《说说我自己》的卡片。这是每个老师对自己的评价和设计。对教育的认识，对教学理论的理解，自己理想的发展方向，尽在其中。赵翠娟有言在先：事物是在不断变化的，人也在不断地变化着，如果谁觉得自己有了长进，或对教育教学有了新的感悟，随时可以拿回去修改。她的初衷，是要通过这种方式，看到所有的教师都能够不断地"修改"自己、完善自己。

如今，"让读书成为习惯"已经成为南马路小学的校风。从 2000 年起学校评选"有读书习惯的老师"，老师们都把获得这个奖项视为学校颁发的最高荣誉。

七年时间过去了。南马路小学教育理论研究会的成效如何？以下一些情况和数据应该能说明问题：南马路小学相继成为黑龙江省教育科研先进集体、全国中小学整体改革实验基地、联合国教科文组织"优质化教育"课题"构建学习化校园行动研究"子课题实验基地。

七年来，南马路小学先后接待和举办过国家级现场会、检查、考察和教学研究达 14 次之多。

国家科技兴国"园丁工程"，计划在全国中小学重点培养一千名校长、一万名教师。在逐级推荐、层层考核筛选确定的人员中，任课教师总共不到 60 名的南马路小学有一名校长、四名教师入选。比例之高，令人咋舌。据介绍，校长和教师能够同时入选，且教师入选达到四名的，至少在哈尔滨市是独此一家。

　　近几年来，南马路小学的教师在赵翠娟的带动下，在国家、省、市报刊发表教育和教学文章92篇，其中国家级14篇，有的还获得了国家级重点科研一等奖。有10人在《人民教育》上发表教育和教学文章，其中有三次发表赵翠娟介绍南马路小学教学经验的文章。

　　赵翠娟所获得的诸多荣誉，也是南马路小学成功实践中的一部分：哈尔滨市有突出贡献的青年专家，黑龙江省特级教师，黑龙江省专家级校长，全国教育系统巾帼建功标兵，全国教育系统先进工作者……

　　如今已经当上副校长的杨丽霞，谈起赵校长在青年教师身上花费的工夫，竟忍不住掉下了眼泪。她脑子里保存着一幅清晰感人的画面：身患肺炎、连续几天高烧不退的赵校长，正在二楼会议室里一边输液一边主持大家进行有关师德教育的讨论。突然，一个男孩儿破门而入，不由分说，扑到赵校长的怀里就大哭起来。男孩儿是赵校长的儿子。他从南开大学放假归来，见妈妈没到火车站来接，便径直来到学校。此情此景，使在场的教师都落了泪。

　　入选国家级培训的骨干教师李冬蕾，永远忘不了看到自己的论文《思品教育中情感因素的挖掘和利用》经专家推荐在《教学研究报》上发表出来那一刻的心情："如果不是赵校长组织我们学习理论，我们哪有资格经常与专家、领导们在一起对话？有了理论做基础，与名师坐在一起讨论问题，觉得底气可足了。我们的发言，我们谈的观点，总能打动在场的专家，引起他们的兴趣，得到他们的赏识。"问她，如果用一句最简短的话概括赵翠娟，你该怎么说？她想也没想，脱口而出："一个好校长，就是一所好学校。"

　　是的，在南马路小学教师们的心目中，赵翠娟就是他们的学校。

八、让读书成为习惯

——哈尔滨南马路小学教育理论学习速写

《中国教育报》记者　郭萍

　　一个人走在沙漠里，一个声音对他说："捡一些卵石放在口袋里。"他不愿意捡，但还是做了。当走出沙漠的时候，才发现口袋里装的是红宝石、绿宝石还有钻石，他惊喜之余后悔当时没有多捡。

——题　记

《国际终身教育论》《联合国教科文组织教育丛书》《人的发展——面向国际教育百科全书》……看着这一长串的理论书目，你可能会想，这是准备攻读教育学学位的必备书籍。

"心平气和地对待教育，让孩子慢慢长大。""活而不散，严而不厉。""爱孩子吧，你生命的精彩是因为他们的存在。"……听着这些富有哲理深度的话语，你会猜想它们出自哪个学者之口。

我告诉你，猜错了。这些书目是一群年轻的小学教师学习过的一部分理论书籍；这些感悟是他们学习理论，联系教学实践的个人体会。

（一）"逼"你读书的校长

1993 年，正是很多人被开放的大千世界撩拨得心绪烦躁的时候，在哈尔滨市道外区的南马路小学里，新上任的校长赵翠娟给每个教师布置了一项新任务：读书，学习教育理论。

不情愿的年轻教师们在校长的严格"监管"下起步了。光读书还不行，还要写学习笔记。这笔记不是走走形式，校长不仅要检查，而且订了严格的标准——不许搬弄名词术语以显示理论的高深，要始终扎根于教育实践之中；书要自己读，联系实际要自己悟。

最初的日子漫长而艰难。有的小青年很懊丧：以为工作了就该永远和苦读书告别了，没想到碰上这么一个逼你读书的校长，唉！外校的老师不解地问，都是当小学教师，你们怎么这么累？一年，两年……赵翠娟"盯"得紧紧的。学校设立了教师论坛，不断设计题目组织教师进行研讨，鼓励教师提出有质量的问题，发表有质量的见解。像"爱学生是师德之魂""素质教育与整体改革""如何优化教学过程"等来自实践的题目，引起了教师们的兴趣，也常常激起热烈的讨论。无论是面红耳赤的争辩，还是心平气和的阐述，都无形中逼得你不得不再读书，再学习，再思考。一位青年教师参加全国骨干教师的培训后带回来一个新观点："二元对立，动态平衡。"十几个教师结合"师生关系""教与学的关系"，围绕着这个观点足足研究了半个月。

（二）读书渐成风气

实施素质教育的过程，成了南马路小学的教师们实践自己掌握的理论知识的大好机遇。比如，在如何减轻过重负担进行有效复习的探索中，他们根据艾宾浩斯的遗忘曲线，遵循遗忘规律总结出"及时复习、经常复习、恰当分布复习、复习多样化"的方法。在作业的设计上，他们总结出"以巧胜多、以精胜滥"的方法；小学语文中涉及背诵的课文不少，他们利用心理学、教育学的知识，引导学生运用比较法、读写记忆法、形象记忆法、尝试回忆法进行记忆，让学生掌握背诵的技能，走出死记硬背的误区。

渐渐地，读书在南马路小学蔚成风气。有个教师出差到北京，办完事就直奔书店。京城书店的书真多、真好，可是，书价也真高、真贵。叹息之余，他想出了"妙计"：干脆蹲在书店抄了起来。一位刚分配来的师范毕业生得知学校鼓励读书，便向校长提出自己爱好文学，也有这方面特长，因此要把重点放在读文学作品上，校长应允了。但是，不久这位青年教师就感觉到单单读文学著作，不懂得教育理论，在南马路小学就有落伍的危险，她自觉地把读书的重点"转移"了。在学校里，好书成了"抢手货"，不下点功夫，想借到手就很难。学校订了 60 多种教育期刊，大家还是感到不满足，绝大多数教师都自费订阅了各种教育书刊。

理论之花结果了。读书学习，使教师们的教育观念、教学行为悄悄地发生了变化。在南马路小学，学生在课堂上三次举手还没有得到发言机会，他可以自行站起来回答问题。如果教师总是问一些浅显的问题，学生不动脑筋信口回答，课堂看上去很热闹，实际上学生思维仍停留在低水平上。于是，"优秀设问"成了教师们努力的目标。还有，鼓励学生敢想敢说，提出异议；作文让学生自己命题……诸如此类，都包含着教师们的理论思考。

学习进入到新的阶段，需要更上一层楼。南马路小学瞄准了一个制高点：承担高水平的国家级科研课题。1995 年以来，学校承担了四项国家级科研课题，"科研兴校"早已从一句口号成为自觉的行动。2000 年，南马路小学又接受了联合国教科文组织中国教育学术交流中心关于《21 世纪学校优质教育研究》子课题研究任务，他们很自信地把研究题目定为《构建学习化校园行动研究》。目前，课题进展顺利，全校教师埋头课题的把握、设计，展示了他们不凡的理论实力。

课题深化了学习，科研提升了全校的学术氛围，使年轻教师迅速成长起来。近 5 年来，南马路小学的教师在各级教育杂志上发表文章 82 篇，其中 6 篇发表在国家级刊物上。

前不久，记者来到了南马路小学，粗略地看去，这座 15 年前建的教学楼并没有传递出多少现代化的信息，整洁的校园甚至还透着几分局促和无奈。但是走进大楼，一种浓郁的文化氛围扑面而来。

读书，真有一种神奇的力量。那些年轻的教师在读书中不仅懂得了如何去教书育人，也学会了品味生活，洞明世事，从更广阔的大千世界中汲取养分，发展自己。

九、让“士兵”说话

——记黑龙江省哈尔滨市南马路小学的学习型组织

《中国教育报》记者　叶莎莎

“学习”，这一十分古老而又常用常新的动人字眼，之所以有着很大的吸引力和影响力，是因为人们一提到它，就会产生“提高”“发展”“进步”这类令人向往和催人奋起的联想和心境。一个人被称作“学习型个人”，一个组织被称作“学习型组织”，一所学校被称作“学习型学校”，所表达的是一种对美好目标的追求和不懈努力。

理想中的学习型组织令人神往。

哈尔滨市南马路小学就是学习型组织的一个范例。他们的初衷并不是有意识地要“创建”学习型组织，而是在“让读书成为习惯”后的一种自然演进，是在学校宽松的氛围、和谐的关系中，多种因素共同作用的结果。在这所学校，“学习型组织”并非一个随意附着的标签，它不仅仅是一群人在一起学习和工作，而且是在共同的愿景之下，每个人都贡献出自己的智慧，把学习转化为创造力，携手进步。

南马路小学的学习型组织有着浓厚的原创性，因为学习型组织虽然是一种先进的理念，但是它的背后不过是一颗平常心。如果没有平常心，总怀有对速效、对立竿见影的期待，就难以获得长久的效果。

让学习型组织回归到最平常、最真实的状态上来，这就是南马路小学的故事。

（一）从原点发力到节点发力

“学校要有读书风，教师要有书卷气。”这是黑龙江省哈尔滨市南马路小学校长赵翠娟一直倡导的。"一个小学教师，如果就知道教科书上那点知识，你可能变成一个有知识、没文化的人，甚至都算不上是有知识。"赵翠娟极力要让学校教师通过读书成为有"文化"、有后劲的人。

从1994年赵翠娟被任命为校长开始，读书就成了学校的头等大事。尽管现在流行"短平快"，尽管靠读书管理学校是明摆着的慢功夫，也不容易整出"动静"，但赵翠娟坚信：读书能够改变人心，改变人的生活态度，改变人的做事方式；人一旦通过读书收获了高素养，那么不管走到哪儿，不管从事什么工作，都如同握有了一把开启幸福之门的金钥匙。

赵翠娟不断地引导教师读书，由个人学习发展到团队学习，由自己写读书心得发展到相互交流，从1994年开始，历时六七年的时光，南马路小学教师队伍的精神风貌有了很大的变化，教师读书的积极性被普遍调动起来，教师们越来越添"书卷气"，越来越显"气自华"。

但是，再发展下去，进程就慢了下来。虽然教师之间仍经常有深度交流，但是赵翠娟敏锐地感觉到，教师在交流过程中自己被激发出来的积极性和创造性，要少于试图获得校长肯定的热情。教师读书的原动力似乎还是来自校长，即多数时候是靠校长推动而行的。同时，赵翠娟还发现，通过几年的读书、交流，教师已有了对话的习惯，同学年、同学科承担同样的任务，面对同样的问题，于是就形成了自然的对话圈子。但是，这种即时发生的交流往往是松散的，由于没被组织起来，也就没有明确的议题，更不一定有明确的答案。即使有了答案，也没有深入的探究，更多的是灵光一闪，难有认识上的升华。

面对着校长的油加不上去，学校这部车就减速和教师的即时交流松散化这两种现象，赵翠娟陷入了困惑。

学校应该是由一个一个节点连缀而成的网络结构，而校长是学校的原点，仅有原点的发力，缺少节点的发力，学校就难以持续、稳定发展。如何才能变校长的个人发力为教师的共同发力，教师共同发力的最佳形式以及适宜的渠道又是什么，又如何将教师个人的发展和学校整体的发展融为一体……这些一直是赵校长心中的"结"。

为了解开这个"结"，赵翠娟查阅了大量资料。"未来的领导就是领导学习，未来最可靠的竞争优势就是克服障碍学习，最好的领导不是下达命令，而是建立让成员扩展能力的组织。"被称为数字经济之父的泰普斯科特说的一段话点醒了赵翠娟。读了这么多年书的教师正是缺少扩展自己能力的组织，这样的组织，既可成为学校的节点，又可以从以往的原点发力转变为诸多的节点发力。

（二）社团的力量超乎想象

关于学习型组织的建设，早在多年前就进入了南马路小学教师的视野。"但是，读了书，也能头头是道地讲一些学习型组织的理儿，并不能取代我们对自身建设的研究。只有将这些理论运用到自己的学校，并真正萌发出生长点，那才是建设学习型学校的开始。"赵翠娟如是说。

其实，在南马路小学，伴随着教师读书而来的一种新型关系已经悄悄地建立：有着相同困惑的人，会不由自主地聚在一起"嘀咕"；而承担共同任务的人，也会凑在一块儿探讨。不知不觉中，学校出现了组织学习的端倪；零散的需求，也渐渐化为共同的愿望。同伴间在商讨解决问题的办法时，不断印证、肯定着自我；同时，也希望在问题解决中进一步展示自我、表现自我。这时，教师个人的学习已经变成了组织的学习、团队的学习。

于是，赵翠娟开始以最大的热情扶持它，引导这种新型关系，一个个各具特色，富有活力的教师社团应运而生。

2005 年 8 月，那是南马路小学特别值得纪念的一段日子。在那些日子里发生的事情，被南马路小学的教师们称为"058"现象，标志性的"事件"就是"三阳"社团诞生了。

"三阳"社团是由部分班主任组成的社团。社团三位召集人中，有两位姓"杨"，剩下的一位姓孙（sun），英文是"太阳"的意思。"三阳"由此得名。他们为社团设计了标志，确定了明确的目标：以研究的态度和方式做好班主任工作。

不久，科任教师组成的"四海方舟"社团也诞生了。这两个社团还有自己的外围组织——"三阳啦啦队"和"推波助澜"社团。他们在支持前两个社团的同时，也独立地开展自己认为有价值的工作。

"新叶新枝"是以"以老带新，以新促老"为特点的社团，口号是"枝随叶长，叶随枝生"。"五连环"社团是由年级组长组成的，五人中有三位党员、两位积极分子。他们地位独特，在凝聚全体教师的工作中发挥着先锋模范作用。"鹅毛雪"社团则是以提供后勤保障、积极为大家服务为宗旨的社团……

在那段日子里，教师们纷纷行动起来，找同伴，为社团起名字、设计标志、确定宗旨……忙得不亦乐乎。每个人的好主意都在往外涌，他们的热情似乎找到了宣泄口。

教师社团的产生，基于思考每一天平凡的教育琐事，当他们满怀真诚去工作，就会感到教育中的困惑，即工作中许多棘手的难题；而把难题当作课题来研究，直面解决共同面对的问题，也更容易发现个人的力量是单薄的，集团作战才能攻坚。

各社团组织教师们带着问题去读书，用教育理论来审视工作中的问题，理论变得鲜活了。他们设计出解决问题的方案，再运用到实践中，才发现书真的不白读。因为有了思想的映照，班级里、课堂上，许许多多困惑也不再让人烦心。

在这样的过程中教师成长了、发展了，赵翠娟禁不住感慨："我们的老师进步太大了！"

（三）为教师授权

完成由原点发力到节点发力，力量的分解往往也意味着权力的分解，意味着管理方式的不同，这与学习型组织层次扁平化、组织咨询化、系统开放化的要义不谋而合。而行动研究的核心目的就是为参与和改进，要让教师成为参与者、研究者，那么让"士兵"说话也就是这其中的必然。

让"士兵"说话就是在为教师授权，学校每月一次的"智慧泉"就是士兵说话的平台。

让"士兵"说话与提合理化建议不同，赵翠娟认为，提建议是仰视着管理者，采纳与否，取决于管理者。而"智慧泉"是在阳光下，在众目睽睽之下，教师们有权走上前来，表达他自以为正确的，可也许实际上并不完全正确或完全不正确的看法。

她相信，只有宽容错误，才能收获正确。而且，作为校长，"有的时候你认为错，其实也不一定是错。如果你只能听得进去正确的话，特别是你认为是正确的话，而定义正确的权力又在你身上，那么就等于你只能听到你想听的话，那么你所领导的学校就不可能成为学习型学校"。赵翠娟经常会用每个细节来告诉教师：你可以当众说话，你可以说错话，没有关系，对错误的争辩也可以引发正确。

在学习、研究、实践中，南马路小学教师创新的热情空前高涨，各种各样改善工作的好思路和好做法纷纷往外涌："绽放日月花""错中淘金""共饮一杯香茗""我对天空说""文思泉""樟树儿童读书奖""校园集体舞"……

全校性的"智慧泉"活动各社团争相承办，"微型智慧泉"在学年进行，大家把思考汇集起来。在"智慧泉"上，"新叶新枝"社团的陈阳老师曾发自内心地对大家说："我从来都不知道自己原来这么有水平。"是社团使教师有了这样的感慨，这句话也是全校教师的心声。

在"智慧泉"上，不断地产生着改善工作的好思想和好做法，虽然平凡却很有价值，"让思考产生碰撞，让碰撞擦出智慧的火花，让智慧形成高品质的工作，让高品质的工作成就教师们高品质的职业生涯，在高品质的职业生涯中，教师一定会有职业幸福感"。赵翠娟决定，用机制鼓励教师在教育形式方面的探索和创新，一定要让教师的智慧和碰撞后的火花有着落。

于是，在赵翠娟的主持下，学校大张旗鼓地鼓励教育创新，好创意被收入"南马路小学教师思想库"或"思想金库"。"思想库"的收录标准为：对教育教学及管理工作有意义、操作性强的创意。"思想金库"的收录标准为：在实践中获得了很好的效果，并可以在较长时间内被重复使用和借鉴的创意。比如，一年级新生通过"请来认识我"活动来识记同学名字中的汉字、具有惩戒作用的黄色警醒卡、把儿歌补充到拼音教学中，等等，均进入"思想库"；而一些经典的"汉字早上好"和"我对天空说"，是经过全校教师认真讨论后，被正式收入"思想金库"。

权利与责任本来就是对等的，当教师在学校里有了话语权、表达权、参与权，就必然会引发教师们切实的责任感。想想看，自己创造的教育形式被固化为学校的一种传统，这对教师来说该是怎样的一种荣誉和奖励啊！有一天，可能教师已经退休离开了学校，而他曾经的思考和心血不会被浪费，后人还在应用，甚至会被永远记在心中……

（四）用学习成就人生

寒来暑往，在南马路小学这一方小小的天地里，赵翠娟带领着教师们读书、思考、创新。教师在酣畅淋漓的工作中，体会着创造的愉悦，找到了归属感。更重要的是，学校里有一种氛围在弥漫，有一种精神在凝聚——"靠研究推动工作，用学习成就人生"。

"三阳"社团的杨真芬老师深有感触地说:"南马路小学不像学校,而像家;同事之间不像同事,而像兄弟姐妹。我们每个人在学校里工作,一方面自己成长,另一方面也为这个家做贡献。我原来是教美术的,后来我对班主任工作感兴趣,想转行。为了弥补语文、数学专业知识的不足,我决定竞聘学科'登山队'员('登山队'是由在语文和数学教学方面愿意学习、研究的人组成的,就像攀登教学的山峰一样)。记得当时自己的脸皮特别厚地在台上说着自己的'优势':我是怎么在家读书和研究的,怎么借参考书、教学光碟的……结果,我真被聘上了。其实我知道自己不够那个水平,但是大家信任我,给我机会。我觉得在这所学校里特别幸福。学习既成就自己,也给大家带来力量。学习使我们深刻、有底气,学习也是我们参与管理的基础。"

从外校调来的李源老师说:"来这所学校前,别人曾告诉我这所学校有两个特点:一是教师爱看书,二是教师爱加班、不爱回家。来后我都证实了。刚开始,我还没那么高的觉悟,经常在办公室里闲谈,但后来我发现,他们每天每人都要读书,所有的教师在办公室里都会互相问:今天你看到哪儿了?这句话你怎么理解?这件事你怎么看?在这个氛围里,我觉得如果自己不读书就不是这个集体中的一员。后来,我才发自内心地想读书了。我觉得只有读了书才能和大家谈自己的观点,才有共同语言,才感到幸福。""灯火"社团的赵明新老师也说:"我来校时间不长,但进步、成长非常快,因为大家都推着你走。这里的每一个领导、教师都在帮助你、关心你;不论你出现什么问题,只要提出来,就立刻会有人坐下来和你研讨,告诉你怎么做……研讨氛围特别浓。"

"四海方舟"的召集人安东来老师说:"过去,我从来不觉得自己这么有水平。但是,'058'之后,我们信心十足,腰杆子非常硬。我们现在就是想着怎么把自己的特长发挥到极致。"

老教师张萍提到这样一件事:"曾经有几天,所有的领导都进京参加研讨会去了,校长把学校交给了我。我觉得责任特别重大。但就是在他们走的这几天,我真的体会到了学校因建设学习型组织而带来的变化。大家都特别自觉,没人'放羊',下班全不走,比校长在时还认真,都把学校当家。他们查访每一个教室,关灯、关门、送走每一位学生……非常让人感动。"

"四海方舟"的体育老师董云说:"学校的氛围特别好,老师们都争做贡献。有一次,我们发现有的班学生走后电源没关。我们计算了一下,发现一台已经关闭但不拔电源插头的电视 10 小时耗电 0.06 度。如果全校所有的电脑、电视都不及时拔掉电源插头的话,那么每月至少要浪费 300 余元的电费,非常可惜。于是,我们主动在电脑上设置了显示器 30 分钟自动关闭、主机两小时关闭的功能。之后,我们又主动找校长提议:全校教师行动起来解决这个问题。"

……

这些年,学校先后培养了 14 位省级骨干教师,其中 4 人入选国家级培训骨干教师;更有说服力的数据是:全校 60 多位教师中,有一半以上获得过省市级以上奖励,有 2/3 的教师获得过市级以上的教学奖。教师中的大多数人已经习惯了以学习作为自己的生活方式。对他们而言,工作不再是完成任务,而是研究、创造,因而乐趣无穷。

我们有理由相信,南马路小学是一所充满后劲的、极具发展潜力的学校,因为他们摸索并建立了一整套全校师生共同发力的学校管理制度和管理机制,更形成了"以研究推动工作,用学习成就人生"的校园文化。

十、南马路小学教师的幸福社团生活

《中国教师报》记者　康　丽　刘汶莉

8 月 27 日,很多学校都在为开学做准备,但在哈尔滨市南马路小学,一场轰轰烈烈的颁奖仪式正在举行,兴奋的老师们甚至称之为南马路小学的"奥斯卡"。随着颁奖名单的宣布,最佳原创奖、最佳雕刻奖、原创奖、雕刻奖、马谡奖、发现马谡奖花落各家。折桂者激动不已,誓要蝉联,落选者暗暗发誓,明年定不空手。还有的老师说,明年再颁奖,一定要走红地毯,一定要发表获奖感言,甚至邀请家属到场。

"我从来都没感到自己原来这么有水平!""我从没有想到自己能做到这个程度,原来人的潜力是无限的。"这些老师,无论年轻的还是年长的,每个人都站到了舞台的最前面,就像焕发了第二次青春。这正是校长赵翠娟所期望的——让每一位老师都觉得自己很重要。如果每个人都觉得自己那么重要，全校人都说自己很重要，学校还会不重要吗？

说起来，记者采访过很多学校，但这样的校长、这样的教师真的很少见。他们如此热情生动，如此活力旺盛。而且这种热情不是个体的、个别的，是"肆无忌惮"的群体绽放。

（一）社团的力量是超乎想象的

南马路小学是一所与众不同的学校。在这里，你首先需要了解一些基本的名词，不然会一头雾水。比如去年9月来的新教师孙璐，进校时正逢南马路的社团活动日，她第一次听到了"三阳""四海方舟""新叶新枝""灯火"这些新词。"三阳"是三个太阳吗？"四海方舟"是一艘船吗？孙璐彻底懵了。不光懵了，她还发现这里的老师怎么那么能说，会说。

后来，她了解到，这些都是社团的名称。"以前不知道也没参加过社团，没想到工作之后，反而成为社团的一员。"一位老师这样说。如今在南马路小学，新来的老师有困难，去找谁？"找社团"已经成为共识。尤其是2005年8月之后，因为有了校长赵翠娟的鼓励和倡导，社团发挥的作用超出所有人的想象。

南马路小学最早成立的社团是"三阳"。因为三位召集人中的两位都姓杨，另一位教师姓孙，拼音是sun，在英语中是太阳的意思，所以这三位班主任聚在一起，组成了面向班主任群体的"三阳"。

"三阳"成立后做的第一件事，就是改良了"得意之作"。"得意之作"是南马路小学激发学生写作兴趣的特色活动。最初孩子们都很关注，但时间久了，老师们发现，收获"得意"的只是少数学生，大部分孩子则兴趣索然。于是"三阳"召集班主任们共同研究、论证，有时竟然从中午一直讨论到晚上7点多。大家沉浸其中而忘却了时间，每个人都体会到了团队学习的快乐与激动。

论证的结果，是"三阳"把"得意之作"的奖项分了层次。在作文讲评中宣读的文章叫"快乐笔"；在学年中展出的叫"芸香草"；每个月每班还评选出一篇最优秀的作品，印发给全班同学及家长欣赏，命名为"清风荷"；最后被学校收藏的作品誉为"文思泉"。"三阳"社团还请"四海方舟"和"推波助澜"两个社团协助，共同设计了"快乐笔""芸香草""清风荷""文思泉"的奖励证书。

"得意之作"的改良成了"三阳"社团的一个得意之作。

"三阳"关注的不仅仅是班主任工作，翻开2005年8月之后"三阳"的工作日程，密密麻麻，从多少台电脑需要维修，到开学前召开家长会、组织班主任工作论坛，面面俱到。这不像是校内民间社团的日程，更像是学校的管理日志。

（二）从"三阳"到"七星阵"

有了"三阳"，就有了为其呐喊助威的"三阳啦啦队"。而后，啦啦队不断壮大，开始自立门户，又更名为"灯火"。用赵翠娟的话来说，"人家有能耐了，不愿意跟在别人后面呐喊助威了，要独立了"。但正如"灯火"第二召集人史英所说："我们应该像灯塔照亮学校，直到出现万家灯火。"这个社团里有4位语文老师、4位数学老师，其中有1位高级研究员，6位研究员。虽然这个"研究员"称号只在南马路小学内有效，但入选程序却非常严格，需要经过语文研发中心、数学研发中心的核准。

有了面向35个班级的班主任社团——"三阳"，科任教师也不甘寂寞，立即组成了"四海方舟"，寓意各个学科来自四面八方，大家同舟共济。它也有自己的啦啦队——"推波助澜"，不仅呐喊，还要监督，因为"水能载舟，也能覆舟"。今年5月，"四海方舟"开展了"科任教师课堂教学展示周"活动，每个学科出一节课，由全体科任教师听课、评课，扎扎实实地进行着自己的教科研。

此后，"新叶新枝"也成立了，这名称取自宋代张载《咏芭蕉》中的"愿学新人养心德，常随新叶长新枝"，他们还打出了响亮的口号——"枝随叶长，叶随枝生"。"我们社团的老师都是教龄在8～9年的教师，社团做的是最平凡的事情。我们抓住零碎时间，随时与年轻老师沟通交流，帮助他们尽快成长。""新叶新枝"社团召集人陈阳说。

让"新叶新枝"津津乐道的是，他们在2006年5月成功举办了一次"教学开放周"活动，历时4天，每天安排两个同一学年的老师讲课，全校老师都可以随意去听课。原来以为语文老师会来得多一些，结果音体美老师也来"凑热闹"，过道站满了人，课堂只好搬到了阶梯教室。"简直太轰动了！"提起当时的盛况，第二召集人张颖非常自豪。

由五个学年的学年组长组成的社团就叫"五连环"，五位成员中有三位党员，两位积极分子，她们是各学年科任老师和班任老师间的纽带和桥梁。

还有积极为大家服务、提供后勤保障的"鹅毛雪"。尽管她们对内不善言辞，但对外砍价可是高手。学校太极拳表演的服装、冷餐会的瓜果冷饮，都是她们精打细算买回来的。为此，单艳秋和樊俊峰获得了"巧大姐"和"巧二姐"的称号。

看到教师们纷纷成立社团，三位副校长和四位教导主任也按捺不住了，强烈要求成立自己的社团。但是，成立社团必须通过教代会常务组6位普通老师的批准。教导主任闫晶娣亲自出马，首先找教代会首席董云，然后从副首席到第一秘书长、第二秘书长……终于，这个"难产的婴儿"今年出世了，名字还很有武侠气，叫"七星阵"。"我们不愿意落在后面，我们也成立了自己的社团。每一个人都想成为飞机，而不仅仅是飞机模型。我们也想加满油，在天空中翱翔。"作为最晚成立的社团，"七星阵"虽然位高权重，但姿态很谦卑。

（三）社团让每个人找到了归属感

当学校把问题交给社团去解决，当校长与教师面对面探讨问题，当校长鼓励教师发表自己的建议，学校的决策权已经在渐渐下放，教师也越来越关心学校的教学、日常管理和决策。

2005年冬天，赵翠娟校长带领20多名教师去北京参加学习。骨干教师几乎都走了，留下的人能不能看好家？校长最不放心的就是安全问题。社团在这个关键时候站出来了，教师们分组合作，自愿加班，帮助教导主任张平处理各种事务。"不用校长操心，咱楼上楼下多跑两趟，我们是最稳固的后方。"曲训丽笑着说。

"四海方舟"和"推波助澜"两个社团提出，全校所有的电脑、电视关机后如不及时拔掉电源插头，每月至少要浪费300余元的电费。为了节电，他们在电脑上设置了逾时自动关闭的程序。为了让学校的歌曲库更完善，"推波助澜"召集人单体强花费半年时间，做了一个详细完备的资料库。在南马路小学，很多任务都是教师们自动发现、自动完成的。

"以前的舞台是有一批骨干教师在上面跳舞，现在是全校所有的老师都找到了自己的归宿，找到了归属感；有了社团，每个人发自内心地去表达，去工作。"教导主任赵艳华这样总结。

杨真芬老师甚至这样说，"爱我就是让我多干活"。她之所以这么说，是因为在社团里看到了自己的成长。"我们在社团里做的事情是不可替代的。我走了，这个社团就不会有这么好，所以我们非常重要。"这里的教师有着异常强烈的自信。

一年又一年，社团赢得了越来越高的知名度，门槛也越来越高。程鑫是"推波助澜"今年3月份新吸纳的成员，也是最后一位加入社团的老师。尽管考验的时间很长，但她还是倍感荣幸："我终于成为社团的一员了，可算找到组织了！"

现在，教代会首席董云手里还有三份加入社团的报告。"先考验考验他们吧。"董云笑着说。尽管还在考察阶段，但这些老师说，"干活的时候别忘了叫上我"。

在南马路小学，有两套班子，一套是正常的行政班子，一套是校代会常务六人组。而后又成立了"校政联席会议"，由社团领袖、教师代表和学校行政班子成员共同组成。学校所有重大决策，必须经由联席会议讨论决定。由于组成人员太复杂，唯恐丢了这个落了那个，老师们就把这三个组织的人合在一起，称为"福娃"，因为这24个人太幸福了，让老师们既羡慕又崇拜——谁叫人家是社团领袖呢？

（四）智慧泉：一个更大规模的社团

每个学期的"智慧泉"活动，是所有的社团都想承办的。"四海方舟"承办过一次，今年还想继续承办，但召集人安东来很明白，可能没有这个机会了，因为好几个社团都盯着呢。

如果说各个社团分别为班主任、科任教师、后勤人员和领导层提供了聚集的机会，那么"智慧泉"就是全体教师参与的大团队，尽管它是无形的，没有形成固定的组织。

顾名思义，"智慧泉"就是让教师们畅所欲言，绽放教学智慧，说出心中惊喜。"智慧泉"的议题主要是教师们共同关注的教学话题，有大型"智慧泉"、微型"智慧泉"和袖珍"智慧泉"。大型"智慧泉"一个学期举办1～2次，通常由一个或两个社团承办，其余社团协办。微型"智慧泉"是即时的，发现有问题时就可以召集。三人以下的交流切磋是袖珍"智慧泉"。

就是在"智慧泉"中，学校开始设立了三组六项奖励。第一组是"原创奖"和"最佳原创奖"，用来奖励那些做法新、有创意的教师；第二组是"雕刻奖"和"最佳雕刻奖"，授予那些能够把自己或别人的创意在实际工作中很好地运用和改进的教师。第三组是"马谡奖"和"发现马谡奖"；"马谡奖"就是中看不中用，就如同

《三国演义》中的马谡，虽然熟读兵法，却在实战中失守街亭。

尽管是反面教材，但在 8 月 27 日的颁奖大会上，"马谡奖"得主、教代会首席董云还是在老师们的笑声中，"光荣"上台，与校长亲切拥抱，获得奖金 100 元……

"马谡奖"源于一次教学尝试。体育教师董云在训练学生快速跑时，想让孩子们举着风车跑，活跃课堂气氛。但这个尝试立即遭到了校长赵翠娟的否定：举着风车跑，样子好看，但动作不规范，还影响孩子摆臂。

这件事专门在"智慧泉"上进行了讨论，大家争论得很激烈，最后终于得出一个结论：教育不能只图热闹，更要关注本质。从那天起，赵校长被另外一个称呼取代了：智慧老人。

"在'智慧泉'这个平台上，我们将学习、工作、生活中的点滴智慧汇集在一起，常常有目的、有计划地就一些问题进行研究分析，并加以解决。"马红光说。而杨军老师更是把"智慧泉"比作学校为老师们修建的"水渠"。因为有了这条水渠，信息流动起来，成员们也得到了灌溉和滋养。

"智慧泉"上绽放的不仅仅是智慧，还有鲜活的人。

李源，2003 年调入南马路小学，不到 4 年，已然"赫赫有名"：社团召集人，教代会第三秘书长，也就是压轴秘书长。令人印象深刻的是，在一次"智慧泉"中，她喊出了"我是士兵我怕谁"的口号，当即得到了校长的极力肯定。"以后，这个丫头越来越疯了，越来越敢说话了。"教代会第二秘书长安东来说。

"校长让士兵说话，不管你说的是对还是错，都无比荣耀。当一名士兵太幸福了，当将军我都不换。"话音刚落，掌声四起，李源又"美"了一把。

（五）南马路小学可以没有我，不可以没有社团

赵翠娟有一条不成文的禁令，严禁大家在各种场合和发言中为校长加定语，比如"亲爱的""敬爱的"。但老师们似乎很难做到，总是脱口而出，这已然成为一种习惯。

爱，的确是一种习惯。8 月 27 日那天，颁奖结束后，当张颖得知自己凭借"定位法"获得了最佳原创奖，还是和赵校长并列获奖时，她在校长办公室门口溜达了好几趟，最终还是走进了校长室。在校长面前，这个年轻教师哭得像个孩子，她拥抱了校长，尽管成年后的她很少和父母拥抱贴脸，但这一次，她一定要这样做，否

则无法表达心中的感动、感激和感谢。

老师们叫赵翠娟"智慧老人"，是抱着既仰慕又敬佩的感情。教师们把她看作母亲，看作良师。"赵校长骂我了"，"赵校长又说我了"，被校长"骂"也是一种幸福和重视。

但赵翠娟极其不愿意看到这种情况。

她怕自己在学校的时间太长了，老师们离不开她，她怕自己创立的社团、创立的"智慧泉"、培养的这些老师不能继续走下去。"如果我走了学校就变了，那么我打造的这些机制，让老师们登上舞台去管理，这个梦就破灭了。"赵翠娟说，"今后在南马路小学的时日，我要做的工作就是让南马路小学可以没有我"。

这些工作就是：建立学习型组织，发挥团队的作用。赵翠娟不希望老师们只是为了校长去学习，去改变，她要他们为了自身的发展去学习，去改变。"如果仅仅把校长变成加油站，我的油加不上去，学校这部车就得减速，那这个学校的后续发展就岌岌可危。打造教师团队，形成组织合力，将教师的个人学习变成团队学习的共振效应，才是根本。"

在赵翠娟的眼中，学习型组织不仅仅是一群人在一起学习和工作，而是在共同的愿景之下，每个人都贡献出自己的水平，经岁月磨合淬炼，携手进步。赵翠娟相信，这不是一个梦，是可以实现的。

（六）我们要学会捍卫自己的权利

在南马路小学，教师的权利受到尊重，教师可以通过得到团队承认而步步上升。相反，行政领导的权力是"受限"的。

同是社团，为什么"七星阵"的成立那么艰难？因为它的管理属性。在南马路小学，当领导意味着承担更多的行使权力的责任。赵翠娟甚至对老师们说，你们有权利拒绝低水平的、不智慧的工作安排。你们一定要捍卫规则。当一所学校有思想有规则时，人人去捍卫，人人都快乐；没有规则，人人都不快乐。

如何转变心态，这是一个非常痛苦的过程。副校长李冬蕾清楚地知道赵翠娟对年轻管理者的期望："领导应该是老师们的伯乐、诤友、伙伴，同时也是他们的学生。作为管理者要在心态上回到教师的原点，才能不断地学习和接纳。"

"严禁跟老师争春光，被老师超过是幸福"。赵翠娟这样告诫"七星阵"：领导，就是为老师们服务的。

在南马路小学，得到进步和成长的不仅仅是老师，还有管理层。

在有些人看来，正儿八经地当一个校长不是挺好吗？搞这么多社团，看上去花里胡哨的，是什么用心？当然，他们没有提出明确的反对意见，但也没有肯定。有时候，赵翠娟会觉得有点孤独，但在学校里走走，看看老师和孩子们，她觉得信心又回来了。

每个人都有一个梦，年近花甲的赵翠娟的最大梦想，是看到教师在南马路小学绽放他们的生命智慧。"将来自己老了，拄着拐棍儿，看着南马路小学的团队还是那么好"。

采访后记：

作为记者，我终于遇到了那一刻——面对一件美好的事物，你忽然感到语言的枯竭和苍白，不知道该怎么表达才能将你的感动传达给别人。在采访返程途中，在上班的公车上，在吃饭的过程中，我一直在想这个问题。

在工作中发现愉悦，并不是一件简单的事情，在工作中找到幸福，找到自我，就更难了。南马路小学的教师是幸运的，他们在南马路小学找到了幸福，找到了归属，找到了自我，所以他们澄澈清明，热情生动。有时赵翠娟会担忧：这些老师会不会太纯洁了，在社会上不会处理关系，不会生存了？但是她更像是一座山，用自己宽阔的臂膀，为这些老师们营造一个温暖干净的环境。

有的人离开了，努力做加法，希望大家永远记住他。有的人要走的时候，一直做减法，希望大家忘记她。南马路小学教学楼里的一张放大的全校合影里，没有赵校长。她希望自己的影响减到最低，她不断强调的是机制，是团队。因为一个人的力量是有限的，不能因为一个赵翠娟走了，南马路小学的学习型组织就解散了。她觉得这些登上舞台的年轻老师，是学习型组织最好的推动者和继承者。

南马路小学，被一条马路隔成两个区，周围是吵嚷喧嚣的闹市。围墙外的路人行色匆匆，没人知道，围墙内有一群人在做着一些事，为着他们的孩子。

附　录

部分文章目录

1. 用雷锋精神激励学生，提高思想道德素质．黑龙江教育．1997（3）

2. 关于小学"精神文明建设"的话题．黑龙江教育．1997（3）

3. 深化整体改革，推进素质教育．教育科学研究．1997（3）

4. "如何在课堂教学中实施素质教育"研讨纪要．学科教育．1997（5）

5. 构建"双轨"同步的教学体系，营造自主、合作的人际氛围．教育科学研究．1998（1）

6. 构建"双轨同步"教学体系，营造自主、合作氛围．人民教育．1998（1）

7. 师生共驾课堂教学之船．人民教育．1998.7－8

8. 运用现代教育技术提高教师业务素质．我国中小学教师队伍建设书系．沈阳：沈阳出版社．2000

9. "双轨同步"课程教学体系的构建与实施研究．基础教育课程改革实践探索．吉林：吉林教育出版社．2001

10. 构建学习化校园．人民教育．2001（7）

11. 科研校本化的探索与实践．中小学校长．2001（7）

12. 构建学习化校园．更新教育观念报告集．北京：中国人民大学出版社．2001

13. 校长的鞠躬．中国教育报．2002－03－19

14. 创建学习型校园文化．中国教师周刊．2002－04－10

15. 构建学习化校园．学校管理创新与质量保障．北京：北京师范大学出版社．2003

16. 开启学校管理新思路．人民教育．2003（8）

17. 中国名校长冰城论剑．中国教师报．2003－12－24

18. 建构学习型校园，扩大优质教育资源．黑龙江教育．2004（4）

19. 学习型组织铸造师德．中国教育报．2004－09－10

20. 在学习型组织中铸造师德．全国师德论坛实录．武汉：扬子江音像出版社．2004

21. 师德之根在哪里．德育报．2004－11－15

22. 写给教师．人民教育．2005（17）

23. 取舍之间的人生．人民教育．2006（5）

24. 教师和学校是共同成长的整体．人民教育．2006（17）

25. 在终身学习中理解教育．人民教育．2008（21）

　　自1998年起，赵翠娟先后应邀在北京、上海、山东、广东、湖北、辽宁、宁夏、广西、重庆、浙江、河南、河北、江苏、四川、天津、海南、内蒙古等省、自治区、直辖市及黑龙江省内做学术报告。2001年入选"全国更新教育观念报告团"，在全国六大行政区做巡回报告。2004年，在纪念教师节二十周年的"全国师德论坛"上做大会发言。